管理会计理论与工具方法

主　编：高凯丽　戚啸艳
副主编：陆　旸　王晶晶　周　莎

东南大学出版社
SOUTHEAST UNIVERSITY PRESS
·南京·

内 容 提 要

本书以财政部颁布的《管理会计基本指引》《管理会计应用指引》等文件为依据,围绕营运管理、预算管理、成本管理、绩效管理、管理会计报告等领域的主要管理会计工具方法,阐述其基本理论和基本方法。本书采用"理论知识+应用实操+实践案例"的教材体系,分为12章,每章包括本章导语、引入案例、正文、本章思考、应用实操、案例链接等6个部分。正文部分介绍工具方法的基本概念、基本方法、应用评价等内容;应用实操部分主要借助Excel信息化工具或实操平台进行练习;案例链接部分主要以管理会计改革的实务案例为文献阅读和案例分析内容,突出反映我国管理会计改革的发展和实践成果,便于教学的灵活使用和教学模式创新的开展。本书定位于应用型专业人才培养的授课教材,内容新颖、深入浅出、资源丰富、案例实用,不仅可作为高等院校财会类专业管理会计课程的教学用书,也可作为企业财务和管理人员提高管理会计理论水平的参考用书。

图书在版编目(CIP)数据

管理会计理论与工具方法/高凯丽,戚啸艳主编. —南京:东南大学出版社,2021.12
 ISBN 978-7-5641-9848-0

Ⅰ.①管… Ⅱ.①高… ②戚… Ⅲ.①管理会计—高等学校—教材 Ⅳ.①F234.3

中国版本图书馆 CIP 数据核字(2021)第 245962 号

责任编辑:曹胜玫　责任校对:子雪莲　封面设计:顾晓阳　责任印制:周荣虎

管理会计理论与工具方法
GUANLI KUAIJI LILUN YU GONGJU FANGFA

主　　编	高凯丽　戚啸艳
出版发行	东南大学出版社
社　　址	南京四牌楼2号(邮编:210096)　电话(传真):025-83793330
网　　址	http://www.seupress.com
电子邮件	press@seupress.com
经　　销	全国各地新华书店
印　　刷	常州市武进第三印刷有限公司
开　　本	787mm×1 092mm　1/16
印　　张	19
字　　数	451千字
版　　次	2021年12月第1版
印　　次	2021年12月第1次印刷
书　　号	ISBN 978-7-5641-9848-0
定　　价	49.00元

本社图书若有印装质量问题,请直接与营销部联系。电话:025-83791830。

前　　言

随着大智移云等新技术新业态的发展,在财政部的直接推动下,我国管理会计进入全新的大力发展时期。2014 年 10 月,财政部颁布了《财务部关于全面推进管理会计体系建设的指导意见》,文件指出,将人才培养作为关键,鼓励高校加强管理会计人才培养,要求各相关高校按照管理会计人才能力框架,为高校管理会计人才培养设定合理正确的培养目标与方向,设计能够真正培养管理会计人才的课程,并逐步加大管理会计课程的比重,推动形成管理会计课程体系等,因此,与之匹配的教材建设也势在必行。本教材正是顺应国家管理会计战略转型发展的需要,体现我国管理会计改革理念,定位于应用型财会类本科专业人才的培养进行编写。

本书全篇参照财政部颁布的管理会计应用指引体系为框架,围绕五大应用领域的管理会计工具方法,主要阐述其基本理论和基本方法。本教材分为 12 章,第 1 章是管理会计及其工具方法概述,主要阐述管理会计的形成和发展、定义和原则,以及一般程序和管理会计职业道德,介绍了管理会计工具方法的定义、特征及应用指引体系,为全书奠定理论基础。第 2 章到第 12 章,依据《管理会计应用指引》的八大应用领域,厘清与"成本会计""财务管理"等课程重复的部分即投融资管理、战略管理和风险管理,主要阐述营运管理、预算管理、成本管理、绩效管理、管理会计报告等 5 个领域的主要工具方法。每章包括本章导语、引入案例、正文、本章思考、应用实操、案例链接等 6 个部分,正文部分介绍工具方法的产生背景、基本概念、计算公式及模型、应用评价等内容。应用实操部分主要借助 Excel 信息化工具或平台进行综合性的实操练习。案例链接部分主要以财政部推动的管理会计改革的实务案例为文献阅读和案例分析内容,突出反映我国管理会计改革的发展和实践成果,以丰富本教材的教学资源,便于教学的灵活使用和教学模式创新的开展。本书主要具有以下特点:

(1) 注重立德树人,融入课程思政元素。本教材遵循立德树人的根本宗旨,根据管理会计行业与课程的特点,除了第 1 章专门介绍管理会计师职业道德外,在各章的引入案例、案例链接和本章思考中融入社会责任、法制意识、职业道德等思政元素,便于教师在开展教学时利用相关素材开展案例教学、分组讨论、成果展示等,引导学生树立正确的世界观、人生观和价值观。

(2) 内容新颖,反映管理会计的最新发展。针对性地以财政部《管理会计基本指引》和《管理会计应用指引》所提出的八大应用领域的管理会计工具方法为依据,厘清与"成本会计""财务管理"等课程重复的部分,并进行教材内容的调整和框架的设计,契合管理会计课程比重加大的改革时机。本书的编写中融入了管理会计五大领域工具方法的最新进展,将思维能力培养、案例教学和应用实操融入教材,并将教学改革最新成果应用到教材编写当中,简明扼要地阐明基本理论、原理和方法,坚持理论联系实际,紧跟我国管理会计改革发展的理论和实践动态。

(3) 采用"理论知识+应用实操+实践案例"的教材体系,注重学生实践能力的培养。本教材采用"理论知识+应用实操+实践案例"教学体系,三条线既自成体系,又相互支撑,注重对学生的知识、能力、素质全方位的培养。通过专业理论模块实现教材的基本目标,即管理会计基本理论、工具方法的教学;通过实践案例模块,结合最新管理会计工具应用,注重思想性和启迪性,培养学生发现问题、分析问题、解决问题的能力;借助 Excel 信息化工具进行实操,注重培养学生运用现代信息技术解决管理会计问题的能力、综合数据分析决策能力,使学生学会运用管理会计工具方法来分析问题、解决问题,具备一定的数据处理和分析能力,从而为管理会计工作奠定良好基础。

(4) 强调线上线下结合的教和学,提供了丰富的案例资源。首先,每一章提供了 6 个有关管理会计理念、发展及其工具方法应用的实践案例,便于老师和学生进行课内外的阅读和讨论;其次,校企合作编写了一套以一家集团企业为模拟对象的实操案例,涉及本书 8 个章节的管理会计工具方法,不仅在这 8 个章节的"应用实操二"中附有相关分模块的实操练习,而且在全书结束后也可完成完整案例,企业背景、实操表格、实操答案等资料以二维码链接的形式提供;最后,全书匹配了 11 个教学重难点视频,扫描相关章节旁的二维码可观看,希望能有助于读者学习本书。

本书由高凯丽、戚啸艳主编,负责全书总体框架的构建、总纂,其他编写人员也都是来自于教学第一线的骨干教师,掌握学科的最新进展,能够将最新的知识高效地整合入教材,他们是陆旸、王晶晶、周莎等老师。本书第 1 章、第 9 章和第 12 章由高凯丽撰写;第 2~5 章由王晶晶撰写;第 6 章由周莎撰写;第 7 章、第 8 章、第 10 章由陆旸撰写;第 11 章由高凯丽、陆旸撰写;综合实操案例的修改和教材定稿由高凯丽负责。在本书编写过程中,编写团队与企业和行业专家合作开发应用实操案例,并得到 IMA 协会全球董事祝菁先生的案例资料支持,东南大学成贤学院董忧忧、姜瑞芃、华雨馨老师为本书的编写搜集了部分基础资料,在此致以诚挚的感谢。

由于作者水平和出版时间限制,书中难免存在疏漏和不妥之处,对于这些,作者难辞其咎,诚挚地希望读者对本书的不足之处给予批评指正。

编者
2021 年 8 月 26 日

目 录

第1章 管理会计导论 ··· 1
本章导语 ··· 1
引入案例 ··· 1
1.1 管理会计的定义 ··· 2
1.1.1 国外管理会计的定义 ··· 2
1.1.2 我国管理会计的定义 ··· 3
1.1.3 管理会计与财务会计的区别与联系 ··· 3
1.2 管理会计的产生与发展 ··· 5
1.2.1 管理会计的孕育阶段 ··· 5
1.2.2 管理会计的形成阶段 ··· 6
1.2.3 管理会计的发展阶段 ··· 7
1.3 管理会计的作用和基本原则 ··· 8
1.3.1 管理会计的作用 ··· 8
1.3.2 管理会计的基本原则 ··· 9
1.4 我国管理会计的指引体系 ··· 11
1.4.1 管理会计的基本指引 ··· 11
1.4.2 管理会计的应用指引 ··· 12
1.4.3 管理会计工具方法的特点与一般应用步骤 ··· 13
1.5 管理会计师与职业道德 ··· 15
1.5.1 管理会计师的职业组织及职业证书 ··· 15
1.5.2 管理会计师的职业道德 ··· 16
本章思考 ··· 18
应用实操 ··· 18
案例链接 ··· 19

第2章 成本性态分析与变动成本法 ··· 20
本章导语 ··· 20
引入案例 ··· 20
2.1 成本的分类 ··· 21
2.1.1 管理会计中的成本概念 ··· 21
2.1.2 支出、费用与成本的关系 ··· 21
2.1.3 成本的分类 ··· 22

2.2 成本性态分析 ········ 31
2.2.1 成本性态分析的含义 ········ 32
2.2.2 成本性态分析的基本假设 ········ 32
2.2.3 成本性态分析的程序 ········ 32
2.2.4 成本性态分析的方法 ········ 33
2.3 变动成本法与完全成本法 ········ 37
2.3.1 变动成本法与完全成本法的含义 ········ 38
2.3.2 变动成本法与完全成本法的区别 ········ 38
2.3.3 变动成本法与完全成本法的优缺点 ········ 42
2.4 变动成本法工具方法的应用评价 ········ 43
2.4.1 应用环境 ········ 43
2.4.2 应用领域 ········ 43
2.4.3 应用评价 ········ 44
本章思考 ········ 45
应用实操 ········ 45
案例链接 ········ 46

第3章 本量利分析 ········ 48
本章导语 ········ 48
引入案例 ········ 48
3.1 本量利分析概述 ········ 49
3.1.1 本量利分析的概念及作用 ········ 49
3.1.2 本量利分析的基本假定 ········ 50
3.1.3 本量利分析的模型 ········ 50
3.2 单一品种条件下的本量利分析 ········ 52
3.2.1 单一品种的盈亏平衡分析 ········ 53
3.2.2 单一品种的目标利润分析 ········ 56
3.2.3 单一品种条件下本量利分析的其他问题 ········ 58
3.3 多品种条件下的本量利分析 ········ 59
3.3.1 加权平均法 ········ 59
3.3.2 分算法 ········ 60
3.3.3 联合单位法 ········ 61
3.4 敏感性分析 ········ 62
3.4.1 敏感性分析方法 ········ 62
3.4.2 有关变量下限临界值的确定 ········ 63
3.4.3 敏感系数分析 ········ 64
3.5 工具方法评价 ········ 66
3.5.1 应用环境 ········ 66

3.5.2 应用领域 ... 67
 3.5.3 应用评价 ... 68
本章思考 ... 69
应用实操 ... 69
案例链接 ... 71

第4章 经营预测分析 ... 72
本章导语 ... 72
引入案例 ... 72
4.1 预测分析概述 ... 73
 4.1.1 预测分析的定义及分类 ... 73
 4.1.2 预测分析的特点 ... 74
 4.1.3 预测分析的基本程序 ... 74
 4.1.4 预测分析的方法 ... 75
 4.1.5 预测分析的内容 ... 75
4.2 销售预测 ... 76
 4.2.1 销售预测的意义 ... 76
 4.2.2 销售的定性预测 ... 76
 4.2.3 销售的定量预测 ... 77
4.3 成本预测 ... 80
 4.3.1 成本预测的意义 ... 80
 4.3.2 目标成本预测 ... 81
 4.3.3 产品成本水平及变化趋势预测 ... 82
4.4 利润预测 ... 85
 4.4.1 利润额及其变化趋势预测 ... 86
 4.4.2 目标利润预测 ... 88
 4.4.3 期望利润预测 ... 90
4.5 资金需要量预测 ... 94
 4.5.1 定性预测法 ... 94
 4.5.2 定量预测法 ... 94
4.6 工具方法评价 ... 96
 4.6.1 应用环境 ... 96
 4.6.2 应用评价 ... 97
本章思考 ... 98
应用实操 ... 98
案例链接 ... 101

第5章 经营决策分析 · · · · · · 102

本章导语 · · · · · · 102
引入案例 · · · · · · 102
5.1 经营决策概述 · · · · · · 103
 5.1.1 决策的概念及分类 · · · · · · 103
 5.1.2 经营决策的概念及特征 · · · · · · 105
 5.1.3 经营决策的主要内容及相关因素 · · · · · · 105
 5.1.4 经营决策常用的方法 · · · · · · 106
5.2 生产决策 · · · · · · 108
 5.2.1 新产品开发的决策分析 · · · · · · 109
 5.2.2 亏损产品是否停产、转产或增产的决策分析 · · · · · · 110
 5.2.3 产品是自制还是外购的决策分析 · · · · · · 114
 5.2.4 半成品是直接出售还是进一步深加工的决策分析 · · · · · · 115
 5.2.5 特殊价格追加订货的决策分析 · · · · · · 117
 5.2.6 生产工艺技术方案的决策分析 · · · · · · 120
 5.2.7 限制资源条件下产品生产最优组合的决策分析 · · · · · · 120
5.3 定价决策 · · · · · · 121
 5.3.1 定价决策概述 · · · · · · 121
 5.3.2 定价策略 · · · · · · 123
 5.3.3 定价方法 · · · · · · 124
本章思考 · · · · · · 128
应用实操 · · · · · · 129
案例链接 · · · · · · 129

第6章 预算管理 · · · · · · 130

本章导语 · · · · · · 130
引入案例 · · · · · · 130
6.1 预算与预算管理 · · · · · · 131
 6.1.1 预算的概念 · · · · · · 131
 6.1.2 预算管理的概念及作用 · · · · · · 131
6.2 预算管理的框架体系 · · · · · · 132
 6.2.1 预算管理的组织体系 · · · · · · 133
 6.2.2 预算编制的内容体系 · · · · · · 134
6.3 全面预算的编制 · · · · · · 135
 6.3.1 全面预算的编制程序 · · · · · · 135
 6.3.2 经营预算 · · · · · · 135
 6.3.3 专门决策预算 · · · · · · 142
 6.3.4 财务预算 · · · · · · 144

> 6.4 预算管理工具方法 ··· 147
>> 6.4.1 滚动预算的编制 ·· 147
>> 6.4.2 零基预算 ·· 149
>> 6.4.3 弹性预算 ·· 150
>> 6.4.4 作业预算 ·· 152
> 6.5 工具方法评价 ·· 153
>> 6.5.1 全面预算评价 ·· 153
>> 6.5.2 预算管理工具方法评价 ······································ 154
> 本章思考 ·· 155
> 应用实操 ·· 155
> 案例链接 ·· 161

第7章 标准成本法 ··· 162

> 本章导语 ·· 162
> 引入案例 ·· 162
> 7.1 标准成本法概述 ·· 163
>> 7.1.1 标准成本法产生的背景 ······································ 163
>> 7.1.2 标准成本法的含义 ·· 163
>> 7.1.3 标准成本的种类 ·· 164
>> 7.1.4 标准成本法的作用 ·· 164
> 7.2 标准成本的制定 ·· 165
>> 7.2.1 直接材料标准成本的制定 ···································· 165
>> 7.2.2 直接人工标准成本的制定 ···································· 166
>> 7.2.3 制造费用标准成本的制定 ···································· 167
>> 7.2.4 单位产品标准成本的制定 ···································· 169
> 7.3 成本差异的计算和分析 ··· 169
>> 7.3.1 直接材料成本差异的计算和分析 ······························ 170
>> 7.3.2 直接人工成本差异的计算和分析 ······························ 171
>> 7.3.3 变动制造费用成本差异的计算和分析 ·························· 172
>> 7.3.4 固定制造费用成本差异的计算和分析 ·························· 173
> 7.4 标准成本工具方法的评价 ·· 176
>> 7.4.1 标准成本法的应用环境 ······································ 176
>> 7.4.2 标准成本法的优缺点 ·· 177
> 本章思考 ·· 177
> 应用实操 ·· 178
> 案例链接 ·· 181

第8章 作业成本法 182
本章导语 182
引入案例 182
8.1 作业成本法产生的原因 183
8.1.1 生产力发展导致企业经营环境变化 183
8.1.2 传统成本核算方法的局限性 184
8.2 作业成本法的概念和原理 186
8.2.1 作业成本法的定义和核心概念 186
8.2.2 作业成本法的原理 187
8.3 作业成本法的计算 188
8.3.1 作业成本法的计算程序 188
8.3.2 作业成本法应用举例 191
8.4 时间驱动作业成本法 194
8.4.1 时间驱动作业成本法产生的背景 194
8.4.2 时间驱动作业成本法的概念和原理 195
8.4.3 时间驱动作业成本法应用举例 196
8.5 作业成本管理 197
8.5.1 经营性作业成本管理 197
8.5.2 战略性作业成本管理 198
8.6 作业成本工具方法的评价 199
8.6.1 作业成本法的应用环境 199
8.6.2 作业成本法的优缺点 199
本章思考 200
应用实操 200
案例链接 206

第9章 目标成本法 207
本章导语 207
引入案例 207
9.1 产品生命周期成本 208
9.1.1 产品生命周期成本的产生和含义 208
9.1.2 产品生命周期成本对应的成本管理工具 209
9.2 目标成本法概述 211
9.2.1 目标成本法的概念和本质 211
9.2.2 目标成本法的基本步骤 212
9.2.3 目标成本法的具体方法 213
9.3 目标成本法应用案例 216
9.4 目标成本法工具方法的评价 221

  9.4.1　目标成本法的应用环境 ······ 221
  9.4.2　目标成本法的优缺点 ······ 223
本章思考 ······ 223
应用实操 ······ 223
案例链接 ······ 224

第10章　责任会计与内部转移定价 ······ 225
本章导语 ······ 225
引入案例 ······ 225
10.1　责任会计概述 ······ 226
10.2　责任中心及其业绩考核 ······ 227
  10.2.1　成本中心 ······ 227
  10.2.2　利润中心 ······ 229
  10.2.3　投资中心 ······ 231
10.3　内部转移定价 ······ 233
  10.3.1　内部转移定价的含义 ······ 233
  10.3.2　内部转移定价的原则 ······ 234
  10.3.3　内部转移价格的制定方法 ······ 234
10.4　内部转移定价工具方法的评价 ······ 236
  10.4.1　内部转移定价的应用环境 ······ 236
  10.4.2　内部转移定价的优缺点 ······ 236
本章思考 ······ 236
应用实操 ······ 237
案例链接 ······ 237

第11章　绩效评价及工具方法 ······ 238
本章导语 ······ 238
引入案例 ······ 238
11.1　绩效评价概述 ······ 239
  11.1.1　绩效评价及其历史演进 ······ 239
  11.1.2　绩效评价的体系构成 ······ 240
11.2　平衡计分卡 ······ 243
  11.2.1　平衡计分卡的定义、战略目标和评价指标 ······ 243
  11.2.2　平衡计分卡的四个维度和特点 ······ 245
  11.2.3　平衡计分卡的特点 ······ 249
  11.2.4　平衡计分卡的应用实施和工具方法评价 ······ 251
11.3　关键绩效指标法 ······ 254
  11.3.1　关键绩效指标法的定义 ······ 254

  11.3.2 关键绩效指标体系的构建 ·· 255
  11.3.3 关键绩效指标法工具方法的评价 ··· 257
 11.4 经济增加值法 ·· 257
  11.4.1 经济增加值的概念和内涵 ··· 257
  11.4.2 经济增加值的计算 ·· 258
  11.4.3 经济增加值法工具方法的评价 ·· 260
 11.5 绩效棱柱模型 ·· 261
 本章思考 ·· 262
 应用实操 ·· 262
 案例链接 ·· 264

第12章 管理会计报告及信息化 ·· 265

 本章导语 ·· 265
 引入案例 ·· 265
 12.1 管理会计报告 ·· 266
  12.1.1 管理会计报告的概念及特点 ·· 266
  12.1.2 管理会计报告的分类及编制流程 ··· 267
  12.1.3 管理会计报告与管理工具方法及财务报告的关系 ···················· 271
  12.1.4 管理会计报告的应用评价 ··· 273
 12.2 管理会计信息化 ··· 273
  12.2.1 管理会计信息化的含义及其发展 ··· 273
  12.2.2 管理会计信息系统的建设 ··· 276
 本章思考 ·· 280
 应用实操 ·· 281
 案例链接 ·· 285

附录1 应用实操（二）案例基本资料 ··· 286
附录2 实操过程及参考答案 ··· 286
附录3 Excel应用实操技能思维导图 ·· 287
参考文献 ··· 288

第1章 管理会计导论

本章导语

管理会计萌芽于20世纪初,1952年,国际会计师联合会年会正式采用"管理会计"来统称企业内部会计体系,标志着管理会计正式形成,自此,现代会计分为财务会计和管理会计两大分支。管理会计也从以成本决策与财务控制为中心转向以管理控制与决策为中心,逐步形成了包括规划、决策、控制、评价等在内的管理会计体系。管理会计在西方得到广泛应用,一些国家也尝试将管理会计引入公共部门管理之中,并随着新公共管理运动的兴起在全世界范围推广。改革开放40多年来,我国管理会计经过了导入、变迁和发展的演进历程,财政部于2014年发布了《财务部关于全面推进管理会计体系建设的指导意见》,更是极大地推动了我国管理会计事业的向前发展,是我国全面推进管理会计体系建设的重要标志。

本章阐述了管理会计的不同定义,分析了管理会计与财务会计的区别和联系,介绍了管理会计形成与发展的三个阶段,尤其是我国管理会计的发展及管理会计指引体系的内容,归纳了管理会计工具方法的特点和应用步骤,最后对管理会计职业及其协会、相关的职业道德原则进行了说明。

引入案例

海尔的"人单合一模式"致力于让每一位海尔员工都成为自己的CEO(首席执行官),在为用户创造价值的同时实现自身价值。在这一战略方向的指引下,海尔财务开始从传统的会计型组织向管理会计型组织转型。

在企业战略创新的基础上,确立了"规划未来,引领双赢"的战略定位,创新"事前算赢"财务管理模式。在"事前算赢"的原则下,海尔将财务整合成四个模块——战略财务、业务财务、专业财务以及共享财务,人员结构也发生了很大的变化——战略和业务财务的人员达到了70%左右,专业财务人员为10%,而基础财务人员的人数则下降到20%左右。如此一来,财务组织便发生了巨大改变:一是财务人员从财务会计的角色转换到了管理会计的角色,由核算者变为业务的核算伙伴;二是整个财务功能发生结构性颠覆,此前大部分财务人员都在做核算财务,变革之后,业务财务人员占比已经有了非常大的提升;三是财务人员从独立的组织融入进业务,比如前端的融入财务人员主要做"事前算赢",他们基本上不做账、不报表、不管钱,而是从各个角度与各项业务部门一同创造价值、洞察机会,并成为帮助业务部门解决问题的"加速器",协同相关人员解决问题。

这些变革也体现了组织架构设计中的两个原则——集中的更集中、分散的更分散。集中的首先是战略财务,整个集团的财务方向、路径、政策、资源和风险都集中在战略财务上;其次是共享财务,运用云平台通过抢单模式将会计核算人员降低到240人,会计交易的处理效率提升了9倍多。接着,进一步打破了费用、收款等功能模块的边界,需要处理的单据都集中在一个云平台上,一个会计人员可以抢所有单,抢得越多,赚得越多。同时人均效率又进一步实现了2倍以上的提升。分散的则是业务财务,他们从企业后台走向前台,融入到各小微,为小微提供"事前算赢"的决策支持,实现价值最大化和可持续发展。而在专业财务领域,通过建流程、立规则驱动小微,并利用税务、资金等专业知识创造价值。

资料来源:谭丽霞.管理会计的创新驱动产业战略转型[J].中国管理会计,2017(1):56-62.

1.1 管理会计的定义

会计是一个信息系统,它是连接企业和经济决策制定者之间的一个纽带。首先,会计记录和计量了企业的经营活动数据;其次,将数据储存起来,并将其加工处理成为会计信息;最后,信息通过有效的方式和渠道传递给决策者,使决策者在各种稀缺资源之间做出合理选择,并对企业经营活动产生相应的影响。可见,会计是一个经济信息系统,输入的是企业的经济活动数据,输出的则是经济决策制定者所需要的会计信息。决策制定者即信息使用者,包括股东、管理者、债权人、政府部门、企业员工等,可以包括两大类:企业内部使用者和外部使用者。由此,随着现代管理科学和科学技术的飞速发展,会计逐步发展成为财务会计和管理会计两大分支。

财务会计是为企业外部使用者提供财务信息的会计,它主要通过提供定期的财务报表,为企业外部的利益相关者服务,发挥会计信息的外部社会职能。管理会计是为企业内部使用者提供管理信息的会计,它为企业内部使用者提供有助于正确进行经营决策和改善经营管理的有关资料,发挥会计信息的内部管理职能。

1.1.1 国外管理会计的定义

国际会计师联合会(International Federation of Accountants,IFAC)定义(1988年):管理会计是指在一个组织内部,对管理当局用于规划、评价和控制的信息(财务的和运营的)进行确认、计量、收集、分析、编报、解释和传输的过程,以确保其资源的合理利用,并对它们承担相应的管理责任。

英国特许管理会计师公会(The Chartered Institute of Management Accountants,CIMA)定义(2005年):管理会计是指运用会计和财务管理的相关原则,用以创造、保护、增加公共部门和私营部门中营利和非营利企业利益相关者的价值。管理会计是管理的重要组成部分,它需要识别、生成、展示、解释和使用相关信息来提供战略决策信息以及制定商业战略;计划长期、中期、短期的运营;制定资本结构决策并有效融资;决定股东和管理层的激励策略;为经营决策提供信息;控制运营,并确保资源的有效利用;计量财务和非财务绩效并报告给管理层和其他利益相关者;保全有形和无形资产;实施公司治理、风险管理和内部控制程序。2014年,CIMA对管理会计进行了重新定义:管理会计是为组织创造价值和保值而收集、分析、传递和使用与决策有关的财务和非财务信息。

美国管理会计师协会(The Institute of Management Accountant,IMA)定义(2008

年）：管理会计是一门专业学科，在制定和执行组织战略中发挥综合作用。管理会计师是管理团队的成员，工作在组织中的各个层级，从高层管理者到支持层面的会计和财务专家。管理会计师应具备在会计和财务报告、预算编制、决策支持、风险和业绩管理、内部控制和成本管理方面的知识和经验。

1.1.2 我国管理会计的定义

20世纪70年代末至80年代初，西方管理会计学的理论被介绍到中国。我国会计学者在解释管理会计定义时，提出如下具有代表性的观点：

1）边缘学科论

管理会计是从传统的、单一的会计系统中分离出来，与财务会计并列的独立学科，是一门新型的综合性边缘学科。

2）信息系统论

管理会计是通过一系列专门方法，利用财务会计、统计及其他有关资料进行整理、计算、对比和分析，是企业内部各级管理人员能据以对各个责任单位和整个企业日常和未来的经济活动及其发出的信息进行规划、控制、评价与考核，并帮助企业管理当局作出最优决策的一整套信息处理系统。

从内部报告会计的角度指出，未来的管理会计是以组织所服务的顾客终身价值最大化（战略考虑）为目标，以计算机和网络为主要途径，以财务数据为主要内容，同时结合非财务信息，为组织形成和提升其核心竞争力提供相关信息支持的管理信息系统。

3）会计分支论

管理会计是西方企业为了加强内部经济管理，实现利润最大化这一企业经营目标的最终目的，灵活运用多种多样的方式方法，收集、储存、加工和阐明管理当局合理地计划和有效地控制经济过程所需要的信息，围绕成本、利润、资本三个中心，分析过去、控制现在、规划未来的一个会计分支。

4）融合论

管理会计是将现代化管理与会计融为一体，为企业的领导者和管理人员提供管理信息的会计，它是企业管理信息系统的一个子系统，是决策支持系统的重要组成部分。

随着管理会计在我国的实践和不断发展，财政部于2014年10月27日颁发的《财政部关于全面推进管理会计体系建设的指导意见》中，为管理会计确定了如下定义：管理会计是会计的重要分支，主要服务于单位（包括企业和行政事业单位）内部管理需要，是通过利用相关信息，有机融合财务与业务活动，在单位规划、决策、控制和评价等方面发挥重要作用的管理活动。管理会计工作是会计工作的重要组成部分。

1.1.3 管理会计与财务会计的区别与联系

理解管理会计的定义，可以从其与财务会计的区别中来把握。管理会计是会计与管理的直接结合，它是适应科学管理理论的发展，从财务会计中派生出来的一门独立的新兴学科，主要为企业内部管理人员服务。它与财务会计不同，但也与财务会计存在着一定的联系。

1) 管理会计与财务会计的区别

财务会计通过定期提供财务报表为企业外部的有关组织和个人服务,这些组织和个人包括股东、债权人(比如银行、债券持有者和信贷提供者)、潜在投资者和政府部门。财务会计主要向外部使用者提供信息,这些信息只是企业决策执行和经营改善的结果,是一个组织在过去发生的信息。财务会计要受企业会计准则的制约。结果是,财务会计倾向于被规则驱动,学习财务会计主要是按照会计准则学习科目设置、账务处理和财务报表编制。相反,管理会计的目的是为组织内部的管理者提供各种信息,企业在管理会计系统的设计上有很大的灵活性。管理者可以利用这个灵活设计的系统帮助组织更好地作出有关人力、物力、财力资源以及产品、服务、渠道、供应者和消费者的决策。因此,财务会计和管理会计的主要区别见表1.1所示。

表 1.1 管理会计与财务会计的比较

项目	管理会计	财务会计
服务对象	企业内部各级管理人员及普通员工	企业外界有经济利害关系的团体和个人,如股东、债权人、主管机关等
核算目标	分析过去、预测规划未来、控制现在,即对经济过程进行预测、决策和控制,经营型会计	全面反映企业经营成果、财务状况等,即报账型会计
核算主体	不仅反映企业整体经营情况,也反映企业内部各责任单位经营活动情况	以企业为会计主体,反映整个企业财务状况、经营成果和现金流量情况
核算原则	不受企业会计准则的完全限制和严格约束	严格遵守企业会计准则
核算程序	程序性较弱,没有固定的工作程序可以遵循,可根据实际情况自行设计其工作流程	必须执行固定的会计循环程序,从凭证到账簿,再到财务报告,具有一定的强制性和程序性
核算方法	方法灵活多样,根据需要采用不同的方法进行处理,大量运用现代数学方法及计算机技术	方法比较稳定,多采用一般的数学方法进行会计核算
信息类型	财务信息,有关生产、技术、供应商、消费者和竞争者的数据;以实物形式表现的非财务信息	以货币形式表现的财务信息
信息质量特征	更多面向未来的信息,主要满足及时性和相关性要求	更多要求可靠性
核算时间	不受会计期间的限制,根据管理的需求编制不同的报告	面向过去进行核算和监督,按照规定的会计期间编制报告
法律效能	不向社会公开,故不具备法律效能,只有参考价值	向社会公开发布,具有一定的法律效能

2) 管理会计与财务会计的联系

虽然管理会计与财务会计在许多方面存在差别,但值得注意的是,它们之间也经常相互渗透,密切联系。

(1) 基本信息相同

管理会计一般不涉及填制凭证和按复式记账登记账簿的问题,它经常直接应用财务会计信息中的记账、算账和报账的资料进行分析研究;有时根据这些资料进行必要的加工、调整和延伸,再结合其他有关信息进行计算、对比和分析,从而编制各种管理报表,为改进企业内部经营管理、提高经济效益服务。

(2) 对象都是组织的资金运动

管理会计与财务会计同属现代会计的两大分支,它们管理的对象都是企业经济活动过程中的资金运动,只不过侧重点有所不同。在时间上,财务会计侧重反映和监督企业过去已经发生的经济活动中的资金运动,管理会计侧重于规划和控制企业未来和现在经济活动中的资金运动;在空间上,财务会计强调反映和监督整个企业经济活动中的资金运动,管理会计则主要通过各个项目决策和对未来期间的计划来全面规划和控制企业经济活动中的资金运动,而且十分注重对企业内部各个责任单位经济活动中资金的控制。

(3) 目的相同

管理会计和财务会计都要为使用者提供信息,在这一点上两者是一致的,最终目的都是使企业获得最大利润,提高企业的经济效益,增加企业价值。

(4) 相互融合,共同促进

一方面,管理会计的不断完善需要财务会计更为及时准确地提供能够反映企业财务状况和经营成果的信息;另一方面,财务会计的改革有助于管理会计的进一步发展,使之改变过去那种单纯反映过去、算"呆账"的报账型会计模式,建立面向未来决策的、算"活账"的经营型会计模式,开创会计管理工作的新局面。我国近年来管理会计理论与实践的发展中表现出来的一个重要特征是:管理会计与财务会计之间的相互交融开始增强。即有时传统的管理会计内容转化为财务会计的核算内容,有时一些管理会计的创新内容是从财务会计的实践中萌生出来的。譬如:适应报告企业社会责任的需要,增值会计有可能转化为财务会计的核算内容;适应预测企业未来业绩和财务状况的要求,原来属于管理会计的预测决策会计可能转化为对外报告会计的一个组成部分;适应表外信息披露的需求,财务分析将成为财务会计一个不可或缺的重要组成部分;随着企业集群、物流产业以及环保产业的发展,财务会计对供应链会计、碳会计等提出了进一步控制与监督的需求,进而为管理会计的创新提供了新的内容;等等。

1.2 管理会计的产生与发展

管理会计是一门产生于美国的新兴的边缘学科,它随着科学技术的进步和社会生产力的发展逐步从传统会计中派生出来,随着社会科学的进步和社会经济的发展而逐步形成,并不断发展演变,其产生和发展过程可以分为以下三个阶段。

1.2.1 管理会计的孕育阶段

管理会计产生于20世纪20年代,是以泰罗的科学管理学说为基础形成的。20世纪初,由于生产专业化、社会化程度的提高以及竞争的日益激烈,企业的生存和发展不仅取决于产量的增加,更重要的是成本的降低,管理效率的重要性日益凸显。在此背景下,美国工程师泰罗提出了以提高劳动生产率、标准化生产和专业化管理为内容的科学管理学说,其核心是通过他所倡导的时间研究、动作研究等,来制定在一定客观条件下认为可以实现的同时又是最有效率的标准,以实现生产的标准化,使工人的操作规程更加科学合理,从而最大限度地提高劳动生产率。泰罗制是科学地分析人在劳动中的机械动作,省去多余的笨拙动作,制定最精确的工作方法,实行最完善的计算和监督制度等。而最完善的计算和监督制度,当时在会计上的具体体现,主要包括标准成本、预算控制和差异分析等方面,它是会计为配合泰罗制的广泛实施,在计算和监督方面所取得的重大进展,特别是将严密的事前计算、事中控制和事后分析引进会计体系中来,使会计的工作内容不再局限于事后的核算,从而为会计更好地服务于企业管理开辟了一条新的途径。与此同时,变动成本法、利润坐标图等方法相继出现,在20世纪二三十年代,管理会计事实上已产生。

然而,以标准成本、预算控制和差异分析为主要内容的管理会计存在很大的局限性,其基本点只是在企业的战略、方向等重大问题已经确定的前提下,协助解决在执行中如何提高生产效率和生产经济效益的问题。而生产效率和生产经济效益的高低,通常可借助于投入与产出的对比关系来表现。把标准成本和差异分析纳入会计体系中,通过严密的事前计算、事中控制与事后分析,促进企业用较少的材料、工时和一定的生产设备生产出较多的产品,从而降低企业的生产成本,提高生产经济效果,其主要缺陷在于,与企业管理全局、企业同外界关系有关的问题没有在会计体系中得到应有的反映。因而总的来说,该时期仍处于管理会计发展历程中的初级孕育阶段。

1.2.2 管理会计的形成阶段

一般认为,管理会计大致形成于20世纪40年代至60年代。在第二次世界大战结束后,现代科学技术突飞猛进并大规模应用于生产,使生产力获得十分迅速的发展,跨国公司大量涌现,企业的规模越来越大,生产经营日趋复杂,企业外部的市场情况瞬息万变,竞争更加激烈。这些新的条件和环境,对企业管理提出了新的要求:一方面,强烈要求企业的内部管理更加合理化、科学化;另一方面,还要求企业具有灵活反应和高度适应的能力,否则就会在激烈的竞争中被淘汰。此时,泰罗制科学管理学说已无法适应管理的需求了。因为,泰罗制科学管理学说着眼于对生产过程进行科学管理,把重点放在对生产过程的个别环节、个别方面的高度标准化上,为尽可能提高生产和工作效率创造条件,但对于企业管理的全局、企业与外部的关系则很少考虑。另外,泰罗制科学管理学说没有把人当作具有积极性、创造性的个体,而是把人当作机器的附属品,强调管得严,才能提高效率,使企业职工处于消极被动和极度紧张的状态,势必引起企业职工的强烈不满和反对,因而不可能取得预想的效果。正是由于泰罗制科学管理学说带有这两个根本性的缺陷,不能适应战后资本主义经济发展的新形势和要求,它被现代管理科学所取代就成为历史的必然。

管理会计在新的历史条件下,以现代管理科学为基础,一方面丰富和发展了其早期形成的一些技术方法,例如,以杜邦公司为代表的大型企业倡导并发展了以事业部为基础、以投资净利率指标为核心、以"权责分散,监控集中"为精髓的杜邦财务指标体系,用来衡量各个部门的效率和整个企业的业绩,丰富并完善了以预算体系和成本会计系统为基础的财务控制体系；另一方面又大量吸收了现代管理科学中的运筹学、行为科学以及系统理论等方面的研究成果，把它们引进并应用到管理会计中来，管理会计向着精密的数量化技术方向发展，投入产出法、线性规划、存货控制和方差分析等规划决策模型的运用，极大地推动了管理会计在企业的有效应用，逐步形成了包括预测、决策、预算、控制、考核评价在内的管理会计内容体系。管理会计完成了从"为产品定价提供信息"到"为企业经营管理决策提供信息"的转变，由成本计算、标准成本制度、预算控制阶段发展到管理控制与决策阶段，并且，在原有成本会计的基础上，形成了一个新兴的会计分支即管理会计。在1952年国际会计师联合会上正式通过了"管理会计"（management accounting）这个专有名词，标志着管理会计学科的诞生。

1.2.3 管理会计的发展阶段

20世纪60年代末至今大致都可称作管理会计的发展阶段。进入20世纪70年代，社会经济发展出现了新的变化，顾客化生产在激烈的竞争环境下被提出。市场全球化使企业面临更加激烈的市场竞争，企业面临的市场从过去的已知顾客群转向包括潜在顾客群在内的多样化的顾客群体。顾客化生产就是以顾客为中心，以顾客的满意程度为判断依据，在对顾客需求进行动态掌握的基础上，在较短的时间内完成从产品设计、制造到投放市场的全过程。由于科学技术的发展，特别是计算机、网络和远程通信等技术上的突破，使西方国家开始由工业社会向信息社会转变，企业开始重视对无形资产（如人力资产、信息资产、组织资产、声誉、技术等）的开发利用，传统的财务指标的内在缺陷凸显，即无法反映那些导致财务指标变化的驱动因素（如人力资源、客户满意度、品牌、优质服务、企业文化、研发能力等）。在新的企业经营环境下，财务指标的这些内在缺陷越来越充分地暴露出来。

由于市场竞争的日趋激烈和世界经济一体化的发展，国际经济竞争从较低层次的产品营销竞争发展到较高层次的全球化战略竞争，企业的计划必须以外部环境的变化为基础，更加留心市场的动态，更加密切关注竞争对手，企业战略管理理论与实践由此产生和发展。著名管理学家西蒙于1981年首次提出了"战略管理会计"一词。他认为，战略管理会计应该侧重于本企业与竞争对手的对比，搜集竞争对手关于市场份额、定价、产量等方面的信息。战略管理会计研究的主要内容应包括市场份额的评估、战略预算的编制（把本企业和竞争对手的信息按多栏式预算格式加以对比反映）和竞争地位的变化研究（以企业现有状态为起点，改变资本结构或定价策略将给企业竞争地位造成的影响）等。

到了20世纪80年代末，西方会计界人士提出，既然战略管理会计源于企业未来的战略，那么不同的企业战略所要求的战略管理会计的侧重点也就有所不同。比如，1978年，迈尔斯和斯诺按企业对外部环境变化所持的不同战略，把企业分为防卫者、开拓者、分析者和被动者四类。随后，以哈佛大学商学院的迈克尔·波特为代表的美国学者对战略管理展开系列研究。战略与管理会计结合，并与传统的管理会计理论和方法相衔接（如预算、成本控制、业绩评价等），运用价值链分析、平衡计分卡、战略地图等战略分析与管理方法，从而将管理会计打造成企业战略实施的工具。

20世纪90年代，英美的管理会计进一步发展，主要集中在作业成本会计实证研究、战略成本分析、目标成本法、生命周期成本法、资源消耗会计等内容的战略研究，应用行为科学进行的组织行为、管理决策与管理会计信息之间的关系及个人行为等方面的研究等。

进入21世纪以来,基于战略视角的管理会计研究通过战略重组、流程再造等理念促使管理会计向内部流程重组及行业价值链、供应链领域扩展;此外,网络经济时代的管理会计如管理会计与科技创新渗透及相互驱动、不同国家文化背景对管理会计的影响等研究成为现阶段的重要课题,同时,管理会计与其他学科相互渗透、融合,如与信息经济学、行为科学融合,很大程度上深化和拓宽了管理会计的学科内容,也使管理会计从局限于制造企业的应用被普及到服务性企业、非营利组织和政府部门,并在这些企业或组织的管控系统中居于主导地位。

1.3 管理会计的作用和基本原则

1.3.1 管理会计的作用

管理会计为一个企业(或组织)内部的各类管理者乃至普通员工的决策提供信息,在本质上它是一种创造企业价值的信息系统。这种信息包括管理会计应用过程中所使用和生成的财务信息与非财务信息,将财务信息与非财务信息结合起来,既保证了企业经营活动不会偏离企业价值创造的轨道,又表明了管理会计创造企业价值的基本形态。管理会计作为信息支持系统与管理控制系统的集合体,通过服务于单位(包括企业和行政事业单位)内部管理需要,可应用于战略管理、预算管理、成本管理、营运管理、投融资管理、绩效管理、风险管理等领域,在单位规划、决策、控制和评价方面发挥重要作用,直接参与企业价值的创造。

管理会计创造企业价值是通过企业内部各类管理者和员工利用管理会计信息来实现的,管理会计创造企业价值的路径有以下几个方面。

1) 协助战略的制定与实施

企业管理的现实需求促使管理会计不断提升其职能发挥的层面,从日常的战术性决策向长远的战略决策拓展,从战术管理向战略管理延伸。应用企业管理会计的战略导向原则,充分展现了管理会计职能向战略层面延伸的趋势。企业战略是企业从全局考虑做出的长远性谋划,战略实施的主要手段是企业管理控制系统战略制定及其实施方法的创新,它扩充了管理会计的内容和种类,使得管理会计不再只是关注成本管理、预算管理等单一领域,而是更加注重从战略的高度渗透于企业的决策、规划与绩效评价等一系列环节。管理会计将在信息技术的支持下通过对现有管理会计职能的完善和延展,为企业管理者提供有助于作出战略决策的相关信息,帮助企业实现基业长青的美好愿景。

2) 提供决策支持

管理会计将管理和会计有机地结合起来,在企业内部作为决策支持系统(Decision Support System)为决策者提供全面的、及时的信息服务,以用于决策的制定。决策是在充分考虑各种可能的前提下,按照客观规律的要求,通过一定程序对未来实践的方向、目标、原则和方法作出决定的过程。决策既是企业经营管理的核心,又是各类管理人员的主要工作。管理会计主要以提供与决策相关的信息的方式参与企业内部管理,充分利用所掌握的资料,严密地进行定量分析,帮助企业管理当局作出科学的决策。

3）制定企业规划

企业规划是对企业未来的生产经营情况进行全面的筹划和科学的安排，管理会计的规划职能是通过编制各种计划和预算实现的。管理会计要求在最终决策方案的基础上，将企业规划所确定的各个管理层次、每个业务领域及不同时间范围内的目标落到全面预算中，并进一步分解各项预算指标，通过编制责任预算的方式，合理、有效地组织和协调企业经营链条上的各个环节，充分利用企业可以支配的人力、物力和财力资源，确保全面预算的实现，并为业绩考核及评价奠定基础。

4）实施企业经营管控

战略实施的主要手段是企业经营管控系统，基于企业经营管控系统产生了对管理会计信息的需求。企业经营管控是通过一定的手段对企业的经济活动施加影响，使之能够按预定目标进行的过程。企业经营管控系统可界定为由制定业绩标准、监督业绩标准的执行、对业绩进行考核及评价这3个要素所构成的机制。因此，相应的管理会计信息也包括业绩标准、实际业绩监督反馈和业绩奖惩等信息。

（1）制定业绩标准

管理会计可以协助管理者规划企业长期、短期的经营目标，控制企业的经营活动。控制作为修正决策、调整和引导决策执行者行动方向的基础，主要是通过落实责任和分析计划执行情况体现的。例如，根据事先编制的预算，实时控制企业的经济活动，对发生的实际经济活动进行同步计量、记录和报告，确定偏离程度，计算差异并分析差异产生的原因，确定相关责任。

（2）监督业绩标准的执行

管理会计通过控制监督职能，提供管理会计信息作为修正决策、调整和引导决策执行者行动方向的基础，能够有效地发挥对生产经营活动的干预作用，使计划、组织和控制过程共同形成一个协调地贯穿整个管理会计信息系统的连续循环。

（3）业绩考核及评价

业绩考核是指有目的、有组织地对企业员工及其工作成果与岗位目标进行对比、分析和评价，提出奖惩及改进意见。管理会计履行考核经营业绩的职能，是通过建立责任会计制度来实现的，即在各部门明确各自责任的前提下，逐级考核责任指标的执行情况。管理会计能够根据企业的管理需要和业务特点等，参与目标管理和绩效考核标准及评价系统的建立，为奖罚制度的实施和未来改进措施的形成提供必要的依据。

由于管理会计具备战略、财务管理、业务管理的视野，既可以站在企业战略的高度关注企业的全局性，又可以从企业的某个工作岗位出发，注重某个工作细节的重要性，因此管理会计具有的评价职能能够贯穿于目标管理标准和绩效考核系统的制定、执行及评价全过程，发挥其他管理职能无法替代的作用，成为目标管理和绩效考核体系的积极推动力和创新力，达到最大化企业价值的目的。

1.3.2 管理会计的基本原则

管理会计基本原则的内容包括最优化原则、效益性原则、决策有用性原则、及时性原则、重要性原则、灵活性原则等。

1）最优化原则

最优化原则要求管理会计必须根据企业不同管理目标的特殊性，按照优化设计的要求，认真组织数据的搜集、筛选、加工和处理，以提供能满足科学决策需要的最优信息。

2）效益性原则

效益性原则包括两层含义。第一，是指信息质量应有助于管理会计总体目标的实现，即管理会计提供的信息必须能够体现管理会计为提高企业总体经济效益服务的要求；第二，是指坚持成本-效益原则，即管理会计提供信息所获得的收益必须大于为取得或处理该信息所花费的成本。

3）决策有用性原则

现代管理会计的重要特征之一是面向未来决策，因此是否有助于管理者正确决策，是衡量管理会计信息质量高低的重要标志。决策有用性是指管理会计信息在质量上必须符合相关性和可信性的要求。

信息的相关性是指所提供的信息必须紧密围绕特定决策目标，与决策内容或决策方案直接联系，符合决策要求。对决策者来说，不具备相关性的信息不仅毫无使用价值，而且干扰决策过程，加大信息成本，必须予以剔除。由于不同决策方案的相关信息是不同的，这就要求具体问题具体分析，不能盲目追求所谓的全面完整。

信息的可信性又包括可靠性和可理解性两个方面，前者是指所提供的未来信息估计误差不宜过大，必须控制在决策者可以接受的一定区间内；后者是指信息的透明度必须达到一定标准，不至于导致决策者产生误解。前者规范的是管理会计信息内在质量的可信性，后者规范的是管理会计信息外在形式上的可信性。只有同时具备可靠性和可理解性的信息，才可以信赖并可能加以利用。必须注意的是，不能将管理会计提供的未来信息应当具备的可靠性与财务会计提供的历史信息应具备的准确性、精确性或真实性混为一谈。

4）及时性原则

及时性原则要求规范管理会计信息的提供时间，讲求时效，在尽可能短的时间内，迅速完成数据收集、处理和信息传递，确保有用的信息得以及时利用。不能及时发挥作用、过时的管理会计信息，从本质上看也是没有用处的。管理会计强调的及时性，其重要程度不亚于财务会计所看重的真实性、准确性。

5）重要性原则

虽然管理会计并不需要像财务会计那样，利用重要性原则来修订全面性原则，但也强调在进行信息处理时，应当突出重点，抓住主要矛盾。对于关键的会计事项，认真对待，采取重点处理的方法，分项单独说明；对于次要事项，可以简化处理，合并反映；对于无足轻重或不具有相关性的事项，甚至可以忽略不计。贯彻重要性原则，必须考虑到成本-效益原则和决策有用性原则的要求，同时它也是实现及时性的重要保证。

6）灵活性原则

尽管管理会计也十分讲究其工作的程序化和方法的规范化，但必须增强适应能力，根据不同任务的特点，主动采取灵活多变的方法，提供不同信息，以满足企业内部各方面管理的需要。这就是灵活性原则的要求。

1.4 我国管理会计的指引体系

我国管理会计指引体系

根据《会计改革与发展"十二五"规划纲要》,中国会计行业的主管机构——财政部,于2014年10月27日正式出台了《财政部关于全面推进管理会计体系建设的指导意见》,首次从国家主管部门的角度确定了未来我国管理会计发展建设的指导思想、基本原则和主要目标,并提出四个方面的主要任务和落实任务的基本措施。第一,推动加强管理会计基本理论、概念框架和工具方法研究,形成中国特色的管理会计理论体系。第二,推进管理会计指引体系建设,逐步形成以管理会计基本指引为统领、以管理会计应用指引为具体指导、以管理会计示范案例为补充的管理会计指引体系。第三,推动建立会计人才能力框架,完善现行会计人才评价体系。第四,指导单位建立面向管理会计的信息系统,以信息化手段为支撑,实现会计与业务活动的有机融合,推动管理会计功能的有效发挥。

2016年6月,《管理会计基本指引》正式发布,并于2017年10月开始陆续发布《管理会计应用指引》系列公告。按照财政部的路线图,管理会计制度建设沿着"基本指引—应用指引—案例指南—咨询服务"的路径全面推进。

1.4.1 管理会计的基本指引

《管理会计基本指引》重在实务指导,即在对管理会计的目标、原则等概念进行统一的基础上,重点从单位管理会计应用的角度分别在应用环境、管理会计活动、工具方法、信息报告四个方面提供指导;同时《管理会计基本指引》还扩大了管理会计的应用范畴,将管理会计的应用领域从传统的预算、成本和业绩评价扩大到经营管理、战略管理、投融资管理、风险管理等方面,使得管理会计的内容与职能得到进一步扩充与丰富。《管理会计基本指引》在管理会计框架结构中居于统领地位,是《管理会计应用指引》和《管理会计案例示范集》的理论支撑,并对构建中国特色的管理会计理论与方法体系起到了引领方向和统驭全局的作用,其中包括了四个原则和四个要素。

1) 管理会计的四个原则

《管理会计基本指引》强调单位在管理会计理论与实务中需要遵循的原则是战略导向、融合性、适应性、成本效益原则,与本章上一节中管理会计的基本原则并不冲突。

(1) 战略导向原则。管理会计的应用应以战略规划为导向,以持续创造价值为核心,促进单位可持续发展。该原则在管理会计中的呈现是全方位、全过程和全面的。管理会计应有权变性意识,需要用战略的眼光来观察企业的经营与投资活动,符合可持续发展的价值创造内涵与外延,并以能够实现企业的价值增值为基本目标。

(2) 融合性原则。管理会计应嵌入单位相关领域、层次、环节,以业务流程为基础,利用管理会计工具方法,将财务和业务等有机融合。管理会计本质上就是一种"业财融合"的管理活动,作为市场经济主体的企业,其经营和投资活动本身就是"业财融合"的,即"业务催生财务,财务推动业务"。

(3) 适应性原则。管理会计的应用应与单位应用环境和自身特征相适应,单位自身特征包括单位性质、规模、发展阶段、管理模式、治理水平等。由于企业所处的发展阶段不同，以及行业、规模、产权性质、管理模式和治理水平等不同，管理会计在企业实践中的适应能力是有差异的。因此，只有结合企业自身的内部条件，并因地制宜地选择管理会计工具方法，合理地加以推广应用，才能获得最佳的效率与效益。

（4）成本效益原则。管理会计的应用应权衡实施成本和预期效益，合理、有效地推进管理会计的应用。管理学大师彼得·德鲁克说过，企业家需要在成本效益原则的基础上做好两件事：一是销售，二是控制成本。它预示着，成本效益原则的贯彻必须在控制成本（降成本）的同时实现销售收入的增长（增效益）；同时，积极防范和化解企业面临的各种风险，以确保获得高质量的收益。

2）管理会计的四个要素

在《管理会计基本指引》中，第二章至第五章分别就应用环境、管理会计活动、工具方法和信息与报告等进行了详细阐述，这些概念就是管理会计的四大要素。

（1）应用环境。管理会计的应用环境可以进一步划分为内部与外部环境。内部环境包括高层主管意向、员工意识和专业知识等；外部环境包括经济体制、市场状况、技术应用等。管理会计要适应环境的变化，动态地调整自身的经营与投资战略，在高质量经济增长的同时，不断提高企业的核心竞争力。

（2）管理会计活动。管理会计活动是指单位利用管理会计信息，运用管理会计工具方法，在规划、决策、控制、评价等方面服务于单位管理需要的相关活动。因此，管理会计活动包含"信息支持"与"管理控制"两个方面，即要求企业合理利用管理会计信息，科学选择管理会计工具方法，在规划、决策、控制、评价等方面，为服务企业的管理实践发挥积极作用。

（3）工具方法。广义地讲，企业管理中与价值创造相关的模型、技术、流程等均可以称为工具方法。狭义的管理会计工具方法往往体现为一个相对独立的管理控制与信息支持的闭环，是由政府机构（如我国财政部）或民间组织（如英国特许管理会计师公会）等发布的具有实用性、操作性的技术方法规范。包括与企业管理有关的战略管理、预算管理、成本管理、营运管理、投融资管理、绩效管理、风险管理和其他领域这八大领域相对应的模型、技术、流程等内容。

（4）信息与报告。管理会计信息包括开展管理会计活动过程中所使用和生成的财务信息和非财务信息，是管理会计报告的基本元素；管理会计报告是管理会计活动成果的重要表现形式，旨在为报告使用者提供管理所需要的信息，是管理会计活动开展情况和效果的具体呈现。管理会计报告按照期间可以分为定期报告和不定期报告，按照内容可以分为综合性报告和专项报告。企业可以根据管理需要和管理会计活动性质设定报告期间，信息与报告是管理会计的最终成果，也是管理会计控制系统的基础。

1.4.2 管理会计的应用指引

《管理会计应用指引》包括概括性指引和工具方法指引，是在总结提炼目前在我国企业普遍应用且较为成熟的部分管理会计实践的基础上，专门设计的针对企业开展管理会计特定工作的具体指导。概括性指引是应用指引的"纲"，阐述这一大类中相关管理会计工具方法的共性内容，由总则、应用程序和附则等组成。工具方法指引则为"目"，一般由总则、应用环境、应用程序、工具方法评价和附则等组成。其中,总则主要介绍应用相关工具方法的目标、基本定义、原则等;应用环境主要介绍应用相关工具方法所需要的内、外部环境;应用程序主要介绍应用相关工具方法的应用流程;工具方法评价主要介绍应用相关工具方法的优缺点。

概括性指引以"100""200""300"等标示,主要介绍该领域的相关管理程序,其中的"其他"领域暂没有概括性应用指引;具体应用指引以"101""201""202""301""302"等标示,以管理会计工具方法的应用等内容介绍为重点。2017年9月29日,财政部发布了22项管理会计应用指引,2018年8月17日发布了7项管理会计应用指引,2018年12月27日发布了5项管理会计应用指引,如表1.2所示。

表1.2 中国管理会计工具方法

类别	基本工具方法
战略管理(第100号)	101 战略地图
预算管理(第200号)	201 滚动预算、202 零基预算、203 弹性预算、204 作业预算
成本管理(第300号)	301 目标成本法、302 标准成本法、303 变动成本法、304 作业成本法
营运管理(第400号)	401 本量利分析、402 敏感性分析、403 边际分析、404 内部转移定价、405 多维度盈利能力分析
投融资管理(第500号)	501 贴现现金流法、502 项目管理、503 情景分析、504 约束资源优化
绩效管理(第600号)	601 关键绩效指标法、602 经济增加值法、603 平衡计分卡、604 绩效棱柱模型
风险管理(第700号)	701 风险矩阵、702 风险清单
其他(第800号)	801 企业管理会计报告、802 管理会计信息系统、803 行政事业单位

财政部的《管理会计应用指引》的框架设计,既便于企业或单位在同一领域选择适用的工具方法,又体现了开放性的特点,可以随工具方法在实践中的完善而予以补充。从工具方法指引的构成看,应用指引通过对管理会计各项工具进行系统梳理,明晰地告诉企业,这些工具是什么、怎么用、有哪些优缺点、运用的环境、如何选择、预计效果如何等。

从《管理会计应用指引》包含的工具来看,涵盖了财务管理的大部分内容,推行管理会计的过程中,会面临以下两难选择:第一,重新划分学科,将财务管理学全盘纳入管理会计学体系;第二,维持会计学科与财务学科并行分立的现状,人为造成管理会计学与财务管理学的内容重复交叉。从教学的角度,为了避免陷入以上困境和内容重复,将原本属于财务管理的内容,不纳入本教材,主要讲授营运管理、成本管理、预算管理、绩效管理和其他这五个领域的管理会计工具方法的相关理论和企业实践应用。

1.4.3 管理会计工具方法的特点与一般应用步骤

管理会计工具方法是从管理会计实践出发,基于某一核心概念并加以延伸而构建的,能够帮助管理会计人员提升绩效、促进决策、支持战略目标以及增加价值的框架模型、技术或流程。《管理会计基本指引》明确指出,管理会计工具方法具有理论与实践的双重意义,它不仅是作为实现管理会计目标的重要手段,还是发挥管理会计强大功能的主要载体,管理会计理论与实践都需要通过具体的工具方法得以应用和落实。管理会计工具方法是管理会计理论的具体化、模型化，管理会计理论使管理会计工具方法具备逻辑严密性。

据统计，管理会计工具方法有100多种，众多的管理会计工具方法，从实践角度分析，主要有3个方面的特点：源于实践、易于操作、相对独立。

第一，管理会计工具方法源于实践。虽然大多管理会计工具方法以某一核心理论为出发点，但都需要经过实践的检验，在实践中持续改进。比如丰田汽车以准时化发展方式实现精益制造管理；又如卡普兰和诺顿在20世纪90年代提出平衡计分卡，也是在总结大量企业的实践应用后，上升为工具方法，从而具备了推广性。

第二，管理会计工具方法易于操作。管理会计工具方法的产生，直接作用是使管理会计理论更具操作性，主要表现在：一是模型化的工具方法易于收集和传递信息，易于信息化。二是有针对性地解决管理问题。由于工具方法本身是问题导向的，其使用的效果也具有明显的问题导向。三是与管理流程和业务流程融合。

第三，管理会计工具方法相对独立。目前主流的管理会计工具方法往往以某一选定的因素为核心并作为理论起点，用选定的分析性工具展开其理论架构，在达到工具本身逻辑严密的同时，也带来与其他管理工具相容性不高的问题。

另外，在我国供给侧结构性改革的背景下，"中国制造2025""互联网＋"等战略与理念的提出与运用，使得管理会计的理论与实践进入崭新的大发展时期。在此时期，由于市场环境、技术、组织规模、战略、文化等因素，都深刻影响着管理会计工具的应用与改革，因此，根据当前我国的经济背景，综合考虑市场结构、市场竞争、生产方式等现实环境并选择恰当的管理会计工具非常重要。每种管理会计工具方法都具有个性化的特点，应该强调适用性，只有与企业组织架构、管理特点相适应的管理会计工具方法才能在企业中得到有效应用。管理会计工具方法选择与使用的步骤可以归纳为：识别应用环境、选择工具方法、适应性改良与整合应用。

第一步：识别应用环境。企业应结合每种管理会计工具方法的特点，对内外部应用环境进行分析。比如作业成本管理和标准成本管理的应用环境明显不同：标准成本管理一般适用于产品及其生产条件相对稳定，或生产流程与工艺标准化程度较高的企业；作业成本管理则主要适用于作业类型较多且作业链较长，产品、顾客和生产过程多样化程度较高以及间接或辅助资源费用所占比重较大的企业。

第二步：选择管理会计工具方法。各企业应根据管理特点和实践需要选择相应的工具方法。财政部印发的《管理会计基本指引》中提出管理会计应用需考虑适应性原则，即管理会计的应用应与企业内外部环境和性质、行业、规模、发展阶段等自身特征相适应，并随内外部环境和自身特征的变化及时进行相应调整。企业在选择管理会计工具方法时也要遵循适应性原则。一是需要坚持从企业经营管理实际需求出发，广泛查阅相关文献、理论著作、核心期刊等资料，搜索国内外理论研究、运用实践、经验总结中的管理会计工具方法。二是确定与本企业治理结构、组织架构、行业性质、管理方式相适应的管理会计工具方法。三是应结合企业所处发展阶段的管理重点和需提升的管理短板，遵循问题导向原则，以及本企业推进管理会计体系建设的整体目标，确定应用管理会计工具方法的节奏和顺序。

第三步：适应性改良与整合应用。实践中，管理会计各种工具方法通过"交叉"应用实现了融合发展。一是战略管理、绩效管理、营运管理领域的管理会计工具方法创新速度明显加快,实践热度显著提升。二是战略地图、平衡计分卡、战略中心型组织、绩效计划、战略成本管理、EVA(Economic Value Added,经济增加值)管理等"交叉型"工具方法在国内企业中大量应用。三是供应链成本管理等工具跨越单体企业边界,在产业链角度寻求价值创造的空间和潜力。

1.5 管理会计师与职业道德

1.5.1 管理会计师的职业组织及职业证书

管理会计师职业组织主要是指导管理会计研究和实务的专业机构,并负责举办管理会计师资格考试及管理会计师业务培训与管理等。目前,在世界上有较大影响的是英国特许管理会计师公会和美国管理会计师协会,我国没有专门的管理会计师协会,而是在中国会计学会下设管理会计与应用专业委员会,见表1.3所示。

表1.3 主要管理会计师组织比较表

国家	组织	
	为管理会计制定指南和准则的组织	管理会计师专业组织
中国	财政部: 全面推进中国特色管理会计体系建设,推进管理会计理论体系、管理会计指引体系、管理会计人才队伍建设和管理会计的信息系统建设,促进管理会计咨询服务市场显著繁荣,使我国管理会计接近或达到世界先进水平	中国会计学会管理会计专业委员会: 中国会计学会是财政部所属由全国会计领域各类专业组织,以及会计理论界、实务界专业人员自愿结成的学术性、专业性、非营利性社会组织,管理会计专业委员会为中国会计学会下设的专业委员会之一。 中国总会计师协会(CACFO): 跨地区、跨部门、跨行业的全国非营利一级社团组织,组织开展管理会计师职业能力水平评价工作,探索基于业财融合的管理会计人才培养的其他途径
美国	联邦机构: 国内税务总署,制定与税务有关的产品成本核算准则; 联邦贸易委员会(FTC),限制竞争,保护贸易,规范定价以保证企业基于成本定价,分业报表; 证券交易委员会(SEC),制定财务报告的法规准则,规范管理会计师核算产品成本的行为; 成本会计准则委员会(CASB),制定、颁布、修改和终止成本会计的准则和解释,保证政府的供应商所使用的成本会计准则前后一致,并防止欺诈和滥用。 民间组织: 财务会计准则委员会(FASB)、美国注册会计师协会(AICPA),为财务报告实务制定准则,AICPA还以新闻简报、杂志、专业研讨会和技能讲座的形式为执业会计师提供教育机会	管理会计师协会(IMA): 旨在促进管理会计师实务能力和专业性的提高,主要目的是指导管理会计的研究与实务,并负责管理会计师资格考试和相应的业务培训与管理。IMA有杂志、新闻简报、研究报告、管理会计实务报告、专业发展研讨会以及为管理会计师提供继续教育的每月技能讲座等,也负责主办管理会计师资格考试。 财务经理协会(FEI): 主要为财务人员,包括总会计师和财务经理提供服务,由于其会员制的性质,FEI更关注管理与经营控制问题

续表

国家	组织	
	为管理会计制定指南和准则的组织	管理会计师专业组织
英国	会计准则理事会(ASB)： 英国会计准则制定机构，名义上隶属于会计团体咨询委员会，但它受到具有更广泛代表性的财务报告委员会(FRC)的制约(其成员由会计师事务所、律师事务所、证券交易所、银行和上市公司的代表所组成)，是带有部分官方色彩的、半独立的机构	特许管理会计师公会(CIMA)： 旨在促进管理会计师实务能力和专业性的提高，主要目的是指导管理会计的研究与实务，并负责管理会计师资格考试和相应的业务培训与管理。主要职能是为其在工商业界、非营利性机构及公共部门服务的会员提供教育和培训，具体包括：管理会计师资格认证、会员支持、坚持职业准则等

管理会计职业证书的作用是为管理会计师的经验、培训和业绩提供一个具体的衡量指标，证书是管理会计师显示专业业绩和成果的一种途径，在我国，财政部已委托中国会计师协会展开管理会计人才能力框架与评价体系研究，并推出了管理会计师专业能力认证项目。主要职业证书见表1.4所示。

表1.4 管理会计师主要职业证书简介表

国家	管理会计师相关职业证书
中国	管理会计师专业能力(PCMA)证书 管理会计师证书分为初级、中级、高级、特级，由中国总会计师协会颁发，是中国财经领域颇具影响力的管理会计人才证书。初级、中级、高级采取考试方式，特级采取评审方式。初级主要面向中基层从业者和大学在校生，中级主要面向有一定能力基础、经验较为丰富的从业人员，高级主要面向具备高素质水平的从业人员，学员在接受管理会计师专业能力培训，参加并通过管理会计师专业能力考试后，则可取得相应的管理会计师专业能力证书
美国	注册管理会计师(CMA)证书 会计师通过资格考试并拥有一定背景和经验后颁发。考试涉及管理会计实务的四个方面：经济学、财务和管理学，财务会计与报告，管理分析与报告，决策分析与信息系统。取得考试资格的前提是必须具备下列条件之一：在该协会立案的大学获得学士学位；达到该协会规定的研究生入学考试(GRE)或管理研究生入学考试(GMAT)成绩；已取得美国注册会计师资格或该协会认可的其他国家的相关专业资格证明
英国	特许管理会计师(CIMA)证书 参加考试的成员必须至少达到大学毕业标准或相当学历，共7科考试，48小时。考生在通过以上7科考试，并具有3年管理会计工作经验后，可以申请为非正式会员；具有财务经理或财务主任等高层次岗位3年工作经验后，方可获得特许管理会计师资格证书

1.5.2 管理会计师的职业道德

会计职业道德在预防和减少会计舞弊、财务丑闻中发挥着非常重要的作用，因为职业会计师对大众、专业团队、服务机构及其本身，有维持最崇高道德准则的义务。基于公众利益导向的关键职业特征，世界主要国家和IFAC均将职业会计师(包括单位会计人员和注册会计师)应共同遵循的职业道德基本原则定为诚信、客观公正、专业胜任能力与勤勉尽责、保密、良好职业行为等五项最通用的基本原则。其中,诚信为会计职业道德的首要原则,客观公正、专业胜任能力与勤勉尽责、保密为三项核心原则,而良好职业行为则是一项具有综合与兜底性质的基本原则。

管理会计师主要从事内部会计工作,在进行战略规划、资源分配、管理控制和计划等相关经营活动中,难免会面临利益冲突和道德困境,要作出正确的职业判断,很大程度上受到法律、社会道德标准、职业道德标准和管理会计师个人价值观的影响。对于管理会计师在工作中应遵守的职业道德,一般由国家会计师协会或管理会计师协会颁布,如英国特许管理会计师公会(CIMA)2015年更新的管理会计师职业道德指南,以《国际职业会计师道德准则》为基础,主要规定为:正直(integrity)、客观(objectivity)、保密(confidentiality)、专业胜任能力和尽职(professional competence and due care)及职业行为(professional behavior)。美国最大的管理会计机构——美国管理会计师协会(IMA)颁布了《管理会计及财务管理人员之道德执行准则》,遵守此项准则是达成管理会计目标所必需的,也是管理会计及财务管理人员应切实履行的义务。下列是该准则的内容。

1) 能力(competence)

管理会计及财务管理人员有义务:

(1) 提升其知识及技能,以保持适当的专业技术水平;

(2) 依据相关法律、规章及技术标准,履行其专业责任;

(3) 在适当地分析相关及可靠性资料之后,编制完整清晰的报告及建议书。

2) 保密性(confidentiality)

管理会计及财务管理人员有义务:

(1) 除非法律强制要求或得到授权,不得披露工作过程中获得的机密信息;

(2) 告知下属对工作中获得的信息要恰当保密,并监督他们的行为以保证保守机密;

(3) 禁止将工作中获取的机密资料经由个人或第三人,运用于非法利益。

3) 正直性(integrity)

管理会计及财务管理人员有义务:

(1) 避免实际发生或即将发生的利益冲突,协调可能发生冲突的有关各方;

(2) 不得从事道德上有害其职责履行的活动;

(3) 拒绝接受任何可能影响其行动的馈赠、好处或招待;

(4) 不得以任何理由妨碍所在机构实现其正常的合法目标;

(5) 发现并反映业务上或其他方面的不足,以防止其影响项目的正确评价和顺利实施;

(6) 交流不利及有利的信息、专业判断和观点;

(7) 不从事或支持任何有害于专业团体的活动。

4) 客观性(objectivity)

管理会计及财务管理人员有义务:

(1) 公正客观地反映信息;

(2) 充分披露那些可以合理地预计到的将影响用户理解所呈送的报告、意见和建议书的所有相关信息。

5）道德行为冲突的解决（the resolution of ethical conduct conflict）

在应用各项道德行为准则时，管理会计师可能会遇到怎样确认不道德行为，或怎样解决不道德行为的问题。对于重大的道德行为问题，管理会计师应遵循企业已经制定的方针政策中的有关条款来解决。如果遵循政策仍不能解决道德行为冲突问题，管理会计师应考虑采取以下行动：

（1）若上司未卷入纠纷，则同上司商讨，解决问题。若上司亦卷入纠纷，可将问题向高一级管理部门反映；若问题仍不能圆满解决，则可向更高一级管理部门呈报；如上司就是主要负责人或相当于此职位者，可将问题提交某个机构审议，如审计委员会、董事会、信托委员会或业主。如果上司没有卷入纠纷，越级反映情况在呈报上司后方可进行。

（2）私下与客观公正之人商讨，以取得对某些行为的理解，澄清问题。

（3）如果各层领导均已在内部反复洽商而问题仍未得到解决，管理会计师只有提出辞职，并向机构中有关人士提交有关情况的备忘录。

在我国，目前还没有权威机构界定管理会计师职业道德，但是，依据《中华人民共和国会计法》（简称《会计法》）和《会计基础工作规范》的界定，对于单位会计人员应遵循的会计职业道德，基本原则主要包括：爱岗敬业、诚实守信、廉洁自律、客观公正、坚持准则、提高技能、参与管理、强化服务。另外，为了顺应经济社会发展对注册会计师诚信和职业道德水平提出的更高要求，进一步提升审计质量，吸收借鉴国际职业会计师道德守则的最新成果，保持与国际守则的持续动态趋同，2020年12月17日，中国注册会计师协会发布《中国注册会计师职业道德守则（2020）》和《中国注册会计师协会非执业会员职业道德守则（2020）》，规定了注册会计师应当遵循的职业道德基本原则包括：诚信、客观公正、独立性、专业胜任能力和勤勉尽责、保密、良好职业行为。

本章思考

1. 管理会计是如何形成和发展的？管理会计在中国的发展状况如何？
2. 如何理解管理会计与财务会计的区别和联系？
3. 如何认识管理会计在企业中的作用？
4. 简单阐述我国的管理会计指引体系。
5. 我国《管理会计基本指引》中的四个原则有哪些？四个要素有哪些？
6. 我国《管理会计应用指引》主要包括哪些内容？
7. 管理会计工具方法是什么？企业如何应用管理会计工具方法？
8. 有哪些国际上权威的管理会计师协会？管理会计师的职业道德包括哪些内容？
9. 对于道德行为冲突的解决，依据IMA的规定，规范的行动是怎样的？
10. 我国对于会计职业道德的规定有哪些？如何理解"诚信是会计之魂"？

应用实操

【资料】管理会计师们在很多方面会面临道德问题。参考以下两个案例。

案例 A：

某公司一位部门经理最近购买了一款软件，在内部报告时，该经理希望管理会计师将之资本化为一项资产而不是一项费用，原因之一是他认为该软件将在一定期限（十年内）持续为公司带来利润，这样一来将之资本化是最合理不过的，原因之二是该经理以及经理所在部门的薪酬与其绩效紧密挂钩，该经理虽然无法提供充足的证据证明其观点，但他希望这位管理会计师好好考虑。令这位管理会计师难以抉择的原因是，该部门最近与这款软件有关的项目的利润并不理想，但他同时又希望避免与他的上司发生冲突。

案例 B：

某公司的一位管理会计师最近受邀与其公司一位供应商去农家乐度过一个愉快的周末，但令他犹豫不决的是，这家供应商最近在投标他们公司的项目，虽然邀请函上对方对此事只字不提，但他担心若到场会被询问有关投标方面的内部消息。

【要求】分析上述两个案例分别考验管理会计师的哪些职业道德？他们应该怎样处理？

案例链接

[1] 海尔集团管理会计应用案例分析
——谭丽霞.管理会计的创新驱动产业战略转型[J].中国管理会计,2017(1):56-62.

[2] 上海电气集团管理会计应用典型案例分析
——董鑑华.应用管理会计,促进提质增效：上海电气集团管理会计应用典型案例[J].上海企业,2018(4):64-67.

[3] 管理会计信息的多样性案例分析
——刘运国.高级管理会计：理论与实务[M].2版.北京：中国人民大学出版社,2018.

[4] 会计职业重新定位——任正非炮轰华为公司财务部门事件启示
——李亚.论如何对会计职业重新进行定位：任正非炮轰华为公司财务部门事件启示[J].经济研究参考,2016(59):86-88.

[5] 企业管理会计应用案例分析
——刘安天.让管理会计为企业创造价值[N].中国会计报,2017-12-22(05).

[6] 中国传统文化与管理会计的人文思想
——田新平,高国策.我国管理会计人文思想溯源与发展[J].财会通讯,2016(4):11-13.

第2章 成本性态分析与变动成本法

> **本章导语**

变动成本法是管理会计为改革财务会计的传统成本计算模式而设计的新模式。最早产生于1836年的英国。20世纪50年代,随着企业环境的改变、竞争的加剧、决策意识的增长,人们逐渐意识到完全成本法提供的会计信息越来越不能满足企业内部管理的需要。因此,美国的一些会计师和经理重新研究并开始在实务中试行变动成本法。实践证明,变动成本法不仅有利于企业加强成本管理,而且对制订利润计划、组织科学的经营决策也十分有用。到20世纪60年代,该方法风靡欧美。从20世纪80年代开始,我国个别城市和地区,经当地财政部门批准,在部分国有大型企业开始尝试应用变动成本法。

本章内容基于《管理会计应用指引第303号——变动成本法》,首先介绍了与本书后续章节密切相关的成本分类;其次,介绍了成本性态分析的概念、程序和方法,为变动成本法的学习奠定基础;最后,对变动成本法与完全成本法的含义进行了界定,阐述了变动成本法与完全成本法的主要区别,并对变动成本法这种管理工具的应用进行了评价。

> **引入案例**

2020年初暴发的新冠肺炎疫情,犹如一颗重磅炸弹,在我国消费市场掀起了轩然大波。疫情暴发背景下,企业是否拥有充足的现金储备以支撑其度过困难时期,引起了社会各界的高度关注。2020年1月31日,西贝餐饮董事长贾国龙在接受采访时表示:"疫情致2万多名员工待业,贷款发工资也只能撑3个月"。网友以及一些餐饮业从业者也纷纷表示,西贝餐饮在整个餐饮行业处于龙头地位,西贝面临的问题是整个餐饮业面临的问题。现在主要的问题就是成本问题,面对这样的困难,西贝立刻采取了必要的措施,从管理会计的角度利用变动成本法,对西贝餐饮的成本性态进行分析。

在西贝的成本结构中,人工综合成本和原本为春节营业而采购的大量原材料属于固定成本,疫情期间的房租、税收成本和其他成本属于变动成本。固定成本约占总成本的60%,而变动成本约占总成本的40%。根据变动成本法公式"边际贡献总额=营业收入总额-变动成本总额",西贝餐饮原本预估春节期间1个月的边际贡献总额为4.92亿元。但是,受疫情影响暂停营业导致西贝的边际贡献总额几乎为0,而员工和原材料的固定成本已经发生,这对西贝餐饮的打击重大。基于这一原因,西贝餐饮积极开展外卖业务,目的在于消化原材料,在降低一部分固定成本的同时提高边际贡献总额。同时,与盒马鲜生开展共享员工业务,将人工综合成本这一巨大支出转移出去,大幅降低了企业的固定成本。在降低固定成本的同时提升边际贡献,直接扭转了形势,再通过银行的金融支持,使西贝成功渡过难关。

资料来源:陈伟昌.疫情背景下餐饮企业变动成本法的应用:以西贝餐饮集团为例[J].山西农经,2020(7):127-128.

2.1 成本的分类

管理会计是从传统的会计系统中分离出来,着重为企业改善经营管理、提高经济效益的信息系统,是企业管理信息系统中"决策支持系统"的重要组成部分。在管理会计学中,成本及其分类不仅属于最基本的概念,而且往往被赋予与传统财务会计截然不同的含义。

2.1.1 管理会计中的成本概念

从管理会计的角度看,成本是指企业在生产经营过程中对象化的、以货币表现的,为达到特定目的而应当或可能发生的各种经济资源的价值牺牲或代价。特定目的可以是一件产品、一项设计、一个项目或一项工作等。

该定义重视成本形成的原因(目的性)和成本发生的必要性,认为如果发生了无目的或不必要的成本,可以将其视为浪费。此外,这个定义对成本发生的时态并未作严格规定。在管理会计的范畴中,成本的时态可以是过去时、现在完成时或将来时,这与财务会计强调过去时,即历史成本概念有较大差异。

2.1.2 支出、费用与成本的关系

支出一般是与收入相对的概念,在持续经营假设下,按照资金的用途,可以将支出划分为用于长期投资的资本性支出和用于日常经营的收益性支出。资本性支出是指该支出的受益期在一个会计年度以上的支出,即发生支出不仅与本期收入有关,也与其他会计期间的收入有关,而且主要是为以后各期的收入取得而发生的。这种支出通常形成企业的长期资产,如企业购建的固定资产、无形资产等。收益性支出是指支出的受益期在一个会计年度以内,即一项支出的发生仅与本期收益的取得有关,这种支出通常由本期的收益来弥补,如企业为生产经营而发生的材料耗费、支付的职工薪酬、购买办公用品的支出等。

在权责发生制和配比原则下,为了计量净收益,出现了费用的概念。费用是指在特定会计期间,与当期收益(而非收入)进行配比的各种资源耗费。一般与"期间"紧密相连。通常可划分为生产费用、期间费用和所得税费用三大类。生产费用是指企业在一定的时期为生产产品而发生的各项支出,它是与产品生产相关的劳动耗费。如生产产品而消耗的材料、支付的生产工人工资和车间组织生产产品的费用,这些费用可以直接找到相应的"成本归属对象"。期间费用是企业日常活动中不能直接归属于某个特定成本核算对象的,在发生时应直接计入当期损益的各种费用,包括管理费用、销售费用和财务费用。所得税费用是指企业经营利润应缴纳的所得税。"所得税费用"核算企业负担的所得税,是损益类科目,所得税费用一般不等于当期应交所得税,因为可能存在"暂时性差异"。

支出与费用之间具备单向转化关系:当期发生的资本性支出先形成长期资产,然后分

期转化为以后不同期间的费用,例如固定资产支出通过折旧转化为费用(生产费用或期间费用),无形资产通过摊销转化为费用(生产费用或期间费用);收益性支出可以直接转化为费用,例如购买办公用品,借记"管理费用",即直接转化为期间费用。成本与费用之间具有双向转化关系:费用通过对象化可以转化为成本,如费用中的生产费用;此外,已消耗的成本也可以转化为费用,如企业管理部门领用生产部门生产的产品就属于这种情况。

2.1.3 成本的分类

为了适应成本计算、成本控制、预算和决策等需要,进一步提升成本的价值贡献,必须对成本进行多层次、多角度的分类。成本按照不同的标准可以划分为不同的类型,而不同类型的成本可以满足成本管理的不同要求。

1) 基于财务报告目的的分类

(1) 成本按经济用途分类

成本按经济用途分类是财务会计中成本分类的主要方法,也是一种传统的成本分类方法,可以分为生产成本和期间费用,其分类结果主要用于区分存货成本和期间费用,以满足财务对外报告的需要。

① 生产成本

生产成本,也称制造成本,是构成产品实体、能够对象化计入产品成本的费用。生产成本包括直接材料、直接人工和制造费用等成本项目。

直接材料是指企业生产产品和提供劳务的过程中所消耗的、直接用于产品生产、构成产品实体的各种材料及主要材料、外购半成品以及有助于产品形成的辅助材料等。

直接人工是指生产过程中直接对生产对象施加影响以改变其性质或形态所耗费的人工成本。核算上表现为生产工人的职工薪酬。

直接材料和直接人工的共同特性是,都可以将其成本准确直接地归属于某一种核算对象,最能体现"成本对象性"这一本质属性。

制造费用是指企业为生产产品和提供劳务而发生的各项间接费用,包括企业生产部门(如生产车间)发生的水电费、固定资产折旧、无形资产摊销、管理人员的职工薪酬、劳动保护费、国家规定的有关环保费用、季节性和修理期间的停工损失等。当制造费用按一定的标准在各受益对象即产品之间分配完毕后,制造成本也就演变成产品成本,实现了"对象化"。

② 期间费用

期间费用,也称非生产成本,是指与产品生产无关的成本,具体是指与管理活动、销售活动和理财活动有关的成本,包括管理费用、销售费用和财务费用三大类。

管理费用是指企业行政管理部门为组织和管理生产经营活动而发生的各种费用。包括企业在筹建期间发生的开办费,董事会和行政管理部门在企业经营管理中发生的或者应当由企业统一负担的公司经费、工会经费、聘请中介机构费、咨询费、诉讼费、业务招待费、办公费、差旅费、邮电费、绿化费、管理人员工资及福利费等。

销售费用是指企业在销售商品或材料、提供劳务的过程中发生的各种费用,包括保险费、包装费、展览费和广告费、商品维修费、预计产品质量保证损失、运输费、装卸费等以及为销售本企业商品而专设的销售机构(含销售网点、售后服务网点等)的职工薪酬、业务费、折旧费等经营费用。

财务费用是指企业为筹集生产经营所需资金等而发生的筹资费用,包括利息支出(减利息收入)、汇兑损益以及相关的手续费等。

以上三类费用的共同特点是它们均可以使企业整体受益,但难以准确划分这些支出和特定产品之间的关系。故将其界定为期间费用,直接计入当期损益。

(2) 成本按与收入匹配的时间分类

成本按与收入相匹配的时间可分为产品成本和期间费用,其分类结果主要用来满足对外财务报告的需要。

产品成本是与产品生产直接相关,而与会计期间无关的成本。如前述制造成本中的直接材料、直接人工和制造费用。这些成本未完工部分表现为在产品成本,完工后转为产成品成本,随产品销售而表现为销售成本,未销售部分表现为期末库存商品的成本。

期间费用则是与一定会计期间相关,而与产品生产无直接关系的成本。如前述期间费用中的管理费用、销售费用和财务费用。

2) 基于管理目的的分类

(1) 成本按性态分类

成本性态也称成本习性,是指在一定条件下成本总额与特定业务量在数量上的依存关系。这里的"一定条件"是指相关范围,不会改变或破坏特定成本项目固有特征的时间和业务量的变动范围,即一定时间和一定业务量范围;这里的"成本总额"包括产品成本和期间成本;这里的"业务量",可以分为实物量、价值量和时间量等,可以是产量、销量,也可以是直接人工工时、机器工时等,管理会计中为简化核算,业务量大多指产销量。成本按成本性态一般分为固定成本、变动成本和混合成本三类。

① 固定成本

固定成本,是指在一定时期和一定业务量范围内成本总额不受业务量变动的影响而保持不变的成本。企业按直线折旧法计提的固定资产折旧费、管理人员的工资、财产保险费、房屋租赁费、广告费、土地使用税等即为固定成本。

这里需要注意固定成本的特性,即固定成本总额不随业务量的变动而变动,所强调的保持不变的对象是成本总额;从单位成本看则恰恰相反,随着产量的增加,每单位产品分摊的固定成本份额将相应减少,因此,单位产品固定成本随业务量的增加或减少而呈现反比例的增减变动。固定成本的特性如图2.1和图2.2所示。

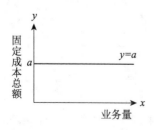

图 2.1 固定成本总额与业务量的关系

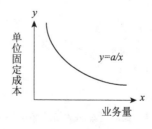

图 2.2 单位固定成本与业务量的关系

对于固定成本的所谓"固定性"不能绝对化地去理解。固定成本总额不受产销量变动的影响是有条件的,即业务量在"相关范围"内固定成本总额保持不变。业务量超过这个范围,固定成本也将发生变动。如果业务量超过现有的生产能力,势必要扩大生产经营能力,就要扩建厂房、增加设备或扩充必要的人员和机构,从而使原属于固定成本中的固定资产折旧费、租赁费、修理费、管理人员工资、广告宣传费等相应地增加。

企业在一定时期的固定成本按其支出数额大小是否受管理当局短期决策行为的影响,可进一步分为"约束性固定成本"和"酌量性固定成本"两类。

a. 约束性固定成本,亦称"经营能力成本",是指支出数额不受管理当局短期决策行为影响的固定成本。如除固定资产折旧费、保险费、管理员工的工资等都属于这一类。这些成本是企业生产经营活动中必须负担的最低成本,它与整个企业生产经营能力的形成及其正常维护直接相关,直接受到企业已经形成的生产经营能力的制约,具有较大程度的约束性,这类成本在短时期内不能轻易改变,如果硬性追求约束性固定成本的降低,就意味着要削减企业的生产经营能力,通常不宜直接采用降低固定成本总额的方式来削减成本,而应从经济合理地利用企业生产经营能力、提高产品质量、降低单位成本等方面提高企业的经济效益。

b. 酌量性固定成本,亦称"选择性固定成本",是指管理当局的短期决策行为能够改变其数额的固定成本,如企业的研究开发费、广告费、职工培训费等。从较长的经营期间看,这类成本支出数额的多少可以依据企业每一会计期间生产经营的实际需要和财务负担能力而改变,但一经确定,则一般在一个特定的预算期内不变,并存在和发挥作用。它是由企业管理部门按照经营方针的要求,通过确定未来某一会计期间的有关预算形式而形成的,因此,降低酌量性固定成本的有效途径就是降低支出总额,在预算时精打细算、厉行节约,在不影响生产经营能力的前提下,尽量减少支出绝对额。

② 变动成本

变动成本,是指在相关范围内成本总额随业务量的变动而发生正比例变动的成本。企业生产经营过程中发生的直接材料、计件工资制下的直接人工、产品包装费、按工作量法计提的固定资产折旧费以及按销量支付的销售佣金等都属于变动成本。

变动成本的特性是指变动成本总额随产量或销量的变动而呈正比例变动,但从单位业务量来分析,单位产品的直接材料、直接人工等却是不变的,即单位变动成本不受业务量变动影响而保持不变。变动成本的特性如图 2.3 和图 2.4 所示。

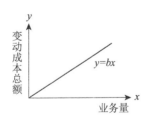
图 2.3 变动成本总额与业务量的关系

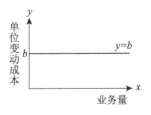
图 2.4 单位变动成本与业务量的关系

与固定成本类似,变动成本也要研究成本与产量之间变动的"相关范围"。也就是说,成本与产量之间完全的线性关系,通常只能在一定的相关范围内存在;在相关范围之外,就可能表现为非线性的关系。例如,当一种产品还是以小批量生产时,单位产品的材料和工时的消耗都可能比较多,当产量增加到一定程度,就可以为材料、工时的经济利用创造条件,从而使单位产品材料和工时的消耗量相应降低。这样,在产量增长的初始阶段,变动成本表现为成本的增长幅度小于产量的增长幅度,使总成本线呈现一定的向下弯曲;而在总产量达到一定数量以后,再继续生产,也可能出现一些新的不经济因素,如按累进率多付计件工资或多付加班补贴等,会造成单位产品的变动成本有所提高,从而使变动成本的总成本线呈现一定的向上弯曲。在产量增长的中间阶段,有关指标趋于平稳,使成本与产量之间呈现完全的线性关系,变动成本的"相关范围"就是指这一阶段。

③ 混合成本

混合成本是指其发生额虽然受业务量变动的影响,但其变动的幅度同业务量的变动成非线性关系。如企业公用事业费支出(电费、水费)、设备维修费等。混合成本介于变动成本和固定成本之间,同时包括固定成本和变动成本两种因素。常见的混合成本有以下几种类型。

a. 半变动成本。这类成本通常有一个不变的基数,即初始量,这一点类似于固定成本;在这个基数上,业务量增加成本也随之增加,又类似于变动成本。如公用事业费(包括水电、蒸气、冷气、电话及其他相关服务)、机器设备的维护、修理费等基本上都属于这种情况。如企业租用一台机器,租约规定租金同时按两种标准计算:按年支付租金5 000元,机器每运转1小时支付租金0.5元。假设该机器某年累计运转了4 000小时,共支付租金7 000元(5 000+0.5×4 000)。半变动成本的成本性态模型如图2.5所示。

b. 延期变动成本。这类成本在一定的业务量范围内总额保持不变,一旦突破这个业务量限度,其超出部分的成本就相当于变动成本。此类成本通常有个基数,该基数就是业务量未超出一定限度时保持不变的固定成本。如加班工资或津贴、超产奖金等就属于此类成本。其性态模型如图2.6所示。

c. 半固定成本,也称阶梯式变动成本。这种混合成本随着业务量的增长呈阶梯式增长。当产量在一定范围内增长时,其成本额不变;当产量增长超过一定限度时,其成本额会突然跳跃上升,然后在产量增长的一定限度内又保持不变,直到突破了一定限度后,其总额又进一步增长到新的水平。如保养工、化验员、检验员的工资,当产量增加超过一定限度就增加人员,这些人员的工资额就突然增加,这一类成本我们称之为半固定成本。其性态模型如图2.7所示。

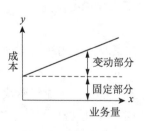
图2.5 半变动成本

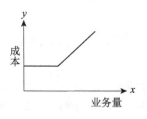
图2.6 延期变动成本

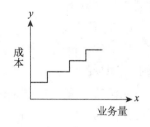
图2.7 半固定成本

d. 曲线变动成本。这类成本通常有一个初始量,且初始量一般不变,相当于固定成本;但在这个初始量的基础上,随着产量的变动成本也相应发生变动,但这种变动是非线性的。

主要包括两种类型：一是递增曲线成本，如累进计件工资、违约金等，随着业务量的增加，成本逐步增加，并且增加幅度是递增的；二是递减曲线成本，如有价格折扣或优惠条件下的水、电消费成本，"费用封顶"的通信服务费等，其曲线达到高峰后就会下降或持平。其性态模型分别见图2.8和图2.9所示。

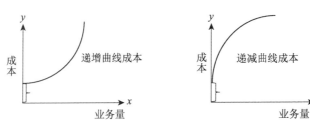

图2.8　递增曲线成本　　　　图2.9　递减曲线成本

（2）成本按可控性分类

成本按可控性可以分为可控成本和不可控成本。这种分类方法对评价责任中心的工作非常重要。

可控成本是指在特定时期内、特定责任中心能够直接控制其发生的成本。可控成本通常应符合以下三个条件：①成本中心有办法知道将发生什么性质的耗费；②成本中心有办法计量它的耗费；③成本中心有办法控制并调节它的耗费。凡不符合三个条件的，即为不可控成本。

成本的可控与否是相对而言的，这与责任中心或责任者所处管理层级的高低、管理权限的大小以及控制范围的大小有直接关系。对企业来说，几乎所有成本都可以被视为可控成本，一般不存在不可控成本；而对于企业内部的各个部门、车间、工段、班组来说，则既有各自专属的可控成本，又有各自的不可控成本。一项对于较高层级的责任中心来说属于可控的成本，对于其下属的较低层级的责任中心来说可能就是不可控成本；反过来，较低层级责任中心的可控成本则一定是其所属的较高层级责任中心的可控成本。如生产车间发生的折旧费对于生产车间而言属于可控成本，但对于其下属的班组来说则属于不可控成本。

（3）成本按经营决策的需要分类

管理人员在进行经营决策、分析、评价有关方案的经济效益时，要从中选择最佳方案，这就需要考虑相关成本。下面将经营决策时需要着重考虑的成本概念做简要阐述。

① 差量成本

广义的差量成本是指不同方案之间预计成本的差额，即某一方案改变为另一方案时所增加或减少的成本。

狭义的差量成本是指由于生产能力利用程度不同而形成的成本差异。企业经营决策通常使用的是广义的差量成本，例如零部件外购或自制的选择、特定订货是否接受的选择、某种产品是否停产的选择等。

管理人员在进行决策时，须将各种不同方案进行比较，计算出差量成本，然后与不同方案可以取得的差量收入进行比较，以决定方案的取舍。

【例2.1】　某厂按正常生产能力，每年生产A产品5 000件，目前已经生产4 000件，尚有剩余生产能力1 000件,现有一客户拟按20元的单价订购A产品500件,请问:该企业是否应该接受这张订单?该企业正常的单位成本如表2.1所示:

表2.1　某企业单位成本构成情况

单位:元

直接材料	6
直接人工工资	10
间接成本分配	8
合计	24

根据表2.1,该产品的成本为24元,从表面看,接受这张订单似乎会损失2 000元[(24−20)×500],但是用差量成本来分析,情况就不同了。因为目前该厂尚有1 000件的剩余生产能力,接受这张订单后并不需要增加额外的固定费用,因而不应该把已归属于原有产品的固定成本计入差量成本之内,所应考虑的只是接受订货后所增加的差量收入与所增加的差量成本,即差量收入10 000元(500×20),差量成本8 000元[500×(10+6)],差量收入超过差量成本2 000元(10 000−8 000)。可见,接受这张订单可以给企业带来一定的经济效益。

② 边际成本

从经济学的角度来看,边际成本是指产量(业务量)发生无限小的变化时成本的变动数额。企业实务中,产量变化至少应为1个单位。因此,产量增加或者减少一个单位所引起的成本变动就是边际成本。

【例2.2】　某企业每增加1个单位产量的生产引起总成本的变化及追加成本的变化,如表2.2所示:

表2.2　增加1个单位产量引起的成本变化

产量/件	总成本/元	边际成本/(元/件)
10	500	
11	502	2
12	504	2
13	506	2
14	508	2
15	548	40
16	550	2
17	552	2

从表2.2可以看出,产量每增加1个单位,边际成本并不总是固定的数值。当产量从10件至14件递增时,每增加1个单位产量增加的成本为2元,即边际成本为2元/件;但从14

件增加到15件时,增加1个单位产量增加的成本就上升为40元,即边际成本为40元/件;接着,总成本又以2元/件的边际成本的趋势变化。这是因为,产量从10件增加到14件时,在相关范围内,固定成本不随产量的改变而发生变化,只是变动成本随产量的改变而发生变化;而当产量从14件增加到15件时,边际成本上升为40元/件,这表明第15件产品已超出了原来的相关范围,要达到这个产量需增加固定成本。在这之后,边际成本又以一个固定的数值(2元/件)在新的相关范围内,随着单位产量的增加而保持不变。

由此看来,边际成本和变动成本是有区别的,变动成本反映的是增加单位产量所追加成本的平均变动,而边际成本反映的是每增加1个单位产量所追加成本的实际数额。所以,只有在相关范围内,增加1个单位产量的单位变动成本才和边际成本相一致。

此外,如果把不同产量作为不同方案来理解的话,边际成本实际就是不同方案间的差量成本。

因此,在相关范围内,产量增加或者减少一个单位的差别成本就是单位产品的变动成本,这时边际成本、差量成本和单位变动成本是一致的。

③ 机会成本

在进行经营决策时,决策者只会从备选的方案中选出一个最优方案,而其他方案都会被放弃,被放弃的次优方案的可计量价值就是决策的机会成本。机会成本是指在资源稀缺的条件下,资源被用于某一方面就不能同时用于其他方面所放弃的收益。也就是说,资源在某一方面的利用是以放弃了它在别的方面的利用为代价的。

在决策中,企业选择了一个最满意的方案而放弃了次满意的方案可能带来的收益。这部分收益应该由被选择的方案来补偿,如果得不偿失,说明被选择方案并不是最优的。所以,在决策中要考虑决策的机会成本,才能全面地评价备选方案的经济效益。

【例2.3】 某企业有一笔闲置资金,如果用来买设备,当年可以赚取利润70 000元,如果存入银行,当年可以获得50 000元的利息,请问:企业应该购买设备吗?

假设不考虑其他因素,依据利润最大化原则,企业应该选择购买设备,而当年存入银行的利息50 000元就是购买设备的机会成本,即放弃存入银行获得的利息收入。

④ 沉没成本

沉没成本是指已经发生的,不管现在做什么决策都不会发生改变的成本。沉没成本是由之前的活动产生且无法恢复的,它是与决策无关的成本。

【例2.4】 某企业5年前购置了一台电脑,原价为8 000元,拟报废或部分升级后在二手市场出售。假定报废清理可得残值800元,升级则需花材料费、人工费1 000元,可作价2 000元,究竟采用哪个方案较划算?

5年前购置电脑的8 000元是企业过去的支出,已经无法收回,属于沉没成本。这种沉没成本与当前决策无关,所以在决策时无须考虑。对这项决策直接按净收入大小进行计算比较,即升级后出售可得净收入1 000元(2 000-1 000),比报废清理多得200元(1 000-800),因此升级后出售比较划算。

⑤ 重置成本

重置成本是指按照现在的市场价格购买与目前拥有的、功能和性质相同的或类似的资产所需要支付的成本。重置成本通常是与历史成本相对的概念,历史成本是购置或生产资产时发生的实际成本。随着市场的变化,资产的重置成本和历史成本并不相同。

基于会计信息客观性原则,我国目前报表和账面记录的都是历史成本,然而管理会计要求会计信息更加强调相关性原则。当生产周期较长,物价波动较大时,按历史成本核算的产品成本就不能正确反映现行物价水平下的真实成本。因此在用成本加成对产品定价的决策中,需要使用重置成本反映真实成本,使定价能在真正补偿生产成本后还有利润。

【例2.5】 A产品生产过程中单位产品耗用原材料1千克,原材料的历史成本为20元/千克,现行市价为30元/千克,其他人工、制造费用分配保持不变,为30元/单位,该产品按产品成本加10%来定价,在两种成本下制定的单价如表2.3所示:

表2.3 两种成本下制定的单价

单位:元

成本类型	成本	制定的价格
历史成本	50	50×(1+10%)=55
重置成本	60	60×(1+10%)=66

按历史成本确定的单价为55元/单位,虽然从表面上看1个单位产品有5元的利润,但如果原材料外购的话,收入还不足以弥补生产所需的料、工、费。因此,在定价决策中考虑重置成本才能使企业真正获得利润。

⑥ 付现成本

企业由于实施决策方案在未来需要支付的现金数量为付现成本,即决策带来的企业未来现金的流出。资金运转一直是企业决策考虑的重要因素,对于资金短缺的企业来说,决策者可能会选择付现成本最小的方案而不是总成本最小的方案。

【例2.6】 某企业由于决定投产一种新产品,需要购买一条新的流水线,但近期企业的资金缺乏,有两家供应商可以提供这种流水线。供应商甲要价600 000元,货款需要在交货时付清;供应商乙要价800 000元,但在交货时只需付总成本的20%,其余分5年付清,每年支付128 000元。假定企业目前只有20万元现金流可以用来支付。此时,企业会如何决策呢?

从总成本考虑,向甲购买成本较低,但企业最后选择了向乙购买。因为该方案所需支出的总成本虽然较高,但近期的付现成本较低,考虑到支付能力,企业只能在其支付能力范围内选择。

⑦ 可避免成本与不可避免成本

可避免成本是指会随着决策的变化而发生数量变化的成本。企业经常发生这样的情况:当选择某一方案时,与之相联系的成本就会发生,而放弃该方案时与之相联系的成本就不会发生。这种成本直接受到决策的制约,是典型的决策相关成本。相对的,不可避免成本就是决策变化不会影响其数量的成本,也就是不与某一特定方案有直接联系的成本,方案的取舍并不会影响其数量。

【例2.7】 某企业现在有一定的剩余生产能力,拟接受某项特定订货,对方对这批订货有一些特定的要求,为满足这些要求,企业需要购买一项价值5 000元的专用设备。假定生产过程中原有厂房、设备等固定资产的折旧费为20 000元。那么,企业是否要接受订货?

首先,5 000元的专用设备款最终是否要发生,完全取决于这一批特定订货的接受与否。如果不接受,就不会发生,所以说它是可避免成本。而原有厂房、设备等固定资产的折旧费20 000元,与特定订货的接受与否没有关系,不论对于某项订货是接受还是不接受,都会发生,所以是不可避免成本。

一个方案的取舍,主要看可避免成本,因为它是有关方案差量成本的组成部分。不可避免成本是目前已经客观存在的成本,它与新的备选方案的取舍没有直接联系。

⑧ 可延缓成本与不可延缓成本

企业决策有轻重缓急之分,有些方案被选择后,可以暂缓其中的开支,并不会对企业的生产经营造成影响时,这一方案的相关成本就被称为可延缓成本。如对于已决定在计划年度兴建的办公楼,由于资金短缺而推迟,那么与兴建办公楼相关的成本,如建筑材料费、人工费用等就是可延缓成本。

而企业有些决策要当机立断,选定方案后要马上实施,否则会对企业的长远利益造成重大影响,与这一方案相关的成本就是不可延缓成本。例如关键性设备的故障维修就是典型的例子。如果火电企业的发电机组发生了故障,那么企业就必须立即对其进行修复,否则会影响其他企业的用电,造成严重的损失。那么与设备修复相关的成本就是不可延缓成本。

在管理中,区分可延缓成本和不可延缓成本的意义在于:对于企业的众多决策,要根据对生产经营活动的影响程度确定决策实施时间。对于可延缓成本,可以暂时延缓,不做处理;对于不可延缓成本,要及时处理。

⑨ 专属成本与共同成本

专属成本是指可以归属于企业生产的特定产品或者设置的特定部门的成本。常见的财务部门年度审计发生的费用就是专属成本。另外,生产一种特定的产品需要的特殊设备就是生产该产品的专属成本,其折旧费用不应分摊到其他产品中,而应全部归属到这一特定的产品中。

共同成本是与专属成本相对的概念,它是指为多种产品生产或者多个部门共同发生的成本,这些成本需要多个产品或部门共同分担。例如,企业生产车间的厂房折旧费用就要分摊到生产的所有产品中,某一种产品的停产与否并不会改变折旧费用,所以厂房的折旧费用就是共同成本。

在进行方案决策时,专属成本是与决策有关的成本,必须予以考虑;而共同成本则是与决策无关的成本,可以不予考虑。

⑩ 相关成本与无关成本

企业在进行经营决策时,可供选择的多种方案中所涉及的各种成本,有些与方案的选择有关,有些则无关。相关成本是对决策有影响的各种形式的未来成本,如差量成本、边际成本、机会成本、重置成本、付现成本、可避免成本、可延缓成本、专属成本等。那些对决策没有影响的成本称为无关成本,这类成本过去已经发生或对未来决策没有影响,因而在决策时不予考虑,如沉没成本、历史成本、不可避免成本、不可延缓成本、共同成本等都属于这一类。如某企业生产某种产品,单位变动成本为10元/件,固定成本为10万元,某客户提出特殊订单,报价为12元/件,请问能否接受订单?这个例子中单位变动成本与决策有关,属于相关成本,而固定成本10万元,与决策无关,属于无关成本。

相关成本与无关成本的区分并不是绝对的。有些成本在某一决策方案中是相关成本,在另一决策方案中却可能是无关成本。如存货购置价格在存货经济批量决策中,当不存在数量折扣时就是无关成本,而当供应商提供数量折扣时,则变为相关成本,应在经济批量决策中加以考虑。

(4) 成本按价值管理要求分类

在管理会计的发展中,基于使用价值的优化达到价值管理的目标,是管理会计未来发展的方向,其中常见的功能成本、质量成本和作业成本就反映了价值管理的要求。

① 功能成本

功能是指产品或服务所担负的职能或所起的作用,是满足客户需求最重要的体现之一;成本则是为获得产品或服务的一定功能必须支出的费用。如果将产品或服务的功能与为获得该功能必须支出的费用结合起来思考,就形成功能成本这一概念。基于功能成本形成的功能成本管理,就是将产品或服务的功能(产品或服务所担负的职能或所起的作用)与成本(为获得产品或服务的一定功能必须支出的费用)对比,寻找降低产品成本或服务成本途径的一种管理活动。其目的在于以最低的成本实现产品或服务适当的、必要的功能,提高企业的经济效益。

② 质量成本

质量是指产品或服务担负一定职能或作用时所应达到的水平,反映产品或服务满足消费者的程度,也是满足客户需求最重要的体现之一;成本则是为保证产品或服务达到要求质量标准必须支出的费用。如果将产品或服务的质量与为获得相应质量必须支出的费用结合起来思考,就形成质量成本这一概念。基于质量成本形成的质量成本管理,就是从质量成本的内涵及外延,广泛、深入地研究质量与成本的关系,以寻找降低产品成本或服务成本的有效途径。其目的在于以最适当的成本保证产品或服务适当、必要的质量,提高企业的经济效益。

③ 作业成本

作业是指企业生产过程中的各工序和环节,但从管理角度看,作业是基于一定的目的、以人为主体、消耗一定资源的特定范围内的工作。由于产品消耗作业,作业消耗资源并导致成本的发生,从而产生作业成本。因此,作业成本的实质就是在资源耗费和产品耗费之间借助作业来分离、归纳、组合,形成各种成本计算对象(如产品成本),以寻找降低产品成本或服务成本的有效途径。

2.2 成本性态分析

为了成本管理的需要,现代管理会计认为需要对企业发生的成本作进一步分类和分析。而管理会计中一个最重要的分类依据就是按成本性态进行分类。将成本按性态分类,是变动成本法、本量利分析与短期经营决策的先决条件。为此,本节将重点介绍成本性态分析。

2.2.1 成本性态分析的含义

成本性态分析是指在明确各种成本性态的基础上,将企业全部成本最终区分为固定成本和变动成本两大类,并建立相应的成本函数模型的过程。通过成本性态分析,可以从定性和定量两方面把握成本的各个组成部分与业务量之间的依存关系和变动规律,从而为应用变动成本法,开展本量利分析,进行短期决策、预测分析、全面预算、标准成本法的操作和落实责任会计奠定基础。

成本性态分析与成本按性态分类是管理会计中两个既有联系又有区别的范畴。它们的联系在于:两者的对象相同,都是企业的总成本,成本性态分析要以成本按性态分类为基础。它们的区别是:两者性质不同,成本性态分析包括定性和定量两个方面,成本按性态分类则仅仅属于定性分析;两者最终结果各异,成本性态分析最终将全部成本区分为固定成本和变动成本两个部分,并建立相应的成本模型,而成本按性态分类则将全部成本区分为固定成本、变动成本和混合成本三大类。

2.2.2 成本性态分析的基本假设

进行成本性态分析需要以下列基本假设为前提条件:

1) 相关范围假设

由于相关范围的存在,使得成本性态具有暂时性,因此在分析成本性态时,必须假定固定成本和变动成本总是处在相关范围之中,即假定时间和业务量因素总是在不改变成本性态的范围内变动。

2) 一元线性假设

成本性态分析的关键是建立反映成本与业务量之间关系的数学模型。在管理会计中一般采用简便易行的办法,即假定总成本只是一种业务量的函数,同时假定总成本可以近似地用一元线性方程 $y=a+bx$ 来描述。其中,a 代表固定成本总额,即真正意义上的固定成本与混合成本中的固定部分之和;bx 代表变动成本总额,即真正意义上的变动成本与混合成本中的变动部分之和。

2.2.3 成本性态分析的程序

成本性态分析的程序是指完成成本性态分析任务所经过的步骤。包括以下两种程序:

1) 分步分析程序

分步分析程序又称多步骤分析程序,属于先定性分析后定量分析的程序。在该程序下,要先对全部成本按成本性态进行分类,即按定义分为单纯的固定成本(假定为 a_1)、单纯的变动成本(假定为 b_1x)和混合成本三大类;然后再进行混合成本分解,将混合成本的固定部分(假定为 a_2)与单纯的固定成本合并,求出固定成本总额(假定为 $a,a=a_1+a_2$),将混合成本的变动部分(假定为 b_2x)与单纯的变动成本合并,求出变动成本总额(假定为 $bx,bx=b_1x+b_2x$);最后建立相应的成本模型 $y=a+bx$。

2) 同步分析程序

同步分析程序又称单步骤分析程序,属于定性分析与定量分析同步进行的程序。在该程序下,不需要将成本按性态分类和混合成本分解分别进行,而是按一定方法将全部成本一次性地区分为固定成本总额(假定为 a)和变动成本总额(假定为 bx)两部分,并建立相应的成本模型 $y=a+bx$。

这种程序不考虑混合成本的根据是:第一,按照一元线性假定,无论是总成本还是混合成本都是同一个业务量 x 的函数,因此按分步分析程序与同步分析程序进行成本性态分析结果应当是相同的。第二,在混合成本本身的数额较少,前后期变动幅度较小,对企业影响十分有限的情况下,可以将其视为固定成本,以便简化分析过程。

2.2.4 成本性态分析的方法

常用的成本性态分析方法包括技术测定法、直接分析法和历史资料分析法。在管理会计实践中,这些方法既可以应用于分步分析程序中的混合成本分解,也可以用于同步分析程序中对总成本所做的直接定量处理。

1) 技术测定法

技术测定法又称工程技术法,是指利用经济工程项目财务评价技术方法所测定的企业正常生产过程中投入与产出的关系,来分析确定在实际业务量基础上固定成本和变动成本水平,并揭示其变动规律的一种方法。

在企业建设投产之前,必须进行项目的可行性研究,可行性研究报告中必须提供相关的工程设计说明书和成本费用估算表,规定在一定生产量条件下应耗用的材料、燃料、动力、人工小时(工时)及机器小时(台时)等消耗标准,这些数据通常可较为准确地反映在一定生产技术条件和管理水平下的投入产出规律。在企业投产初期,可以参照这种关系来进行成本性态分析,并可获得较为精确的结果。

但由于这种方法以建设前期的设计资料为依据,故只适用于投入量与产出量关系比较稳定的新企业的主要成本的测算,对于已发生较大技术变革或生产能力有重大变动的老企业则不太适用;同时,即使对新企业来说,众多的间接成本也往往因为缺乏有关标准,而需结合其他方法进行成本性态分析。另外,此方法应用起来比较复杂,需要花费较多的时间和费用。

2) 直接分析法

直接分析法又称个别确认法,是指在事先已经掌握有关项目成本性态的基础上,在成本发生的当时对每项成本的具体性态进行直接分析,使其分别归属于变动成本或固定成本的一种方法。

该方法在很大程度上属于定性分析,需要逐一对成本明细项目加以鉴定,分别确认。因此,掌握所有项目的成本性态是该方法的关键。这要求事先已经了解决定成本性态构成的成本开支标准(如已知水电费等项目的收费标准)或进行过本企业的成本性态分析(如已经编制了成本费用预算手册)以及可以借鉴其他同类企业成本性态分析的结论。

这种方法简便易行,凡具有一定会计知识和业务能力的人都能掌握,属于典型的同步分析程序,适用于管理会计基础工作开展得较好的企业。但由于此法要求掌握大量第一手资料,实际分析的工作量太大,因此不适用于规模较大的企业。

3) 历史资料分析法

历史资料分析法是指在占有若干期相关成本(y)和业务量(x)的历史资料的基础上,

运用一定数学方法对其进行数据处理,从而确定常数 a 和 b 的数值,以完成成本性态分析任务的一种定量分析方法。

此方法要求企业资料齐全,成本数据与业务量的资料要同期配套,具备相关性,并以企业的历史成本和未来成本具有相似性为前提。因此,该方法适用于生产条件较为稳定、成本水平波动不大以及有关历史资料比较完备的老企业。

历史资料分析法主要包括高低点法、散布图法和回归直线法三种形式。

① 高低点法

高低点法是指根据企业一定期间资金占用的历史资料,按照资金习性原理和 $y = a + bx$ 直线方程式,选用业务量的最高点和最低点以及成本最高点和最低点,然后据以分解出混合成本中的变动成本和固定成本。

高低点法的具体步骤为:

a. 在一定时期内的有关资料中,找出最高点业务量及对应成本 (x_1, y_1) 和最低点业务量及对应成本 (x_2, y_2),即

$$\begin{cases} y_1 = a + bx_1 \\ y_2 = a + bx_2 \end{cases}$$
(式 2.1)
(式 2.2)

b. 用上一步骤中的式 2.1 减去式 2.2,计算单位变动成本 b,计算公式为:

$$b = (y_1 - y_2)/(x_1 - x_2)$$

c. 计算固定成本 a,计算公式为:

$$a = y_1 - bx_1 \text{ 或 } a = y_2 - bx_2$$

d. 计算一般成本性态模型为:

$$y = a + bx$$

【例 2.8】 已知某企业主要经营 A 产品,该产品连续 10 期的产量及总成本资料见表 2.4 所示:

表 2.4 A 产品产量和总成本情况表

期间	产量/件	总成本/元
1	25	71 000
2	28	82 000
3	29	83 520
4	30	84 500
5	27	77 750
6	26	74 480
7	28	81 560
8	29	83 230
9	31	84 560
10	26	75 850

要求：用高低点法对 A 产品进行成本性态分析。

分析：(1) 根据题意，选择高低点坐标 (31, 84 560) 和 (25, 71 000)

(2) 计算系数 $b=(84\,560-71\,000)/(31-25)=2\,260$（元/件）

(3) 计算系数 $a=84\,560-31\times 2\,260=14\,500$（元）

(4) A 产品的成本性态模型为：$y=14\,500+2\,260x$

需要注意的是，高低点法虽然简单，但采用这种方法进行混合成本分解时，由于只依靠两组数据，因此所选用的历史成本数据应能够代表该项业务活动的正常情况，不得含有任何不正常情况下的成本因素。此外，通过高低点法分解而求得的成本公式只适用于相关范围内的情况，否则计算的结果将是不准确的。

② 散布图法

散布图法是一种目测法，即把过去一定期间内混合成本的历史数据逐一在坐标图上标明，一般以横轴代表业务量（x），纵轴代表混合成本（y）。这样，各历史成本数据就形成若干成本点分布在坐标图上，然后通过目测，在各个成本点之间画一条反映成本变动的平均趋势直线，并确定混合成本中的固定成本和变动成本。

方法是先确定固定成本，它是指现在纵轴上的截距，然后确定变动成本。其公式如下：

单位变动成本＝(n 期总成本之和－n 期固定成本之和)/n 期业务量之和　（式 2.3）

【例 2.9】 某企业 20×8 年 1—6 月的维修费资料如表 2.5 所示。

表 2.5　某企业 20×8 年 1—6 月维修费资料

月份	1	2	3	4	5	6
维修费/万元	80	120	200	300	350	400
业务量/件	500	1 500	2 200	2 500	3 000	3 500

依据表 2.5，首先绘制出散点图（如图 2.10 所示）。

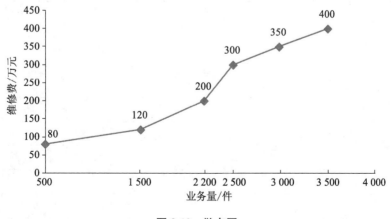

图 2.10　散点图

从图 2.10 中可以观测得出，该企业的固定成本约为 35 万元，进而计算得到单位变动成本，即：

1—6月维修费总和＝80＋120＋200＋300＋350＋400＝1 450(万元)
1—6月固定成本总和＝6×35＝210(万元)
1—6月业务量之和＝500＋1 500＋2 200＋2 500＋3 000＋3 500＝13 200(件)
单位变动成本＝(1 450－210)/13 200≈0.09(万元/件)

利用散布图法的优点是图形表达直观,可以观测到企业成本变动的总体趋势,同时可以充分利用已有的成本资料,在一定程度上排除了异常因素的干扰。它的主要缺陷是由于在直线拟合过程中使用了目测法,从而使这种方法的主观性太强,不同分析人员分析的结果往往有较大的差异。因此,这种方法的精确性不高。

③ 回归直线法

回归直线法,是根据一系列历史成本资料,用数学上的最小平方方法的原理,计算能代表平均成本水平的直线截距和斜率,以其作为固定成本和单位变动成本的一种成本分解方法。这种方法在理论上比较健全,计算结果精确,但手工计算过程比较烦琐。如果使用计算机的回归分析程序来计算回归系数,则这个缺点可以较好地克服。

运用最小平方方法(即最小二乘法)得到的回归直线具有两个特征:一是每一成本点与拟合的回归直线的误差值之和等于零;二是每一成本点与拟合的回归直线的误差平方和最小。

回归方程的计算公式为:

$$a=(\sum y-b\sum x)/n \tag{式2.4}$$

$$b=(n\sum xy-\sum x\sum y)/[n\sum x^2-(\sum x)^2] \tag{式2.5}$$

【例2.10】 已知某企业的设备维修费属于混合成本,20×8年各月实际资料见表2.6所示。

表2.6 某企业20×8年各月设备维修费资料

月份	机器工时/小时	设备维修费/元
1	9	30 000
2	8	25 000
3	9	29 000
4	10	31 000
5	12	34 000
6	14	40 000
7	11	32 000
8	11	33 000
9	13	35 000
10	8	26 000
11	6	20 000
12	7	22 000

要求：用直线回归法对企业的设备维修费进行分解。

分析：根据题意，计算整理数据见表2.7所示。

表2.7　某企业20×8年设备维修费计算整理数据表

月份	机器工时(x)/小时	设备维修费(y)/元	xy	x^2
1	9	30 000	270 000	81
2	8	25 000	200 000	64
3	9	29 000	261 000	81
4	10	31 000	310 000	100
5	12	34 000	408 000	144
6	14	40 000	560 000	196
7	11	32 000	352 000	121
8	11	33 000	363 000	121
9	13	35 000	455 000	169
10	8	26 000	208 000	64
11	6	20 000	120 000	36
12	7	22 000	154 000	49
合计	118	357 000	3 661 000	1 226

根据表2.7，可得出如下数据：

$n=12$，$\sum x=118$，$\sum y=357\,000$，$\sum xy=3\,661\,000$，$\sum x^2=1\,226$，代入回归方程计算公式，可以得出：

$b=(12\times 3\,661\,000-118\times 357\,000)/(12\times 1226-118^2)\approx 2\,292$（元/小时）

$a=(357\,000-2\,292\times 118)/12=7\,212$（元）

因此，该企业20×8年设备维修费的成本性态模型为：$y=7\,212+2\,292x$

以上三种数学分解方法中，高低点法最为简单，但要求混合成本的变动部分与业务量基本上保持正比例关系；散布图法通过目测画线，使用方便，容易理解，但准确性较差；而回归直线法利用了误差平方和最小的原理，因此最为准确，但人工计算量较大，可利用计算机辅助完成计算。

2.3　变动成本法与完全成本法

成本计算制度，是成本管理的重要组成部分。为满足不同方面的需要，产生了不同的成本计算制度。其中包括以损益计算、报表编制为目的而产生的以成本职能为基础的完全成本法；以经营预测与决策、目标规划和控制为目的而产生的以成本性态为基础的变动成本法。下面将对这两种方法进行详细阐述。

如何区分变动成本法和完全成本法

2.3.1 变动成本法与完全成本法的含义

1) 变动成本法的含义

所谓变动成本法是指在计算产品成本时,其生产成本和存货成本中只包括变动生产成本而不包括固定成本的一种成本计算方法。在这种方法下,产品生产成本只包括直接材料、直接人工和变动制造费用,固定成本(包括固定制造费用)作为期间成本列入当期损益表内,从营业收入中扣除。其理由是:固定费用是为企业提供一定的生产经营条件而发生的,不管这些条件的实际利用程度如何,有关费用照样会发生。它们与产品的实际生产无直接联系,因而不应把它们计入产品生产成本而应作为期间成本在当期全部计入损益。

采用变动成本法,则引出了边际贡献的概念。所谓边际贡献即增量贡献,是产品营业收入减去变动成本后的余额。边际贡献、营业收入和利润之间的关系如下:

$$营业收入-变动成本=边际贡献$$
$$边际贡献-固定成本=税前利润$$

变动成本法更能有效地揭示产品的销售量、成本、利润之间的内在联系,使经营预测、分析和控制大为简化,对生产经营活动的规划和控制发挥重要作用。

2) 完全成本法的含义

完全成本法是相对于变动成本法而提出的成本计算方法。所谓完全成本法是指在计算成本时,其生产成本和存货成本中既包括变动生产成本部分又包括固定生产成本部分的一种成本计算方法。在这种方法下,产品生产成本除了包括直接材料、直接人工、变动制造费用外,还包括固定制造费用。这种方法又称作制造成本法,在财务会计核算中被广泛地应用。

2.3.2 变动成本法与完全成本法的区别

变动成本法与完全成本法的区别主要表现在以下几个方面:

1) 提供信息的用途不同

变动成本法能够确定企业在一定期间进行产品产销活动获得的边际贡献,从而明确揭示了产品的盈利能力同其销售量、成本和利润之间的内在联系,以满足企业内部管理特别是预测、决策工作的需要。而完全成本计算法确定企业在一定期间进行产品产销活动获得的销售毛利和净利润,从而满足企业对外提供财务报告和纳税申报的需要。

2) 成本分类的标准不同

变动成本法以成本性态分析为前提条件,首先要求把企业的全部成本按其性态分为固定成本和变动成本两大部分。其中,变动成本主要包括直接材料、直接人工、变动制造费用、变动销售及管理费用等;固定成本主要包括固定制造费用、固定销售费用及管理费用等。而完全成本法要求将全部成本按其经济用途划分为生产成本和非生产成本。其中,生产成本主要包括直接材料、直接人工和制造费用,非生产成本主要包括销售费用和管理费用等。

3) 产品成本和期间成本的构成内容不同

在变动成本法下,产品成本实际上就是变动生产成本,具体内容包括直接材料、直接人工和变动制造费用;期间成本则包括固定制造费用和全部非生产成本。而在完全成本法下,产品成本实际上就是生产成本,具体内容包括直接材料、直接人工、变动制造费用和固定制造费用;期间成本则是全部非生产成本。变动成本法与完全成本法在产品成本、期间成本构成内容上的差别,主要在于对固定制造费用的认识和处理方法不同。变动成本法认为,于产品生产过程中发生的固定制造费用只是与生产经营持续期直接相关,不应纳入产品成本,而应作为期间成本处理。而完全成本法则认为,于生产过程中发生的固定制造费用,也是生产或形成产品不可缺少的先决条件,应当与变动制造费用一起纳入产品成本。

为便于理解,下面举例说明:

【例 2.11】 某企业本年只经营一种产品,有关资料如下:

年产销量:20 000 件

单位直接材料费:4 元/件

单位直接人工费:3 元/件

单位变动制造费用:2 元/件

全年固定制造费用:120 000 元

分别采用变动成本法和完全成本法计算的单位产品成本如表 2.8 所示。

表 2.8 单位产品成本计算表

单位:元/件

项目	变动成本计算法	完全成本计算法
直接材料	4	4
直接人工	3	3
变动制造费用	2	2
固定制造费用		6
单位成本	9	15

根据表 2.8 的计算结果,完全成本法比变动成本法计算的单位产品成本多 6 元/件,其原因是完全成本计算法每件产品"吸收"了固定制造费用 6 元所致。

(1) 存货计价原则不同

存货成本的计价应以产品成本的构成内容为依据。在变动成本法下,产成品、半成品和在产品存货价值的确定,应按变动生产成本即直接材料、直接人工和变动制造费用进行计价;而在完全成本法下,存货价值的确定应按全部生产成本即直接材料、直接人工、变动制造费用和固定制造费用进行计价。也就是说,对某一特定存货进行计价,按变动成本法确定的存货单位成本要小于按完全成本法确定的存货单位成本,其差额就是完全成本法下单位产品应负担的固定制造费用。

在例 2.11 中,假定该企业本年生产的 20 000 件产品中,已销售 15 000 件,尚有 5 000 件的期末存货。则:

变动成本法下的期末存货成本＝5 000×9＝45 000(元)

完全成本法下的期末存货成本＝5 000×15＝75 000(元)

完全成本法下的期末存货成本比变动成本法下的期末存货成本多 30 000 元(75 000－45 000)，这是因为完全成本法下期末存货负担了 30 000 元(5 000×6)的固定制造费用所致。

(2) 对利润的影响不同

当某一特定期间的产品产销不均衡时，采用变动成本法与完全成本法所确定的期间损益可能是不相同的。就某一特定期间而言，两种成本计算方法下计算的营业收入、变动生产成本、销售费用、管理费用和财务费用等的数额都是相同的，不同的是两种成本计算方法对固定制造费用的处理方式不同，导致两种方法当期扣除的固定制造费用的数额可能不同。

在变动成本法下，当期发生的固定制造费用作为期间成本，全额计入当期利润表，直接由当期已销产品负担。而在完全成本法下，固定制造费用作为产品成本的构成内容，当期由已销产品负担的固定制造费用的数额，不仅受到当期发生的固定制造费用水平的影响，而且还受到期末存货与期初存货负担的固定制造费用水平的影响。这就是说，在有存货存在的情况下，两种成本计算方法当期扣除的固定制造费用的数额可能是不同的。两种成本计算方法当期扣除的固定制造费用的数额，也就是两种成本计算方法下当期利润的差额。或者说，两种成本计算方法下当期利润的差额，实际上就是完全成本法下期末存货和期初存货所负担的固定制造费用的差额。

现举例说明两种成本计算方法对损益的影响。

【例 2.12】 巨力公司连续三个会计年度有关资料如表 2.9 所示。

表 2.9　巨力公司连续三个会计年度有关资料

项　目	第 1 年	第 2 年	第 3 年
期初存货/件			2 500
生产量/件	15 000	15 000	15 000
销售量/件	15 000	12 500	17 500
期末存货/件		2 500	
单位产品售价/(元/件)	20	20	20
固定制造费用/元	75 000	75 000	75 000
固定的销售与管理费用/元	25 000	25 000	25 000

在本例中，假设巨力公司各月均无期初、期末在产品，成本在销售产品和库存产品中分配，由于各期生产量相同，故无论是变动成本法还是完全成本法，各期的单位产品成本相同。变动成本法为 12 元/件，完全成本法为 17 元/件(12＋75 000/15 000)。

现分别采用变动成本法与完全成本法确定各年的净收益，如表 2.10 和表 2.11 所示。

表 2.10　按变动成本法计算

单位：元

项　目	第 1 年	第 2 年	第 3 年
产品销售收入	300 000	250 000	350 000
产品变动成本	180 000	150 000	210 000
边际贡献	120 000	100 000	140 000
减：固定制造费用	75 000	75 000	75 000
销售与管理费用	25 000	25 000	25 000
固定费用合计	100 000	100 000	100 000
税前利润	20 000	0	40 000

表 2.11　按完全成本法计算

单位：元

项　目	第 1 年	第 2 年	第 3 年
销售收入	300 000	250 000	350 000
销售成本：			
期初存货			42 500
本期变动生产成本	180 000	180 000	180 000
固定制造费用	75 000	75 000	75 000
可供销售的产品成本	255 000	255 000	255 000
减：期末存货		42 500	
销售成本合计	255 000	212 500	297 500
销售毛利	45 000	37 500	52 500
减：销售与管理费用（固定）	25 000	25 000	25 000
税前利润	20 000	12 500	27 500

上述计算结果表明：

① 当生产量等于销售量时，只要不存在期初存货，或期初存货与期末存货中的固定制造费用相等，不论是变动成本法还是完全成本法，其确定的分期损益都相同，详见表 2.10 和表 2.11 中的第 1 年。其理由是：如果没有期初存货且生产量等于销售量，在完全成本计算法下，没有机会以存货方式结转固定制造费用或从存货项目下减除固定制造费用。

② 当生产量大于销售量时，只要不存在期初存货，完全成本法所确定的税前利润大于变动成本法所确定的税前利润，详见表 2.10 和表 2.11 中的第 2 年。其理由是：不存在期初存货且生产量大于销售量时，如前所述，在完全成本法下，本期发生的 75 000 元固定制造费用中只有一部分由销售成本吸收，共计 62 500 元（12 500×75 000/15 000），从本期的销售收入中扣减，其余部分 12 500 元（2 500×75 000/15 000）以期末存货形式结转到第 3 年。然而，在变动成本法下，本期发生的固定制造费用全额从本期销售收入中扣除，使得当期税前利润为零。两种成本计算法计算得到的税前利润差额正好是期末存货中的固定制造费用 12 500 元。

③ 当生产量小于销售量时,只要不存在期末存货,完全成本法所确定的税前利润就会小于变动成本法所确定的税前利润,详见表2.10和表2.11中的第3年。其理由是:不存在期末存货且生产量小于销售量时,如前所述,在完全成本法下,本期发生的75 000元固定制造费用全部由销售成本吸收,上期结转至本期的存货包含有12 500元(2 500×75 000/15 000)的固定制造费用也需要在本期扣除。然而,在变动成本法下,存货中每件只包含12元的变动生产成本,并不包含上期的固定制造费用,只是扣除了本期发生的固定制造费用75 000元,使得当期税前利润比完全成本法计算得到的税前利润多12 500元。由于连续3年总的产销平衡,且以3年计无期初、期末存货,故变动成本法与完全成本法计算所得的3年税前利润之和相等。

在单位成本计算中,完全成本法的计算是全部发生的生产成本除以产出量,所以当各期产量不同时,其计算就会更为复杂。

2.3.3 变动成本法与完全成本法的优缺点

1) 变动成本法的优缺点

变动成本法的优点主要有:

(1) 变动成本法下的成本变动情况,为确定边际贡献提供了便利条件,从而有利于进行短期决策。

(2) 有利于进行本量利分析,能科学地进行销售预测和利润预测。本量利分析方法主要是通过分析影响利润变化的各因素之间的关系确定企业利润的结果,而这种分析方法的运用,是以变动成本法提供的成本资料为前提的。

(3) 有利于进行科学的成本分析和控制。变动成本法把产品的生产成本和期间成本清楚地分开,从而把产量变动引起的成本变化与经营管理水平变化引起的成本变化分得很清楚,为科学地进行成本分析提供资料。

(4) 有利于促进企业重视销售、防止盲目生产。变动成本法的固定成本全部列入当期损益,这样可以保证利润与销售量同向变动,促使企业管理者重视销售环节,以销定产,防止盲目生产。

(5) 能简化成本计算。在变动成本法下,由于不再将固定成本摊入生产成本,减少了核算工作量,可确保成本数据的时效性,也避免了间接制造费用分摊的主观随意性。

变动成本法的缺陷主要包括:

(1) 不适应长期决策的需要。长期决策会涉及企业产品结构调整、生产规模变动等问题,固定成本不可能长期保持不变,单位变动成本也不会一成不变。

(2) 在采用变动成本法时,由于降低存货成本、加大销售成本而影响当期实现的利润额,也会暂时减少应上缴的所得税和应分配的利润,影响有关方面的收益。

(3) 成本划分不是很准确。变动成本法把成本分为变动成本和固定成本,但是有些成本费用是混合成本,这样就必须先按一定的方法分解混合成本。

(4) 不符合传统的成本概念要求。按照传统成本概念,凡是生产产品所发生的费用都应计入产品成本,以保证成本的完整性,变动成本法不能满足这一要求。

2) 完全成本法的优缺点

完全成本法有如下优点:

(1) 在完全成本法下,产品的单位成本与产品的产量负相关,即产量越高,产品的单位成本就越低,可以大大激励企业为提高产品产量和质量而努力。

(2) 成本会计的核心就是尽可能客观地计算实际成本,完全成本法下的产品成本包括所有变动成本和固定成本。

(3) 采用完全成本法进行核算,其提供的相关成本资料不需要进行任何处理就可以直接编制对外报表。

完全成本法的缺点有:

(1) 采用完全成本法时,产品的单位成本往往不能反映出各生产部门的真实业绩。

(2) 确定的分期损益,难以为管理部门所理解。采用完全成本法下的净收益在其他条件不变的情况下,在利润和销售量的变化上不能保持相应比例。

(3) 固定制造费用的分摊十分烦琐,完全成本法下将固定制造费用分摊在不同产品中时,不仅工作量繁重,还会受主观因素的影响。

2.4 变动成本法工具方法的应用评价

2.4.1 应用环境

变动成本法是企业以成本性态分析为前提条件,仅将生产过程中消耗的变动生产成本作为产品成本的构成内容,而将固定成本和非生产成本作为期间成本,直接由当期收益予以补偿的一种成本计算方法。

该方法在企业推进时,对应用环境有如下要求:

(1) 企业所处的外部环境应具有两个特点:一是市场环境竞争激烈,需要频繁进行短期经营决策;二是市场相对稳定,产品差异化程度不大,有利于企业进行价格调整等短期决策。

(2) 企业的成本基础信息记录应保证完整,财务会计核算基础工作要较为完善。

(3) 企业应建立较好的成本性态分析基础,具有划分固定成本与变动成本的科学标准,以及划分标准的使用流程与规范。

(4) 企业能够及时、全面、准确地收集与提供有关产量、成本、利润以及成本性态等方面的信息。

2.4.2 应用领域

1) 应用于利润和销售预测

"费用与收益相配比"原则是国际上公认的会计原则。变动成本法把成本分为变动成本和固定成本两大类,将随产品增减而变动的成本作为产品成本,将已销售产品的那部分变动成本转作营业成本,与营业收入相配比。

在预测分析中,特别是在进行利润、销售等预测时,变动成本法可以发挥其特有的作用。这是因为,变动成本法的基本理论和程序清晰地揭示了利润、成本、产量之间的内在联系,从而可以直接利用"销售数量×单位边际贡献－固定成本＝利润"的计算公式,迅速而准确地预测未来一定期间的利润,而无须通过比较复杂的成本分析和烦琐的计算程序来达到这一目的;同时,亦可以利用变动成本法所提供的边际贡献、固定成本等资料,预测企业经营的盈亏平衡点及实现目标利润的产品生产(或销售)数量。此外,还可以在确定目标销售量(或销售额)及目标利润的基础上,综合评价其他有关因素的影响之后,预测企业未来一定期间内开展正常生产经营活动所需资金量,为资金的筹集与利用提供依据。

2) 应用于产品生产和价格决策

变动成本法揭示了成本、业务量之间的内在变化规律,在进行经营决策时,特别是在进行生产和价格决策时,变动成本法可以有效地发挥作用。变动成本法将产品生产(制造)过程中间接发生的固定制造费用排斥于产品成本之外,提供了能够正确衡量产品盈利能力的标志即边际贡献,从而既可以利用这一重要指标对有关产品进行盈利性分析,为企业管理者制定正确的产品生产、增产、停(转)产等各项决策提供科学依据,又可将变动成本、边际贡献等指标用来对有关产品的销售价格进行经济性评价,以帮助企业管理者做出能在特定条件下实现最大销售量(或销售额),进而获得最高盈利的产品价格决策。此外,生产设备的购置与替换、生产用零(部)件的自制与外购等决策问题也需要利用变动成本计算法提供的信息。

3) 应用于成本控制和业绩考核

由于产品成本中只含有变动成本而无固定成本,在实施内部控制尤其是在开展成本控制和工作绩效考评过程中,变动成本法可以起到重要作用。变动成本法集中地反映了业务量、成本、利润三者之间的相互关系,并将营业收入与生产成本、销售数量与销售利润直接联系在一起,既可以在利润和销售预测的基础上确定为实现目标利润所必须控制的成本限额(即必须达到的成本目标),进而为加强成本控制指明方向,又可以有意识地将企业未来一定期间的产品生产和销售活动紧密衔接,对生产、销售、采购、供应等业务(职能)部门的日常工作实施必要的监控和指导,并对他们各自取得的工作成绩进行适当评价和考核。

2.4.3 应用评价

为了适应现代科技的迅速发展与广泛应用,以及管理观念和管理方法的全面变革,也应当对变动成本法进行重新认识与评价。

在高新技术条件下,不仅产品品种结构多样化,产品成本结构也发生了巨大的变化。自动化设备的应用,许多人工被机器取代,直接人工成本的比重大大降低,固定制造费用的比重大幅度增加,存货成本亦相应减少。仍旧像过去那样以直接材料、直接人工等直接成本为重点,制造费用仍按单一标准进行分配,将使成本信息严重失真,有可能导致成本控制失效,经营决策失误。

同时,由于适时制和制造单元的出现,使得许多制造费用由间接费用变为直接费用,而与数量无关的成本动因的采用,使许多不随产量变动的间接成本可以方便地分摊给各产品,成本的可归属性明显增强;由于零库存目标的确立,使产品存货降至最低限度甚至为零,制造成本均列入发生期,产品成本(包括固定制造费用)均具有期间成本的性质,将成本划分为期间成本和产品成本已失去意义。这些都从不同侧面动摇了变动成本法的基础,使得这种成本计算方法的重要性日渐下降。这是因为:第一,在制造成本总额中,变动成本的比重越来越小,固定成本的比重越来越大,以变动成本为重点将不能反映产品生产耗费的全貌;第二,把各项固定费用按期间汇集处理已不能为控制日益增长的固定成本提供良策;第三,作业成本计算进一步区分了与产量变动无关但与作业变动相关的费用,兼容了变动成本法和完全成本法的优点,且弥补了它们的不足。

会计发展史上,用变动成本法否定完全成本法曾是成本管理会计的进步。在新制造环境下,变动成本法与完全成本法的损益计算趋于一致,其区别仅在于成本的表达方式不同,变动成本法按成本的性态分类,完全成本法按成本的用途分类。完全成本法以前受到的非难有可能消失,其可能再次引起成本管理会计师的兴趣而取代变动成本法,以完全成本法为基础建立成本核算系统更能使成本核算与新制造环境相适应。

本章思考

1. 什么是成本性态?在管理会计中为何要将成本按其性态进行分类?如何分类?
2. 什么叫固定成本、变动成本和混合成本?这些成本各有什么特点?
3. 为什么说固定成本和变动成本都存在相关范围问题?
4. 为什么要进行成本分解?成本分解的方法有哪些?
5. 什么叫变动成本法?该方法下的产品成本包括哪些内容?为什么?
6. 什么叫完全成本法?这种方法与变动成本法有何区别?其中根本区别是什么?
7. 采用变动成本法和完全成本法所确定的某会计期间的利润是否有差异?为什么?
8. 如何将成本计算方法应用于企业成本控制与业绩考核中?在应用过程中,我们应该考虑哪些问题?
9. 企业是否可以通过选用不同的成本计算方法来操纵企业利润?为什么?
10. 简要评价管理会计工具方法——变动成本法。

应用实操

应用实操一:

【资料】某公司20×5年1—8月产销资料(见表1),已知产品单价20元/件,单位变动生产成本15元/件,单位变动非生产成本0.5元/件,每月固定制造费用12 000元,每月固定非生产成本6 000元。

表1 公司20×5年1—8月生产销售资料

单位:元/件

项目	1月	2月	3月	4月	5月	6月	7月	8月
期初存货	0	0	1 000	1 500	1 000	1 000	2 000	3 000
本期生产	5 000	5 500	5 000	5 000	4 500	5 000	6 000	5 000
本期销售	5 000	4 500	4 500	5 500	4 500	4 000	5 000	8 000
期末存货	0	1 000	1 500	1 000	1 000	2 000	3 000	0

【要求】

（1）使用 Excel 建立变动成本法和完全成本法利润模型,计算企业利润。

（2）分析两种方法下利润产生的差异。

应用实操二:

【资料】广东动车组餐饮有限公司根据集团公司下达的总体目标,结合本公司具体情况,确定 20×9 年的息税前目标利润为 500 万元,20×9 年各产品销售价格、单位变动成本和销售单价见下表,20×9 年预计全年固定成本总额 800 万元。

表1　20×9 年产品单位变动成本明细表

编制单位:广东动车组餐饮有限公司　　　　　　　　　　　　　　　　　　　单位:元/盒

项目	牛腩饭	红烧肉饭	回锅肉饭	香菇焖鸡饭	扬州炒饭	素餐
单位变动成本	19.60	18.50	15.70	14.90	6.90	7.10

表2　20×9 年各产品销售价格

编制单位:广东动车组餐饮有限公司　　　　　　　　　　　　　　　　　　　单位:元/盒

项目	牛腩饭	红烧肉饭	回锅肉饭	香菇焖鸡饭	扬州炒饭	素餐
销售单价	55.00	45.00	35.00	35.00	15.00	15.00

表3　20×9 年各产品销售数量预算表

编制:广东动车组餐饮有限公司　　　　　　　　　　　　　　　　　　　　　　单位:盒

产品	一季度	二季度	三季度	四季度	合计
牛腩饭	29 030	27 092	14 520	23 886	94 528
红烧肉饭	34 834	32 514	17 423	33 591	118 362
回锅肉饭	38 709	36 132	19 349	21 394	115 584
香菇焖鸡饭	30 963	28 898	15 482	35 716	111 059
扬州炒饭	21 287	19 867	10 644	21 405	73 203
素餐	38 709	36 128	19 355	38 192	132 384
合计	193 532	180 631	96 773	174 184	645 120

【要求】根据以上资料,通过 Excel 计算广东动车组餐饮有限公司 20×9 年度税前利润。(计算过程及最终结果除百分比保留 4 位小数外,其他均保留两位小数)。

案例链接

[1] 变动成本法在联想公司的应用

——张瑢,王瑞琪,魏姗姗.变动成本法在联想公司的应用[J].合作经济与科技,2017(4):166-167.

[2] 变动成本法和完全成本法可以统一吗?

——潘飞.管理会计[M].4 版.上海:上海财经大学出版社,2019.

[3] 变动成本法的应用案例分析

——舒启军.变动成本法在迎驾集团的应用研究[J].财务管理研究,2020(11):44-48.

[4] 用完全成本法和变动成本法理解企业去库存政策

——杨晔.管理会计案例与解析[M].北京:经济科学出版社,2019.

[5] 长安工业——变动成本法在企业经营决策中的应用

——李守武.管理会计工具与案例:成本管理[M].北京:中国财政经济出版社,2018.

[6] 疫情背景下西贝餐饮集团变动成本法的应用

——陈伟昌.疫情背景下餐饮企业变动成本法的应用:以西贝餐饮集团为例[J].山西农经,2020(14):127.

第 3 章　本量利分析

> **本章导语**
>
> 　　早在 1904 年,美国就已经出现了最原始的本量利关系图的文字记载。20 世纪 50 年代以后,本量利分析技术在西方会计实践中得到了广泛应用,其理论日臻完善,成为现代管理会计学的重要组成部分。20 世纪 80 年代初,我国引进了本量利分析理论,它作为加强企业内部管理的一项有效措施,成为企业进行决策、计划和控制的重要工具。借助这种方法,企业可以预测需要销售多少数量的产品才能保本;可以预测在一定的销售数量下能获得多少利润;期望获得一定的利润必须销售多少产品;为了保证一定的利润,在产品单价下降后,需要增加多少销售数量等。诸如此类的问题,都可以通过本量利分析来回答。目前,无论在西方还是我国,本量利分析的应用都十分广泛。
>
> 　　本章基于《管理会计应用指引第 401 号——本量利分析》《管理会计应用指引第 402 号——敏感性分析》和《管理会计应用指引第 403 号——边际分析》,首先介绍了本量利分析的概念和作用、基本假定和分析模型;其次,介绍了单一品种条件下的保本分析和保利分析等;再其次,在此基础上,进一步探讨了多品种条件下本量利分析的几种常用方法,包括加权平均法、分算法和联合单位法;最后,阐述了敏感性分析方法、相关因素临界值的确定等,并对本量利分析和敏感性分析这两种管理工具的应用进行了相应的评价。

> **引入案例**
>
> ### 中国建材从"量本利"到"价本利"的探索
>
> 　　管理者在企业经营中比较重视两件事情:一是产品销量;二是产品成本。而产品价格,往往认为是由市场客观决定的,企业只能适应,无法左右。
>
> 　　过去水泥行业的盈利模式,基本建立在市场短缺上,产量可以无限增加。在供给不足的情况下,我们有一个经典的盈利模型,叫"量本利",即随着量的增加,可以减少单位成本中的固定费用,进而达到降低成本取得利润的效果,即所谓的薄利。
>
> 　　但现在包括水泥产业在内,中国很多产业都出现了严重的产能过剩,产品大量积压,此时增加产量不但不能摊低固定费用,还将增加变动成本,流动资金也随之紧张。赫尔曼·西蒙在《定价制胜》中指出:企业在价格制定上不应被动适应,而应掌握定价的主动权。他不赞成用降价来扩张市场份额,尤其在产能过剩情况下,通过降价扩量的经营思路无异于自杀。他认为在经济下行、产能过剩的情况下,理智的做法是由市场竞争各方主动减产保价。那么,产能过剩时代,企业应采取怎样的价格策略?为此,中国建材迈出了探索的第一步:"量本利"到"价本利"的转变。

"价本利"是相对于"量本利"而言的。价本利模式认为企业的盈利核心不再立足于产量增加,而是强调在稳定提升价格的基础上,稳定产量或者减少产量,通过管理整合降低成本,实现企业的合理利润。与量本利模式立足于单一企业的盈利相比,价本利模式更着眼于市场,着眼于企业全局,着眼于整个行业。在这一理念下,抓市场、抓价格对企业而言意义重大。中国建材的下属各级企业对外做好市场营销,对内力争以销定产,维护区域市场供需平衡,重构合理的价格体系。

价本利——利润是目标,价格是龙头,成本是基础。中国建材开发出"价格曲线图",用这张图来判断产品价格的上限、下限、底线,以及与之相匹配的制造成本、单位销售费用、单位管理费用等指标,使其成为指导市场营销、贯彻价本利理念的数字化基础。

那么,与价本利相比,传统的量本利模型真的就相形见绌吗?在什么情况下企业更适合应用量本利模型?比较量本利和价本利这两种模式,他们各自有什么特点和优势?中国建材从"量本利"到"价本利"的探索还需要完成什么任务,还需要做什么补充?

资料来源:刘俊勇.管理会计[M].3版.大连:东北财经大学出版社,2019.

3.1 本量利分析概述

本量利分析是管理会计的基本方法之一,企业的生产经营活动以利润为目标,而利润的多寡又与生产或销售量、收入和成本因素密切相关。管理人员需要一个分析方法或模型,来研究业务量变动对利润的影响,或在目标利润变动时确定业务量水平。因此,明确成本、数量和利润的关系变得十分必要。

如何进行本量利分析

3.1.1 本量利分析的概念及作用

本量利分析(CVP 分析)是成本、业务量、利润之间关系分析的简称,是指在变动计算模式的基础上,以数学化的会计模型与图式来揭示固定成本、变动成本、销售量、销售额、利润等变量之间内在的规律性联系,为会计预测、决策和规划提供必要的财务信息的一种定量分析方法。

其作用主要体现在以下几个方面:

1) 保本分析

将本量利分析和预测技术相结合,可以进行保本预测,确定保本销售量(额),进而预测利润,编制利润计划。

2) 目标控制

将本量利分析用于目标控制,可以确定实现目标利润所需控制的目标销售量(额)以及目标成本水平,从而有效地进行目标管理。

3) 风险分析

将本量利分析与风险分析结合起来,可以通过分析企业的经营安全性指标,确定企业经营的安全状态,还可以促使企业重视经营杠杆的作用,努力降低风险。

4) 生产决策

通过本量利分析,可以进行生产工艺选择的决策、产品品种和生产数量的决策、产品竞争策略的决策以及定价决策等。

本量利分析除了上述作用以外,还可以应用于企业投资不确定性分析、全面预算、成本控制和责任会计等方面。

3.1.2 本量利分析的基本假定

本量利分析是建立在一定基本假设基础上的,其所涉及的成本、业务量和利润之间的关系需要在某些假定条件下才能成立。如果忽略了这些前提条件,就会影响本量利分析结果的准确性,从而导致企业决策者做出错误的预测和决策。在管理会计中,本量利分析应用的基本假设通常包括以下几个方面:

1) 成本性态分析假定

本量利分析是建立在成本按性态分类基础上的一种分析方法,成本性态分析是本量利分析的基础工作。因此,要进行本量利分析,需要假定企业的全部成本均已经按照成本性态合理地划分为固定成本和变动成本两部分。

2) 相关范围及一元线性假定

该假定包括三个方面的内容:一是假定销售单价为常数,不论销量是多少,售价均保持不变,即销售收入与销售量成正比例关系;二是在相关范围内(一定时期、一定业务量范围内),单位变动成本为常数,变动成本总额与业务量成正比例关系;三是固定成本总额保持不变,不受业务量变动的影响。

3) 产销平衡及产品品种结构稳定假定

在进行本量利分析时,应当假设当期产量与销量一致,产销平衡,当期生产出来的产品均能销售出去,不存在期初、期末存货水平变动的情况。另外,还需要假定在单一产品生产条件下,企业各期生产出来的产品总能在市场上找到销路,即能够实现产销平衡;对于多产品生产的企业,则假定在以价值形式表现的产销总量发生变化时,原来的各种产品的产销额在全部产品产销额中所占的比重是不变的。这种假定可以使分析人员能够把精力集中在价格、成本、业务量对营业利润的影响上。

4) 变动成本法假定

产品成本计算方法的确定是影响企业利润指标大小的重要因素。因此,在本量利分析中,假定产品成本是按变动成本法计算的,即产品成本只包括变动生产成本,而固定制造费用全部作为期间成本一次性从当期损益中扣除。

5) 营业利润的假定

利润是本量利分析所涉及的一个重要指标,考虑到营业利润与企业经营中所发生的成本、业务量的关系密切,无特殊说明,在本量利分析中的利润因素总是指营业利润,即不考虑营业外收支净额和投资净收益之和,假定其近似为零。

3.1.3 本量利分析的模型

本量利分析包括基本模型和边际贡献模型,这些模型将固定成本、变动成本、销售量、单价、销售收入、营业利润等因素之间的关系用数学等式联系起来,是企业经营决策的重要依据。

1) 本量利分析的基本模型

本量利分析需要考虑固定资本、变动成本、销售量、单价、销售收入和营业利润等变量之间的关系。这些变量之间的关系可以用下面的公式进行反映。

$$\begin{aligned}营业利润 &= 销售收入 - 总成本 \\ &= 销售收入 - 变动成本 - 固定成本 \\ &= 单价 \times 销售量 - 单位变动成本 \times 销售量 - 固定成本 \\ &= (单价 - 单位变动成本) \times 销售量 - 固定成本\end{aligned} \quad (式3.1)$$

由于本量利分析的数学模型是在上述公式的基础上建立起来的,故将该式称为本量利分析的基本关系式。

为满足本章后面内容的需要,统一设:

P—— 利润;

TR—— 收入;

TC—— 总成本;

VC—— 单位变动成本;

FC—— 固定成本;

SP—— 单价;

V—— 销售量。

则式3.1可表示为 $P = (SP - VC) \times V - FC$

2) 边际贡献模型

边际贡献又称为贡献毛益,是指产品销售收入减去其变动成本后的差额。边际贡献的形式有边际贡献总额、单位边际贡献、边际贡献率和变动成本率四种形式。

(1) 边际贡献总额

$$\begin{aligned}边际贡献总额 &= 销售收入总额 - 变动成本总额 = TR - VC \times V \\ &= (单价 - 单位变动成本) \times 销售量 = (SP - VC) \times V \\ &= 固定成本 + 营业利润 = FC + P\end{aligned} \quad (式3.2)$$

(2) 单位边际贡献公式

单位边际贡献是指产品的销售单价减去单位变动成本后的差额。

$$\begin{aligned}单位边际贡献 &= 单价 - 单位变动成本 = SP - VC \\ &= 边际贡献总额 / 销售量\end{aligned} \quad (式3.3)$$

从式3.3可以看出,企业各种产品提供的边际贡献,虽然不是企业的营业利润,但它与企业营业利润的形成有着密切关系。因为边际贡献首先用于补偿企业的固定成本,只有当边际贡献大于固定成本时才能为企业提供利润,否则企业将会出现亏损。

(3) 边际贡献率

边际贡献率是相对数概念,是指边际贡献在销售收入中所占的百分比,它反映企业通

过某种产品的产销来补偿固定成本的能力,用公式表示为:

$$边际贡献率=(边际贡献/销售收入)\times 100\%$$
$$=(SP-VC)\times V/TR\times 100\% \quad (式3.4)$$

(4) 变动成本率

变动成本率是指变动成本在销售收入中所占的百分比。它表示1元的销售收入所消耗的变动成本的数额,是与边际贡献率对应的概念,用公式表示为:

$$变动成本率=变动成本/销售收入\times 100\%=VC\times V/TR\times 100\%$$
$$=(单位变动成本\times 销售量)/(单价\times 销售量)\times 100\%$$
$$=(VC\times V)/(SP\times V)\times 100\% \quad (式3.5)$$

无论是某一种产品的变动成本率,还是企业总的变动成本率,都与其对应的边际贡献率之间存在着下列互补的等式关系:

$$边际贡献率+变动成本率=1 \quad (式3.6)$$

因此,企业的销售收入分为变动成本和边际贡献两部分,前者是产品自身的耗费,后者是为企业作出的贡献,边际贡献率与变动成本率之和为1。凡变动成本率高的企业,其边际贡献率必然低,创利能力也低;反之,凡变动成本率低的企业,其边际贡献率必然高,其创利能力也高。

【例3.1】 已知甲企业只生产A产品,单价为15元/件,单位变动成本为8元/件,固定成本为50 000元。20×8年的生产经营能力为12 000台。

要求:(1)计算全部边际贡献指标;(2)计算营业利润;(3)计算变动成本率;(4)验证边际贡献率与变动成本率的关系。

分析:(1) 单位边际贡献=15-8=7(元/台)

(2) 营业利润=边际贡献总额-固定成本=7×12 000-50 000=34 000(元)

(3) 变动成本率=8/15≈53.3%

(4) 边际贡献率=边际贡献总额/销售收入=(7×12 000)/(15×12 000)≈46.7%

(5) 边际贡献率+变动成本率=46.7%+53.3%=1

所以,当边际贡献大于固定成本时,企业盈利;当边际贡献小于固定成本时,企业亏损;当边际贡献等于固定成本时,企业不盈不亏。当企业的固定成本为已知数时,只要计算出企业的边际贡献额,即可知道企业的盈亏情况;如果知道一种产品的边际贡献率也就可以知道这种产品的盈利能力。通过边际贡献率指标可以了解每种产品的盈利能力以及它们在企业生产经营过程中所做的贡献大小,所以,边际贡献率的作用是可以提供关于一个企业或一种产品的盈利能力情况,它是企业经营决策和利润计算的重要依据。

3.2 单一品种条件下的本量利分析

本节在交代盈亏平衡、盈亏平衡状态和盈亏平衡分析等基本概念的基础上,着重介绍了单一品种条件下盈亏平衡点的确定方法,并讨论了如何利用盈亏平衡点指标评价企业经营的安全程度。

3.2.1 单一品种的盈亏平衡分析

1) 盈亏平衡分析的概念

盈亏平衡分析就是研究当企业恰好处于盈亏平衡状态,即收支相等、不盈不亏时本量利关系的一种定量分析方法。它是确定企业经营安全程度和进行保利分析的基础,又称保本分析,盈亏平衡分析的关键是盈亏平衡点的确定。

2) 盈亏平衡点的含义

盈亏平衡点是指能使企业达到盈亏平衡状态的业务量的总称。在该业务量水平上,企业收入与变动成本之差刚好与固定成本持平。业务量稍微增加一点,企业就有盈利;反之,业务量稍微减少一点就会导致亏损。

3) 盈亏平衡点的表现形式

单一品种的盈亏平衡点有两种表现形式:一是盈亏平衡点销售量;二是盈亏平衡点销售额。它们都是标志着企业达到收支平衡、实现盈亏平衡的销售业务量指标。在单一品种条件下,确定盈亏平衡点就是计算盈亏平衡点销售量和盈亏平衡点销售额数值;在下节的多品种本量利分析条件下,虽然也可以按具体品种计算各自的盈亏平衡点销售量,但由于不同产品的销售量不能直接相加,因而只能确定它们总的盈亏平衡点销售额,不能确定总的盈亏平衡点销售量。

4) 单一品种盈亏平衡点的确定方法

单一品种的盈亏平衡点确定方法通常有三种:公式法、边际贡献法和图解法。

(1) 公式法

公式法是在本量利分析基本模型的基础上,根据盈亏平衡点的定义,先求出盈亏平衡点销售量,再计算盈亏平衡点销售额的一种方法。其基本公式为:

特定期间的盈亏平衡点销售量＝该期间的固定成本/(单价－单位变动成本)

即: $$V = FC/(SP - VC) \tag{式3.7}$$

该期的盈亏平衡点销售额＝单价×该期的保本量

即: $$V \times SP = SP \times FC/(SP - VC) \tag{式3.8}$$

【例3.2】 已知甲企业只生产A产品,单价为15元/件,单位变动成本为8元/件,固定成本为50 000元。要求计算该企业的盈亏平衡点。

盈亏平衡点销售量＝$FC/(SP-VC)$＝50 000/(15－8)≈7 143(件)
盈亏平衡点销售额＝7 143×15＝107 145(元)

(2) 边际贡献法

边际贡献法是指利用边际贡献与业务量、利润之间的关系直接计算盈亏平衡点销售量和盈亏平衡点销售额的一种方法。它是在公式法的基础上发展起来的。其基本公式为:

该期的盈亏平衡点销售量＝该期固定成本/单位边际贡献 (式3.9)

$$该期的盈亏平衡点销售额 = 该期固定成本/边际贡献率$$
$$= 该期固定成本/(1-变动成本率) \quad (式3.10)$$

【例 3.3】 承例 3.2 资料,要求按边际贡献法计算该企业的盈亏平衡点指标。

盈亏平衡点销售量 = 该期固定成本/单位边际贡献 = 50 000/(15−8) ≈ 7 143(件)

边际贡献率 = (15−8)/15 ≈ 46.7%

盈亏平衡点销售额 = 50 000/46.7% = 107 066(元)

(3) 图解法

图解法是指通过绘制盈亏平衡图来确定盈亏平衡点位置的一种方法。该方法的原理是当总收入等于总成本时,企业恰好盈亏平衡。

典型的盈亏平衡图是绘制在平面直角坐标系上的。在单一品种情况下,将 xOy 平面直角坐标系的横轴 Ox 作为销售量轴,纵轴 Oy 作为销售收入和总成本轴。在图 3.1 上画出销售收入线和总成本线,若两条直线相交,其交点就是盈亏平衡点,据此可以读出盈亏平衡点销售量和盈亏平衡点销售额的数值。

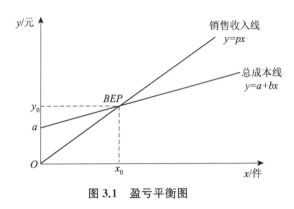

图 3.1 盈亏平衡图

此法的优点在于形象、直观,容易理解。但由于绘图比较麻烦,而且盈亏平衡点销售量和盈亏平衡点销售额的确定都需要在数轴上读出,因此结果可能不十分准确。

5) 企业经营安全程度评价指标

企业的经营目的在于获利,实际销售水平超过盈亏平衡点销售水平越多越好。因此在盈亏平衡分析的基础上还需要进行企业经营安全性分析,以衡量企业生产经营的安全性。反映企业经营安全程度的指标通常有安全边际和盈亏平衡点作业率。

(1) 安全边际

安全边际包括安全边际销售量、安全边际销售额和安全边际率。

安全边际销售量是指企业实际(或预计)销售量超过盈亏平衡点销售量的差额。

安全边际销售额是指企业实际(或预计)销售额超过盈亏平衡点销售额的差额。

$$安全边际销售量 = 实际(或预计)销售量 − 盈亏平衡点销售量 \quad (式3.11)$$

$$安全边际销售额 = 实际(或预计)销售额 − 盈亏平衡点销售额$$
$$= 安全边际销售量 \times 销售单价 \quad (式3.12)$$

安全边际率是安全边际的相对数形式,它是指安全边际销售量(或销售额)与实际(或预计)销售量(或销售额)的比值,用公式表示为:

$$安全边际率 = \frac{安全边际销售量(或销售额)}{实际(或预计)销售量(或销售额)} \times 100\% \quad (式3.13)$$

安全边际率也是评价企业经营安全程度的正指标,指标值越大越好,说明企业发生亏损的可能性越小,企业经营越安全。人们根据企业实际经营安全程度等级和安全边际率经验数据的一定分布区间,得出评价企业经营安全程度的一般标准。西方一般用安全边际率来评价企业经营的安全程度,其评价标准如表3.1所示。

表3.1 企业经营安全程度的评价标准经验值

安全边际率	<10%	10%~<20%	20%~<30%	30%~<40%	≥40%
安全程度	危险	值得关注	比较安全	安全	很安全

【例3.4】 某企业只生产一种产品,该产品的单价为30元/件,单位变动成本为10元/件,全年固定成本为40 000元,预计下一年度销量为8 000件。要求:计算企业的安全边际指标。

盈亏平衡点销售量=40 000/(30-10)=2 000(件)
安全边际销售量=8 000-2 000=6 000(件)
安全边际销售额=30×6 000=180 000(元)
安全边际率=6 000/8 000×100%=75%

由于该企业的安全边际率在40%以上,所以该企业下一年度的经营是很安全的。

(2) 盈亏平衡点作业率

企业经营的安全程度还可以用盈亏平衡点作业率来反映。盈亏平衡点作业率,又称危险率,是指企业盈亏平衡点销售量(或销售额)与实际(或预计)销售量(或销售额)的比值,也是反映企业经营安全程度的相对数指标之一。其计算公式为:

$$盈亏平衡点作业率=\frac{盈亏平衡点销售量(或销售额)}{实际(或预计)销售量(或销售额)}\times 100\% \quad (式3.14)$$

盈亏平衡点作业率是一个相对数反指标,数值越小说明企业经营的安全程度越高;反之,说明企业经营的安全程度越低。当正常或预计销量(或销售额)等于盈亏平衡点销售量(或销售额)时,盈亏平衡点作业率等于100%,企业正好处于盈亏平衡状态。

【例3.5】 承例3.4资料,要求:计算盈亏平衡点作业率。

盈亏平衡点作业率=2 000/8 000=25%

盈亏平衡点作业率为25%,说明该企业下一年度的经营很安全。

(3) 安全边际率与盈亏平衡点作业率的关系

从以上分析可知,企业实际(或预计)的销售量(或销售额)分为盈亏平衡点销售量(或销售额)和安全边际销售量(或销售额)两部分,即

实际(或预计)销售量(或销售额)=盈亏平衡点销售量(或销售额)
　　　　　　　　　　　　　　　　+安全边际销售量(或销售额)

将该公式两边同时除以实际(或预计)销售量(或销售额),得出

$$安全边际率+盈亏平衡点作业率=1 \quad (式3.15)$$

由例3.4和例3.5可知:
安全边际率+盈亏平衡点作业率=75%+25%=1

(4) 安全边际与营业利润的关系

安全边际销售量(或销售额)是超过盈亏平衡点的销售量(或销售额),因此只有达到安全边际才能为企业创造利润。盈亏平衡点销售额扣除变动成本后,只能为企业收回固定成本,安全边际部分的销售额扣除安全边际部分的变动成本后的余额为企业利润。换言之,安全边际中的贡献边际就是企业的利润。因此,计算企业的营业利润可以借助安全边际这一概念。

通过本量利分析模型可推导出其关系:

营业利润＝边际贡献－固定成本
　　　　＝销售收入×边际贡献率－固定成本
　　　　＝销售收入×边际贡献率－盈亏平衡点销售额×边际贡献率
　　　　＝(销售收入－盈亏平衡点销售额)×边际贡献率
　　　　＝安全边际销售额×边际贡献率

上述公式两边同时除以销售收入,得到:

销售利润率＝安全边际率×边际贡献率　　　　　　　　　　(式3.16)

3.2.2 单一品种的目标利润分析

1) 目标利润分析的意义

企业经营的最终目的是盈利,因此只有在考虑盈利存在的条件下才能充分揭示成本、业务量和利润之间的关系。

由于现实中成本、业务量和利润诸因素之间往往存在着错综复杂的制约关系,为简化盈利条件下的本量利分析,在研究任何一个因素时,总要假定其他制约因素是已知或不变的。因此,盈利条件下的本量利分析实质上是逐一描述业务量、成本、单价、利润等因素相对于其他因素而存在的定量关系的过程。

2) 目标利润的业务量分析

(1) 实现目标利润业务量的计算

实现目标利润的业务量,是指在单价和成本水平既定的情况下,为确保事先确定的目标利润能够实现而应当达到的销售量和销售额的统称。为此,实现目标利润的业务量又称"保利点业务量",有关的计算公式称作"保利公式",包括:

实现目标利润的销售量＝(固定成本＋目标利润)/(单价－单位变动成本)　(式3.17)

　　　　　　　　　　＝(固定成本＋目标利润)/单位边际贡献　　　　　(式3.18)

即：$V=(FC+P)/(SP-VC)$

实现目标利润的销售额＝单价×实现目标利润的销售量　　　　　　　(式3.19)

　　　　　　　　　　＝(固定成本＋目标利润)/边际贡献率　　　　　(式3.20)

即：$V \times SP=(FC+P) \times SP/(SP-VC)$

【例3.6】 甲企业计划生产一种A产品,单位售价500元/件,单位变动成本300元/件,固定成本总额35 000元,目标利润55 000元。

要求:确定该企业为实现目标利润所需达到的销售量和销售额。

实现目标利润的销售量=(35 000+55 000)/(500-300)=450(件)

实现目标利润的销售额=450×500=225 000(元)

为了实现目标利润,在现有条件下,该企业应使A产品产销量达到450件,或使销售额达到225 000元。

(2) 实现目标净利润业务量的计算

目标净利润是指企业在一定时期应该实现的税后利润目标,这是利润规划中的一个重要指标。因为只有净利润才是企业可能实际支配的盈利,才能用于提取盈余公积、分配利润。因此,根据事先确定的目标净利润这一指标进行相应分析变得必要,其主要内容是计算为确保目标净利润实现而应当达到的销售量和销售额。实现目标净利润业务量的公式如下:

$$\text{实现目标净利润的销售量} = \frac{[\text{固定成本} + \text{实现目标净利}/(1 - \text{所得税税率})]}{\text{单位边际贡献}} \quad (\text{式 3.21})$$

$$\text{实现目标净利润的销售额} = \frac{[\text{固定成本} + \text{实现目标净利}/(1 - \text{所得税税率})]}{\text{单位边际贡献率}} \quad (\text{式 3.22})$$

【例3.7】 承例3.6,假定企业该年的目标净利润为41 250元,所得税税率为25%,价格和成本水平与上年完全相同。

要求:确定该企业为实现目标净利润所需达到的销售量和销售额。

实现目标净利润的销售量=[35 000+41 250/(1-25%)]/(500-300)=450(件)

实现目标净利润的销售额=[35 000+41 250/(1-25%)]/40%=225 000(元)

为了实现目标净利润,在现有条件下,该企业应使A产品产销量达到450件,或使销售额达到225 000元。

3) 实现目标利润的成本分析

在其他因素既定的条件下,往往需要了解成本水平达到什么程度才能实现目标利润,具体计算公式包括:

实现目标利润的单位变动成本=(销售额-固定成本-目标利润)/销售量　　(式 3.23)

=单价-(固定成本+目标利润)/销售量　　(式 3.24)

即: $VC = (TR - FC - P)/V = SP - (FC + P)/V$

实现目标利润的固定成本=销售额-变动成本-目标利润

=边际贡献-目标利润

=销售额×边际贡献率-目标利润

=销售额×(1-变动成本率)-目标利润

=单位边际贡献×销售量-目标利润

=(单价-单位变动成本)×销售量-目标利润　　(式 3.25)

即： $FC=(SP-VC)\times V-P$

该公式可用于指导目标成本的预测。

4) 实现目标利润的单价分析

在其他因素既定的条件下,往往需要了解销售单价达到什么水平才能实现目标利润,此时,可以用下面的公式进行测算：

$$\begin{aligned}单价&=(变动成本+固定成本+目标利润)/销售量\\&=单位变动成本+(固定成本+目标利润)/销售量\\&=单位变动成本+单位目标边际贡献\end{aligned}$$ (式3.26)

即： $SP=(VC+FC+P)/V$

该公式可用于指导定价预测。

5) 利润与其他因素的相关分析

利润与其他因素的关系可用以下公式表示：

$$\begin{aligned}利润&=销售收入-(变动成本+固定成本)\\&=边际贡献总额-固定成本\\&=销售收入\times边际贡献率-固定成本\\&=(单价-单位变动成本)\times销售量-固定成本\\&=单位边际贡献\times销售量-固定成本\\&=安全边际销售量\times单位边际贡献\\&=安全边际销售额\times边际贡献率\end{aligned}$$ (式3.27)

这个公式可用于利润预测和计算。

3.2.3 单一品种条件下本量利分析的其他问题

尽管我们假定在进行本量利分析时诸因素均不变动,但实际上这种静态平衡是不可能维持长久的,下面讨论有关因素变动对相关指标的影响,以便把握其中的规律,用于指导企业经营实践。

1) 相关因素变动对盈亏平衡点和实现目标利润的销售量的影响

(1) 单价单独变动时

由于单价变动会引起单位边际贡献或边际贡献率向同方向变动,使得有关盈亏平衡点销售量和实现目标利润销售量计算公式的分母改变,从而改变盈亏平衡点和实现目标利润的销售量。当单价上涨时,会使单位边际贡献上升和边际贡献率上升,相应会降低盈亏平衡点和实现目标利润的销售量,使企业经营状况向好的方向发展；当单价下降时,情况则相反。

(2) 单位变动成本单独变动时

单位变动成本的变动会引起单位边际贡献或边际贡献率向相反方向变动,因而使得盈亏平衡点和实现目标利润的销售量的变动趋势恰好同单价变动的方向相反。单位变动成本上升时,会提高盈亏平衡点和实现目标利润的销售量,使得企业经营状况向不利的方向发展；反之，则情况相反。

(3) 固定成本单独变动时

固定成本的变动会改变盈亏平衡点和实现目标利润的销售量计算公式的分子，显然固定成本增加会使盈亏平衡点和实现目标利润的销售量提高，使企业向不利方向发展；反之则相反。

(4) 目标利润单独变动时

目标利润的变动，只会影响实现目标利润的销售量，不会影响盈亏平衡点。

(5) 预计销售量单独变动时

预计销售量的变动既不会影响盈亏平衡点，也不会影响实现目标利润的销售量的计算。

2) 相关因素变动对安全边际的影响

(1) 单价单独变动时

由于单价变动会引起盈亏平衡点向反方向变动，因而在销售量既定的条件下，会使安全边际同方向变动。

(2) 单位变动成本单独变动时

单位变动成本的变动会导致盈亏平衡点向同方向变动，在销售量既定的条件下，会使安全边际向反方向变动。

(3) 固定成本单独变动时

固定成本的变动对安全边际的影响同单位变动成本的变动对安全边际的影响相同。

(4) 预计销售量单独变动时

预计销售量单独变动会使安全边际向同方向变动。

3) 相关因素变动对利润的影响

(1) 单价变动可通过改变销售收入从正方向影响利润；

(2) 单位变动成本的变动可通过改变变动成本总额从反方向影响利润；

(3) 固定成本的变动直接会从反方向改变利润；

(4) 预计销售量的变动可通过改变边际贡献总额从正方向影响利润。

上述关系是进行利润敏感性分析的重要前提。

3.3 多品种条件下的本量利分析

上一节介绍的本量利分析模式是在单品种产品生产情况下进行的基本分析，然而企业生产的产品往往不止一种。那么，在企业产销多种产品的情况下，其盈亏平衡点的计算和分析又该如何确定呢？本节将进一步探讨多品种条件下本量利分析的方法。

3.3.1 加权平均法

所谓加权平均法，是指计算出一个加权平均边际贡献率，然后根据固定成本总额和加权平均边际贡献率计算出综合盈亏平衡点销售额。该方法的关键在于求出各种产品的边际贡献率和各自的销售额比重。

【例3.8】 已知某公司的固定成本总额为19 800元,生产的A、B、C三种产品的有关资料见表3.2所示。

表3.2 产品相关资料

品种	销售量/件	销售单价/(元/件)	单位变动成本/(元/件)
A	60	2 000	1 600
B	30	500	300
C	65	1 000	700

要求:采用加权平均法计算该公司的综合盈亏平衡点销售额及产品的盈亏平衡点销售量。

依据题意,编制指标计算表,见表3.3所示。

表3.3 相关指标计算表

品种	销售量/件	单价/(元/件)	单位变动成本/(元/件)	单位边际贡献/(元/件)	边际贡献率/%	销售收入/元	销售额比重/%	固定成本/元
A	60	2 000	1 600	400	20	120 000	60	—
B	30	500	300	200	40	15 000	7.5	—
C	65	1 000	700	300	30	65 000	32.5	—
合计						200 000	100	19 800

综合边际贡献率=60%×20%+7.5%×40%+32.5%×30%=24.75%

综合盈亏平衡点销售额=19 800/24.75%=80 000(元)

A产品的盈亏平衡点销售量=(80 000×60%)/2 000=24(件)

B产品的盈亏平衡点销售量=(80 000×7.5%)/500=12(件)

C产品的盈亏平衡点销售量=(80 000×32.5%)/1 000=26(件)

加权平均法一般要求企业资料齐备,产品结构相对稳定。鉴于销售额比重会影响到综合边际贡献率水平,因而销售额比重即品种结构因素必然成为影响多品种本量利关系的重要因素。显然,在其他条件不变的前提下,企业应积极采取措施,努力提高边际贡献率水平较高产品的销售比重,降低边际贡献率水平较低产品的销售比重,从而提高企业的综合边际贡献率水平,达到降低全厂盈亏平衡点销售额的目的。

3.3.2 分算法

所谓分算法,是指管理上能方便地将固定成本总额正确分配到各产品上,可以计算各产品盈亏平衡点销售额,再最终确定企业总盈亏平衡点销售额的一种计算方法。有的企业虽然组织多种产品的生产经营,但由于生产技术的缘故而采用封闭式生产方式。在这种条件下,区分产品的专属固定成本不成问题,共同固定成本也可选择一定标准(如销售额,边际贡献、产品重量、长度、体积,工时等)分配给各种产品。

这种方法可以提供各产品计划与控制所需要的详细资料,故受到基层管理部门的重视与欢迎。但在选择分配固定成本的标准时容易出现问题,尤其是品种较多时比较麻烦。鉴于固定成本需要由边际贡献来补偿,故按各种产品之间的边际贡献比重分配固定成本最为合理。

【例 3.9】 已知甲企业组织三种产品的生产经营,20×9 年甲企业预计发生固定成本 300 000 元,各种产品的预计销量、单价、单位变动成本等的计划资料见表 3.4 所示,假定目标利润为 150 000 元。

表 3.4　20×9 年甲企业产销计划资料

单位:元

品种	销量	单价	单位变动成本	销售收入/元	边际贡献	边际贡献率/%
A	100 000 件	10 元/件	8.5 元/件	1 000 000	150 000 元/件	15
B	25 000 台	20 元/台	16 元/台	500 000	100 000 元/台	20
C	10 000 套	50 元/套	25 元/套	500 000	250 000 元/套	50

要求:用分算法进行盈亏平衡分析(假定固定成本按边际贡献的比重分配)。

依据题意,边际贡献总额=150 000+100 000+250 000=500 000(元)

固定成本分配率=300 000/500 000=0.6

分配给 A 产品的固定成本=150 000×0.6=90 000(元)

分配给 B 产品的固定成本=100 000×0.6=60 000(元)

分配给 C 产品的固定成本=250 000×0.6=150 000(元)

A 产品的盈亏平衡点销售量=90 000/(10-8.5)=60 000(件)

A 产品的盈亏平衡点销售额=10×60 000=600 000(元)

同理,B 产品和 C 产品的盈亏平衡点销售量分别为 15 000 台和 6 000 套;计算出来的盈亏平衡点销售额均为 300 000 元。

该方法将多品种条件下的本量利分析转化为单一产品本量利分析的形式,可以较为客观地将固定成本在各产品之间进行分配。

3.3.3　联合单位法

联合单位法是指在事先掌握多品种之间客观存在的产销实物量比例相对稳定的基础上确定每一联合单位的单价和单位变动成本,进行多品种条件下本量利分析的一种方法。

如果企业生产的多个品种的实物产出量之间存在着较稳定的数量关系,而且所有产品的销路都很好,那么就可以用联合单位代表按实际实物量比例构成的一组产品。如企业生产的甲、乙、丙 3 种产品的销量比为 1∶2∶3,则一个联合单位就相当于 1 个甲、2 个乙和 3 个丙的集合,其中甲产品为标准产品。以这种销量比可计算出每一个联合单位的联合单价和联合单位变动成本。在此基础上,可以按单一品种的本量利分析法计算联合盈亏平衡点销售量和联合保利量。其计算公式是:

联合盈亏平衡点销售量=固定成本/(联合单价-联合单位变动成本)　(式 3.28)

联合保利量=(固定成本+目标利润)/(联合单价-联合单位变动成本)(式 3.29)

式 3.28 和式 3.29 中,联合单价等于一个联合单位的全部收入;联合单位变动成本等于一个联合单位的全部变动成本。

在此基础上,可计算出每种产品的盈亏平衡点销售量和实现目标利润的销售量,公式为

$$\text{某产品盈亏平衡点销售量} = \text{联合保本量} \times \text{该产品销量比} \quad (\text{式 3.30})$$

$$\text{某产品实现目标利润的销售量} = \text{联合保利量} \times \text{该产品销量比} \quad (\text{式 3.31})$$

分别用每种产品的单价乘以该产品的盈亏平衡点销售量和实现目标利润的销售量,可求出其盈亏平衡点销售额和实现目标利润的销售额。

【例 3.10】 某企业销售甲、乙、丙三种产品,全年预计固定成本总额为 210 000 元,预计销售量分别为 8 000 件、5 000 台和 10 000 件,预计销售单价分别为 25 元/件、80 元/台、40 元/件,单位变动成本分别为 15 元/件、50 元/台、28 元/件,要求用联合单位法进行盈亏平衡分析。

确定产品销量比为:

甲:乙:丙=1:0.625:1.25

联合单价=1×25+0.625×80+1.25×40=125(元/联合单位)

联合单位变动成本=1×15+0.625×50+1.25×28=81.25(元/联合单位)

联合盈亏平衡点销售量=210 000/(125−81.25)=4 800(联合单位)

计算各种产品盈亏平衡点销售量:

甲产品盈亏平衡点销售量=4 800×1=4 800(件)

乙产品盈亏平衡点销售量=4 800×0.625=3 000(台)

丙产品盈亏平衡点销售量=4 800×1.25=6 000(件)

甲产品盈亏平衡点销售额=4 800×25=120 000(元)

乙产品盈亏平衡点销售额=3 000×80=240 000(元)

丙产品盈亏平衡点销售额=6 000×40=240 000(元)

该方法适合有严格产出规律的联产品生产企业进行应用。

3.4 敏感性分析

3.4.1 敏感性分析方法

敏感性分析是一种分析风险的方法,主要用以考查变量发生变化时,结论会发生怎样的变化。敏感性分析的具体思路是:

(1) 依次测试各个变量,然后确定各个变量发生多大的变化将使结论发生质变(如盈利变亏损或可行变不可行)。在本量利分析中,就是要分析模型中的一个或几个变量在多大的范围内变动时,企业仍可以保持盈利而不至亏损;或者说,当一个或几个变量的变动超出了许可的范围时,如何通过调整其他变量以确保企业经营目标的实现,即要确定使目标发生质变的各个变量变动的界限。

（2）为企业相关决策提供分析工具。比如如果销售价格下降10%怎么办？或产销量下降20%怎么办？或人工成本增加20%怎么办？通过依次分析各个变量对结论的影响程度，就可以确定模型对各个变量的敏感度。

因此，通过敏感性分析可以揭示致使企业亏损或项目失败的原因及关键变量。一旦这些临界变量确定下来，企业管理当局就应进行仔细分析，评估这些影响出现的可能性，并对敏感变量进行控制。

3.4.2 有关变量下限临界值的确定

所谓本量利分析中有关变量下限临界值，就是可以满足企业实现盈亏平衡点的各个指标的最大值或最小值，一旦这些变量超出了该临界值，企业就由盈利转变为亏损。根据本量利分析的基本模型，可以明确期间利润的影响因素包括产品售价、单位产品变动成本、固定成本以及业务量。

1) 销售价格下限临界值分析

根据变动成本计算法，企业期间利润的计算公式如下：

$$P = V \times (SP - VC) - FC \tag{式3.32}$$

当 $P=0$ 时，企业处于盈亏平衡点。根据上式可以推导出求解销售价格下限临界值的公式如下：

$$SP^* = (V \times VC + FC)/V \tag{式3.33}$$

其中，SP^* 表示销售价格的下限临界值。

【例3.11】 假设甲公司生产一种A产品，单价200元/件，单位变动成本120元/件，全年固定成本预计为10 000 000元，预计可实现销售量150 000件。如果未来一年甲公司可以顺利完成经营计划，则全年可实现利润为：

$P = (200 - 120) \times 150\,000 - 10\,000\,000 = 2\,000\,000(元)$

将有关数据代入上述式3.33：

$SP^* = (V \times VC + FC)/V = (150\,000 \times 120 + 10\,000\,000)/150\,000 \approx 186.67(元/件)$

这说明，当单位产品价格由200元/件下降到186.67元/件时，企业的经营利润也由2 000 000元下降到0；如果价格进一步下跌，则企业将出现亏损。所以，产品销售价格的下限临界值为186.67元/件，该价格对比现售价格的变动程度为：

$(186.67 - 200)/186.67 = -7.14\%$

2) 变动成本下限临界值分析

根据式3.32，可以推导出单位变动成本下限临界值公式如下：

$$VC^* = (V \times SP - FC)/V \tag{式3.34}$$

其中，VC^* 表示单位产品变动成本的下限临界值。

【例3.12】 承例3.11，可以计算单位产品变动成本的下限临界值如下：

$VC^* = (V \times SP - FC)/V = (150\,000 \times 200 - 10\,000\,000)/150\,000 \approx 133.33(元/件)$

计算结果表明，当单位变动成本为133.33元/件时，企业处于盈亏平衡点；如果超过

133.33元/件,则企业将发生亏损。该下限值对比现有单位产品变动成本的变动程度为:
$(133.33-120)/120 \approx 11.11\%$

3) 固定成本下限临界值分析

根据式3.32,可以推导出固定成本下限临界值公式如下:

$$FC^* = V \times (SP - VC) \quad \text{(式 3.35)}$$

其中,FC^*表示固定成本的下限临界值。

【例3.13】 承例3.11,可以计算固定成本的下限临界值如下:
$FC^* = V \times (SP - VC) = 150\,000 \times (200 - 120) = 12\,000\,000(元)$

这说明,当企业的固定成本为12 000 000元时,企业处于盈亏平衡点;如果固定成本超过12 000 000元,企业就由盈转亏。该下限值对比现有固定成本的变动程度为:
$(12\,000\,000 - 10\,000\,000)/10\,000\,000 = 20\%$

4) 业务量下限临界值分析

根据式3.32,可以推导出业务量的下限临界值公式如下:

$$V^* = FC/(SP - VC) \quad \text{(式 3.36)}$$

其中,V^*表示业务量下限临界值。

【例3.14】 承例3.11,可以计算业务量的下限临界值如下:
$V^* = FC/(SP - VC) = 10\,000\,000/(200 - 120) = 125\,000(件)$

计算表明,当企业的产销量为125 000件时,企业处于盈亏平衡点;如果产销量少于125 000件,企业就由盈转亏。该下限值对比现在产销量的变动程度为:
$(125\,000 - 150\,000)/150\,000 \approx -16.67\%$

除产品售价、变动成本、固定成本和业务量外,还有诸如产品品种结构等影响企业利润的因素,这些因素的敏感性分析略为复杂,但同样可以遵循该思路加以计算和分析。

3.4.3 敏感系数分析

产品售价、变动成本、固定成本和业务量的变动都会对企业的期间利润产生影响,但它们的敏感程度是不一样的。也就是说,有的因素比较敏感,较小的变化就会引起利润较大幅度的变动;而有的因素敏感程度就不那么显著,需要较大的变动才会对利润产生较为明显的影响。通常采用敏感系数来测度变量的敏感程度,计算公式如下:

$$\text{敏感系数} = \text{目标值变动百分比}/\text{因素值变动百分比} \quad \text{(式 3.37)}$$

在因素值变动百分比相同的情况下,敏感系数越大,目标值变动越大;反之,敏感系数越小,目标值的变动百分比也越小,即对目标值的影响越小。以下结合简例说明影响企业期间利润各因素的敏感系数。

1) 销售价格的敏感系数

【例3.15】 承例3.11,假设由于市场需求旺盛,甲公司计划提高A产品的销售价格,目前有两个方案:(1)提价5%,即由目前的200元/件提高到210元/件;(2)提价10%,即由目前的200元/件提高到220元/件。那么,两个方案下企业的利润分别为:

① $P = 150\,000 \times (210 - 120) - 10\,000\,000 = 3\,500\,000$(元)
② $P = 150\,000 \times (220 - 120) - 10\,000\,000 = 5\,000\,000$(元)

变动百分比分别为：
① $(3\,500\,000 - 2\,000\,000)/2\,000\,000 = 75\%$
② $(5\,000\,000 - 2\,000\,000)/2\,000\,000 = 150\%$

根据敏感系数计算公式，分别确定两种情况下销售价格的敏感系数：
① 价格上涨5%情况下销售价格的敏感系数＝75%÷5%＝15
② 价格上涨10%情况下销售价格的敏感系数＝150%÷10%＝15

可见，无论销售价格上涨5%或10%，销售价格的敏感系数都是15，并不受价格涨幅的影响。但是单价的敏感系数为15，说明单价对利润的影响很大，从百分率来看，营业利润以15倍的速率随单价变化。可见，涨价是提高盈利的有效手段，价格下跌也是企业较大的威胁。管理者根据单价的敏感系数可知，单价每变化1%，公司营业利润将同方向变化15%，必须格外关注价格因素。

2) 单位产品变动成本的敏感系数

【例3.16】 承例3.11，假设由于原材料市场涨价，甲公司预计A产品的单位变动成本面临上升压力，管理层预测可能的涨幅为：(1)5%，即由目前的120元/件提高到126元/件；(2)10%，即由目前的120元/件提高到132元/件。这两个方案下企业的利润分别为：
① $P = 150\,000 \times (200 - 126) - 10\,000\,000 = 1\,100\,000$(元)
② $P = 150\,000 \times (200 - 132) - 10\,000\,000 = 200\,000$(元)

变动百分比分别为：
① $(1\,100\,000 - 2\,000\,000)/2\,000\,000 = -45\%$
② $(200\,000 - 2\,000\,000)/2\,000\,000 = -90\%$

根据敏感系数计算公式，分别确定两种情况下单位变动成本的敏感系数：
① 单位变动成本上涨5%情况下的敏感系数＝－45%/5%＝－9
② 单位变动成本上涨10%情况下的敏感系数＝－90%/10%＝－9

可见，无论变动成本上涨5%或10%，敏感系数都是－9，并不受涨幅的影响。单位变动成本的敏感系数为－9，说明单位变动成本对利润的影响是反向的且比单价要小，单位变动成本每变化1%，营业利润将反方向变化9%。由于敏感系数绝对值大于1，说明变动成本的变化会造成利润更大的变化，属于敏感因素。

3) 固定成本的敏感系数

【例3.17】 承例3.11，假设甲公司计划更新设备，相应地将引起固定成本的增加，根据目前的两个更新方案，固定成本的增加幅度分别为：(1)5%，即由目前的10 000 000元提高到10 500 000元；(2)10%，即由目前的10 000 000元提高到11 000 000元。这两个方案下企业的利润分别为：
① $P = 150\,000 \times (200 - 120) - 10\,500\,000 = 1\,500\,000$(元)
② $P = 150\,000 \times (200 - 120) - 11\,000\,000 = 1\,000\,000$(元)

变动百分比分别为：
① $(1\,500\,000 - 2\,000\,000)/2\,000\,000 = -25\%$

② $(1\,000\,000-2\,000\,000)/2\,000\,000=-50\%$

根据敏感系数计算公式,分别确定两种情况下固定成本的敏感系数:

① 固定成本上涨5%情况下的敏感系数$=-25\%/5\%=-5$

② 固定成本上涨10%情况下的敏感系数$=-50\%/10\%=-5$

可见,无论固定成本上涨5%或10%,敏感系数都是-5,并不受涨幅的影响。固定成本的敏感系数为-5,说明固定成本每变化1%,营业利润将反方向变化5%。该公司固定成本的敏感系数绝对值大于1,说明该公司营业利润对固定成本的变化也比较敏感。

4) 销售量的敏感系数

【例3.18】 承例3.11,假设A产品市场需求增加,甲公司计划增加产销量,根据生产部门提交的方案,存在两种增产的可能:(1)增产5%,即由目前的150 000件提高到157 500件;(2)增产10%,即由目前的150 000件提高到165 000件。这两个方案下企业的利润分别为:

① $P=157\,500\times(200-120)-10\,000\,000=2\,600\,000(元)$

② $P=165\,000\times(200-120)-10\,000\,000=3\,200\,000(元)$

变动百分比分别为:

① $(2\,600\,000-2\,000\,000)/2\,000\,000=30\%$

② $(3\,200\,000-2\,000\,000)/2\,000\,000=60\%$

根据敏感系数计算公式,分别确定两种情况下产销量变动的敏感系数:

① 增产5%情况下的敏感系数$=30\%/5\%=6$

② 增产10%情况下的敏感系数$=60\%/10\%=6$

可见,无论增产5%或10%,敏感系数都是6,并不受增产幅度的影响。销售量的敏感系数为6,说明销售量每变化1%,营业利润将同方向变化6%;敏感系数仍大于1,属于比较敏感的因素之一。

本例中,四个因素的敏感系数的绝对值从大到小排列,依次是销售价格(15)、变动成本(-9)、销售量(6)、固定成本(-5)。也就是说,在该经营水平上,对利润影响最大的因素是销售价格,固定成本的影响相对小一些。其中,敏感系数为正值的,表明它与利润为同向增减变化关系;敏感系数为负值的,表明它与利润为反向增减变化关系;敏感系数的绝对值越大,该因素对营业利润的影响越大,越应该成为目标利润管理的重点。

3.5 工具方法评价

3.5.1 应用环境

本量利分析是在成本按其性态划分的基础上,运用数学模型及图表形式,对成本、利润、业务量与单价等因素之间的依存关系进行分析,发现变动的规律性,为企业进行预测、决策、计划和控制等活动提供支持的一种方法。其中,"本"是指成本,包括固定成本和变动成本;"量"是指业务量,一般指销售量;"利"一般指营业利润。该方法在企业推进时,对应用环境有如下要求:

(1) 本量利分析是对成本、利润、业务量与单价等因素之间的依存关系进行的分析。多品种结构下的本量利分析需要先确定产品结构及业务量。因此进行本量利分析的起点是确定产品结构,在进行本量利分析时,要厘清主要责任部门及相应工作职责。

(2) 为确保本量利分析工作顺利进行,企业应具备完善的标准成本制度、预算管理制度、成本核算管理办法及其他业务基础管理制度。

(3) 本量利分析需要全面、扎实的成本管理基础数据及完整、准确的业务数据,其中涉及的部分业务基础数据,可通过协同办公平台,进行数据共享并获取相关信息。如销售计划、生产计划大纲、产品分工目录等。

敏感性分析,是指对影响目标实现的因素变化进行量化分析,以确定各因素变化对实现目标的影响及其敏感程度。该方法在企业应用时,对环境的要求主要包括:

(1) 组织架构。短期营运决策敏感性分析的组织架构可以参照本量利分析下的组织架构进行搭建;此外,还要厘清长期投资决策中的组织结构问题,包括主要责任部门及工作职责等。

(2) 管理制度。为确保敏感性分析工具在企业得到较好应用,企业应具备完善的标准成本管理制度、全面预算管理制度、成本核算管理制度、投资管理制度及其他业务基础管理制度。

(3) 信息化。敏感性分析需要综合利用财务和非财务信息,其对信息的收集、分析和加工,横向范围上越来越广,纵向深度上越来越深,其搜集和加工的信息量越来越大。那么,就需要企业借助信息化手段进行精细化管理,包括建立数据共享平台和搭建财务信息化系统。

(4) 应用基础。一是全面、扎实的成本管理基础工作。采集的业务信息必须真实、准确。二是良好的信息技术状况。敏感性分析需要搜集大量的数据,没有精细的信息化系统支撑,无法快速准确地获取数据,最终导致分析结果无效。

3.5.2 应用领域

本量利分析主要运用于企业的经营决策及投资决策中。

1) 经营决策中的应用

利用本量利分析方法进行盈亏平衡分析,可以测算企业盈利与亏损的边界,为生产安排提供决策;利用本量利分析进行利润目标分析,测算经营预算目标下的产量或销售额,挖掘企业的利润空间;企业决策者还可以利用本量利分析,根据产销量、价格波动调整运营模式,使企业目标利润达到最大。

2) 投资管理中的应用

本量利分析法可为企业投资决策分析提供一种更具普通意义的方法。从利润模型可以看出,影响企业营业利润的因素有单价、单位变动成本、销售量和固定成本,哪一个因素影响大,哪一个因素影响小,各因素的变化极限是多大,是本量利关系敏感性分析的焦点。它是从成本的角度出发,求出该项投资所需达到的每年最低销售量,然后与企业现实销售量进行对比,就可以判断投资方案是否可行,是否最优。

敏感性分析具有广泛的适用性,有助于识别、控制和防范短期营运决策、长期投资决策中的相关风险,也可以用于一般经营分析。

1) 敏感性分析在短期营运决策中的应用

短期营运决策中,与本量利分析工具结合应用进行敏感性分析,可以确定企业盈利与亏损的临界点,有助于企业识别、控制和防范生产经营过程中的亏损风险;可以预测目标利润要求变化时各因素允许变动的幅度。

2) 敏感性分析在长期投资决策中的应用

敏感性分析是投资项目评价中常用的一种研究不确定性的方法,可以应用于拟建项目的经济评价,还可以用在项目规划阶段和用于方案的选择上。可以找出拟建项目的敏感因素,并确定其敏感程度,以预测项目可能要承担的风险,使决策者了解不确定因素对项目评价指标的影响,从而提高决策的准确性,还可以启发评价者对较为敏感的因素进行分析研究,以提高预测的可靠性。在项目规划阶段,可以用敏感性分析找出乐观的和悲观的方案,从而提供最现实的生产要素组合。在方案选择阶段,可以用敏感性分析区分出敏感性大和敏感性小的方案,以便在经济效益相近的情况下,选取敏感性小的方案,即风险小的方案。

3) 一般经营分析的应用

敏感性分析方法也可运用于企业的日常经营分析中,如分析企业的产销量、价格和营销策略,为企业经营决策提供科学依据,有利于提高管理的预见性和主动性。

3.5.3 应用评价

本量利分析方法包括以下优缺点:

1) 优点

本量利分析模型简单易懂,容易掌握。本量利分析主要是对成本、业务量及利润之间的依存关系进行分析,其利润模型简单易懂,在成本管理基础扎实的条件下可运用性强。可利用本量利分析方法测算企业的保本量、保本销售额、目标利润销售量及目标利润销售额,支撑企业经营决策。在企业投资决策方面,可通过测算备选方案成本分界点,对比销量与成本分界点业务量后再做出投资决策。

2) 缺点

本量利分析是在一定的基本假设条件下进行的分析,在实际工作中,企业管理所处的环境变化无常,充满着不确定性。特别是经营管理人员进行决策时必须预测将来,要考虑各种因素的变化,不确定性是不可避免的。当客观环境的变化导致理论基础与实际情况产生较大差异时,特别是在针对企业的特殊情况应用该理论时,本工具应用效果会大打折扣,而必须对其进行改进和完善,以适应新情况,以免决策失误。

敏感性分析方法的优缺点包括:

1) 优点

(1)方法简单易行,分析结果易于理解。敏感性分析方法的步骤清晰,通过计算可绘制敏感性分析表或敏感性分析图,使得敏感性因素对目标的影响可以形象直观地显现出来并被量化,便于决策者理解;(2)有助于决策者了解方案的风险情况。敏感性分析在一定程度上定量地描述了各种不确定因素对目标的影响,有助于决策者和分析者了解企业针对不确定性因素的不利变动所能容许的风险程度,识别方案的风险情况,并加以重点管理控制。

(3) 可以帮助企业制定紧急预案。敏感性分析通过计算各因素的敏感系数,有助于企业鉴别敏感因素,从而把主要精力集中在敏感因素上,分析相关风险,针对风险制定紧急预案,以达到减少风险的目的,增加决策的可靠性。

2) 缺点

(1) 敏感性分析假定被分析的各个经济参数是互相独立的,但实际上,各个敏感性因素之间存在较大的相关性。(2) 敏感性分析借助公式计算,没有动态考虑各不确定性因素受未来情况变化影响的概率,无法给出各参数的变化情况,从而得出不科学的分析结论。(3) 对决策模型和预测数据具有依赖性,决策模型的可靠程度和数据的合理性、完整性,会影响敏感性分析的可靠性。

本章思考

1. 本量利分析的含义及作用是什么?
2. 本量利分析的基本假定有哪些?这些假定的意义何在?
3. 本量利分析的基本模型有哪些?这些模型是为了解决什么问题?
4. 边际贡献有哪几种表现形式,其计算公式如何?
5. 边际贡献率指标有什么作用?它与变动成本率的关系如何?
6. 确定单一品种盈亏平衡点销售量、实现目标利润的销售量的方法有哪些?从计算公式上看有哪些区别?
7. 评价企业经营安全程度可利用哪些评价指标?
8. 多品种条件下的本量利分析方法有哪些?它们在什么情况下适用?
9. 本量利分析和敏感性分析在企业中应用时对应用环境有哪些要求?应用领域包括哪些?
10. 本量利分析和敏感性分析的优缺点有哪些?
11. 敏感性分析各参数之间的相关性会对分析结果造成何种影响?如何规避或降低这种影响?
12. 当外部环境发生变化时,如何对本量利分析模型进行改进?

应用实操

应用实操一:

【资料】长江是一家小型工程公司,其下属的一个部门专门替另外一家企业生产一种特别的零部件。此零部件现时的每年需求量为 10 000 件,每件 72 元。零部件的年度预算成本列示如下:

原材料	240 000 元
人工工资	120 000 元
机器租赁费用	100 000 元

其他固定成本	180 000 元
成本总额	640 000 元

人工工资为雇用两名机器操作员的固定总成本。不论零部件的生产数量是多少,此两名工人的工资固定且按月计算。最近,长江公司正在考虑租用另外一台机器的可能性,如果租用新的机器,则可使用较便宜的原材料,每件成本仅为 12 元。新机器每年的租赁费用为 220 000 元。此外,不论使用现有的机器还是建议的新机器,在上述的产品需求量范围内,人工成本维持不变。

【要求】

1. 假设公司使用现有的机器和按照现时的需求量,利用 Excel 计算其盈亏临界点和安全边际,请以生产件数作答。

2. 试评论租赁新机器的建议,并以数据来支持你的论点。

3. 公司获悉在短期内该零部件每年的需求量可能增加至 14 000 件,如果生产量超过 12 000 件,公司便需要再额外雇佣一名固定员工,其每年的成本为 60 000 元。试评述分别使用下列的机器来生产 14 000 件零部件的财务结果:(1)现有的机器;(2)建议的新机器。

应用实操二:

【资料】广东动车组餐饮有限公司根据集团公司下达的总体目标,结合本公司具体情况,确定 20×9 年的息税前目标利润为 500 万元。其他相关信息如下:

1. 20×9 年各产品销售价格

表 1　20×9 年各产品销售单价

编制单位:广东动车组餐饮有限公司　　　　　　　　　　　　　　　　　单位:元/盒

项目	牛腩饭	红烧肉饭	回锅肉饭	香菇焖鸡饭	扬州炒饭	素餐
销售单价	55.00	45.00	35.00	35.00	15.00	15.00

2. 20×9 年各产品销售量

表 2　20×9 年各产品销售数量

编制单位:广东动车组餐饮有限公司　　　　　　　　　　　　　　　　　单位:盒

项目	牛腩饭	红烧肉饭	回锅肉饭	香菇焖鸡饭	扬州炒饭	素餐
销售数量	94 528	118 362	115 584	111 059	73 203	132 384

3. 20×9 年各产品单位变动成本

表 3　20×9 年各产品单位变动成本

编制单位:广东动车组餐饮有限公司　　　　　　　　　　　　　　　　　单位:元/盒

项目	牛腩饭	红烧肉饭	回锅肉饭	香菇焖鸡饭	扬州炒饭	素餐
销售单价	19.60	18.50	15.70	14.90	6.90	7.10

4. 20×9 年预计全年固定成本总额为 800 万元。

5. 高铁配餐按照销售额加权分配的各产品承担的固定成本如下表:

表4　20×9年各产品固定成本分配明细表

编制单位：广东动车组餐饮有限公司　　　　　　　　　　　　　　　　　　单位：元

项目	牛腩饭	红烧肉饭	回锅肉饭	香菇焖鸡饭	扬州炒饭	素餐
承担的固定成本	1 930 400	1 978 400	1 502 400	1 443 200	4 080 000	7 376 000

【要求】结合上述背景资料，利用Excel完成20×9年广东动车组餐饮有限公司的下列任务(计算过程及最终结果除百分比保留4位小数外，其他均保留2位小数)。

1. 利用Excel完成广东动车组餐饮有限公司的多产品本量利分析。
2. 假设销售量增长10%，利用Excel建立计算表格并测试销售量的敏感系数。
3. 假设单价增长10%，利用Excel建立计算表格测试单价的敏感系数。
4. 假设变动成本增长10%，利用Excel建立计算表格测试变动成本的敏感系数。

案例链接

[1] 锦辉建材商店的决策——本量利分析原理的应用
　　——吴大军.管理会计习题与案例[M].5版.大连：东北财经大学出版社，2018.
[2] 管理会计工具及应用案例
　　——温素彬，张自东.管理会计工具及应用案例：本量利分析模型的决策指标及应用[J].会计之友，2016(6)：130-133.
[3] 本量利分析模型的扩展应用
　　——李岚.本量利分析模型扩展应用：以DZ公司为例[J].财会通讯·综合，2013(11)：104-106.
[4] "本量利"分析法在煤化工企业经营决策中的应用
　　——梁学博，张妮芬，李越峰，等."本量利"分析法在煤化工企业经营决策中的应用：义马气化厂案例分析[J].经营与管理，2016(2)：49-51.
[5] 基于本量利分析的限量成本投入优化方法应用
　　——财政部会计司编写组.管理会计案例示范集[M].北京：经济科学出版社，2019.
[6] 我国企业年金保障水平的敏感性分析
　　——韦樟清，王媛.我国企业年金保障水平的测算及其敏感性分析[J].福建师范大学学报，2019(6)：99-111.

第4章 经营预测分析

本章导语

"凡事预则立,不预则废",这一古语表明,大家早就认识到预测是关系到未来发展立废存亡的大事。预测分析是西方国家在20世纪60年代以后发展起来的一种科学分析方法,是生产高度社会化的必然产物。在现代市场经济条件下,经营预测比以往任何时候都更为重要。现代生产力的迅速发展,使社会经济环境发生了巨大变革。不开展科学的预测分析,就不能预先估计未来的发展趋势,也就无法积极采取措施,难以适应不断变化的形势。但由于现实形势异常复杂、瞬息万变,又使得预测未来十分困难。因经营预测失误而招致决策失误的事例在经济生活中屡见不鲜。这从反面说明,现代企业管理实践中不仅迫切需要开展预测分析,而且还必须讲求预测方法的科学性和预测结论的准确性,尽可能克服经济工作中的盲目性与被动性,避免瞎指挥。

本章基于《管理会计应用指引第400号——营运管理》,首先对预测分析的定义及分类、特点、程序、预测分析方法等进行了阐述;其次围绕销售预测、成本预测及利润预测,分别介绍了预测的意义及相关预测方法;再其次,对资金需要量的预测方法进行了阐述;最后,对经营预测工具方法的应用进行了相应评价。

引入案例

随着汽车进入千家万户,汽车和人们日常生活已密不可分。然而在整个汽车生态链中,汽车的维修保养占了很大的份额,如果在维修保养过程中,由于缺少足够的配件支持,导致维修保养体验不够愉悦,则会成为汽车企业及4S店的痛点,也会成为用户口碑缺失的起点。所以在整个维修和保养过程中,配件供应非常重要,在整个配件仓储物流供应链中,配件库存管理又是重心,而其中的配件需求预测则是灵魂,是建立科学库存的基础,是保障配件足够供应的基础,是建立精益物流、低成本物流的基础。同时随着大数据时代的来临,各种分析方法的日新月异,使建立科学、智慧的配件预测体系成为可能。在整个配件仓储物流供应链中,准确地预测市场需求的方法很多,我们经常使用的有专家判断法、加权平均法、回归分析法、指数平滑法等。加权平均法是按照时间序列进行延伸,越近对预测影响越大的原则,给予过去一段时间的历史数据不同的加权因子,以求得未来预测量的方法。简单的加权平均法,操作性强,但预测准确度差,不能很好地反映季节性和趋势性,所以逐渐被舍弃。由于汽车配件需求的季节性和趋势性较强,所以现在很多公司开始使用指数平滑法。指数平滑法分一次指数平滑法、二次指数平滑法、三次指数平滑法。其中一次指数平滑法主要针对没有趋势性和季节性的零件;二次指数平滑法主要针对有趋势性但是没有季节性的零件;三次指数平滑法则主要针对具有趋势性和季节性的零件,主要是夏季的空调零件,冬季的钣金件和保险杠等。随着市场的变化,为了更准确地反映需求,每个季度或半年对预测方法进行重新拟合,可通过 Excel 进行简单的试算,选择合适的指数平滑法和系数。另外,为了更贴近实际,可将指数平滑法和专家判断法相结合,通过指数平滑法计算出初始值,然后通过专家判断法进行最后调整。指数平滑法是很好的预测方法,易于理解,同时可以通过 Excel 进行操作,简便实用。同时随着智能化和大数据时代的来临,平滑指数法可以通过大数据和大运算来实现更快捷的试算,最终达到预测更趋于客观、更趋于实际需求、更加准确的效果。

资料来源:王林.指数平滑法在配件销售预测中的应用[J].物流科技,2019(3):45-48.

4.1 预测分析概述

科学的经营预测是企业做出正确决策的基础,是企业编制计划、进行科学决策的重要组成部分。预测是针对未来活动的一种推测,以作为制订未来各种计划的重要依据。科学的预测可以减少瞎指挥,克服盲目性。在市场经济条件下,每个企业都非常讲究计划,重视经营预测,并有组织地进行生产。因为企业管理当局深知,在复杂多变的经济社会中,事先如果没有科学的预测和周密的规划,工作必然处于被动局面,缺乏应变能力和竞争能力,这样就很难实现预期经营目标,更谈不上提高经济效益。

4.1.1 预测分析的定义及分类

所谓预测分析是指人们对未来经济活动可能产生的经济效益及其发展趋势事先提出的一种科学的预见。西方管理学家认为,预测分析是以过去的历史资料和现在所能取得的信息为基础,运用人们所掌握的科学知识与管理人员多年来的实践经验,预计、推测事物发展的必然性与可能性。

经营预测分析是对企业未来经营状况、发展前景以及可能产生的经济效益作出科学的估计和推测,是企业经营管理的重要组成部分。企业经营预测不同于一般经济增长预测,也不同于国民经济的宏观预测,它是以保证企业的生存与发展为中心,以提高经济效益为目的,对从组织人事到国家政策、经济、市场等进行的综合性预测。

经营预测可以从各个不同的角度进行分类:

1) 按预测的时间分,可分为短期预测、中期预测和长期预测

短期预测一般为一年以内的预测,如年度预测或季度预测,是指对计划年度或季度经济发展前景的预测。其包括制订的月度计划、季度计划、年度计划,是明确规定一年以内经济活动具体任务的依据。中期预测是指对一年以上、五年以下经济活动的预测,常用的是三年预测,主要是为了检查长期计划的执行情况以及检查长期决策的经济效果,以便及时发现问题,纠正偏差。长期预测是对五年以上的经济发展前景的预测,为企业考虑远期规划、制定重大经营管理决策提供依据。

2) 按预测的内容分,可分为资金预测、利润预测、销售预测和成本预测

资金预测是关于企业短期和长期资金的供应和需求情况的预测,也包括社会资金供求趋势及资金供求成本变动情况的预测。利润预测是关于企业未来利润额和利润增减变动趋势及变动原因的预测。销售预测是关于企业未来销售产品的数量、价格和销售结构等因素的预测。成本预测是关于企业未来面对激烈的市场竞争,其单位成本和总成本变动趋势的预测。

4.1.2 预测分析的特点

预测分析具有如下特点:

1) 预见性

预测分析必须面向未来,着眼于预见未来经济的发展趋势和水平。尽管它要以大量历史资料为前提,但仅仅把工作范围局限于对历史资料的整理,停留在对过去情况的总结与说明上,而不管现实情况如何变化,绝不是预测,更谈不上科学预测。

2) 明确性

预测分析结果的表述必须清晰,不能模棱两可、似是而非、含糊不清。预测结果不论正确与否,最终都应得到证明,根本无法验证其结果的预测不能算是科学的预测。

3) 相对性

预测分析必须事先明确规定某项预测对象的时间期限范围。预测可分为长期预测和短期预测、时点预测和时期预测。长期预测和时期预测的精确度比短期预测和时点预测的精确度要差些,而无限远期的预测则没有太大的实际意义。

4) 客观性

预测分析必须以客观准确的历史资料和合乎实际的经验为依据,充分考虑真实情况,不能主观臆断、凭空捏造,否则会使预测混同于臆测。

5) 可检验性

由于事物未来的发展存在不可避免的不确定性,因此预测中出现误差也在所难免。正确的预测不在于它能够避免出现误差,而在于能够通过误差的检验进行反馈,积极地调整预测程序和方法,尽量减少误差。

6) 灵活性

预测分析可灵活采用多种方法,不能指望有一种能适应任何情况、绝对成功的预测方法。选择预测方法,必须具体问题具体分析,应事先选择试点加以验证,只有选择简便易行、成本低、效率高的方法配套使用,才能起到事半功倍的效果。

4.1.3 预测分析的基本程序

预测分析的一般程序,大体上可分为以下五个步骤:

1) 确定预测目标

预测首先要弄清预测什么,是预测利润还是预测销售量,或是预测成本等。然后再根据预测的具体对象和内容确定预测的范围,并规定预测的期限。

2) 搜集相关信息

系统的、准确的会计信息及其他相关的资料是开展预测分析的前提条件。需要对搜集来的大量经济信息进行加工、整理、归纳、鉴别;去伪存真,寻找出各因素之间相互依存、相互制约的关系,并从中发现事物发展的规律,作为预测的依据。

3) 选择专门方法

根据预测目标选择预测分析的专门方法。对于那些可以建立数学模型的预测对象,应反复筛选比较,以确定最恰当的定量预测方法;对于那些缺乏定量资料无法开展定量分析的预测对象,应当结合以往经验选择最佳的定性预测方法。

4.1.4 预测分析的方法

预测分析所采用的方法种类繁多,随分析对象和预测期限的不同而各有差异。基本方法大体上可归纳为定性分析法和定量分析法。

1) 定性分析法

定性分析法又称非数量分析法,是主要依靠预测者的主观判断和分析能力来推断事物的性质和发展趋势的分析方法。这种方法一般不需要进行复杂的定量分析,一般是在企业缺乏完备、准确的历史资料的情况下采用。

2) 定量分析法

定量分析法又称数量分析法,主要是运用现代数学方法和各种计算工具对预测所依据的各种经济信息进行科学的加工处理,并建立经济预测的数学模型,充分揭示各相关变量之间的规律性联系,最终还要对计算结果作出分析说明。定量分析法一般包括趋势外推分析法和因果预测分析法。

(1) 趋势外推分析法

趋势外推分析法的基本原理是:企业过去和现在存在的某种发展趋势将会延续下去,而且过去和现在发展的条件同样适用于未来,可以将未来视为历史的自然延续。因此,该法又称"时间序列分析法"。属于这种方法的有算术平均法、移动平均法、趋势平均法、加权平均法、平滑指数法和修正的时间序列回归分析法等。

(2) 因果预测分析法

因果预测分析法是指根据变量之间存在的因果函数关系,按预测因素(即非时间自变量)的未来变动趋势来推测预测对象(即因变量)未来水平的一类相关预测方法。这类方法的基本原理是:预测对象受到许多因素的影响,它们之间存在着复杂的关系,通过对这些变量的内在规律进行研究可建立一定的数量模型,在已知自变量的条件下,可利用模型直接推测预测对象的水平。属于这类方法的有本量利分析法、投入产出法、回归分析法和经济计量法等。

4.1.5 预测分析的内容

在管理会计中,预测分析的主要内容通常包括销售预测、成本预测、利润预测和资金预测等几个方面。

1) 销售预测

销售预测是根据历史销售资料,运用一定的方法对有关产品在一定时期内各种条件下的销售水平及其发展变化趋势所进行的估计和推断。销售预测是企业预测的起点,一般情况下其他预测会把销售数据视为已知数,因此销售预测是其他各项预测的前提和基础,销售预测完成后才能进行其他各项预测。

2）成本预测

成本预测是根据历史成本资料，运用一定的方法对有关产品或劳务在一定时期内各种条件下的成本水平和变动趋势所进行的估计和判断。在进行成本预测分析时，应当多方面考虑各种因素，包括生产技术、生产组织和经营管理等方面，对未来时期的产品或劳务的成本水平或不同方案的成本进行测算、分析和比较。

3）利润预测

利润预测是指在销售预测和成本预测的基础上，根据企业的未来发展目标和其他相关资料，预计企业未来应达到和可望实现的利润水平及其变动趋势的过程。

4）资金需要量预测

从广义角度看，资金需要量预测是根据企业未来经营发展目标并考虑影响资金需要量的各项因素，运用一定的方法预计、推测企业未来一定时期内或一定项目所需要的资金数额、来源渠道、运用方向及其效果的过程；而狭义的资金预测仅仅是指对未来融资需要量的预测。

4.2 销售预测

4.2.1 销售预测的意义

企业在计划期间究竟能销售多少，必须通过市场调查后进行科学的销售预测。销售预测是根据市场上供需情况的发展趋势，以及本企业的销售单价、推销活动、产品改进、分销途径等方面的计划安排，来对该项商品在计划期间的销售量或销售额所作出的预计或估量。因此，销售预测对企业经营有着重要的意义。

首先，销售预测是规划企业经营活动的基础。市场经济是自由竞争的经济模式，企业的经营活动应当以市场为导向，根据市场需求情况安排生产经营。通过销售预测，可以较全面地了解和掌握产品市场需求的基本动态和发展变化规律，使企业能够更加理性地规划企业未来的经营活动，促使企业的经营活动有效、合理地进行。

其次，销售预测是成本预测、利润预测和资金预测的前提。尽管各项预测各有其特点和内容，但它们均与销售预测有着密切关系，销售预测在整体预测体系中处于先导地位，它指导着其他预测的内容，如果没有销售预测，其他预测将无据可循、失去意义。

4.2.2 销售的定性预测

定性销售预测主要是借助有关专业人员的政策水平、知识技能、实践经验和综合分析能力，在调查研究的基础上，对企业产品的市场销售量的发展趋势作出判断和预测。这种方法通常在缺乏完备、系统的信息资料或者影响销售量的有关因素难以定量化的情况下采用。定性销售预测法具体包括调查分析法、专家判断法及推销员判断法等。

1）调查分析法

调查分析法是根据对某种产品在市场上的供需情况变化的详细调查，来预测其销售量（或销售额）的一种专门方法。需要调查的基本内容包括：产品生命周期、消费者情况、市场竞争力情况、国内外或地区发展趋势等。在上述调查的基础上,再对调查资料进行综合、整理、加工、计算,以对产品的销售作出预测。

2) 推销员判断法

推销员判断法是由企业的推销人员根据他们的调查,将各个顾客或各类顾客对特定预测对象的销售预测值填入卡片或表格,然后由销售部门经理对此进行综合分析以完成预测销售任务的一种方法,又称意见汇集法。此法的原理是:基层销售人员最熟悉市场,能直接倾听顾客的意见,因而能够提供直接反映顾客要求的信息。推销员判断法的特点是以经验为基础,简便易行,但缺乏说服力,而且主观因素较多,出现偏差的可能性较大。

3) 专家判断法

专家判断法是由熟悉业务的相关专家,根据其知识和经验,结合市场调查情况进行综合判断的一种方法。主要包括专家个人判断法、专家小组法和德尔菲法。

(1) 专家个人判断法

专家个人判断法是一种由企业负责销售业务的有关专家,根据其所拥有的知识和长期销售工作经验,结合市场调查情况,对有关商品未来一定期间的销售变动趋势作出预测的方法。专家个人判断法费时短、耗费小,具有较强的实用性。但会受到专家本身的知识、经验、占有资料多少等因素的影响,预测结果存在一定的不足。

(2) 专家小组法

专家小组法是由企业组织有关方面的专家组成小组,运用专家们的集体智慧进行判断预测的一种方法。这种方法可通过召开座谈会的方式,开展广泛讨论,相互启发,以弥补个人意见的不足,使预测结果更加全面具体。但这种方法使用时容易受到权威专家意见的左右,造成少数有独到见解的专家不愿发表意见,从而在一定程度上影响预测结论的客观性。

(3) 德尔菲法

德尔菲法又称函询调查法。它采用函询的方式,征求各方面专家的意见,各专家在互不知晓的情况下,根据自己的观点和方法进行预测,然后由企业把各个专家的意见汇集在一起,通过不记名方式反馈给各位专家,请他们参考别人的意见修正本人原来的判断,如此反复多次,最终确定预测结果。

4.2.3 销售的定量预测

定量销售预测主要是根据产品销售的实际历史资料,运用特定的方法确定销售中相关因素之间的数量关系及变化规律,然后据以测算未来的产品销售情况。定量销售预测通常在具有系统、完备的历史观察数据,或者影响未来销售量的有关因素可以量化的情况下采用。

定量销售预测常用的方法有算术平均法、移动加权平均法、指数平滑法和回归分析法。

1) 算术平均法

算术平均法是以过去若干时期的销售量或销售金额的算术平均数作为计划期的销售量或销售额的一种方法。

计算公式为:

计划期销售量(销售额)＝各期销售量(销售额)之和/期数　　　　　(式 4.1)

【例 4.1】 甲公司今年上半年乙产品销售量的资料如下(见表 4.1),要求预测 7 月乙产品的销售量。

表 4.1　乙产品销售量资料表

月份	1	2	3	4	5	6
乙产品/吨	138	136	142	134	146	144

7 月份乙产品的销售量＝(138＋136＋142＋134＋146＋144)/6＝140(吨)

这种方法的优点是计算简便,但它使各个月份的销售差异平均化,特别是没有考虑到近期的变动趋势,因而预测出的预计数与实际数之间可能发生较大误差。这种方法一般适用于销售量(销售额)比较稳定的商品,如没有季节性差异的食品、文具、日常用品等。

2) 加权平均法

根据过去若干时期的销售量或销售金额,按其距计划期的远近分别进行加权,然后计算其加权平均数,并将其作为计划期的销售预测数。一般所取的观察值会随时间的推移而顺延。接近计划期的实际销售情况对计划期预计数的影响较大,因此近期确定的权数大,远期确定的权数小。

加权平均法的计算公式为:

计划期销售量(销售额)＝$\sum$各期销售量(销售额)分别乘以其权数　　(式 4.2)

【例 4.2】 承例 4.1,假设选取 4、5、6 月份的历史资料进行预测,相应的权重分别为 0.2、0.3 和 0.5,要求预测 7 月份乙产品的销售量。

预测 7 月份乙产品的销售量＝134×0.2＋146×0.3＋144×0.5＝142.6(吨)

3) 指数平滑法

指数平滑法实质上也是一种加权平均法。其核心是导入平滑系数 a,前期实际销售量(销售额)乘以 a,前期预测的销售量(销售额)乘以 $(1-a)$,这两个乘积相加得到本期预测销售量(销售额)。选取的 a 值大于 0 且小于 1,一般取值为 0.3～0.7。选取的平滑系数越大,则近期实际数对预测结果的影响越大;选取的平滑系数越小,则近期实际数对预测结果的影响越小。

指数平滑法计算公式为:

计划期销售量(销售额)＝平滑系数×上期实际销售数＋

(1－平滑系数)×上期预测销售数　　(式 4.3)

【例 4.3】 承例 4.1,甲公司 6 月份的实际销售量为 144 吨,原来预测 6 月份的销售量为 148 吨,平滑系数采用 0.7。要求按指数平滑法预测 7 月份乙产品的销售量。

预测 7 月份乙产品的销售量＝0.7×144＋(1－0.7)×148＝145.2(吨)

4) 回归分析法

回归分析法是根据直线方程式 $y=a+bx$,按照数学上最小平方法的原理来确定一条能正确反映自变量 x 与因变量 y 之间误差平方和最小的直线,这条直线为回归直线。

直线方程式 $y=a+bx$ 中常数项 a 与系数 b 的值可按下列公式计算：

$$a=\left(\sum y-b\sum x\right)/n \qquad \text{（式 4.4）}$$

$$b=\left(n\sum xy-\sum x\sum y\right)/\left[n\sum x^2-\left(\sum x\right)^2\right] \qquad \text{（式 4.5）}$$

回归分析法应用到销售预测中，可用 y 代表销售量（销售额），x 代表间隔期（观察期）。由于观察期是按时间顺序排列的，间隔期相等，故可以采用简便的方法，令 $\sum x=0$ 来求回归线。具体来说，如果实际观察的期数为奇数，则取 x 的间隔期为 1；如果实际观察的期数为偶数，则取 x 的间隔期为 2。确定间隔期的具体做法如下：

当实际观察的期数为奇数时，取 x 的间隔期为 1，如表 4.2 所示。

当实际观察的期数为偶数时，取 x 的间隔期为 2，如表 4.3 所示。

表 4.2　x 的间隔期计算表（一）

观察期	间隔期（x）
1	-2
2	-1
3	0
4	1
5	2
$n=5$	$\sum x=0$

表 4.3　x 的间隔期计算表（二）

观察期	间隔期（x）
1	-5
2	-3
3	-1
4	1
5	3
6	5
$n=6$	$\sum x=0$

根据上述 $\sum x=0$ 的转换，a 与 b 值的公式可简化为：

$$a=\left(\sum y-b\sum x\right)/n=\sum y/n \qquad \text{（式 4.6）}$$

$$b=\left(n\sum xy-\sum x\sum y\right)/\left[n\sum x^2-\left(\sum x\right)^2\right]=\sum xy/\sum x^2 \qquad \text{（式 4.7）}$$

【例 4.4】 承例 4.1，要求预测 7 月份乙产品的销售量。

表 4.4　预测销售量计算表（一）

月份	间隔期（x）	销售量（y）/吨	xy	x^2
1	-5	138	-690	25
2	-3	136	-408	9
3	-1	142	-142	1

续表

月份	间隔期(x)	销售量(y)/吨	xy	x^2
4	1	134	134	1
5	3	146	438	9
6	5	144	720	25
$n=6$	$\sum x=0$	$\sum y=840$	$\sum xy=52$	$\sum x^2=70$

$$a=(\sum y-b\sum x)/n=\sum y/n=840/6=140$$
$$b=(n\sum xy-\sum x\sum y)/[n\sum x^2-(\sum x)^2]=\sum xy/\sum x^2=52/70\approx 0.74$$
$$\therefore y=a+bx=140+0.74\times 7=145.18$$

(注意这里的间隔期确定为7)

【例 4.5】 承例 4.1,如果不考虑 1 月份的基本资料,要求根据 2—6 月基本资料预测 7 月份的销售量。

表 4.5 预测销售量计算表(二)

月份	间隔期(x)	销售量(y)/吨	xy	x^2
2	-2	136	-272	4
3	-1	142	-142	1
4	0	134	0	0
5	1	146	146	1
6	2	144	288	4
$n=5$	$\sum x=0$	$\sum y=702$	$\sum xy=20$	$\sum x^2=10$

$$a=(\sum y-b\sum x)/n=\sum y/n=702/6=117$$
$$b=(n\sum xy-\sum x\sum y)/[n\sum x^2-(\sum x)^2]=\sum xy/\sum x^2=20/10=2$$
$$\therefore y=a+bx=117+2\times 3=123$$

(注意这里的间隔期确定为3)

4.3 成本预测

成本预测是指根据企业的经营目标及有关资料和数据,结合企业未来的发展前景和趋势,并在考虑企业现有的生产经营能力和影响因素的基础上,采用一定的方法对未来一定时期的成本水平和目标成本进行预计和测算的过程。

4.3.1 成本预测的意义

成本预测是成本管理的重要内容,也是进行成本管理的起点,其意义包括以下几方面:

1) 成本预测有利于加强企业成本控制

成本管理是企业管理的一项重要内容,在产品价格一定的情况下,产品成本的高低直接决定企业的利润水平。通过成本预测,可以预知企业未来时期的成本水平及其变动趋势,并能及时采取各种方法和措施,加强成本控制和管理,从而降低产品成本。

2) 成本预测有利于实行目标管理

目标管理是现代企业管理的一个重要方法,它通过预先制定企业未来一定时期内的经营目标和方针,并采取有效的方法和措施保证目标得以实现,借以达到控制企业经营活动的目的。实行成本目标管理是降低成本的重要途径,为了搞好成本的目标管理,必须加强成本预测。只有通过成本预测才能为制定科学合理的成本目标,提供准确和合理的依据。

3) 成本预测能为经营决策提供科学的依据

经营决策的正确与否,关系到企业经营的成败。通过成本预测,可以预知企业在一定时期内和一定情况下的成本水平,为合理地确定企业的经营方向、产品结构和产品价格等提供科学的决策依据;通过成本预测,还可以揭示影响企业成本的因素和程度,从而能够制定控制或降低成本的有效措施和方法。

4.3.2 目标成本预测

目标成本是指在确保实现经营目标(目标利润)的前提下,企业在成本方面应达到的目标。目标成本的预测一般可采用两种方法:可比产品目标成本预测和不可比产品目标成本预测。前者是指以往年度正常生产过的产品,其过去的成本资料比较健全和稳定。后者是指企业以往年度没有正式生产过的产品,其成本水平无法与过去进行比较,因而就不能像可比产品那样通过下达成本指标降低要求的方法控制成本支出。

1) 可比产品目标成本预测

可比产品目标成本预测可以遵循以下步骤:

(1) 选择某一先进的成本水平作为初选目标成本

(2) 根据企业预测期的目标利润计算目标成本

$$目标成本 = 按市场可接受价格计算的销售收入 - 企业的目标利润 - 应纳税金$$

(式 4.8)

(3) 成本初步预测

成本初步预测是指在当前生产条件下不采取任何新的降低成本的措施确定预测期可比产品能否达到初选目标成本要求的一种预测。通常可采用两种方法:按上年预计平均单位成本测算预测期可比产品成本;根据前3年可比产品成本资料测算预测期可比产品成本。

(4) 提出各种成本降低方案

成本降低方案的提出主要可以从改进产品设计、改善生产经营管理、控制管理费用三个方面着手。改进产品设计,开展价值分析,努力节约原材料、燃料和人力等消耗;改善生产经营管理,合理组织生产;严格控制费用开支,努力降低管理费用。

(5) 正式确定目标成本

企业的成本降低措施和方案确定后,应进一步测算各项措施对产品成本的影响程度,据以修订初选目标成本,正确确定企业预测期的目标成本。测算材料费用对成本的影响,测算工资费用对成本的影响,测算生产增长超过管理费用增加而形成的节约,测算废品率降低而形成的节约。

2）不可比产品目标成本预测

在新技术高速发展、产品更新换代加快的情况下,不可比产品的比重不断上升。因此,为了全面控制企业的费用支出,加强成本管理,除了对可比产品成本进行预测外,还有必要对不可比产品成本进行预测,预测常用的方法有：目标成本法、技术测定法和产值成本法。

（1）目标成本法

目标成本法是根据产品的价格构成来制定产品目标成本的一种方法。产品价格包括产品成本、销售税金和利润三个部分。在企业实行目标管理的过程中,先确定单位产品价格和单位利润目标,然后就可以按式4.9计算单位产品的目标成本：

$$单位产品目标成本＝预测单位售价－单位产品销售税金－单位产品目标利润$$
(式4.9)

（2）技术测定法

技术测定法是在充分挖掘生产潜力的基础上,根据产品设计结构、生产技术条件和工艺方法,对影响人力、物力消耗的各项因素进行技术测试和分析计算,从而确定产品成本的一种方法。该方法比较科学,但工作量较大,品种少、技术资料比较齐全的产品可以采用。

（3）产值成本法

产值成本法是按工业总产值的一定比例确定产品成本的一种方法。产品的生产过程同时也是生产的耗费过程,在这一过程中,产品成本体现生产过程中的资金耗费,而产值则以货币形式反映生产的成果。产品成本与产品产值之间存在着一定的比例关系,比例越大说明消耗越大,成本越高,比例越小说明消耗越小,成本越低。

企业进行预测时,就可以参照同类企业相似产品的实际产值成本率加以分析确定,计算公式如下：

$$某种不可比产品的预测单位成本＝（某产品的总产量×预计产值成本率）/预计产品产量$$
(式4.10)

该方法的优点是工作量小、简便、易行,缺点是预测结果不够准确。

4.3.3 产品成本水平及变化趋势预测

产品成本水平预测就是预测计划期内产量变化条件下的总成本水平。如前文所述,产品成本按其特性可以划分为变动成本和固定成本两大类。所谓变动成本,是指其总额会随着产量的变动而变动的成本;所谓固定成本,是指其发生额不直接受产量影响而变动的成本,即产量在一定范围内变动,其总额保持不变。产品成本与产量的这种依存关系,可以用直线方程表示为：

$$y = a + bx$$

其中,y 代表产品成本,a 代表固定成本总额,b 代表单位变动成本,x 代表产品产量。

这个方程反映了成本与产量之间的关系,只要求出 a、b 的数值,就可以利用这个直线方程预测产品在任何产量下的总成本。确定 a 与 b 值的方法通常包括:高低点法、加权平均法和回归直线法。

1) 高低点法

高低点法就是选用一定期间历史资料中最高业务量和最低业务量的总成本之差 Δy,与两者业务量之差 Δx 进行对比,求出 b 值,然后再代入方程计算出 a 值。

计算公式为:
$$y = a + bx$$
$$\Delta y = b\Delta x$$
$$b = \Delta y / \Delta x$$

再以 b 的值代入高点或低点业务量的总成本方程式,可求得 a 的值:

$$a = y_{高点} - bx_{高点}$$

或

$$a = y_{低点} - bx_{低点}$$

求得 b 值与 a 值后,再代入计划期的总成本方程式,即可预测出计划期的产品总成本与单位成本:

$$预测计划期产品总成本 = a + bx \qquad (式4.11)$$
$$预测计划期产品单位成本 = y/x \qquad (式4.12)$$

高低点法是一种简便易行的预测分析方法,在产品成本变动趋势比较稳定的情况下,采用此法比较适宜。如果企业各期成本变动幅度较大,采用此法则会造成较大的误差。

【例4.6】 乙公司只产销一种产品丙,从它最近一年的历史成本数据中获悉(见表4.6),该公司产量最高月份为12月,共生产丙产品10 000件,总成本为370 000元;产量最低的月份为2月,共生产丙产品6 000件,总成本为250 000元。如果计划年度1月份准备生产丙产品16 000件,要求预测其总成本与单位成本各为多少?

表4.6 丙产品近一年的历史成本数据表

摘要	高点(12月)	低点(2月)	差异
业务量/件	10 000	6 000	4 000
总成本/元	370 000	250 000	120 000

$b = \Delta y / \Delta x = 120\,000 / 4\,000 = 30$

将 b 值代入高点或低点业务量的总成本方程式,可求得 a 的值:

$a = y_{高点} - bx_{高点} = 370\,000 - 30 \times 10\,000 = 70\,000$

或 $a = y_{低点} - bx_{低点} = 250\,000 - 30 \times 6\,000 = 70\,000$

b 值与 a 值求得后,再代入计划期的总成本方程式,即可预测出计划期的产品。

总成本与单位成本:

预测计划期(1月)产品总成本 $= a + bx = 70\,000 + 30 \times 16\,000 = 550\,000(元)$

预测计划期(1月)产品单位成本 $= y/x = 550\,000/16\,000 \approx 34.38$(元/件)

2) 加权平均法

加权平均法是根据过去若干时期的固定成本总额和单位变动成本的历史资料,按其距计划期的远近分别进行加权的方法。距计划期越近,对计划期的影响越大,所选取权数应大些;距计划期越远,对计划期的影响越小,所选取权数应小些。

注意:进行加权时,令 $\sum f = 1$,f 为权数。

计算公式为:

$$y = a + bx$$

预测计划期产品总成本$(y) = \sum af + \sum bfx$ （式4.13）

预测计划期产品单位成本 $= y/x$ （式4.14）

加权平均法适用于历史成本资料具有详细的固定成本总额和单位变动成本数据的企业,否则就只能采用其他的方法。

【例4.7】 丙公司最近三年生产甲产品的年平均成本数据如表4.7所示。

表4.7 甲产品的年平均成本数据表

年份	固定成本总额/元	单位变动成本/(元/件)
20×4	80 000	60
20×5	85 000	56
20×6	90 000	50

要求预测20×7年生产甲产品15 000件的成本总额及其单位成本。

根据上述资料,按距离计划期的远近分别进行加权。

令20×4年权数为0.2;20×5年权数为0.3;20×6年权数为0.5。

预测计划期产品总成本$(y) = \sum af + \sum bfx$
$= 80\,000 \times 0.2 + 85\,000 \times 0.3 + 90\,000 \times 0.5 + (60 \times 0.2 + 56 \times 0.3 + 50 \times 0.5) \times 15\,000$
$= 893\,500$(元)

预测计划期产品单位成本 $= y/x = 893\,500/15\,000 \approx 59.57$(元/件)

3) 回归分析法

应用数学上最小平方法的原理,来确定反映 $y = a + bx$ 直线方程式中 x(自变量)与 y(因变量)之间具有误差平方和最小的一条直线的方法。这条直线称为回归线,a 与 b 的值可按下列公式计算:

$$a = \left(\sum y - b \sum x\right)/n \quad \text{（式4.15）}$$

$$b = \left(n\sum xy - \sum x \sum y\right)/\left[n\sum x^2 - \left(\sum x\right)^2\right] \quad \text{（式4.16）}$$

回归分析法适用于企业历年的产品成本忽高忽低,变动幅度较大的情况。

【例 4.8】 甲公司只产销一种产品,最近五年的产量和历史成本资料如表 4.8 所示。

表 4.8 甲公司近五年的产量和历史成本资料表

年份	产量/台	单位产品成本/(元/台)
20×2	10	600
20×3	40	300
20×4	30	450
20×5	20	550
20×6	50	400

甲公司计划年度产量为 60 台,要求预测产品的总成本和单位成本(见表 4.9)。

表 4.9 预测产品的计算表

年度	产量(x)/台	单位产品成本(元/台)	总成本(y)/元	xy	x^2
20×2	10	600	6 000	60 000	100
20×3	40	300	12 000	480 000	1 600
20×4	30	450	13 500	405 000	900
20×5	20	550	11 000	220 000	400
20×6	50	400	20 000	1 000 000	2 500
$n=5$	$\sum x=150$		$\sum y=62\,500$	$\sum xy=2\,165\,000$	$\sum x^2=5\,500$

将表 4.9 的数据代入公式:

$$b = \left(n\sum xy - \sum x \sum y\right) / \left[n\sum x^2 - \left(\sum x\right)^2\right] = 290$$

$$a = \left(\sum y - b\sum x\right) / n = 3\,800$$

计划年度(2021 年)60 台的预计总成本 $(y) = a + bx = 3\,800 + 290 \times 60 = 21\,200$(元)

计划年度预计单位成本 $= y/x = 21\,200/60 \approx 353.33$(元/台)

4.4 利润预测

利润预测是按照企业经营目标的要求,通过对影响利润变化的各因素进行综合分析,对未来一定时间内可达到的利润水平和变化趋势所进行的预计和推测。利润预测是企业进行科学管理的重要环节。利润预测是在销售预测的基础上,通过对有关产品产销数量、价格、成本等因素进行综合分析与计算,测算和判定企业在未来一定期间的利润水平、变动趋势和实现预期目标利润的可行途径。通过利润预测,可以明确目标,指导和调节企业的经营行为,促使企业采取切实有效的经营策略和措施,不断寻求提高利润的途径,从而提高企业的经济效益。利润预测的内容主要包括利润额及其变化趋势预测、目标利润预测和期望利润预测。

4.4.1 利润额及其变化趋势预测

利润是企业在一定期间经营活动的结果,是营业收入减去与之相配的费用后的差额。本节将介绍利润额及其变化趋势预测的相关方法。

1) 利润额预测

对企业利润的预测,可根据利润总额的构成公式来进行,即:

$$利润总额 = 营业利润 + 投资净收益 \pm 营业外收支净额 \quad (式4.17)$$

预测时可分别预测营业利润、投资净收益、营业外收支净额,然后将各部分的预测结果相加,即为预测利润总额,预测公式为:

$$预测利润总额 = 预测营业利润 + 预测投资净收益 \pm 预测营业外收支净额$$
$$(式4.18)$$

营业利润是由产品销售利润和其他业务利润组成的,这两部分预测利润的公式分别为:

$$预测产品销售利润 = 预计产品销售收入 - 预计产品销售成本 - 预计产品销售税金$$
$$= 预计产品销售数量 \times (预计产品销售单价 - 预计单位产品成本$$
$$- 预计单位产品销售税金) \quad (式4.19)$$

$$预测其他业务利润 = 预计其他业务收入 - 预计其他业务成本 - 预计其他业务税金$$
$$(式4.20)$$

预测企业的投资净收益是根据预计企业向外投资收入减去预计投资损失后的数额得出的。预测营业外收支净额是用预计营业外收入减去预计营业外支出后的差额。最后,将所求出的各项预测数额加总,便可计算出下一期间的预测利润总额。

【例4.9】 长城公司生产甲、乙、丙三种产品,其本期有关销售价格、单位产品成本及下期产品预计销售量如表4.10所示。预测下期其他业务利润的资料为:其他业务收入为21 000万元,其他业务成本为15 000万元,其他业务税金为5 000万元。

表4.10 长城公司产品销售有关资料

产品	销售单价/ (万元/件)	单位产品/(万元/件)		预计下期产品销售量/件
		销售成本	销售税金	
甲	120	50	20	3 000
乙	250	170	40	2 000
丙	80	50	12	5 000

要求:根据资料,预测下一会计期间的营业利润。

预测各产品销售利润为:

甲产品：3 000×(120−50−20)=150 000(万元)
乙产品：2 000×(250−170−40)=80 000(万元)
丙产品：5 000×(80−50−12)=90 000(万元)
三种产品销售利润合计为：
150 000+80 000+90 000=320 000(万元)
预测其他业务利润为：
21 000−15 000−5 000=1 000(万元)
预测下一会计期间的营业利润为：
320 000+1 000=321 000(万元)

2) 利润变动趋势预测

利润变动趋势预测常用的方法包括比率预测法和回归分析预测法。

(1) 比率预测法

比率预测法，是根据各种利润率指标预测销售利润的方法。

① 根据销售收入利润率预测

$$销售利润总额=预计销售收入×销售收入利润率 \qquad (式4.21)$$

【例 4.10】 长城公司近年来销售收入利润率基本稳定在20%，根据销售预测预计下年度该公司的销售收入可达500万元，故下年度该公司销售利润额预测值为：

销售利润总额=500×20%=100(万元)

② 根据销售成本利润率预测

$$销售利润总额=预计产品销售成本×销售成本利润率 \qquad (式4.22)$$

【例 4.11】 长城公司近年来销售成本利润率基本保持在45%，根据成本预测，预计下年度销售成本总额可达1 000万元，故下年度公司利润总额预测值为：

销售利润总额=1 000×45%=450(万元)

③ 根据产值利润率预测

$$销售利润总额=预计产品总产值×产值利润率 \qquad (式4.23)$$

【例 4.12】 长城公司经测算下年度产值利润率可达到16%，工业总产值可达5 000万元，故下年度该公司利润额预测值为：

销售利润总额=5 000×16%=800(万元)

根据上述预测可见，用比率预测法预测销售利润方法简单，但关键在于预测所依据的利润率指标必须稳定可靠，否则将造成较大的误差。

(2) 回归分析预测法

一般情况下，企业一定时期内的销售利润额与产品的销售收入有密切关系，销售利润额随销售收入的变化而变化，而且是正相关关系。因此，根据销售收入变化预测利润变化时，可以采用回归分析法，利用回归预测模型进行预测。有关回归分析方法此处不再赘述。

4.4.2 目标利润预测

目标利润是企业在未来一定期间必须经过努力才能够达到的利润水平,它是企业经营目标的重要组成部分。

1) 目标利润预测的意义

目标利润预测是以过去的历史资料和市场信息为依据,充分考虑企业生存发展对利润的需求以及主客观条件的变化,测算未来一定期间企业可能实现的利润目标。

企业的经营活动在某种意义上讲都是围绕实现最大利润展开的,利润的预测是企业财务预测的关键,而利润预测的关键又在于确定利润目标。因此,做好目标利润预测具有十分重要的意义。首先,目标利润预测明确了企业决策的目标,给企业决策指明了方向。其次,目标利润预测是会计决策的基础。开展目标利润预测,通常要对有关收入、成本和利润进行深入细致的分析,这些都是会计决策不可缺少的资料。最后,目标利润预测有利于发现并纠正生产经营中存在的问题,改善企业管理工作,提高企业经济效益。

2) 目标利润预测的方法

(1) 本量利分析预测法

本量利分析预测法是利用本量利分析的基本公式预测目标利润,即:

$$P = (SP - VC) \times V - FC \tag{式4.24}$$

式中:P 为利润额;SP 为产品销售单价;VC 为单位变动成本;V 为销售量;FC 为固定成本。这是目标利润预测的基本方程。

【例4.13】 假设长城公司生产和销售A产品,预计下年度的销售量达10 000件,如果产品单价为50元/件,单位变动成本为30元/件,固定成本总额为65 000元,则该企业下年度的目标利润为:

$$P = (SP - VC) \times V - FC = (50 - 30) \times 10\,000 - 65\,000 = 135\,000(元)$$

(2) 销售收入增长率预测法

销售收入增长率预测法是以销售收入的增长率作为利润的增长率对未来时期的目标利润做出预测。这种预测方法的基本思路是认为利润与销售收入是按相同增长率增长的,因此,如果已知未来时期销售收入的增长率,也就是已知了该期的利润增长率。在实际工作中,通过销售预测确定销售收入增长率是容易的,因此依据基期的利润额就可预测未来时期的目标利润额。销售收入增长率预测法的计算公式为:

$$目标利润总额 = 某期实际销售利润额 \times (1 + 下一期间销售收入预计增长率)$$

$$\tag{式4.25}$$

【例4.14】 长城公司20×5年实现的实际利润额为30万元,实际销售额为150万元,预计下年销售收入可达180万元,则下年预测目标利润为:

$$目标利润总额 = 30 \times [1 + (180 - 150)/150 \times 100\%] = 36(万元)$$

(3) 平均利润增长百分率法

平均利润增长百分率法首先在分析利润增长率的历史数据后确定平均利润增长率,以

此作为未来时期的预计平均利润增长率,然后结合某一时期实现的实际利润额预测目标利润额,计算公式为:

$$目标利润总额 = 某期实际利润额 \times (1 + 预计平均利润增长率) \quad (式4.26)$$

【例 4.15】 长城公司 20×5 年实际利润总额为 100 万元,根据对过去逐年实际的利润增长率统计指标的分析,确定下年度的预计平均利润增长率为 15%,则该企业下年目标利润预测值为:

目标利润总额 = 100×(1+15%) = 115(万元)

(4) 资金利润率法

资金利润率法是根据上年度的实际资金占用量、下一期间的计划投资额和预定资金利润率而确定企业目标利润的一种方法。用资金利润率法确定目标利润的计算公式是:

$$目标利润总额 = 预定资金利润率 \times (上一期实际资金占用量 + 下一期间预计投资额)$$
$$(式4.27)$$

【例 4.16】 长城公司上年度实际占用的资金总额为 120 万元,为扩大有关产品的产销规模,下年度将购置若干机器设备,其价值为 50 万元,另需追加流动资金 8 万元,预定资金利润率为 16%。该企业下年度的目标利润应为:

目标利润 = (120+50+8)×16% = 28.48(万元)

在实际工作中,企业可根据自身的基本条件和管理要求选择上述某种方法开展目标利润的预测工作。不过,采用上述方法测算未来一定期间的目标利润时,必须充分考虑并力求避免其不足之处或不合理成分的影响,以使目标利润预测值尽可能地接近实际。

(5) 经营杠杆系数法

经营杠杆系数法是利用经营杠杆系数来预测目标利润的一种方法。经营杠杆是指企业在相关范围内产销量增加时,一方面会直接引起利润的增加,另一方面由于单位产品分摊的固定成本减少,从而间接地使利润再增加,导致利润的变动幅度将大于产销量的变动幅度,把产销量变动引起的利润更大幅度的变动现象成为经营杠杆效应。

经营杠杆分析中经营杠杆效应的高低以及经营风险的大小通常采用经营杠杆系数来衡量。经营杠杆系数(DOL),是指在一定业务量的基础上,利润的变动率相对于产销量变动率的倍数,又称经营杠杆率,其计算公式为:

$$经营杠杆系数 = 销售利润变动率 / 销售量(额)变动率 \quad (式4.28)$$

$$销售利润变动率 = 经营杠杆系数 \times 销售量(额)变动率 \quad (式4.29)$$

$$目标利润 = 基期利润 \times [1 + 销售利润变动率] \quad (式4.30)$$

【例 4.17】 某企业有关资料如下:20×6 年销售量为 120 000 件,单位边际贡献为 40 元/件,固定成本为 3 000 000 元;20×7 年销售量为 160 000 件,单位边际贡献和固定成本均不变;2018 年销售量为 180 000 件,单位边际贡献和固定成本仍然不变。

要求:计算 20×7 年、20×8 年的经营杠杆系数。

20×6—20×8 年的利润分别如下:

20×6 年的息税前利润＝40×120 000－3 000 000＝1 800 000(元)
20×7 年的息税前利润＝40×160 000－3 000 000＝3 400 000(元)
20×8 年的息税前利润＝40×180 000－3 000 000＝4 200 000(元)
20×7 年利润变动率＝(3 400 000－1 800 000)/1 800 000≈88.89%
20×7 年销售量变动率＝(160 000－120 000)/120 000≈33.33%
20×7 年经营杠杆系数＝88.89%/33.33%≈2.67
20×8 年利润变动率＝(4 200 000－3 400 000)/3 400 000≈23.53%
20×8 年销售量变动率＝(180 000－160 000)/160 000＝12.5%
20×8 年经营杠杆系数＝23.53%/12.5%≈1.88

式 4.28 需要以掌握销售利润变动率和产销量变动率为前提,这不便于利用经营杠杆系数进行预测。为了事先能够确定经营杠杆系数,实践中可以按简化计算公式即式 4.31 进行。

$$经营杠杆系数＝基期边际贡献/基期利润 \quad (式 4.31)$$

如前例：20×7 年的经营杠杆系数＝120 000×40/1 800 000≈2.67
20×8 年的经营杠杆系数＝160 000×40/3 400 000≈1.88

计算出经营杠杆系数后,我们只需要预测产销量的变动率,就可以利用经营杠杆系数和产销量的变动率计算出利润的变动率及预测期利润额。

4.4.3 期望利润预测

所谓期望利润是指产品在变动的市场销售条件下,所能带来的加权平均期望利润。市场销售状态的变化会带来收益的变化,所谓期望利润预测是指对商品在市场上销售状态可能发生转变时带来的收益转变的预测。

为了对产品期望利润进行预测,就应该知道产品销售状态及其概率分布,以及相应状态下的利润。产品销售状态一般分为畅销、滞销两种。有时还可以分得更加细致：畅销、一般和滞销。因此,对于期望利润预测一般用概率分析法进行预测。

1) 期望值分析法

期望值分析法是指在事先估计概率的基础上通过计算相关指标期望值对期望利润进行预测的一种概率分析方法。

期望值分析法的程序如下：

(1) 针对具体分析对象确定其未来可能出现的每一种事件(即随机变量),并为每一事件的发生估计一个概率。概率的估计既可以在财务会计、数理统计或其他业务核算历史数据的基础上进行加工推算,也可以由决策者根据以往经验凭其主观判断加以确定。所估计的概率必须符合两条规则：

① 各个随机变量的概率的取值范围为 $0 \leqslant P_i \leqslant 1$；

② 全部概率之和等于 1,即 $\sum P_i = 1$。

(2) 根据因素的各个随机变量及其估计概率,编制概率分析表,按式 4.32 计算其数学期望值：

$$期望值(E) = \sum(随机变量 \times 概率) = \sum X_i P_i \qquad \text{(式 4.32)}$$

式中的 X 随着分析的内容不同而不同。因此,期望值的实质是一种以随机变量为基础,以相应概率为权数而计算的加权平均数。

(3) 根据因素的期望值求得期望利润后进行分析并得出结论。

【例 4.18】 已知长城公司现有设备可安排 A 产品或 B 产品的生产。相关的固定成本总额为 3 000 元。A 产品的单价为 20 元/件,单位变动成本为 16 元/件;B 产品的单价为 18 元/件,单位变动成本为 14 元/件。两种产品的销售量均为离散型随机变量,各种销售量水平及有关概率分布情况见表 4.11 所示。

表 4.11 A、B 两种产品的预测销售量及概率分布资料

销售量/件	A 产品		B 产品	
	概率分布	累计概率	概率分布	累计概率
250	0	0	0.1	0.1
500	0.1	0.1	0.1	0.2
750	0.2	0.3	0.1	0.3
1 000	0.4	0.7	0.2	0.5
1 500	0.2	0.9	0.4	0.9
1 800	0.1	1.0	0.1	1.0

要求:① 用期望值分析法分别计算 A、B 产品的销售量的期望值。
② 分别计算 A、B 产品期望销售量下的期望利润,并作出决策。

解答:① A 产品销售量的期望值为:
$E(X_A) = 500 \times 0.1 + 750 \times 0.2 + 1\,000 \times 0.4 + 1\,500 \times 0.2 + 1\,800 \times 0.1$
$\quad\quad\quad = 1\,080 (件)$

B 产品销售量期望值为:
$E(X_B) = 250 \times 0.1 + 500 \times 0.1 + 750 \times 0.1 + 1\,000 \times 0.2 + 1\,500 \times 0.4 + 1\,800 \times 0.1$
$\quad\quad\quad = 1\,130 (件)$

② A 产品达到期望销售量时的期望利润 $= (20-16) \times 1\,080 - 3\,000$
$\quad\quad\quad\quad\quad\quad\quad\quad\quad = 1\,320 (元)$

B 产品达到期望销售量时的期望利润 $= (18-14) \times 1\,130 - 3\,000$
$\quad\quad\quad\quad\quad\quad\quad\quad\quad = 1\,520 (元)$

A 产品的期望利润小于 B 产品的期望利润,所以长城公司应进行 B 产品的生产。

以上分析的是销售量这一单个因素为不确定因素时对期望利润的预测,在现实市场中往往存在多个因素同时为不确定因素的状况,因此有必要对多因素为不确定因素时的期望利润进行分析。

【例4.19】 已知长城公司A产品的单价、单位变动成本与固定成本均为非确定因素。上述因素未来可能达到的水平及有关的概率情况见表4.12所示。

表4.12 长城公司A产品成本概率表

因素编号	单价/(元/件)		单位变动成本/(元/件)		固定成本/元	
	水平	概率	水平	概率	水平	概率
1	420	0.3	300	0.2	312 000	0.4
2	400	0.6	320	0.8	300 000	0.6
3	380	0.1	—	—	—	—

要求：① 分别计算单价、单位变动成本和固定成本的期望值；
② 按上述因素的期望值计算当销售量为10 000件时的期望利润。

解答：① 单价的期望值＝420×0.3＋400×0.6＋380×0.1＝404(元/件)
单位变动成本的期望值＝300×0.2＋320×0.8＝316(元/件)
固定成本的期望值＝312 000×0.4＋300 000×0.6＝304 800(元)
② 当销售量为10 000件时的期望利润＝(404－316)×10 000－304 800＝575 200(元)

2) 联合概率分析法

联合概率分析法是指在事先估计概率的基础上，通过计算相关因素各种组合下的有关指标及其联合概率，对期望利润进行预测的一种分析方法。

这种方法的优点是能够考虑所有因素变动的各种可能组合，并提供不同情况下的相关指标及其概率；但缺点是组合情况较多，计算比较麻烦。下面举例说明用联合概率分析法进行期望利润预测的分析。

【例4.20】 已知长城公司在进行销售利润决策时，对A产品的销售量、变动成本、固定成本进行综合预测：A产品预计单价为1 000元/件，预计销售量为60件、80件和100件，其概率分别为20%、60%和20%；预计单位变动成本分别为100元/件、200元/件和300元/件，其概率分别为20%、30%和50%；预计固定成本总额分别为8 000元和10 000元，其概率分别为80%和20%。用联合概率分析法计算长城公司销售A产品的期望利润。

分析时，应分别就不同销售单价、销售量、单位变动成本、固定成本的组合计算销售利润的期望值。

下面以售价1 000元/件、销售量60件、单位变动成本100元/件、固定成本8 000元这一组合为例，计算可实现的利润为：

利润＝(1 000－100)×60－8 000＝46 000(元)

已知这种情况下的联合概率为：0.2×0.2×0.8＝0.032

则在此情况利润的预期值为：46 000×0.032＝1 472(元)

同理，用以上方法对其他各种组合依次进行计算，求出每一种组合条件下的利润预期值，然后将所有利润预期值汇总，计算出利润预测值，其汇总表如表4.13所示。

表 4.13　长城公司销售 A 产品的利润预期值

销售量/件	单位变动成本/(元/件)	固定成本/元	事项组合	利润/元	联合概率	利润预期值/元
60 ($P=0.2$)	100 ($P=0.2$)	8 000 ($P=0.8$)	1	46 000	0.032	1 472
		10 000 ($P=0.2$)	2	44 000	0.008	352
	200 ($P=0.3$)	8 000 ($P=0.8$)	3	40 000	0.048	1 920
		10 000 ($P=0.2$)	4	38 000	0.012	456
	300 ($P=0.5$)	8 000 ($P=0.8$)	5	34 000	0.08	2 720
		10 000 ($P=0.2$)	6	32 000	0.02	640
80 ($P=0.6$)	100 ($P=0.2$)	8 000 ($P=0.8$)	7	64 000	0.096	6 144
		10 000 ($P=0.2$)	8	62 000	0.024	1 488
	200 ($P=0.3$)	8 000 ($P=0.8$)	9	56 000	0.144	8 064
		10 000 ($P=0.2$)	10	54 000	0.036	1 944
	300 ($P=0.5$)	8 000 ($P=0.8$)	11	48 000	0.24	11 520
		10 000 ($P=0.2$)	12	46 000	0.06	2 760
100 ($P=0.2$)	100 ($P=0.2$)	8 000 ($P=0.8$)	13	82 000	0.032	2 624
		10 000 ($P=0.2$)	14	80 000	0.008	640
	200 ($P=0.3$)	8 000 ($P=0.8$)	15	72 000	0.048	3 456
		10 000 ($P=0.2$)	16	70 000	0.012	840
	300 ($P=0.5$)	8 000 ($P=0.8$)	17	62 000	0.08	4 960
		10 000 ($P=0.2$)	18	60 000	0.02	1 200
			期望利润			53 200

从表 4.13 中得知长城公司销售 A 产品期望利润的预测值为 53 200 元。

4.5 资金需要量预测

资金需要量预测是指以预测期企业生产经营规模的发展和资金利用率的提高等为依据,在分析相关的历史资料、技术经济条件和发展规划的基础上,运用一些专门的方法,对预测期资金需要量进行科学的预计和推测。

资金需要量预测是企业生产经营预测中不可缺少的组成部分。在企业的生产经营过程中,如果缺少资金,那么企业将陷入"巧妇难为无米之炊"的困境。因此,资金需要量预测在提高企业经营管理和企业经济效益方面有着重要意义。首先,资金需要量预测是进行经营决策的主要依据;其次,资金需要量预测是保证企业资金供应、合理组织资金运用,不断提高资金利用效果的重要手段;最后,资金需要量预测是编制资金预算的必要步骤。

在资金需要量预测中,常用的方法有:定性预测法和定量预测法。

4.5.1 定性预测法

定性预测法是指利用直观的资料,依靠个人的经验和主观分析、判断能力,预测未来资金需要量的方法。

定性预测法的预测过程是:首先,由熟悉财务情况和生产经营情况的专家根据过去所积累的经验进行分析判断,提出预测的初步意见;其次,通过召开座谈会或其他方式,对上述预测的初步意见进行进一步的补充修正;这样经过一次或几次以后,确定最终的预测资金需要量。

定性预测法往往带有较强的主观性,一般适用于缺乏完备、准确的历史资料情况下的资金需要量预测,或者在实际工作中将它与其他方法结合使用。

4.5.2 定量预测法

常用的定量资金需要量预测法,主要有资金占用预测法、资金周转速度预测法和销售百分比法。

如何利用销售百分比法预测资金需要量

1) 资金占用预测法

资金占用预测法是根据以往的资金占用率指标(即每百元销售额占用的流动资金)来预测资金需要量的一种方法。

计算公式如下:

$$资金需要量 = 预测的本期销售额 \times 上年同期的平均资金占用率 \quad (式4.33)$$

【例 4.21】 某企业本年第一季度预测的销售额平均每月为 1 000 万元,上年第一季度资金占用率平均每月为 30%。要求使用资金占用预测法预测该企业本年第一季度的资金需要量。

本年第一季度的资金需要量 = 1 000 × 30% = 300(万元)

2) 资金周转速度预测法

资金周转速度预测法是通过历史的实际流动资金周转速度来预测资金需要量的一种

方法。其计算公式如下:

$$资金需要量 = 预测的销售额 / 流动资金周转次数 \quad (式4.34)$$

【例 4.22】 假定某企业今年 1 月、2 月、3 月预测的销售额分别为 1 200 万元、1 300 万元和 1 400 万元,按照本企业已达到的历史水平及今后的目标,要求流动资金周转次数不低于 3 次。试预测各月份资金需要量。

1 月份资金需要量 = 1 200/3 = 400(万元)
2 月份资金需要量 = 1 300/3 ≈ 433.33(万元)
3 月份资金需要量 = 1 400/3 ≈ 466.67(万元)

资金需要量预测出来后,要进一步测算资金追加量。资金追加量是指计划期内预计需要追加的资金数量。

其计算公式为:

$$资金追加量的预测值 = 计划期资金需要量 - 上期末资金实有数 \quad (式4.35)$$

3) 销售百分比法

销售百分比法是根据基期资产负债表中资金各个项目与销售收入总额之间的依存关系,并假定这些关系在未来时期将保持不变,根据计划期销售额的增长情况来预测资金需要量的一种方法。

用销售百分比法来预测资金需要量的程序为:

(1) 分析研究资产负债表上哪些项目随销售额变动而发生变化,并将这些项目分别除以基期的销售额,以百分比的形式表示。

一般来说,资产负债表中资产类项目,如货币资金、正常的应收账款和存货等项目都会随销售额的增长而增长。固定资产项目的利用率如果已经达到饱和状态,则要随销售额的增长而相应地增添设备。负债类项目,如应付账款、应付票据、其他应付款等项目,一般会随销售额的增长而增长。而短期借款、长期借款及所有者权益等项目,则不随销售额的增长而增加。

(2) 将随销售额的变动而发生变化的资产项目的合计数除以基期销售收入,减去负债项目随销售额变动的合计数除以基期销售收入,求出基期每增加一元的销售额需要增加筹资金额的百分比。

(3) 以预测年度增加的销售额乘以每增加一元销售额需要筹集资金的百分比,然后再减去企业内部形成的资金来源,即可得出未来年度需要增加筹资的预测值。

【例 4.23】 A 企业 20×8 年 12 月 31 日的资产负债表如表 4.14 所示。

表 4.14 20×8 年 12 月 31 日资产负债表

单位:元

资产	金额	负债及所有者权益	金额
现金	2 000	应付费用	5 000
应收账款	28 000	应付账款	13 000
存货	30 000	短期借款	12 000

续表

资产	金额	负债及所有者权益	金额
固定资产净值	40 000	应付债券	20 000
		实收资本	40 000
		未分配利润	10 000
合计	100 000	合计	100 000

A企业20×8年的销售收入为100 000万元,销售净利率为10%,现在还有剩余生产能力,即增加收入不需要进行固定资产的投资。预测20×9年的销售收入为150 000万元,销售净利率不变,股利支付率为60%,那么需要筹集多少外部资金?

具体分析如下:

① 分析资产负债表中随销售收入变动而变动项目的百分比

表4.15 资产负债表中随销售收入而变动项目的百分比

资产	占销售收入的比例/%	负债及所有者权益	占销售收入的比例/%
现金	2	应付费用	5
应收账款	28	应付账款	13
存货	30	短期借款	不变动
固定资产净值	不变动	应付债券	不变动
		实收资本	不变动
		未分配利润	不变动
合计	60	合计	18

② 计算20×8年度每增加一元销售额需要增加筹资的百分比

60%－18%＝42%

③ 计算20×9年应增加筹集的资金

(150 000－100 000)×42%＝21 000(万元)

④ 计算20×9年应向外部筹集的资金

由于销售收入为150 000万元,销售净利率不变(10%),股利支付率60%,则有增加的未分配利润6 000万元[150 000×10%×(1－60%)]被留存下来,则所有者权益会增加6 000万元。所以,向外部筹集的资金为15 000万元(21 000－6 000)。

4.6 工具方法评价

4.6.1 应用环境

为了保证企业经营预测的有序开展,对应用环境有如下要求:

1) 组织架构

企业应在各职能部门建立健全经营预测的组织架构,明确各管理层级或管理部门在经营预测管理中的职责,组织开展预测调查、数据整理、归纳分析、预测选择、开展预测和目标确定等各个预测环节的职责划分和绩效管理工作。

2) 管理制度

经营预测是一项系统性和复杂性的工作,需要不同部门相互配合,应通过编制、审核和批准三级审批管理制度来保证预测结论的科学性和严谨性,需要在管理制度中明确规定预测步骤及职责。首先是要明确经营预测的领导机构和组织架构,为经营预测提供人力资源保障;其次是要明确各职能部门的职责权限和交付物;最后是要完善经营预测的分析职能,建立由上自下和上下结合的协调平衡机制,确保经营预测结果的科学合理。

3) 信息化

经营预测广泛吸收应用数学、管理科学、数理统计、信息科学等领域的成果,预测过程要应用大量信息化的手段,有条件的可以利用大数据和人工智能开展预测分析工作以提高预测的准确性。信息化的应用主要是按照定性预测和定量预测的方法建立各种预测模型,确保预测的科学性、准确性,不断提高预测的效率和效果。

4) 应用基础

经营预测是一项系统性工作,需要企业各个部门协同配合,在应用经营预测时要求建立和完善经营预测机制和流程,将经营预测与业务流程相结合,固化经营预测的职责和职能,形成经营预测的长效机制。强化经营预测与业务计划的融合是开展经营预测的基础,通过业务计划为经营预测提供信息和支撑,通过经营预测来指导业务计划的制订和实施。

4.6.2 应用评价

经营预测方法具有以下优缺点:

1) 优点

(1) 能提高管理层对经营预测重要性的认识,从被动应付变为主动需求,使经营预测成为企业开展战略规划、计划预算、投资决策、产品开发等活动时的例行工作,提高经营决策和战略规划的准确性。

(2) 增强经营预测先进方法在实践中的运用,做出信息全面、科学合理、具有决策支撑作用和路径指导性的预测分析报告。

(3) 通过经营预测的运用能培养和造就一批既熟悉业务又熟练掌握经营预测方法的专业人员,为成功开展经营预测工作提供人才保障。

2) 缺点

(1) 经营预测结果的准确性,较大程度上依赖于预测人员的专业技能、预测假设和人员的分析判断及历史数据样本量的大小,当内外部情况变化较大时,需要及时修正预测报告。

(2) 经营预测专业性较强,预测模型受制于历史数据和内在规律,需要较强的专业技能和理论知识,运用的难度较大。

(3) 经营预测要求进行大量的前期调研工作,数据收集整理工作量较大,涉及的部门较多,特别是外部数据收集困难,预测的时间周期长,工作量大,消耗的人力物力多。

本章思考

1. 什么是预测分析？预测分析有哪些类别？
2. 预测分析的基本程序有哪些？
3. 预测分析有什么特点？预测分析方法有哪些？
4. 销售量（额）预测的意义是什么？有哪些预测分析方法？
5. 如何预测利润总额？利润变动趋势预测的方法有哪些？
6. 什么是目标利润预测？目标利润预测的方法有几种？
7. 如何预测企业的期望利润？
8. 目标成本预测方法有哪些？成本水平及其变化趋势预测的方法有哪些？
9. 试述资金需要量预测的意义及方法。
10. 经营预测对应用环境有哪些要求？经营预测工具方法的优缺点有哪些？
11. 企业应该如何在预测结果的准确性与预测成本之间进行权衡？
12. 如何看待经营预测过程中的主观因素？它对经营预测的准确性有何影响？

应 用 实 操

应用操作一：

【资料】某企业近5年的短期资金量和销售额资料如表1所示。预计20×5年销售额可达到360万元。

表1 短期资金和销售额资料

金额单位：万元

年份	销售额	短期资金
20×0	280	176
20×1	295	184
20×2	290	180
20×3	310	186
20×4	325	200

【要求】据此预测20×5年的短期资金量。

应用实操二：

【资料】航高集团股份有限公司采用销售百分比法进行财务预测，根据资产负债表和利润表中有关项目与营业收入之间的依存关系来预测资金需要量。

1. 根据本公司业务和经营特点以及公司多年的经验，以下相关资产、负债项目与营业收入存在较稳定的百分比关系：

表 1 相关资产、负债项目

货币资金	在建工程	应交税费
应收账款	无形资产	应付利息
预付款项	长期待摊费用	应付股利
其他应收款	其他非流动资产	其他应付款
存货	短期借款	一年内到期的非流动负债
其他流动资产	应付账款	其他流动负债
长期应收款	预收款项	
固定资产	应付职工薪酬	

表 2 过去三年财务报表部分项目数据

单位：元

项目	20×8年实际	20×7年实际	20×6年实际
营业收入	804 531 864.42	663 601 009.64	493 450 167.24
货币资金	302 340 507.83	183 753 142.38	242 568 379.17
应收账款	131 930 293.09	81 113 838.79	45 063 225.24
预付款项	79 622 756.38	96 453 176.09	55 775 893.34
其他应收款	46 581 443.34	38 089 527.41	16 754 132.56
存货	1 355 435.82	1 884 023.60	1 908 442.31
其他流动资产	3 931 261.66	3 791 011.57	2 276 729.04
长期应收款		1 561 909.27	1 635 149.57
固定资产	32 515 911.12	30 047 457.03	27 516 346.96
在建工程	281 882.68	8 847.06	862 605.73
无形资产	14 571 482.32	11 094 678.06	10 206 963.52
长期待摊费用	1 933 328.03	2 687 075.22	1 238 582.70
其他非流动资产	2 750 635.66	378 959.91	299 829.35
短期借款	108 041 250.00	108 041 250.00	108 041 250.00
应付账款	119 254 662.20	88 823 852.96	48 290 110.47
预收款项	85 958 012.06	72 954 134.94	53 761 524.15
应付职工薪酬	12 345 385.73	11 234 990.91	8 255 160.46
应交税费	5 277 050.01	6 076 094.90	3 917 044.60
应付利息	3 670 306.86	991 673.38	152 470.67
应付股利	5 189 275.85	2 762 677.64	2 578 146.68

续表

项目	20×8年实际	20×7年实际	20×6年实际
其他应付款	45 023 930.07	45 858 134.75	18 441 918.81
一年内到期的非流动负债	940 954.04	10 118.53	4 493.53
其他流动负债	1 241 498.00	1 318 030.00	1 233 784.00
短期借款	108 041 250.00	108 041 250.00	108 041 250.00
应付账款	119 254 662.20	88 823 852.96	48 290 110.47
预收款项	85 958 012.06	72 954 134.94	53 761 524.15

2. 运用销售百分比法预测融资需求量的步骤如下：

(1) 经营资产和经营负债项目的销售百分比

根据以上经过调整的管理用财务报表数据预计，在过去三个年度的平均数的基础上进行测算预计。

(2) 各项经营资产或经营负债

各项经营资产(或负债) = 预计营业收入 × 各项目销售百分比

根据20×9年预计营业收入和各项目销售百分比计算的各项经营资产和经营负债。

(3) 可动用的金融资产

假设不考虑公司有可动用的金融资产，即扣减公司金融资产为零。

(4) 增加的留存收益

留存收益是企业内部的融资来源。只要企业有盈利并且不全部支付股利，留存收益就会使股东权益增长，从而全部或部分满足企业的融资需求。这部分资金的多少，取决于净利润的多少和股利支付率的高低。

公司采用剩余股利政策，遵循以下要求：

(1) 最大限度地使用保留盈余来满足投资方案所需的资本数额，假设所需融资额全部由保留盈余来解决；

(2) 方案所需资本已经满足后若有剩余盈余，再将其作为股利发放给股东。

按照公司过去三年的平均净利率3.76%为预测基础，考虑公司新增留存收益，在满足融资额需求后，即可推测20×9年公司的股利支付率。

【要求】

根据以上资料，完成以下任务。(计算过程及最终结果除百分比保留4位小数外均保留两位小数)

1. 公司20×8年实际营业收入为804 531 864.42元，过去三年的各项平均销售百分比在20×9年可以持续，20×9年预计营业收入为920 000 000元。结合以上资料，根据企业过去三年财务报表项目的平均数，采用销售百分比法通过Excel预计该公司20×9年净经营资产，暂不考虑"净经营资产预计测算表以外的项目"。

2. 假设不考虑其他影响，按照公司过去三年的平均净利率3.76%为预测基础，在当年增加的留存收益满足公司融资需求的前提下,20×9年公司最大的股利支付率为多少?

案例链接

[1] 基于主成分回归分析的商品流通企业物流成本预测研究
——田博,欧光军,汪奎.基于主成分回归分析的商品流通企业物流成本预测研究:以H公司为例[J].商业经济研究,2018(5):123-126.

[2] 基于Excel的季节性销售预测
——赵玉欣,商秀娟,陈美娜.基于Excel的季节性销售预测:以某小型海鲜酒楼为例[J].财会通讯:综合(上),2012(2):116-117.

[3] 关于华为的经典成功销售案例
——袁天荣.管理会计[M].武汉:武汉大学出版社,2012.

[4] 云箭公司——构建以战略为导向的经营预测模型
——李守武.管理会计工具与案例:营运管理[M].北京:中国财政经济出版社,2018.

[5] 2003年美的电器年报分析及经营预测
——王明德.2003年美的电器年报分析及经营预测[J].电器,2004(11):44-46.

[6] 新冠肺炎疫情影响下的企业经营预测与决策
——花贵如.危机的传播与管理会计决策:新冠肺炎疫情影响下若干典型财务事实的考察[J].中国管理会计,2020(3):19-27.

第5章 经营决策分析

本章导语

著名管理学家、诺贝尔经济学奖获得者赫伯特·西蒙教授有一句名言："管理就是决策。"在西蒙教授看来，管理者所做的一切工作归根结底是在面对现实与未来、面对环境与员工时不断地做出各种决策，使组织可以不断运行下去，直到获取满意的结果，实现令人满意的目标要求。在现实中，虽然管理者每天都要做出大量的决策，解决各种问题，但大多数决策都是微小的，且人们的思维会自然而然地做出决策，以致有许多管理者天天都在做决策，却对什么是决策不甚了解。因此，本章将对决策及管理会计中企业经营决策的相关内容进行具体阐述。

本章内容基于《管理会计应用指引第 303 号——变动成本法》和《管理会计应用指引第 400 号——营运管理》，首先介绍了决策的概念及分类、经营决策分析的概念及特征、经营决策的内容、经营决策必须考虑的重要因素、经营决策的常用方法；其次，具体阐述了常见的生产决策方法，包括新产品开发的决策，亏损产品是否停产、转产或者增产的决策，产品是自制还是外购的决策，半成品（或联产品）是否进一步加工的决策，是否接受追加订货的决策，生产工艺技术方案的决策，限制资源条件下产品生产最优组合的决策；最后，从定价决策的意义、目标、影响因素、定价策略及定价方法几个方面对定价决策进行了分析。

引入案例

西安飞机工业（集团）有限责任公司（以下简称"西飞"）创建于1958年，隶属于中国航空工业集团有限公司，是我国大中型军民用飞机研制生产的重地，是中国民机的先行者，也是国际航空产业合作和航空产业海外投资的开拓者。

西飞现有员工近2万人，资产总额约400亿元，占地400多万平方米，拥有各类设备10 000余台（套）。西飞承担着我国国防军工航空领域重点型号研制、生产任务，是飞豹系列、轰六系列、新舟系列、运七系列等"国之重器"的主制造商，是国产新支线飞机ARJ21主要分承销商，是国产C919大型客机主要机体结构供应商和起落架系统供应商，是波音、空客等国际航空企业的长期合作伙伴。

2016年9月，依据航空工业统一部署，按照"机构扁平，精干高效，市场导向，反应敏捷"的设计思路，整合中航飞机和西飞管理职能，进行了中航飞机、西飞一体化改革，在此次改革中新成立了工具管理中心（以下简称"工具中心"）。工具中心是将分散在各个部门、专业厂的工具设计、采购、库房、质量管理等相关业务整合为一个集工具计划管理、设计、采购、制造配送、质量管理等业务为一体的工具全寿命管理职能单位。在航空制造企业中，工具虽未直接构成航空主机产品成本，但却是型号生产中价值创造的直接参与者，是企业生产管理、决策中必不可少的组成部分。

西飞的产品生产特点属于多品种、小批量,因而各型号所配备的工具品种较多,数量较大,同时也出现了较多供应商,这一方面对产品质量控制提出了挑战,另一方面给后期工具保养也带来了困难。针对此情况,公司建立了供应商评价机制,据之前各供应商的供货情况、工具质量、工具价格等要素,以及对使用单位的走访,按照"赛马"、供应商评价标准等思路,重复性选择综合评价高的供应商,自动淘汰价格高、服务质量低的供应商。通过供应商资源集中,进一步提高了工具供应标准化以及柔软性,有针对地强化了各供应商现场服务力度,同时也完善了工具性价比体系,降低了企业的采购成本。

与此同时,西飞为了满足型号生产的技术要求、质量要求以及解决方案,通过加工状态、加工工艺、道具设计等解决方案进行深入研究。加速推进国产化研发,提升国产道具制造的能力范围,降低进口风险。西飞还将公司内所有资源信息进行共享,在申请工具时,首先查询公司内是否有相同或能够满足要求的工具,在不影响使用的情况下进行调拨,减少工具的重复选型以及重复采购。

作为航空制造企业的西飞要面临各种各样的决策问题,不仅有关于供应商选择的决策,还有加工状态、加工工艺、申请使用工具时进行的决策。那西飞的管理者如何进行决策呢?在做决策的时候应该考虑什么问题?会经历哪些过程?企业该生产什么样的零件?是自制还是外购?不同的产品应该分别生产多少?最后又该如何给产品定价呢?

资料来源:刘俊勇.管理会计[M].3版.大连:东北财经大学出版社,2019.

5.1 经营决策概述

现代管理理论认为,管理的重心在于经营,经营的重心在于决策。一个企业常常会因为决策者的正确决策而起死回生,并且兴旺发达;也常常会由于错误的决策而陷入困境,甚至破产倒闭。因此,企业的经营管理者如何从企业的主客观条件出发,采用科学的决策理论和方法,加强企业经营决策工作,努力提高决策的科学水平,对企业的生存和发展至关重要。

决策是面向未来的,而未来包含许多不确定的因素。因此,良好的预测是决策的基础,是科学决策的前提。没有科学的预测,就不可能做出符合客观实际的科学决策。同时,决策又是规划的依据,没有具体的决策结论,就无法做出相应的预算和计划。

5.1.1 决策的概念及分类

所谓决策,就是人们为了实现一定的目标,在充分考虑各种可能性的前提下,基于对客观规律的认识,对未来实践的方向、目标、原则和方法做出决定的过程。也即人们在占有完备资料的基础上,借助于科学的理论和方法,进行必要的分析和判断,从若干个可供选择的方案中选择并决定采用最优方案的过程。

企业的决策分析贯穿于生产经营活动的全过程,涉及内容较多,可以按照不同的标准对其进行分类。

1) 按决策规划时间的长短分类

可将决策分为短期决策和长期决策。

(1) 短期决策

短期决策是指企业为了有效组织现有的生产经营活动,合理利用经济资源,以期取得最佳经济效益而进行的决策,也称经营决策。其特点是投资金额较少,时间短,年度内可实现目标。如生产决策、产品定价决策等。

(2) 长期决策

长期决策是指为了改变或扩大企业生产能力或服务能力而进行的决策,又称投资决策。其特点是投入资金量大,并将在企业生产经营的较长时期内发挥作用,一般超过1年才能实现目标,具有一定的风险性。如厂房设备的新建、扩建、更新、资源的开发利用等。

2) 按决策的重要程度分类

可将决策分为战略决策和战术决策。

(1) 战略决策

战略决策是指关系到企业未来发展方向,大政方针的全局性、长效性等重大问题的决策。这类决策主要明确了企业的发展目标和经营方针,同时还应考虑外部环境对企业长期目标的影响。

(2) 战术决策

战术决策是指为实现预期的战略决策目标,针对日常经营活动中所采用的方法与手段而进行的局部性、短期性决策。这类决策是针对某项具体活动而做出的,主要考虑短期利益、局部利益,该决策应服从于战略决策。

3) 按决策条件的确定程度分类

可将决策分为确定型决策、风险型决策和不确定型决策。

(1) 确定型决策

确定型决策是指各种备选方案所需的客观条件都是确定的、已知的,且一个方案只有一个确定的结果,决策者可根据完全确定的情况,从备选方案中选择最有利的方案。

(2) 风险型决策

风险型决策是指各种备选方案所需的客观条件是已知的,但表现出若干种变动趋势,能以概率表示其可能性大小,每一方案的执行都会出现两种或两种以上的不同结果,无论选择哪一种方案都带有一定风险的决策。

(3) 不确定型决策

不确定型决策是指各种备选方案所需的客观条件不仅不能完全确定,而且连出现可能结果的概率也无法确切地预计,只能靠主观判断得出结果的决策。

4) 按决策的层次分类

可将决策分为高层决策、中层决策和基层决策。

(1) 高层决策

高层决策是指企业的高层管理人员所做出的决策。它涉及企业发展的全局性、长远性和根本性问题,属于战略性决策。

(2) 中层决策

中层决策是指企业中级管理人员所做出的决策。它是保证高层决策得以顺利实现而进行的有针对性、短期性的实施方案。

(3) 基层决策

基层决策是指基层管理人员所做出的决策。它具体执行和实施上一层次所做出的决策,主要解决执行决策过程所遇到的问题,属于执行性决策。

5) 按决策项目本身的从属关系分类

可将决策分为单一方案决策、互斥方案决策和优化组合方案决策。

(1) 单一方案决策

单一方案决策是指各自孤立存在,不受其他任何方案影响的不同方案的决策。对单一方案决策只需判断方案本身的可行性,不必择优,因此亦称"接受与拒绝的决策"。

(2) 互斥方案决策

互斥方案决策是指在一定的决策条件下,存在多个相互排斥的备选方案,不能同时选取,只能最终选出最优方案而排斥其他方案的决策。

(3) 优化组合方案决策

优化组合方案决策是指存在若干可行方案同时并举,但在资源总量受到一定约束的条件下,将这些方案进行优化组合,使其经济效益达到最优化的决策。

此外,决策还有其他的分类方式。如按决策的内容不同,可分为生产决策、定价决策、成本决策等;按决策目标的多少分为单目标决策和多目标决策。

5.1.2 经营决策的概念及特征

1) 经营决策的概念

经营决策是指决策结果只会影响或决定企业近期(1年或一个经营周期)经营实践的方向、方法和策略的决策,主要从资金、成本、利润等方面分析如何利用企业现有资源和经营环境,尽可能取得经济效益。

2) 经营决策的特征

(1) 经营决策一般不涉及固定资产的投资问题

固定资产投资通常需要投入大量的资金,并在较长时期内有持续影响,因此不可能由当年的销售收入来补偿,只能在未来很长时间内收回。由于时间的界限,固定资产投资问题不属于经营决策的范围。

(2) 经营决策的决策结果对企业的影响时间较短

经营决策所涉及的时间一般在1年之内,因此承担的风险较小,决策失误也仅仅影响当年的收益,而且可以在第二年的决策中加以纠正。

5.1.3 经营决策的主要内容及相关因素

短期经营决策的具体内容较多,概括地说主要包括生产决策及定价决策等。

1) 经营决策的相关内容

(1) 生产决策

生产决策是指短期(如一年)内,在生产领域中,围绕是否生产、生产什么、怎样生产以及生产多少等方面的问题而展开的决策。包括：新产品开发的品种决策、亏损产品的决策、是否转产或增产某种产品的决策、是否接受特殊价格追加订货的决策、产品是否深加工的决策、零部配件取得方式的决策、生产工艺技术方案的决策等。

（2）定价决策

定价决策是指短期（如一年）内，在流通领域中，围绕如何确定销售产品价格水平的问题而展开的决策。这种决策经常采用的方法包括以成本为导向的定价方法、以需求为导向的定价方法、以特殊情况为导向的定价方法等。

2）经营决策必须考虑的重要因素

（1）相关收入

相关收入是指与特定决策方案相联系的、能对决策产生重大影响的、在项目投资决策中必须予以充分考虑的收入，又称有关收入。如果某项收入只属于某个经营决策方案，即若有这个方案存在，就会发生这项收入，若该方案不存在，就不会发生这项收入，那么这项收入就是相关收入。相关收入的计算，要以特定决策方案的单价和相关销售量为依据。

如果无论是否决定某决策方案，均会发生某项收入，那么就可以断定该项收入是上述方案的无关收入。比如，单纯固定资产投资项目是以新增生产能力、提高生产效率为特征，相关收入是增加的营业收入，而原来已有的生产能力创造的收入为无关收入。在短期经营决策中，不能考虑无关收入，否则，就有可能导致决策失误。

（2）相关成本

相关成本是指对企业经营管理有影响或在经营管理决策分析中必须加以考虑的各种形式的成本。相关成本特点有：①每项选择的相关成本各不相同；②发生在将来。相关成本主要包括：机会成本、付现成本、重置成本、差量成本、边际成本、专属成本等。

相关成本可以是变动成本，也可以是固定成本。但必须注意的是，一般而言，变动成本与决策相关，因为它们因可选方案而异，且没有被指定用途，是非约束性的；而与此相反，固定成本则一般不随可选方案而变，故在很多情况下是不相关的。

（3）相关业务量

相关业务量是指在短期经营决策中必须认真考虑的、与特定决策方案相联系的产量或销量。相关业务量对决策方案的影响往往是通过对相关收入和相关成本的影响而实现的。在半成品是否深加工的决策和是否接受特殊价格追加订货的决策中，都需要认真考虑相关业务量问题，而不是笼统的全部产量，并且有时在计算某一产品的相关收入与相关成本时所使用的相关业务量也不一定相同。

实践表明，在生产经营决策过程中，许多对具体决策方案的相关收入和相关成本进行确认和计量中所发生的失误，往往是由于对相关业务量的判断错误。因此，相关业务量是生产经营决策中一个不容忽视的重要因素。

5.1.4 经营决策常用的方法

短期经营决策分析所采用的方法，应根据具体内容的不同而采用不同的方法，常用方法主要有边际贡献法、差量分析法、成本无差别点法等。

1) 边际贡献法

在短期经营决策中,由于一般不改变生产能力,因此固定成本保持不变,因而只要对产品所创造的边际贡献进行分析,来确定哪个备选方案最优,此即边际贡献法。边际贡献法又可以分为单位资源边际贡献法、边际贡献总额法、相关损益分析法和相关成本分析法。

(1) 单位资源边际贡献法

单位资源边际贡献法是以有关方案的单位资源边际贡献指标作为决策评价指标的一种方法。当企业生产只受到某一项资源(如某种原材料、人工工时或机器工时等)的约束,并在已知备选方案中各种产品的单位边际贡献和单位产品资源消耗定额(如材料消耗定额、工时定额)的条件下,可按下列公式计算单位资源所能创造的边际贡献指标,并以此作为决策评价的指标。

$$单位资源边际贡献 = 单位边际贡献 / 单位产品资源消耗定额 \quad (式5.1)$$

单位资源边际贡献是个正指标,根据它作出决策的判断标准是:哪个方案的该项指标大,哪个方案为优。单位资源边际贡献分析法比较简单,经常被应用于生产经营决策中的互斥方案决策,如新产品开发的品种决策。

(2) 边际贡献总额分析法

边际贡献总额分析法是指以有关方案的边际贡献总额指标作为决策评价指标的一种方法。当有关决策方案的相关收入均不为零,相关成本全部为变动成本时,可以将边际贡献总额作为决策评价指标。计算公式如下:

$$边际贡献总额 = 预计销售量 \times 单位边际贡献 \quad (式5.2)$$

边际贡献总额是个正指标,根据它作出决策的判断标准是:哪个方案的该项指标大,哪个方案为优。边际贡献总额法经常被应用于生产经营决策中不涉及专属成本和机会成本的单一方案决策或多方案决策中的互斥方案决策,如亏损产品决策。

(3) 相关损益分析法

相关损益分析法是指在进行短期经营决策时,以相关损益指标作为决策指标的一种方法。相关损益是指某方案的相关收入与相关成本之差。相关损益分析法是边际贡献法的一种特例,当决策方案中涉及追加专属成本时,就无法继续使用单位资源边际贡献或边际贡献总额指标,而应该使用相关损益指标,相关损益也是一种增量的边际贡献。

$$相关损益 = 相关收入 - 相关成本 \quad (式5.3)$$

相关损益是一个正指标,根据它作出决策的判断标准是:哪个方案的相关损益最大,哪个方案最优。此法比较科学、简单、实用,但一旦各有关方案的相关收入、相关成本的内容确定得不合适,便会影响决策质量,甚至会得出错误结论。因此,必须细致地进行相关收入和相关成本的分析。另外,对于两个以上互斥方案只能逐次应用此法,筛选择优,故比较麻烦。

(4) 相关成本分析法

相关成本分析法是指在短期经营决策中,当各备选方案的相关收入均为零或者相关收益相等时,通过比较各个方案的相关成本指标作出决策的一种方法。该法实质上是相关损益分析法的特殊形式。

2) 差量分析法

在管理会计中，不同备选方案之间的差别，叫作"差量"，差量分析法就是根据两个备选方案的差量收入、差量成本以及差量损益来确定哪个方案较优的方法。

差量收入就是两个备选方案预期收入的差额；差量成本就是两个备选方案成本的差额；"差量损益"等于差量收入与差量成本之差。

差量分析法又称为差别损益分析法，是指在进行两个互斥方案的决策时，以差量损益指标作为评价方案取舍标准的一种方法。

差量分析法的判断标准是：若 A 方案减 B 方案的差量损益大于零，则 A 方案优于 B 方案；若 A 方案减 B 方案的差量损益等于零，则 A 方案与 B 方案的效益相同；若 A 方案减 B 方案的差量损益小于零，则 B 方案优于 A 方案。

3) 成本无差别点法

成本无差别点法是指在各备选方案的相关收入均为零，相关的业务量为不确定因素时，通过判断处于不同水平上的业务量与成本无差别点业务量之间的关系来作出互斥方案决策的一种方法。通常应用于业务量不确定的零部件取得方式的决策和生产工艺技术方案的决策。成本无差别点法的判断标准是选择成本最低的方案。

成本无差别点法要求各方案的业务量单位必须相同，方案之间的相关固定成本水平与单位变动成本恰好相互矛盾（如第一个方案的相关固定成本大于第二个方案的相关固定成本，而第一个方案的单位变动成本又恰恰小于第二个方案的单位变动成本），否则无法应用该法。

成本无差别点业务量是指能使两个方案总成本相等的业务量，记作 x_0。

设 A 方案的成本为：$y_1 = a_1 + b_1 x$

B 方案的成本为：$y_2 = a_2 + b_2 x$

令 $y_1 = y_2$

即 $a_1 + b_1 x = a_2 + b_2 x$

解得成本平衡点：$x_0 = (a_1 - a_2)/(b_2 - b_1)$

(1) 当业务量 $x > x_0$ 时，则固定成本较高的 A 方案优于 B 方案；

(2) 当业务量 $x < x_0$ 时，则固定成本较低的 B 方案优于 A 方案；

(3) 当业务量 $x = x_0$ 时，则两方案的成本相等，效益无差别。

5.2 生产决策

生产决策是指在生产领域中，对生产什么产品、生产多少产品以及如何开展生产等几个方面的问题作出的决策，具体包括新产品开发的决策，亏损产品是否停产、转产或者增产的决策，产品是自制还是外购的决策，半成品（或联产品）是否进一步深加工的决策，是否接受追加订货的决策，生产工艺技术方案的决策，限制资源条件下产品生产最优组合的决策等。生产决策是根据企业的经营战略方案及企业内外经营环境的状况确定企业的生产方向、生产目标、生产方针及生产方案的过程。

5.2.1 新产品开发的决策分析

新产品开发决策

新产品开发的决策,是指企业利用现有剩余生产能力开发新产品的过程中,在多个可供选择的新品种中选择最优产品的决策,属于互斥方案的决策。

1) 不追加专属成本的新产品开发决策

在新产品开发的决策中,若企业利用现有生产能力生产多种产品,一般不需要增加固定成本,也不需要考虑机会成本。在这种情况下,企业进行新产品开发的决策分析,通常采用边际贡献总额分析法,比较多个产品的边际贡献总额即可。

【**例 5.1**】 某企业目前生产能力共 200 000 小时机器工时,仅生产一种产品,剩余 30% 的生产能力尚未使用。现该企业想利用剩余生产能力开发新产品。有甲、乙、丙三种产品可供选择,三种产品的单价、单位变动成本和单位产品定额工时如表 5.1 所示,固定成本为 50 000 元,三种新产品均不需要追加专属成本。

表 5.1 甲、乙、丙产品相关数据资料

项目	甲	乙	丙
单价/(元/件)	60	45	82
单位变动成本/(元/件)	40	33	65
单位产品定额工时/小时	4	2	4.5

要求:在甲、乙、丙三种产品中选择一个最优产品进行开发。

根据上述资料,本例中,由于公司是利用现有剩余生产能力生产新产品,故固定成本属于无关成本,与决策分析没有关系,可以不予考虑,因此应采用边际贡献总额分析法。

本企业目前生产能力为 200 000 小时机器工时,剩余 30% 的生产能力,因此,剩余生产能力为 60 000 小时机器工时,根据资料可得(表 5.2):

表 5.2 甲、乙、丙产品边际贡献总额计算过程

项目	甲	乙	丙
最大产量/件	15 000	30 000	13 333
单价/(元/件)	60	45	82
单位变动成本/(元/件)	40	33	65
单位边际贡献/(元/件)	20	12	17
边际贡献总额/元	300 000	360 000	226 661

表 5.2 的计算结果表明,尽管乙产品单位产品的获利能力比较低,但是由于其机器工时消耗也低,产品生产总量多,为公司提供的边际贡献总额也就多,因此公司应选择生产乙

产品。

由于本例的机器工时属于一项受到约束的资源,因此也可以采用单位资源边际贡献法进行决策。

甲产品单位资源边际贡献＝20/4＝5(元/小时)
乙产品单位资源边际贡献＝12/2＝6(元/小时)
丙产品单位资源边际贡献＝17/4.5＝3.78(元/小时)

由于乙产品的单位资源边际贡献最大,意味着在有限的资源里,乙产品给企业带来的边际贡献最多,因此根据单位资源边际贡献法来看,同样是选择生产乙产品对企业最有利。

2) 需要追加专属成本的新产品开发决策

当新产品开发的决策方案中需要追加专属成本时,就不能用边际贡献总额分析法进行分析,而需要使用相关损益分析法进行决策。

【例5.2】 开发甲、乙两种新产品,有关销量、单价与单位变动成本的资料同例5.1,但假定开发过程中需要装备不同的专用设备,甲追加专属成本10 000元,乙追加专属成本50 000元。要求对企业应开发何种新产品进行决策。

本例中,由于公司是利用现有生产能力在两种新产品中选择一种产品进行生产,并且需要增加专属固定成本,因此可以采用相关损益分析法进行分析(表5.3)。

表5.3 甲、乙产品相关损益计算过程

单位:元

项目	甲	乙
相关收入	900 000	1 350 000
相关成本:		
变动成本	600 000	990 000
专属成本	10 000	50 000
相关损益	290 000	310 000

计算结果表明,乙产品的相关损益比甲产品高,可以判断应当开发乙产品,这样可以使企业多获得利润20 000元(310 000－290 000)。

5.2.2 亏损产品是否停产、转产或增产的决策分析

亏损产品的决策,是指企业在组织多品种生产经营的条件下,当其中一种产品为亏损产品(即其收入低于按完全成本法计算的销货成本)时,所作出的是否按照原有规模继续生产该产品,还是转而生产别的产品,抑或是扩大规模生产该产品的决策。

1) 亏损产品是否继续生产的决策

某种产品发生亏损,是企业常会遇到的问题。亏损产品是否停产?如果我们按照完全成本法来进行分析,答案似乎很简单,既然产品不能为企业提供盈利,当然应当停产。但是,如果我们按照变动成本法来进行分析,往往会得出相反的结论。

【例5.3】 某公司生产A、B、C三种产品,按完全成本法计算损益,如表5.4所示。

表 5.4 A、B、C 三种产品相关数据资料

单位：元

项目	A 产品	B 产品	C 产品	合计
销售收入	55 000	68 000	70 000	193 000
销售成本	60 000	56 000	50 000	166 000
利润	−5 000	12 000	20 000	27 000

要求：分析亏损产品是否需要停产。

根据表 5.4 提供的资料，公司生产 A 产品亏损 5 000 元，如果认为停止 A 产品的生产可以减少亏损 5 000 元，从而使公司利润增加 5 000 元，达到 32 000 元，则是错误的。这是因为，如果停止 A 产品的生产，公司的生产能力必然会有剩余，但固定成本并不会随着生产能力的下降而减少，那么原来由 A 产品负担的固定成本势必转由 B、C 两种产品来负担。

本例中，如果在公司的销售成本中，固定成本总额为 86 850 元，并按各种产品的销售比重进行分配。固定成本分配率和各种产品分摊的固定成本计算如下（表 5.5）：

固定成本分配率＝86 850/193 000＝0.45

A 产品分配的固定成本：55 000×0.45＝24 750(元)

B 产品分配的固定成本：68 000×0.45＝30 600(元)

C 产品分配的固定成本：70 000×0.45＝31 500(元)

表 5.5 A、B、C 三种产品损益的计算过程

单位：元

项目	A 产品	B 产品	C 产品	合计
销售收入	55 000	68 000	70 000	193 000
变动成本	35 250	25 400	18 500	79 150
边际贡献	19 750	42 600	51 500	113 850
固定成本	24 750	30 600	31 500	86 850
利润	−5 000	12 000	20 000	27 000

若停产 A 产品，原本由 A 产品分摊的 24 750 元固定成本将被 B、C 产品所分摊（表 5.6）。

固定成本分配率＝86 850/138 000≈0.629

B 产品分配的固定成本：68 000×0.629＝42 772(元)

C 产品分配的固定成本：86 850−42 772＝44 078(元)[1]

---

[1] 由于固定成本分配率存在尾数调整，故此处采用倒挤的方式计算 C 产品应分配的固定成本。

表 5.6 停产 A 产品后 B、C 产品损益的计算过程

单位：元

项目	B 产品	C 产品	合计
销售收入	68 000	70 000	138 000
变动成本	25 400	18 500	43 900
边际贡献	42 600	51 500	94 100
固定成本	42 772	44 078	86 850
利润	−172	7 422	7 250

从表 5.5 和表 5.6 可知，由于停产 A 产品的生产，公司不仅没有增加利润，反而由盈利 27 000 元变为盈利 7 250 元，并且 B 产品出现了亏损现象。这就是说，尽管 A 产品是亏损产品，但仍能为企业提供 19 750 元的边际贡献，用以补偿固定成本，因此不能直接停产 A 产品。

由此我们可以得出结论：当亏损产品仍能为企业提供边际贡献时，在停止其生产又不能增加其他产品的生产或转产新产品的情况下，亏损产品就应继续生产。

2）亏损产品是否转产的决策

如果亏损产品停产后，其剩余的生产能力可以用来转产其他产品，只要转产产品提供的边际贡献总额大于亏损产品提供的边际贡献总额，就可以进行转产。

【例 5.4】 如例 5.3，若公司在 A 产品停产后，可用其剩余的生产能力转产 D 产品，并能取得同样的销售收入，如表 5.7 所示。

表 5.7 B、C、D 产品损益的计算过程

单位：元

项目	D 产品	B 产品	C 产品	合计
销售收入	55 000	68 000	70 000	193 000
变动成本	20 000	25 400	18 500	63 900
边际贡献	35 000	42 600	51 500	129 100
固定成本	24 750	30 600	31 500	86 850
利润	10 250	12 000	20 000	42 250

根据表 5.7 的资料，由于 D 产品提供的边际贡献比 A 产品多 15 250 元（35 000 − 19 750），因而转产 D 产品比继续生产 A 产品增加了 15 250 元的利润，说明转产方案是可行的。

如果转产其他产品需要新增专属成本，则应当将新增的专属成本一并纳入考虑。

【例 5.5】 如例 5.4 中，假设企业转产 D 产品，需要新增 20 000 元的专属成本，那么（表 5.8）：

表 5.8 D 产品新增专属成本后 B、C、D 产品损益的计算过程

单位：元

项目	D 产品	B 产品	C 产品	合计
销售收入	55 000	68 000	70 000	193 000
变动成本	20 000	25 400	18 500	63 900
边际贡献	35 000	42 600	51 500	129 100
新增专属成本	20 000			20 000
固定成本	24 750	30 600	31 500	86 850
利润	−9 750	12 000	20 000	22 250

根据表 5.8 所示，虽然 D 产品提供的边际贡献比 A 产品多 15 250 元，但转产 D 产品需要新增 20 000 元的专属成本，导致最终利润比继续生产 A 产品少了 4 750 元(27 000−22 250)，因此仍然应该选择继续生产 A 产品。

3) 亏损产品是否增产的决策

在生产、销售条件允许的情况下，大力发展能够提供边际贡献的亏损产品，也能扭亏为盈，并大大提高企业的利润。

【**例 5.6**】 依例 5.3，假设增产 A 产品，使其销售收入由 55 000 元变为 110 000 元(假设固定成本分摊额不变)，那么(表 5.9)：

表 5.9 增产 A 产品后 A、B、C 三种产品损益的计算过程

单位：元

项目	A 产品	B 产品	C 产品	合计
销售收入	110 000	68 000	70 000	248 000
变动成本	70 500	25 400	18 500	114 400
边际贡献	39 500	42 600	51 500	133 600
固定成本	24 750	30 600	31 500	86 850
利润	14 750	12 000	20 000	46 750

如表 5.9 所示，当 A 产品的销售扩大之后，企业将最终盈利 46 750 元，其中 A 产品盈利 14 750 元，不再是所谓的"亏损产品"。

关于亏损产品是否停产、转产或增产的决策总结如下：

(1) 如果亏损产品不能够提供边际贡献，通常应当考虑停产。

(2) 如果亏损产品能够提供边际贡献，从而弥补部分固定成本，那么当不存在其他更加有利可图的机会时，一般不应停产。

(3) 如果亏损产品能够提供边际贡献，但存在其他更加有利可图的机会，如转产其他产品或停产亏损产品而腾出生产能力用于出租等，能够为企业提供更多的边际贡献，那么应当停产该亏损产品，进行转产或出租。

(4) 如果亏损产品能够提供边际贡献，且不存在其他更加有利可图的机会，那么在企业的生产和销售条件允许的情况下，应该增产该亏损产品，从而扭亏为盈。

5.2.3　产品是自制还是外购的决策分析

零部件自制或外购的决策,是指企业围绕既可自制又可外购的零部件的取得方式而开展的决策,又叫零部件取得方式的决策。企业生产产品所需要的零部件,是自己组织生产还是从外部购进,这是任何企业都会遇到的决策问题。需要指出的是,无论是零部件自制还是外购,并不影响产品的销售收入,因此该决策只需要考虑两个方案的成本,哪一个方案的成本更低,则选择哪一个方案。零部件自制或外购的决策分析一般可采用相关成本分析法和成本无差别点分析法。

1) 零部件自制不需要增加固定成本且自制能力无法转移

在企业已经具备自制能力且无法转移的情况下,原有的固定成本属于沉没成本,不会因零部件的自制或外购而发生变动。因此,在这项决策分析中,只需要将自制方案的变动成本与外购成本进行比较。如果自制变动成本高于外购成本,应外购;如果自制变动成本低于外购成本,应自制。

【例5.7】 某企业每年需用A零件100 000件,该零件既可以自制,又可以外购。若外购单价为45元/件;若自制,企业拥有多余的生产能力且无法转移,其单位成本为:

直接材料32元/件,直接人工6元/件,变动制造费用5元/件,固定制造费用5元/件,单位成本合计48元/件。A零件是自制还是外购?

根据题意,可采用相关成本分析法。由于企业拥有多余的生产能力,固定成本属于无关成本,不需要考虑,自制单位变动成本为43元/件(直接材料32元/件,直接人工6元/件,变动制造费用5元/件),外购单价为45元/件。因此:

自制总成本=100 000×43=4 300 000(元)

外购总成本=100 000×45=4 500 000(元)

企业应选择自制方案,可节约成本200 000元。

2) 零部件自制不需要增加固定成本且自制能力可以转移

在自制能力可以转移的情况下,自制方案的相关成本除了包括按零部件全年需用量计算的变动生产成本外,还包括与自制能力转移有关的机会成本,无法通过直接比较单位变动生产成本与外购单价作出决策,可以采用相关成本分析法。

【例5.8】 承例5.7,假定自制A零件的生产能力可以转移,每年预计可以获得边际贡献1 000 000元。A零件是自制还是外购?

根据题意,可采用相关成本分析法。由于企业拥有多余的生产能力,固定成本属于无关成本,不需考虑,自制单位变动成本为43元/件(直接材料32元/件,直接人工6元/件,变动制造费用5元/件),外购单价为45元/件。计算过程见表5.10所示。

表5.10　相关成本分析过程

单位:元

项目	自制A零件	外购A零件
变动成本	100 000×43=4 300 000	100 000×45=4 500 000

续表

项目	自制 A 零件	外购 A 零件
机会成本	1 000 000	
相关成本总和	5 300 000	4 500 000

企业应选择外购方案,可节约成本 800 000 元(5 300 000－4 500 000)。

3) 零部件自制但需要增加固定成本

当自制零部件时,如果企业没有多余的生产能力或剩余生产能力不足,就需要增加固定成本以购置必要的机器设备。在这种情况下,自制零部件的成本,就不仅包括变动成本,而且还包括增加的固定成本。由于单位固定成本与产量成反比例变动,因此对于不同的需要量,决策分析的结论就可能不同。这类问题的决策分析,根据零部件的需要量是否确定,可以分别采用相关成本分析法和成本无差别点分析法来进行分析。若零部件的需要量确定,可以采用相关成本分析法;若零部件的需要量不确定,则采用成本无差别点分析法。零部件需要量确定时的零部件自制与否的决策与前例相似,这里不再赘述,仅就零部件需要量不确定时自制与否的决策进行举例。

【例 5.9】 企业需要的 B 零件可以外购,单价为 60 元/件。若自制,单位变动成本为 24 元/件,每年还需增加固定成本 45 000 元。要求:分析 B 零件是自制还是外购。

由于本例零部件的需要量不确定,因此需采用成本无差别点分析法进行分析。

设:x_0 为成本无差别点业务量,自制方案的总成本为 y_1 元,固定成本为 a_1 元,单位变动成本为 b_1 元/件;外购方案的总成本为 y_2 元,固定成本为 a_2 元,单位变动成本为 b_2 元/件。

其中:$a_1=45\,000$,$b_1=24$;
$a_2=0$,$b_2=60$

则有:$y_1=a_1+b_1x=45\,000+24x_0$,$y_2=60x_0$。

当 $y_1=y_2$ 时,$x_0=1\,250$

这说明,当零部件需要量在 1 250 件时,外购总成本与自制总成本相等;当零部件的需要量在 1 250 件以内时,外购总成本低于自制总成本,应选择外购方案;当零部件需要量超过 1 250 件时,自制总成本低于外购总成本,应选择自制方案。

5.2.4 半成品是直接出售还是进一步深加工的决策分析

许多企业生产的产品在完成一定加工阶段后,可以作为半成品出售,也可继续加工后出售,深加工后再出售其售价较高,但需要追加一定成本,于是对于半成品应直接出售还是进一步加工后出售,是企业经常面临的问题。与半成品是否进一步加工的决策类似的,还有联产品是否进一步加工的问题。联产品是指利用同一种原料,在同一生产过程中产出的两种或两种以上不同的产品。对于半成品(或联产品)是否进一步加工这类问题,决策时只需要考虑进一步加工后增加的收入是否超过增加的成本,如果前者大于后者,则应进一步加工后出售;反之,则应作为半成品(或联产品)出售。需要注意的是,进一步加工前的收入和成本都与决策无关,不必予以考虑,以下分别举例说明。

1) 半成品是否进一步加工

【例 5.10】 某企业生产 C 产品 2 000 件,在完成第一道工序后即可销售,单价 30 元/件,单位变动成本 22 元/件,固定成本总额 40 000 元。如果继续加工再出售,单价为 38 元/件,单位变动成本为 29 元/件。问:

(1) 当剩余生产能力不能转移时,该产品是否要进一步加工?

(2) 假如半成品继续加工的话,需增加专属成本 8 000 元,该产品是否要进一步加工?

(3) 如果剩余生产能力可以转移,可获得委托加工净收益 5 000 元,是否应该进一步深加工?

具体决策过程如下:

(1) 差量收入=2 000×(38−30)=16 000(元)

差量成本=2 000×(29−22)=14 000(元)

差量收益=16 000−14 000=2 000(元)

可见,进一步加工该产品比销售半成品可增利 2 000 元,因此,应进一步加工。

(2) 差量收入=2 000×(38−30)=16 000(元)

差量成本=2 000×(29−22)+8 000=22 000(元)

差量收益=16 000−22 000=−6 000(元)

进一步加工后收益减少 6 000 元,因此,不应该进一步加工。

(3) 如表 5.11 所示:

表 5.11 剩余生产能力转移时的决策过程

单位:元

项目	直接出售	深加工后出售	差量
相关收入	30×2 000=60 000	38×2 000=76 000	16 000
相关成本:			
变动生产成本	22×2 000=44 000	29×2 000=58 000	14 000
机会成本	—	5 000	5 000
相关成本合计	44 000	63 000	19 000
相关损益	16 000	13 000	−3 000

此时,进一步加工后,收益减少了 3 000 元,因此,不应该进一步加工。

2) 联产品是否进一步加工

在同一生产过程中生产出来的若干种经济价值较大的产品,称为联产品。有些联产品可在分离后直接出售,有的则可以在分离后继续加工后出售。分离前的成本属于联合成本,需要在全部联产品中进行分摊。常用的分摊标准有按单位售价和按有关的技术系数比例。联产品分离后继续加工追加的变动成本和专属固定成本,属于可分成本。联合成本是沉没成本,决策时不予考虑;可分成本是与决策相关的成本,决策时应予以考虑。联产品是否进一步加工,可以按照下列公式计算确定。

（1）应进一步加工

$$\text{进一步加工后的销售收入} - \text{分离后的销售收入} > \text{可分成本} \quad (\text{式}\,5.4)$$

（2）分离后即出售

$$\text{进一步加工后的销售收入} - \text{分离后的销售收入} < \text{可分成本} \quad (\text{式}\,5.5)$$

【例 5.11】 某企业生产的甲产品在继续加工过程中，可以分离出 A、B 两种联产品。甲产品单价为 150 元/件，单位变动成本为 100 元/件。A 产品分离后即予以销售，单价为 120 元/件；B 产品单价为 180 元/件，可以进一步加工成 C 产品进行销售，C 产品单价为 250 元/件，需要追加单位变动成本 65 元/件。要求做出联产品是否进一步加工的决策。

分离前的联合成本按 A、B 两种产品的售价进行分配。

A 产品分离后的单位变动成本 = 100×120/(120+180) = 40(元/件)

B 产品分离后的单位变动成本 = 100×180/(120+180) = 60(元/件)

由于 A 产品分离后的售价 120 元/件大于分离后的单位变动成本 40 元/件，因此分离后销售是有利的。

B 产品进一步加工成 C 产品的可分成本为 65 元/件，进一步加工后的售价为 250 元/件，而分离后直接销售 B 产品的售价为 180 元/件，那么，B 产品进一步加工后的售价减去分离后的售价为 70 元/件(250-180)，大于可分成本 60 元/件，可见，B 产品进一步加工成 C 产品是有利的。

5.2.5 特殊价格追加订货的决策分析

特殊订货是指产品的订货单价不但低于产品的正常订货价格，有时还低于产品单位成本的订货。这里所说的正常订货是指已纳入年度生产经营计划的订货，又称正常任务，其售价为正常价格。追加订货通常是指在计划执行过程中，由外单位临时提出的额外订货任务。

是否接受低价追加订货的决策要考虑以下 4 个因素：第一，追加订货量是否小于或等于企业的绝对剩余生产能力；第二，企业的绝对剩余生产能力是否无法转移；第三，要求追加订货的企业是否提出任何特殊的要求；第四，是否需要追加投入专属成本。

该类决策属于单一决策方案的类型，即在"接受追加订货"和"拒绝接受追加订货"两个备选方案中做出抉择。其中，拒绝接受追加订货方案的相关收入和相关成本均为零；接受追加订货方案的相关收入等于追加订货的价格与追加订货量的乘积，其相关成本则要根据不同情况考虑增量成本、机会成本和专属成本等。可采用差量损益分析法进行决策。

1）简单条件下是否接受低价追加订货的决策

所谓简单条件，就是企业的绝对剩余生产能力无法转移，追加的订货量小于或等于企业的绝对剩余生产能力，不影响企业正常的生产任务，不需要追加投入专属成本的情况。显然在此情况下，接受追加订货方案的相关成本只有增量成本一项内容，只要其相关收入大于增量成本，就可以做出接受追加订货的决策。

【例 5.12】 已知某企业每年生产 A 产品的最大生产能力为 5 000 件，本年已与甲企业签订了 4 000 件的供货合同,销售单价为 34 元/件。该产品的单位成本为 28 元/件,其中直接材料 10 元/件,直接人工 8 元/件,变动制造费用 6 元/件,固定制造费用 4 元/件。企业的剩余生产能力无法转移。现有一客户要求以 26 元/件的价格订购 1 000 件 A 产品。试对此做出是否接受的决策。

依资料可知,企业有生产 1 000 件 A 产品的剩余能力,低价订货量不影响企业正常生产任务。

接受追加订货方案的相关收入=26×1 000=26 000(元)

接受追加订货方案的增量成本=(10+8+6)×1 000=24 000(元)

由于相关收入 26 000 元大于相关成本 24 000 元,因此可以接受低价订货,接受此项低价追加订货可以使企业多获得利润 2 000 元。

2) 复杂条件下是否接受低价追加订货的决策

所谓复杂条件,就是若接受追加订货会影响企业正常的生产任务,或企业的绝对剩余生产能力可以转移,或追加订货的企业有特殊要求,或是完成追加订货需要追加投入一定的专属成本的情况。显然在这些情况下,接受追加订货方案的相关成本不仅有增量成本,而且还包含机会成本和专属成本,需要区别不同情况加以确认。

如果追加订货的量大于企业的剩余生产能力,组织追加订货的生产就只能占用一部分正常订货量来弥补追加订货量超过企业剩余生产能力的部分,这样就会发生因冲击正常生产任务、减少正常收入而带来的机会成本,该项机会成本就是正常订货单价与冲击正常任务量(即追加订货量与剩余生产能力之差)的乘积。同时,由于剩余生产能力小于追加订货量,只能占用一部分正常生产任务以承接追加的订货,因此对于接受追加订货的方案,计算其相关收入时相关业务量为追加订货量;而在计算其相关增量成本时,无论是否接受追加订货,被占用的那部分正常生产任务都会产生成本,因而此时的相关业务量只能是剩余生产能力。此外,若因为冲击正常生产任务而无法履行合同,需要交纳违约赔偿金的话,则赔偿金应作为接受追加订货方案的专属成本。

【例 5.13】 承例 5.12,A 产品的成本和正常售价资料不变,以下是互不相关的几种情况:(1)正常订货合同规定,如不能如期交货,该企业必须支付甲企业 2 000 元违约金。现一客户要求以 26 元/件的价格订购 1 200 件 A 产品。(2)企业剩余生产能力可承揽零星加工业务,预计可获得边际贡献 2 500 元。现一客户要求以 26 元/件的价格订购 1 000 件 A 产品。(3)客户要求以 26 元/件的价格订购 1 000 件 A 产品,但对产品的款式有特殊要求,为此需外购一台设备,价值 2 000 元。试针对这几种互不相关的情况做出是否接受低价追加订货的决策。

依资料可知:

(1) 接受追加订货方案的相关收入为:

追加订货单价×追加订货量=26×1 200=31 200(元)

接受追加订货方案的增量成本为:

单位变动成本×绝对剩余生产能力=24×1 000=24 000(元)

与冲击正常生产任务有关的机会成本为:

正常单价×(追加订货量-绝对剩余生产能力)=34×(1 200-1 000)=6 800(元)

与冲击正常生产任务有关的专属成本为 2 000 元。

编制差量损益分析表,如表 5.12 所示。

表 5.12 差量损益分析表(一)

单位:元

项目	接受追加订货	拒绝接受追加订货	差量
相关收入	31 200	0	31 200
相关成本:			
增量成本	24 000	0	—
机会成本	6 800	0	—
专属成本	2 000	0	—
相关成本合计	32 800	0	32 800
差量损益			−1 600

决策结论:不应接受此项低价追加订货,这样将使企业多损失 1 600 元。

(2) 依题意编制差量损益分析表,如表 5.13 所示。

表 5.13 差量损益分析表(二)

单位:元

项目	接受追加订货	拒绝接受追加订货	差量
相关收入	26 000	0	26 000
相关成本:			
增量成本	24 000	0	—
机会成本	2 500	0	—
相关成本合计	26 500	0	26 500
差量损益			−500

决策结论:不应接受此项低价追加订货,否则将使企业多损失 500 元。

(3) 依题意编制差量损益分析表,如表 5.14 所示。

表 5.14 差量损益分析表(三)

单位:元

项目	接受追加订货	拒绝接受追加订货	差量
相关收入	26 000	0	26 000
相关成本:			
增量成本	24 000	0	—
专属成本	2 000	0	—
相关成本合计	26 000	0	26 000
差量损益			0

决策结论：企业可以接受此项低价追加订货，也可以不接受低价追加订货，其效益相同。

5.2.6 生产工艺技术方案的决策分析

生产工艺技术方案的决策，是指企业在组织生产的过程中，常常面临不同的工艺技术方法选择的问题。采用先进工艺生产时，所用的设备价值较高，其维修费、管理费等也相应较高，固定成本较高，但由于先进工艺生产效率高、材料消耗低、废品率低等，会使得其单位变动成本相对较低。如制造业企业，同一种产品既可以用手工操作的方式生产，又可安排半机械化、机械化或自动化方式生产。一般情况下，机械化、自动化程度越高，就越可以降低材料消耗量和工人劳动强度，提高劳动生产率，产品单位变动成本也就越低，但会增加一定的固定成本。因此，在进行此类决策时，应充分考虑未来销量的变动趋势，根据生产规模选择合适的方案。这类决策可以采用成本无差别点法进行分析。

【例 5.14】 某企业生产 A 产品可采用甲、乙两种工艺技术方案。甲方案：采用自动化生产方式，单位变动成本为 18 元/件，年固定成本为 30 000 元。乙方案：采用机械化生产方式，单位变动成本为 23 元/件，年固定成本为 20 000 元。要求：作出采用何种工艺技术方案的决策分析。

依题意采用成本无差别点法进行决策。

设：企业的预期产量为 x 件，则

甲方案的预期成本 $= 18x + 30\,000$

乙方案的预期成本 $= 23x + 20\,000$

上述两方案预期成本相等时的预期产量，即为甲、乙两种方案的成本无差别点：

$18x + 30\,000 = 23x + 20\,000$

解得 $x = 2\,000$

综上所述，当产品产量为 2 000 件时，甲、乙两方案的成本总额保持相等，成本总额均为 66 000 元；当该产品产量小于 2 000 件时，乙方案的总成本小于甲方案的总成本，则应选择乙方案；当该产品产量大于 2 000 件时，甲方案的总成本小于乙方案的总成本，则应选择甲方案。

5.2.7 限制资源条件下产品生产最优组合的决策分析

企业的生产往往会受到各种资源条件的限制，如市场容量、机器工时、原料供应量等，一种产品生产量的增加，就可能影响到其他产品，减少其他产品的生产量。那么，如何把有限的经济资源充分加以利用，并在各产品之间做出最有利的分配优化决策？对于这类问题，往往需要应用线性规划的方法来实现不同产品生产的最优组合，以便实现利润最大化或成本最小化。

【例 5.15】 某公司有 A、B 两个车间，共同生产甲、乙两种产品，但生产甲、乙两产品受到 A、B 两个车间的加工工时总数的限制。相关资料见表 5.15 所示。

要求：作出每种产品每周的生产量应为多大时才可以获得最大收益的决策。

假定：甲产品每周产量为 X_1，乙产品每周产量为 X_2，P 为企业边际贡献总额。

表5.15 单位产品消耗工时及单位边际贡献表

项目	单位产品加工工时		车间每周最高工时
	甲产品	乙产品	
A车间/小时	3	4	72
B车间/小时	6	2	66
单位边际贡献/(元/件)	12	8	

则企业的目标是使 P 最大，$P=12X_1+8X_2$，同时 X_1 和 X_2 还须满足以下条件，

$$\begin{cases} 3X_1+4X_2 \leqslant 72 \\ 6X_1+2X_2 \leqslant 66 \\ X_1 \geqslant 0 \\ X_2 \geqslant 0 \end{cases}$$

根据以上条件寻求最优解，最优解不仅要满足约束条件的要求，而且要使目标函数最大。解得当 $X_1=6,X_2=13$ 时，目标函数 P 值最大。

企业产品生产的最优组合是甲产品生产 6 件，乙产品生产 13 件，此时企业现有资源既能得到充分利用，而且边际贡献最大。

5.3 定价决策

定价决策是企业生产经营业务中的重要决策之一，定价决策是否合理，关系到企业是否能够实现长远利益和最佳经济效益。企业管理当局关于定价的决策不仅仅要追求利润最大化，还要关注企业的长久生存和发展。

5.3.1 定价决策概述

1) 定价决策的意义

定价决策是指企业为确保其在流通领域的经营目标的实现，在短期内(1 年或一个经营周期)，围绕如何确定销售产品价格水平的问题而展开的决策。

一般而言，产品售价的高低直接影响到销售量、单位销售成本和最终利润，这是因为价格影响销售量，销售量决定生产量，继而影响产品成本和盈利情况。在销售量不变的前提下，售价越高，实现的销售收入就越多，但是，当售价定太高时，就可能会影响产品销路，从而减少销售收入；反之，如果售价定太低，产品的单位边际贡献就会减少，甚至可能无法补偿成本，企业的目标利润就难以实现。因此，产品价格制定得适当与否，往往决定了该产品能否为市场所接受，并直接影响其市场竞争地位和竞争力。这样一来，处理好各有关指标之间此消彼长、错综复杂的关系，确定产品的最佳售价，进而实现企业的经济效益最大化，是企业生存与发展的关键。

2）定价决策目标

（1）以一定的投资利润率为定价目标

实现这一定价目标的方法就是设置一定的投资利润率，追求确实利润的实现。以利润为定价目标通常要结合企业的经营目标和销售目标，不能仅以单价作为考虑，还需关注企业利润受到预计销售量、单位产品成本等因素影响的可能性。

（2）以应付和防止竞争为定价目标

企业对竞争者的行为，尤其是价格的变动十分敏感。在市场竞争日趋激烈的形势下，企业在实际定价前，都要广泛搜集资料，仔细研究竞争对手的产品价格情况，通过自己的定价目标去应付竞争对手。根据企业的不同条件，一般有以下决策目标可供选择。

① 稳定价格目标

保持价格相对稳定，从而避免激烈的价格战。这类企业以安全运营为目标，将产品价格维持在同类产品的一般水平，既不因成本上升、供给减少等原因率先提价，也不为提高市场占有率或产品竞争力而主动降价。

② 追随定价目标

企业有意识地通过定价主动应付或避免市场竞争。这类企业产品价格的制定，主要以对市场价格有影响的竞争者的定价为依据，根据具体产品的情况，定价稍高或稍低于竞争者。竞争者的价格不变，实行此目标的企业也维持原价，竞争者的价格或涨或落，此类企业也相应参照调整价格。一般情况下，中小企业的产品定价会略低于行业中占主导地位企业的定价。

③ 挑战定价目标

如果企业具备强大的实力和特殊优越的条件，可以主动出击，挑战竞争对手，获取更大的市场份额。常用的策略有：

打击定价，实力较强的企业主动挑战竞争对手，为扩大市场占有率，可采用低于竞争者的价格出售产品。

特色定价，实力雄厚、拥有特殊技术、产品品质优良或能为消费者提供更多服务的企业，可采用高于竞争者的价格出售产品。

阻截定价，为了防止其他竞争者加入同类产品的竞争行列，在一定条件下，往往采用低价入市的方式，迫使小企业无利可图而退出市场或阻止竞争对手进入市场。

3）定价决策的影响因素

一般来讲，影响定价的基本因素主要包括以下几个方面：

（1）成本因素

成本是影响定价的最基本因素。从长期来看，产品价格应等于总成本加上合理的利润，否则企业无利可图，最终将会停止生产。从短期来看，企业应根据成本结构确定产品价格，即产品价格必须高于平均变动成本，以便掌握盈亏情况，减少经营风险。

（2）需求因素

市场需求与价格的关系可以简单地用市场需求潜力和需求价格弹性来反映。

市场需求潜力是指在一定的价格水平下，市场需求可能达到的最高水平。需求价格弹性是指在其他条件不变的情况下，某种商品的需求量随其价格的升降而变动的程度，用需求变化率与价格变化率之比来表示。需求价格弹性大的商品,其价格的制定和调整对市场需求影响大;需求价格弹性小的商品,其价格的制定和调整对市场需求影响小。

(3) 产品生命周期因素

产品生命周期包括四个阶段:投入期、成长期、成熟期和衰退期。在不同的阶段,定价的策略也有所不同。投入期的价格,既要补偿高成本,又要为市场所接受;成长期和成熟期正是产品大量销售,扩大市场占有率的时机,要求稳定价格以有利于开拓市场;进入衰退期后,一般应采取降价措施,以便充分挖掘老产品的经济效益。

(4) 竞争因素

产品竞争的激烈程度不同,对定价的影响也不同。完全竞争的市场,企业几乎没有定价的主动权;在不完全竞争的市场中,竞争的强度主要取决于产品制作的难易程度和供求形势。企业要做好定价工作,必须充分了解竞争者的情况,包括其主要实力和主要定价策略等。

(5) 政策法规因素

每个国家对市场物价的高低和变动都有法律政策的规定和限制。同时,国家还利用生产市场、货币金融等有关手段间接调节价格。在国际贸易中,各国政府对价格制定的限制措施往往更多更严。因此,企业应当充分了解市场所在国家和地区关于物价的法律法规和相关政策,并以此作为制定定价策略的依据。

5.3.2 定价策略

1) 新产品的定价策略

由于新产品的工艺或技术尚未定型、质量不够稳定、消费者了解不足或缺乏信任,新产品的定价往往充满了不确定性。为了减少这些不确定性,企业对新产品进行定价时,通常要选择几个地区分别采用几个不同的价格进行试销。通过试销,企业可以收集到有关新产品面临的竞争情况、销售量和价格的关系以及在不同价格、不同销售量下的边际贡献等重要信息。然后,再根据这些信息制定出能够产生最大的边际贡献或最能适应企业目标的价格。

新产品的定价主要有撇脂定价法和渗透定价法两种策略。

(1) 撇脂定价法

撇脂定价法是指在新产品试销期先定出较高的价格,等到市场扩大,产品趋于成长或成熟阶段,再把产品价格逐渐降低的定价方法。这种策略能保证在试销阶段获得短期的高额利润,并可保障新产品在产销方面无法预知的成本得到补偿。但是,由于试销阶段所带来的高额利润会迅速招来竞争,高价难以维持,因此,这是一种短期性的定价策略,比较适用于初期没有竞争对手且容易开辟市场的新产品。

(2) 渗透定价法

渗透定价法首先以低价位进入市场,其目的在于尽快打开销路,夺取更大的市场份额,待有效占领市场后,再逐渐提高价格水平。渗透定价法的代价在于前期定价水平较低,因而牺牲了一部分利润,投资回收速度较慢。由于该策略能够有效地排斥竞争者,因此在产品市场规模较大、竞争较为激烈的情况下,采用该方法往往能够使企业达到薄利多销的目的,从而长期占有市场,给企业带来持久的收益。

2）其他定价策略

其他常用的定价策略还有：

(1) 根据产品的需求弹性定价

需求弹性是指在一定期间内，一种产品的需求量的相对变动对于该产品价格的相对变动的反应程度。对于弹性较大的产品，价格较小的变动就会引起销售量较大的变动，因此，可以制定较低的价格，实行薄利多销的定价策略；对于弹性较小的产品，则可制定较高的价格，以实现较大的利润。

(2) 根据顾客的需求心理定价

不同顾客的需求心理往往是不同的，应针对产品目标顾客的心理特点来定价。例如，高档商品的价格被视为购买者身份和地位的象征，高价本身就是这类产品的特征之一，对这类产品定价过低，可能会导致其销售量的降低。

(3) 根据竞争对手的情况定价

如果竞争对手的实力较弱，可先采用低价策略，抢占其市场份额，然后再提高价格；如果竞争对手的实力较强，企业在生产成本、产品性能上又不占优势，则宜采取跟随策略，即竞争对手提价，企业也提价，竞争对手降价，企业也降价。

产品定价过程是一个复杂的过程，不能只考虑单一因素，而必须综合考虑顾客、竞争对手和成本等诸多因素，至于哪些因素对定价的影响更大，则取决于企业目标、产品特点、市场状况和企业实力等。

5.3.3 定价方法

所谓定价决策的方法，是指企业在进行定价决策时，按照一定程序和模型，最终做出特定价格的定量选择分析的技术手段。

定价决策的方法与定价决策的策略有所不同，主要表现在：一是性质不同。定价决策的方法属于定量分析，定价决策的策略属于定性分析。二是依据不同。定价决策的方法必须依靠定价模型，定价决策的策略则主要依靠经验。

按照定价决策所考虑的主要因素不同，可将定价决策的方法分为以需求为导向的定价方法、以成本为导向的定价方法和以特殊需求为导向的定价方法等。以需求为导向的定价方法，是指在优先考虑市场供求关系和消费者可能对价格的接受程度的基础上，作出定价决策的方法，如最优售价决策使用的边际分析法。以成本为导向的定价方法，是指在集中考虑如何实现成本补偿的基础上，作出定价决策的方法，如目标售价决策使用的成本加成法。以特殊需求为导向的定价方法，是指在充分满足企业除市场需求或成本补偿外的其他特殊要求的前提下，作出定价决策的方法，如利润无差别点法、保利定价法、保本定价法等。

1）边际分析法

产品单位售价与产品的销售量、单位销售成本和最终能实现的利润有着直接的联系。一般来说，基于一定的销售量，产品的单位售价越高，能实现的销售收入也越多；但产品售价的提高往往会使它的总销售量趋于减少，而销售产品的单位成本又会随着销售量的减少而提高。

边际分析法就是通过分析不同特定价格与销售量组合条件下的产品边际收入、边际成本和边际利润之间的关系,作出相应定价决策的一种定量分析方法,多用于最优售价的决策。从数学意义上来讲,边际收入是以销售量为自变量的销售收入函数的一阶导数;边际成本是以销售量为自变量的销售成本函数的一阶导数;边际利润是以销售量为自变量的销售利润函数的一阶导数,又等于边际收入与边际成本的差。

按照微分极值原理,若利润的一阶导数为零,即边际利润为零,边际收入等于边际成本,此时的利润达到极大值,这时的售价就是最优售价。

但是在高等数学中,只有对连续的、不间断的、处处可微的函数才可以求导。而在实际生活中,无论是以销售量为自变量的销售收入函数,还是成本函数,或是利润函数,它们都不是连续函数,故而也就无法对其求导数,无法按严格的数学定义计算边际收入、边际成本和边际利润指标。因此,在管理会计中,所谓边际收入是指销售量每增加或减少一个单位所形成的销售收入差;边际成本是指销售量每增加或减少一个单位所形成的销售成本差;边际利润是指销售量每增加或减少一个单位所形成的销售利润差。这里的一个销售单位可以是一件产品,也可以是一批产品。

在这种情况下,仍可以根据"边际利润为零"或"边际收入等于边际成本"的条件来判断能否找到最优售价。若上述条件不满足,也可以根据"边际利润为不小于零的最小值"这个条件来判断最优售价的位置。

设以销售量 x 为自变量的销售收入和销售成本函数可分别表示为 $S=S(x)$ 和 $C=C(x)$,则利润函数可表示为:

$$P(x)=S(x)-C(x)$$

对利润函数求 x 的一阶导数,可得:

$$P'(x)=S'(x)-C'(x)$$

显然,要使 $P(x)$ 取得最大值,x 值应满足:

$$P'(x)=0$$

即

$$S'(x)=C'(x)$$

这里,$S'(x)$ 和 $C'(x)$ 分别就是边际收入和边际成本,$P'(x)$ 即为边际利润。

【例 5.16】 假定某种消费品的售价与销售量存在以下函数关系:$p=60-2x$;单位变动成本与销售量的关系为:$b=20+0.5x$;固定成本 $a=70$。试求该消费品的最佳销售量及最优售价。

依题中资料:

销售收入 $S(x)=px=(60-2x)x=60x-2x^2$

销售成本 $C(x)=bx+a=(20+0.5x)x+a=20x+0.5x^2+70$

边际收入 $S'(x)=60-4x$

边际成本 $C'(x)=20+x$

令 $S'(x)=C'(x)$

可得 $60-4x=20+x$

则 $x = 8$

此时 $p = 60 - 2 \times 8 = 44$

即该消费品的最佳销售量为 8 件,最优售价为 44 元/件,此时企业销售该产品可获得最大利润。

如果收入和成本不能用连续函数来表示,则可通过编制分析计算表来判断边际收入和边际成本的关系或边际利润,从而选定最优售价。

【例 5.17】 假定某企业生产经营的甲产品在不同销售价格水平上的销售量和成本资料如表 5.16 所示。试做出最优售价的决策。

表 5.16 甲产品的销售量和成本资料

销售单价/(元/台) ①	预计销售量/台 ②	销售收入/元 ③=①×②	边际收入/(元/台) ④	总成本/元 ⑤	边际成本/(元/台) ⑥	边际利润/(元/台) ⑦=④−⑥	利润/元 ⑧=③−⑤
58	100	5 800	—	4 000	—	—	1 800
56	120	6 720	920	4 200	200	720	2 520
54	140	7 560	840	4 400	200	640	3 160
52	160	8 320	760	4 600	200	560	3 720
50	180	9 000	680	4 800	200	480	4 200
48	200	9 600	600	5 000	200	400	4 600
46	220	10 120	520	5 300	300	220	4 820
44	240	10 560	440	5 600	300	140	4 960
42	260	10 920	360	5 900	300	60	5 020
40	280	11 200	280	6 200	300	−20	5 000
38	300	11 400	200	6 500	300	−100	4 900
36	320	11 520	120	6 800	300	−180	4 720
34	340	11 560	40	7 100	300	−260	4 460

由此,可以得出结论:当边际收入大于边际成本时,边际利润大于零,说明降价销售对企业有利;当边际收入小于边际成本时,边际利润小于零,说明降价对企业不利;当边际收入等于边际成本时,边际利润为零,说明降价没有意义。因此,售价下降的最大限度就是边际利润为零时,最佳售价应是边际利润为零或接近于零时的价格。

本例中,最佳售价应是 42 元/台,相应的最佳销售量为 260 台。

2) 成本加成法

众所周知,成本是构成产品价格的基本因素,也是价格的最低经济界限。以成本为基础制定的产品价格,不仅能保证生产中的耗费得到补偿,而且能保证企业必要的利润。

(1) 完全成本加成定价法

完全成本加成定价法是指在产品的全部成本基础上,加上一定百分比的销售利润,以此确定产品的销售价格。其定价模型为:

$$产品单价 = 预计单位完全成本 \times (1 + 利润加成率) \qquad (式5.6)$$

【例5.18】 某企业生产甲产品,全年产量为1 000件,其成本构成为:直接材料3 000元,直接人工1 000元,变动制造费用1 200元,固定制造费用2 000元。预计的成本利润率为40%。采用完全成本定价法,应如何确定价格?

价格=(3 000+1 000+1 200+2 000)×(1+40%)/1 000=10.08(元/件)

完全成本加成定价法是大多数公司所采用的方法。一方面,产品的完全成本在企业对外报告中有现成的资料;另一方面,从长期来看,产品的成本是通过销售来得到补偿的。产品的价格必须弥补所有的成本并获得一定的利润,以维持正常的经营。但是,由于完全成本并非以成本特性为分类基础,故无法了解当产量变动时,完全成本总额是如何变动的,以及无法预测价格和销售量变动对利润的影响。

(2) 变动成本加成定价法

变动成本加成定价法是以产品单位变动成本为基础,加上一定数额的边际贡献作为产品销售价格的一种方法。其定价模型为:

$$产品单价 = 单位变动成本 + 单位边际贡献 \qquad (式5.7)$$

或

$$产品单价 = 单位变动成本 / (1 - 边际贡献率) \qquad (式5.8)$$

【例5.19】 某企业生产A产品,单位成本为25元/件。其中:直接材料费10元/件,直接人工费8元/件,变动制造费用2元/件,固定制造费用5元/件。该产品预计边际贡献率为20%,则价格为多少?

单位变动成本=10+8+2=20(元/件)

价格=20/(1-20%)=25(元/件)

变动成本加成定价法是在成本按其特性分类的基础上进行定价的,可以清楚地了解价格和数量变化对利润的影响。然而,由于这种方法未考虑固定成本,价格往往定得较低,无法补偿所有的成本,从长期来看,会影响企业的生存能力。

3) 利润无差别点法

(1) 概念

利润无差别点法是指利用调价后预计销售量与利润无差别点销售量之间的关系进行调价决策的一种方法,又称为价格无差别点法。

利润无差别点销量是指某种产品为确保原有盈利能力,在调价后应至少达到的销售量指标。

(2) 计算

$$利润无差别点的销量 = (固定成本 + 调价前利润)/(拟调单价 - 单位变动成本)$$
$$= 调价前可获边际贡献/(拟调单价 - 单位变动成本) \qquad (式5.9)$$

(3) 判定标准

利润无差别点销量是个正指标,若调价后预计销量大于利润无差别点销量,则可考虑调价;若调价后预计销量小于利润无差别点销量,则不能调价;若调价后预计销量等于利润无差别点销量,则调价与不调价效益一样。

在运用此法时,需要综合考虑企业最大生产能力、调价后预计销量因素、是否追加投入专属成本以及绝对剩余生产能力能否转移等条件。

【例5.20】 当某企业生产经营的A产品的售价为100元/件时,可销售10 000件,固定成本为300 000元,单位变动成本为60元/件,实现利润100 000元。假定企业现有最大生产能力为19 000件。

① 若将售价调低为85元/件,预计销量可达到16 500件左右;
② 若将售价调低为80元/件,预计销量可达到20 000件以上;
③ 若将售价调低为80元/件,预计最大销量可达到23 000件,但企业必须追加50 000元固定成本才能具备生产23 000件的能力;
④ 若将售价调高为110元/件,只能争取到7 000件订货(剩余生产能力无法转移);
⑤ 若将售价调高为110元/件,订货量为7 000件,但剩余生产能力可以转移,可获得边际贡献60 000元。

试对上述几种互不相关的情况下是否应当调价进行决策。

根据上述资料:

① 利润无差别点销量=(300 000+100 000)/(85-60)=16 000(件)

预计销量为16 500件,大于利润无差别点销量,且预计销量小于最大生产能力,能够满足调价后预计销量的生产,故应当考虑调价。

② 利润无差别点销量=(300 000+100 000)/(80-60)=20 000(件)

预计销量为20 000件以上,大于利润无差别点销量,但预计销量大于最大生产能力,不能满足调价后预计销量的生产,故不应当考虑调价。

③ 利润无差别点销量=(300 000+50 000+100 000)/(80-60)=22 500(件)

预计销量为23 000件,大于利润无差别点销量,且最大生产能力能够满足调价后预计销量的生产,故应当考虑调价。

④ 利润无差别点销量=(300 000+100 000)/(110-60)=8 000(件)

预计销量为7 000件,小于利润无差别点销量,故不应当考虑调价。

⑤ 利润无差别点销量=(300 000+100 000-60 000)/(110-60)=6 800(件)

预计销量为7 000件,大于利润无差别点销量,故应当考虑调价。

本章思考

1. 什么是决策?常见的决策类型有哪些?
2. 什么是经营决策分析?经营决策分析需要考虑哪些重要因素?
3. 什么是相关成本?常见的相关成本有哪些?
4. 短期经营决策的常见方法有哪些?
5. 生产决策包括哪些内容?

6. 生产决策的方法有哪些?
7. 什么是定价决策?定价决策有何意义?
8. 定价决策的目标及影响因素有哪些?
9. 定价决策的常见策略有哪些?
10. 定价决策方法有哪些?如何应用?
11. 生产决策失误会对企业造成何种影响?企业如何进行追责?
12. 试着结合本章内容谈谈新冠肺炎疫情期间,防疫药品应该如何定价?

应用实操

【资料】某企业生产 A、B、C 三种产品,其单位边际贡献(售价与单位变动成本之差)分别为 2 元、3 元和 4 元。该企业拥有三个车间,每个车间最大生产能力分别为 1 500 小时、1 200 小时和 1 200 小时机器工时。生产 A 产品三个车间耗费工时分别为 0.30 小时、0.15 小时和 0.10 小时,生产 B 产品三个车间耗费工时数分别为 0.20 小时、0.10 小时和 0.20 小时,生产 C 产品三个车间耗费工时数分别为 0.40 小时、0.20 小时和 0.15 小时。

【要求】对三种产品进行优化组合,使企业利润达到最大,使 A、B、C 产品共同提供的边际贡献总额最大。

案例链接

[1] 天津石化分公司短期生产决策案例分析
——李洪影,张家瑞.天津石化 200 kt/a 聚酯装置短期生产决策案例分析[J].石油化工技术与经济,2002,17(1):44-51.
[2] 新疆 XL 养殖场经营决策分析
——王钰涵.畜牧业企业生产经营决策研究案例分析[J].金融理论与教学,2018(3):62-66.
[3] 变动成本法在 H 企业经营决策中的具体应用
——安杰,杨洋.变动成本法在 H 企业短期经营决策中的应用分析[J].金融经济,2017(12):114-115.
[4] 义马气化厂经营决策案例分析
——梁学博,张妮芬,李越峰,等."本量利"分析法在煤化工企业经营决策中的应用[J].经营与管理,2016(2):49-51.
[5] 某特钢企业的错误决策案例
——温素彬.管理会计[M].2 版.北京:机械工业出版社,2014.
[6] 中国传统文化对会计行为的影响
——武晓芬,梁安琪.中国传统文化对会计行为的影响[J].中共云南省委党校学报,2018,19(6):144-148.

第6章 预算管理

本章导语

为了以较少的经济资源取得尽可能多的经济利益,提高企业的竞争力,实现企业的战略目标,必须编制预算。正如一位观察家所说的那样:"很少有企业计划去失败,而许多失败的企业都是因为没有计划。"预算在管理会计中处于决策会计与控制会计的结合处,起着承上启下的作用。对决策会计来说,它是决策的具体化,是实现决策的计划;对于控制与评价来说,它又是控制与评价的标准,是控制与评价实施的必要条件。

本章内容基于《管理会计应用指引第 200 号——预算管理》《管理会计应用指引第 201 号——滚动预算》《管理会计应用指引第 202 号——零基预算》《管理会计应用指引第 203 号——弹性预算》《管理会计应用指引第 204 号——作业预算》,首先揭示了预算的含义,明确了预算管理的概念、作用和框架体系;其次,详细介绍了全面预算和滚动预算的具体编制;再其次,阐述了零基预算、弹性预算和作业预算等相关概念;最后对预算管理工具的应用进行了评价。

引入案例

距离 2019 年完结不到一个月,碧桂园集团依然以稳定的增长率领行业之先。展望 2020 年,企业全周期综合竞争力的提升,是碧桂园集团未来发展的一个重要关键词。对于 2020 年的谋划,碧桂园集团方面表示,在当前平稳发展的市场上,谁的管理更优化、更符合市场规律,谁就更有竞争力。碧桂园集团将在 2020 年推行全面预算管理和现金流管理,同时持续提升全周期综合竞争力,做到产品力、服务力和成本力的均衡发展。

碧桂园集团高层非常重视全面预算管理,在推行全面预算管理之前,积极梳理集团的组织架构,组合、剥离职能重叠、交叉的部门,调整部门结构,进而节约成本,坚持成本效益原则并实施管控;由行政人事部门组织部门岗位责任梳理、定岗定编,明确权力和责任,以利于预算目标的分解和考核;细化集团财务核算,同预算编制保持口径一致。在此基础上,碧桂园集团建立了较为完善的全面预算管理组织体系,有条不紊地积极推进相关工作。碧桂园集团全面预算管理最高决策机构是董事会,董事会以战略目标为出发点并参考股东期望、市场环境和宏观政策等方面行使审核、批复权,并授权预算管理委员会制定、分解全年预算等。预算管理委员会是预算决策机构,从公司经营层角度,领导全面预算管理工作的开展,监督公司全面预算管理体系的运行,对预算进行综合控制和考核。预算管理办公室是预算的组织监督管理机构,一般包含集团财务管理部和各分公司财务部门,协助管理各部门预算信息资料的收集和整理,与各部门之间进行沟通、协调,进行预算汇总、编制、调整和监控。执行层的各部门是全面预算编制、调整、执行和考核的主体,承担相对独立的预算责任,并享有相应的权力与利益。

碧桂园集团通过制定预算目标和构建预算指标体系来完善全面预算目标体系。在制定预算目标时,碧桂园集团不仅考虑战略规划,还参考行业市场趋势和国家宏观政策,以确定预期目标利润和目标收入。碧桂园关注企业现金流、损益状况,看重对结果、过程的双重管控,利用平衡记分卡的思想制定预算指标体系,涵盖分析企业盈利能力、成长能力、营运能力和偿债能力的财务指标,以及体现企业内部经营流程合理性、客户状况、企业学习与成长状况的非财务指标。

资料来源:[1] 黄婉银.碧桂园:将推全面预算管理,提升全周期综合竞争力[EB/OL].(2019-12-26)[2021-07-25]. https://baijiahao.baidu.com/s? id=1653995676223446850&wfr=spider&for=pc

[2] 薛杰.ERP环境下碧桂园集团全面预算管理思考[J].合作经济与科技,2021(11):120-121.

6.1 预算与预算管理

6.1.1 预算的概念

对于预算的界定,目前存在几种不同的观点。安达信"全球最佳实务数据库"认为:"预算是一种系统的方法,用来分配企业的财务、实物及人力资源,以实现企业的既定目标。企业可以通过预算来控制战略目标的实施进度,有助于控制开支,并预测企业的现金流量与利润。"也有人认为预算是企业实施管理的工具;预算是指企业的全面预算管理体系;预算是一种用数字和表格说明的计划书。本教材认为预算是在预测和决策的基础上,围绕企业战略目标,对一定时期内企业资金的取得和投放、各项收入和支出、企业经营成果及其分配等资金运动所做的具体安排,显示了企业为了获得预期利润而期望其责任中心从事的活动。预算从本质上来看,属于计划的范畴,但不等同于财务计划,而是企业全方位的计划;预算不同于预测,预测是预算的前提,没有预测就没有预算。

6.1.2 预算管理的概念及作用

1) 预算管理的概念

2017年9月,财政部印发了《管理会计应用指引第200号——预算管理》等管理会计应用指引。《管理会计应用指引第200号——预算管理》中明确指出:"预算管理,是指企业以战略目标为导向,通过对未来一定期间内的经营活动和相应的财务结果进行全面预测和筹划,科学、合理配置企业各项财务和非财务资源,并对执行过程进行监督和分析,对执行结果进行评价和反馈,指导经营活动的改善和调整,进而推动实现企业战略目标的管理活动。"

预算管理具有计划、控制和评价职能,是通过预算的形式将市场和公司内部经营过程、管理控制衔接起来的一种机制,其目的在于控制运营过程和结果,使之符合预算的要求。

将预算应用于企业管理中,一方面是在事前支持经营计划,即开展预算编制,另一方面是通过预算的执行开展考核评价,在管理会计中称为决算。以预算编制为起点,到中期决算和最终决算包含的预算执行监督与考评,形成了企业的预算管理体系,它在事前具有计划的作用,在事中和事后具有控制的作用。企业的预算管理体系是从预算编制到决算考评所包含的一系列管理会计方法的综合运用,是一种以资源优化配置为目标的管理实践。在预算管理的类型上,当预算管理与企业短期经营计划相结合时,形成的是日常预算管理;当预算管理与企业战略规划相结合时,形成的是战略预算管理。

2) 预算管理的作用

预算管理已经成为企业管理控制的核心方法。管理学家戴维·奥利认为:"全面预算管理是为数不多的几个能把组织的所有关键问题融合于一个体系之中的管理控制方法之一。"预算管理的作用体现在:

(1) 有利于明确企业一定时期的经营管理目标

预算是为了适应目标管理的需要,规划出企业及其各职能部门在计划期内的奋斗目标,并将制定目标所依据的设想、意图以及为实现该目标所采用的方法和措施列举出来,使各个职能部门的管理人员明确本部门的经营活动与整个企业目标之间的关系,明确今后在业务量、收入、成本费用控制、利润等方面应达到的水平及努力的方向。

(2) 有利于协调各职能部门的工作

预算把企业各方面的工作纳入了统一计划之中,促使企业内部各部门的预算相互协调,环环紧扣,达到平衡。在保证企业总体目标最优的前提下,组织各自的生产经营活动。例如,企业的销售、生产、财务等各部门可以分别编制出对自己来说最好的计划,但该计划在其他部门不一定能行得通。只有通过全面预算进行综合平衡后才可以体现解决各级各部门冲突的最佳办法,代表企业的最优方案,可以使各级部门的工作在此基础上协调地进行。

(3) 有利于进行业绩考核

预算执行的结果会出现实际数与预算数不一致的情况,这种差异不仅是事中控制企业各职能部门经营活动的依据,同时也是评定各职能部门管理者经营业绩的重要标准。对预算执行良好的职能部门予以奖励,会产生激励作用;对预算执行差的职能部门予以惩罚,会产生约束作用。合理有效的预算管理,会很好地体现激励与约束机制在企业管理中的作用。

(4) 有助于提高企业经营绩效

预算管理可以通过一整套的控制体系有效克服信息不对称造成的缺陷,加强内部控制,保证企业目标顺利实现。预算管理可以在编制全面预算的基础上,对企业的投资活动、筹资活动、营运活动以及股利分配活动进行预算控制。然后通过一整套的管理控制体系促使企业的各项经营活动相互协同,形成有机整体,以达到强化内控、促进公司目标实现的目的。

6.2 预算管理的框架体系

预算管理的基本框架是预算管理的主体,包含谁来负责预算的编制、执行、考核,以及预算管理的具体内容。

6.2.1 预算管理的组织体系

为保证预算工作的有序进行和有效实施,在管理体制上一般要求企业在内部设立预算管理委员会专门负责预算的编制并监督实施。预算管理委员会通常由企业全面管理工作的总经理和分管生产、销售、财务等各主要职能部门的负责人组成,其主要职责是制定和颁布有关预算制度的各项政策,审查和协调各部门的预算申报,调解并解决部门间在预算编制和执行过程中出现的争执和问题,批准预算,监督检查预算的执行,分析并调整预算,促使企业各方协调运作,共同完成预算规定的目标和任务。

预算管理的基本架构包括决策机构、工作机构和执行单位三个层次。

1) 预算管理决策机构

预算管理决策机构在企业的组织架构中属于公司治理层,通常直接归属于公司董事会,其主要职责包括:

(1) 制定企业全面预算管理制度,明确企业预算管理的政策、措施、办法和要求等。

(2) 根据企业战略规划和年度经营目标拟定预算目标,并确定预算目标分解方案、预算编制方法和程序。

(3) 组织编制、综合平衡预算草案,并下达经批准的正式年度预算。

(4) 审议预算调整方案,并协调解决预算编制和执行过程中遇到的重大问题。

(5) 审议预算考核和奖惩方案,并对企业全面预算的执行情况进行考核。

2) 预算管理工作机构

预算管理工作机构是企业预算管理工作的常设管理机构,其主要职责一般包括:

(1) 按照预算管理决策机构的要求拟定企业各项全面预算管理制度,并负责检查落实预算管理制度的执行。

(2) 根据预算管理决策机构拟定的预算目标,拟定年度预算总目标分解方案及有关预算编制程序、方法的草案,报决策机构审定。

(3) 组织和指导各级预算单位开展预算编制工作,并预审各预算单位的预算初稿,综合平衡,提出修改意见和建议。

(4) 汇总编制企业全面预算草案。

(5) 负责跟踪、监控企业预算执行情况,定期将各预算单位的预算执行情况进行汇总、分析后,将有关分析报告提交决策机构并提出决策建议。

(6) 协调解决企业预算编制和执行中的有关问题,并审查各预算单位的预算调整申请,汇总后制定年度预算调整方案,提交决策机构审议。

(7) 向决策机构提交预算考核和奖惩方案,并组织开展对预算执行单位的预算执行情况的考核,将考核结果和奖惩建议提交决策机构。

3) 预算管理的执行单位

企业预算管理的执行单位是指在实现预算总目标的过程中,能够按照其所起的作用和所负的职责,承担一定的经济责任并享有相应权力和利益的企业内部单位,如企业内部的职能部门以及所属分(子)公司等。企业内部预算责任单位的划分通常与企业的组织机构设置一致。

预算执行单位在预算管理决策机构及其工作机构的指导下开展工作,其主要职责一般为:

(1) 提供编制预算的各项基础资料,并负责本单位全面预算的编制和上报工作。

(2) 分解、落实本单位的预算指标,并监督检查本单位的预算执行情况。

(3) 及时分析、报告本单位的预算执行情况,解决预算执行中的问题。

(4) 根据内外部环境变化及企业预算管理制度,提出预算调整申请。

(5) 组织实施本单位内部的预算考核和奖惩工作。

(6) 配合预算管理部门做好企业总预算的综合平衡、执行监控、考核奖惩等工作。

6.2.2 预算编制的内容体系

要实现对业务流程的全覆盖,预算在编制上就要尽量完整充分地反映企业经营活动的主要内容与关键事项。这里以制造业企业为例,提炼企业预算编制的共同性。

1) 预算的结构

通常情况下,企业编制的预算包括面向一个年度(或一个经营周期)的业务预算(也称经营预算),超过一个年度(或一个经营周期)的资本预算,以及财务预算(各项子预算的资源安排,如筹资预算、现金预算,以及最终形成的预计利润表、预计现金流量表、预计资产负债表)。

在预算编制的主体上,业务预算、资本支出预算通常是由业务部门结合自身情况编制的,而这两项预算汇总出来的资源缺口或资源冗余,则需要财务部门来统筹安排,所以,筹资预算、现金预算以及预计报表属于财务预算。财务预算作为全面预算的一部分,是与业务预算密切相关的,它是在业务预算的基础上,用货币形式反映企业未来某一特定时期内有关现金收支、资金需求、资金融通、营业收入、成本及财务状况和经营成果等方面的详细计划,即它是用货币单位表示的企业财务计划。

2) 预算的主要内容

企业的预算通常包括基于日常经营活动的经营预算、专门决策预算和财务预算。

(1) 经营预算(也称业务预算)。经营预算是对企业日常经营活动和管理活动编制的预算,具体包括销售预算、生产预算和销售及管理费用预算等。销售预算是经营预算编制的起点,包括销量预测、销售收入预算以及销售活动获取现金流入的预算。

(2) 专门决策预算。专门决策预算是指企业不经常发生的资本支出项目或一次性专门业务所编制的预算。专门决策预算大体上可分为资本支出预算和一次性专门业务预算两类。

(3) 财务预算。财务预算是综合反映经营预算和资本支出预算对企业财务状况、经营成果带来的影响,主要包括:

① 现金预算表,包括预计的经营活动现金流入流出、预计的投资活动现金流入流出、预计的筹资安排及其现金流入流出、预计的利润分配相关的现金流出等。

② 预计利润表,包括预计的各项经营收入、预计的各项经营成本以及预计的利润分配等。

③ 预计资产负债表,通常以企业财务会计的资产负债表项目及其编制原理为依据,结合各个预算编制项目完成预计资产负债表。

6.3 全面预算的编制

全面预算是企业经济活动全部计划的数量形式的反映,具体是指在预测与决策的基础上,按照企业既定的经营目标和程序,规划与反映企业未来销售、生产、成本、现金收支等各方面活动,以便对企业特定计划期内全部生产经营活动有效地作出具体组织与协调,最终以货币为主要计量单位,通过一系列预计的财务报表及附表展示其资源配置情况的有关企业总体计划的数量说明。

6.3.1 全面预算的编制程序

企业编制全面预算,一般应按照"上下结合、分级编制、逐级汇总"的程序进行。

1) 下达目标

企业董事会或经理办公室会根据企业发展战略和对预算期经济形势的初步预测,在决策的基础上,提出下一个年度企业预算目标,包括销售或营业目标、成本费用目标、利润目标和现金流量目标,并确定预算编制的政策,由预算委员会下达各项预算的执行单位。

2) 编制上报

各预算执行单位按照企业预算委员会下达的预算目标和政策,结合自身特点以及预测的执行条件,提出详细的本单位预算方案,上报企业财务管理部门。

3) 审查平衡

企业财务管理部门对各预算执行单位上报的财务预算方案进行审查、汇总,提出综合平衡的建议。在审查、平衡过程中,预算委员会应当进行充分协调,对发现的问题提出初步调整意见,并反馈给有关预算执行单位予以修正。

4) 审议批准

企业财务管理部门在有关预算执行单位修正调整的基础上,编制出企业预算方案,报财务预算委员会讨论。对于不符合企业发展战略或者预算目标的事项,企业预算委员会应当责成有关预算执行单位进一步修订、调整。在讨论、调整的基础上,企业财务管理部门正式编制企业年度预算草案,提交董事会或经理办公室审议批准。

5) 下达执行

企业财务管理部门对董事会或经理办公室审议批准的年度总预算,一般在次年3月底以前,分解成一系列的指标体系,由预算委员会逐级下达各预算执行单位执行。

6.3.2 经营预算

经营预算具体是指企业在预算期内对日常发生的基本业务活动的预算,主要包括销售预算、生产预算、直接材料预算、直接人工预算、制造费用预算、产品成本预算、销售及管理费用预算等。

经营预算的编制

1) 销售预算

通常"以销定产"的企业,全面预算的编制是从销售预算开始的,销售预算不仅是编制全面预算的基础,也是编制全面预算的关键,生产预算、采购预算、存货预算、产品成本预算等其他预算都要以销售预算为依据。销售预算一般由销售部门负责编制。

【例6.1】 假定WM公司于计划年度只生产和销售一种产品,其2×20年的预计销售量如表6.1所示:

表6.1　WM公司2×20年销售预测表

项目	第一季度	第二季度	第三季度	第四季度	全年合计
预计销售量/件	1 000	1 500	2 000	1 800	6 300
销售单价/(元/件)	200	200	200	200	200

此外,WM公司每季度的商品销售在当季度收到货款的60%,其余货款在下个季度收回。2×19年的应收账款余额为62 000元,该公司2×20年的分季度销售预算如表6.2所示(不考虑增值税)。

表6.2　WM公司2×20年销售预算

项目	第一季度	第二季度	第三季度	第四季度	全年合计
预计销售量/件	1 000	1 500	2 000	1 800	6 300
销售单价/(元/件)	200	200	200	200	200
预计销售收入/元	200 000	300 000	400 000	360 000	1 260 000
预计现金收入:					
年初应收账款/元	62 000				62 000
第一季度/元	120 000	80 000			200 000
第二季度/元		180 000	120 000		300 000
第三季度/元			240 000	160 000	400 000
第四季度/元				216 000	216 000
预计现金收入合计/元	182 000	260 000	360 000	376 000	1 178 000

注:预计销售收入是编制预计利润表中收入的依据,期初应收账款和期末应收账款是预计资产负债表的数据,现金收入合计是现金预算表中现金流入量的数据。

2) 生产预算

生产预算一般由生产部门根据销售部门提供的销量预算,按照产品的生产周期组织平衡生产能力和安排生产,分品牌、分品种、分规格、分车间编制产量预算。通常企业的生产和销售不能做到"同步同量",需要设置一定的产成品存货,以保证能在发生意外需求时按时供货,并可均衡生产,节省赶工的额外支出。因此,期末产成品存货数量通常按下期销售量的一定百分比确定。生产量预算的计算方法为:

$$预计产量=预计销售量+预计期末存货量-预计期初存货量 \qquad (式6.1)$$

【例6.2】 假定WM公司2×20年甲产品年初存货100件,各季度末期末存货量按下一季度销售量的10%计算,2×20年末预计留存数为200件,该公司2×20年甲产品的生产预算如表6.3所示。

表6.3 WM公司2×20年生产预算

单位：件

项目	第一季度	第二季度	第三季度	第四季度	全年合计
预计销售量	1 000	1 500	2 000	1 800	6 300
加：预计期末存货量	150	200	180	200	200
合计	1 150	1 700	2 180	2 000	6 500
减：预计期初存货量	100	150	200	180	100
预计生产量	1 050	1 550	1 980	1 820	6 400

注：预计期初存货量和期末存货量是预计资产负债表的数据来源。

3）直接材料预算

直接材料预算也称直接材料采购预算，以生产预算为基础编制，是用来确定预算期内的材料的采购数量和采购成本的，主要包括产品的预计生产量、单位产品材料耗用量、期初及期末材料存量、材料单位价格和当期支付的材料购货款等。

直接材料预算一般由采购部牵头，仓储部、生产部和生产车间配合进行编制。预计生产量的数据来源于生产预算；单位产品材料耗用量的数据来自标准成本资料或消耗定额资料；原材料存量取决于企业存货政策，通常根据所用的存货控制模型确定；预计材料单价是指该材料的平均价格，通常可从采购部门获得。此外，还应包括材料方面预期的现金支出的计算，包括上期采购的材料将于本期支付的现金和本期采购的材料中应由本期支付的现金。相关计算公式如下：

预计直接材料采购量＝预计产量×单位产品材料耗用量＋
预计期末材料存货量－预计期初材料存货量　　　（式6.2）

直接材料采购预算＝预计直接材料采购量×直接材料预计单价　　（式6.3）

【例6.3】 假定WM公司2×20年年初、年末预计材料库存量分别为3 000千克、4 000千克，各季度的期末材料库存量为下季度生产需要量的20%，单位甲产品耗用材料10千克，材料计划单价为5元/千克，每季度的购料款当季支付50%，其余在下个季度支付，2×19年的应付账款余额为23 500元，该公司2×20年直接材料预算如表6.4所示（不考虑增值税）。

表6.4 WM公司2×20年直接材料预算

项目	第一季度	第二季度	第三季度	第四季度	全年合计
预计生产量/件	1 050	1 550	1 980	1 820	6 400
单位产品材料耗用量/千克	10	10	10	10	10
生产需要量/千克	10 500	15 500	19 800	18 200	64 000
加：预计材料期末库存量/千克	3 100	3 960	3 640	4 000	4 000
合计/千克	13 600	19 460	23 440	22 200	68 000

续表

项目	第一季度	第二季度	第三季度	第四季度	全年合计
减：预计材料期初库存量/千克	3 000	3 100	3 960	3 640	3 000
预计材料采购量/千克	10 600	16 360	19 480	18 560	65 000
单价/(元/千克)	5	5	5	5	5
预计采购金额/元	53 000	81 800	97 400	92 800	325 000
预计现金支出：					
年初应付账款/元	23 500				23 500
第一季度/元	26 500	26 500			53 000
第二季度/元		40 900	40 900		81 800
第三季度/元			48 700	48 700	97 400
第四季度/元				46 400	46 400
预计现金支出合计/元	50 000	67 400	89 600	95 100	302 100

注：预计材料期初库存量和期末库存量是预计资产负债表的数据来源，第四季度的应付账款是预计资产负债表的数据来源，现金支出合计是现金预算表中现金流出量的数据，单位产品材料耗用量和单价是单位产品成本预算表和期末存货成本预算表的数据来源。

4）直接人工预算

直接人工预算也是以生产预算为基础编制，根据生产量确定生产所需的直接人工小时以及相应的成本，主要包括预计生产量、单位产品工时、人工总工时、每小时人工成本和人工总成本。

直接人工预算一般由生产车间负责编制。预计生产量数据来自生产预算；单位产品工时和每小时人工成本数据，来自标准成本资料，通常由生产管理部门和工程技术部门获得。

直接人工预算＝预计生产量×单位产品工时×每小时人工成本（小时工资率）

(式6.4)

【例6.4】 假定WM公司2×20年单位产品耗用直接人工2小时，每小时人工成本10元，该公司2×20年甲产品的直接人工预算如表6.5所示。

表6.5 2×20年甲产品的直接人工预算

项目	第一季度	第二季度	第三季度	第四季度	全年合计
预计生产量/件	1 050	1 550	1 980	1 820	6 400
单位产品工时/(小时/件)	2	2	2	2	2
人工总工时/小时	2 100	3 100	3 960	3 640	12 800
人工成本/(元/小时)	10	10	10	10	10
人工总成本/元	21 000	31 000	39 600	36 400	128 000

注：预计直接人工的总额直接计入现金预算表，单位产品工时和每小时人工成本是单位产品成本预算表的数据来源。

5）制造费用预算

制造费用预算包括变动制造费用预算和固定制造费用预算。变动制造费用通常包括间接材料、间接人工等，是以生产预算为基础来编制的，如果有完善的标准成本资料，用单位产品的标准成本与产量相乘,即可得到相应的预算金额,如果没有标准成本资料,就需要逐项预计计划产量需要的各项制造费用。固定制造费用通常包括厂房和机器设备的折旧、租金及一些车间的管理费用等,与本期产量无关,按每季度实际需要的支付额预计,然后求出全年数。

制造费用预算项目的编制内容应有详细说明,企业不同,要求预算表的项目不一样。制造费用预算一般由生产车间负责编制,其中折旧费等不可控的费用,由财务部门负责编制。由于制造费用大部分需要用现金支付,所以在编制制造费用预算时也要编制现金支出的部分。但制造费用中一些项目不需要用现金支付,如固定资产折旧费,所以在编制现金支出预算时应将折旧费扣除。

变动制造费用与生产量之间存在线性关系,计算方法为:

$$变动制造费用预算 = 预计生产量 \times 单位产品预定分配率 \quad (式6.5)$$

固定制造费用与生产量之间不存在线性关系,其预算通常都是根据上年的实际水平,经过适当的调整而得。

【**例 6.5**】 假定 WM 公司 2×20 年制造费用的变动部分,按计划年度的预计生产量进行规划(单位产品耗用间接人工 1 元/件,间接材料 2 元/件,水电费 2 元/件);固定部分根据基期的实际开支数,按上级下达的成本降低率 3%进行计算。该公司 2×20 年甲产品的制造费用预算如表 6.6 所示。

表 6.6 2×20 年甲产品的制造费用预算

单位:元

项目	一季度	二季度	三季度	四季度	全年合计
变动制造费用:					
间接人工	1 050	1 550	1 980	1 820	6 400
间接材料	2 100	3 100	3 960	3 640	12 800
水电费	2 100	3 100	3 960	3 640	12 800
小计	5 250	7 750	9 900	9 100	32 000
固定制造费用:					
折旧[①]	7 500	7 500	12 500	12 500	40 000
车间管理费	12 500	12 500	12 500	12 500	50 000
保险费	1 250	2 750	600	1 400	6 000
小计	21 250	22 750	25 600	26 400	96 000
合计	26 500	30 500	35 500	35 500	128 000
减:非付现项目(折旧)	7 500	7 500	12 500	12 500	40 000
现金支出合计	19 000	23 000	23 000	23 000	88 000

注:①制造费用每季度现金支出总额是现金预算表的数据来源,折旧费是资产负债表的数据来源,变动制造费用分配率(变动制造费用分配率=32 000/12 800=2.5 元/小时)和固定制造费用分配率(固定性制造费用分配率=96 000/12 800=7.5 元/小时)是单位产品成本预算表的数据来源。

表 6.6 中,①表示公司按直线法计提折旧,第三、四季度折旧比第一、二季度折旧多 5 000 元(12 500－7 500),主要是因为第二季度预计购入设备一台,价值 100 000 元,5 年期,期满无残值,每季度计提折旧 5 000 元(年折旧＝100 000/5＝20 000 元,详见资本支出预算表 6.9)。

6) 产品成本预算

产品成本预算是根据销售预算、生产预算、直接材料预算、直接人工预算、制造费用预算编制的,其主要内容产品的单位成本和总成本是编制财务预算中预计利润表和预计资产负债表的基础。

产品成本预算一般由生产部门编制,并由企业财务部门负责公司所有产品的成本预算汇总,不同行业的产品成本预算表的结构略有不同。单位产品成本的有关数据,来自直接材料预算、直接人工预算和制造费用预算;生产量和期末存货量来自生产预算;销售量来自销售预算。

产品成本预算是在生产预算的基础上,按预计的各项产品成本归集计算得出,计算方法为:

产品成本预算＝直接材料预算＋直接人工预算＋变动制造费用预算＋
　　　　　　　固定制造费用预算　　　　　　　　　　　　　　　　　　(式 6.6)

另外,

产品销售成本预算＝预计单位产品成本×预计销售量　　　　　　　(式 6.7)

期末产成品存货预算＝产成品的预计单位成本×预计期末产成品存货量 (式 6.8)

【例 6.6】 根据前述预算表信息,WM 公司 2×20 年甲产品成本预算如表 6.7 所示。

表 6.7　2×20 年甲产品成本预算

项目	单位成本			生产成本 (6 400 件) /元	期末存货 (200 件) /元	销货成本 (6 300 件) /元
	价格标准	用量标准	单位成本/ (元/件)			
直接材料	5 元/千克	10 千克	50	320 000	10 000	315 000
直接人工	10 元/小时	2 小时	20	128 000	4 000	126 000
变动制造费用	2.5 元/小时	2 小时	5	32 000	1 000	31 500
固定制造费用	7.5 元/小时	2 小时	15	96 000	3 000	94 500
合计			90	576 000	18 000	567 000

注:期末存货成本是预计资产负债表的数据来源,销货成本是预计利润表的数据来源。

7) 销售及管理费用预算

销售费用预算,是指为了实现销售预算所需支付的费用预算,它以销售预算为基础,分析销售收入、销售利润和销售费用的关系,力求实现销售费用的最有效使用。在安排销售费用时,要利用本量利分析方法,费用的支出应能获取更多的收益;在草拟销售费用预算时,要对过去的销售费用进行分析,考察过去销售费用支出的必要性和结果;销售费用预算应和销售预算相匹配,应有按品种、按地区、按用途的具体预算数额。

管理费用是搞好一般管理业务所必要的费用,随着企业规模的扩大,一般管理职能日益重要,其费用也相应增加。在编制管理费用预算时,企业要分析其业务成绩和一般经济状况,务必做到费用合理化。管理费用多属于固定成本,所以一般是以过去的实际开支为基础,按预算期的可预见变化来调整。重要的是,企业必须充分考察每种费用是否必要,以便提高费用的使用效率。按照费用可调性,管理费用可分为约束性管理费用和酌量性管理费用。约束性管理费用预算的客观因素较多,受有关基数、政策和标准的制约,基本没有弹性,一般可采用固定预算法编制;酌量性管理费用的主观因素较多,应重点控制,一般可根据基期管理费用预计水平和预期内的变化因素,结合费用开支标准和企业降低费用的要求,采用零基预算法或增量预算法编制。

销售费用是预算期内企业销售活动各项费用发生的总体安排,由销售部门负责编制,财务部门予以协助;管理费用预算是预算期内企业组织和管理生产经营活动所发生的管理费用的总体安排,由各职能部门负责编制,财务部门或综合管理部门负责汇总,并编制管理费用总预算。

销售费用、管理费用也有固定和变动之分,对于变动费用可以根据业务量在各季度之间分配,固定费用则可以在四个季度平均分配或列入实际支付的季度,混合成本应在分解为变动费用和固定费用后分别列入预算的变动部分和固定部分。编制相关的现金支出预算时需要扣除固定性销售及管理费用中非付现的项目(如折旧、摊销)。

【例 6.7】 WM 公司 2×20 年汇总编制的销售及管理费用预算如表 6.8 所示(假定所发生的销售与管理费用均为固定费用,并在四个季度平均分配)。

表 6.8 WM 公司 2×20 年销售及管理费用预算

单位:元

项目	第一季度	第二季度	第三季度	第四季度	全年合计
销售费用:					
销售人员工资	12 000	12 000	12 000	12 000	48 000
广告费	16 000	16 000	16 000	16 000	64 000
保管费	5 000	5 000	5 000	5 000	20 000
小计	33 000	33 000	33 000	33 000	132 000
管理费用:					
管理人员薪金	14 000	14 000	14 000	14 000	56 000
保险费	1 000	1 000	1 000	1 000	4 000
办公费	2 000	2 000	2 000	2 000	8 000
小计	17 000	17 000	17 000	17 000	68 000
合计	50 000	50 000	50 000	50 000	200 000
现金支出合计	50 000	50 000	50 000	50 000	200 000

注:销售及管理费用现金支出是现金预算的数据来源。

6.3.3 专门决策预算

专门决策预算是指企业不经常发生的资本支出项目或一次性专门业务所编制的预算。专门决策预算大体上可分为资本支出预算和一次性专门业务预算两类。

1) 资本支出预算

资本支出预算是指企业长期投资计划的反映,是为资本性投资活动服务的,它具体反映企业在何时进行投资、投多少资、用什么方式取得、何时可获得收益、每年的现金净流量为多少、需要多少时间收回全部投资等。

企业的资本性投资活动分为内部投资和外部投资。内部投资是指企业用于固定资产的购置、扩建、改建、更新、改造等方面的投资和无形资产方面的投资;外部投资是指企业用于股权、收购、兼并、联营投资及债券等方面的投资。

因此,资本支出预算是指企业不经常发生的长期投资决策项目或筹资项目所编制的预算,主要包括固定资产投资预算、无形资产投资预算、权益性资本投资预算、债券投资预算、投资收益预算等。

第一,固定资产投资预算是预算期内企业为构建、改建、扩建、更新固定资产而进行资本投资的预算,主要根据企业有关投资决策资料和预算期固定资产投资计划编制。

第二,无形资产投资预算是预算期内企业为取得专利权、非专利技术、商标权、著作权、土地使用权等无形资产而进行资本投资的预算,主要根据预算期无形资产投资计划编制。

第三,权益性资本投资预算是预算期内企业为了获得其他企业的股权及收益分配权而进行资本投资的预算,主要根据企业有关投资决策资料和预算期权益性资本投资计划编制。

第四,债券投资预算是预算期内企业购买国债、企业债券、金融债券等的预算,主要根据企业有关投资决策资料和证券市场行情编制。

第五,投资收益预算是预算期内企业对外投资所取得的利润、股利、债券利息及投资损失的预算,主要根据投资企业有关利润分配计划、股利分配计划和有关债券的面值及利息率编制。

【例 6.8】 假定 WM 公司预计在 2×20 年第二季度末购入一台设备,支付价款 100 000 元,第四季度末购入一台设备,支付价款 110 000 元,预计均可使用 5 年,期满无残值。购入后每年可分别为公司增加净利润 15 000 元和 18 000 元,均按直线法计提折旧。根据上述资料编制 WM 公司 2×20 年的资本支出预算表,如表 6.9 所示。

表 6.9 WM 公司 2×20 年资本支出预算

项目	购置时间	初始投资额/元	使用年限/年	购入后每年的 NCF[①]/元	回收期/年
设备 1	第二季度	100 000	5	35 000[②]	2.86[④]
设备 2	第四季度	110 000	5	40 000[③]	2.75[⑤]

续表

项目	购置时间	初始投资额/元	使用年限/年	购入后每年的NCF[①]/元	回收期/年

项目	第一季度	第二季度	第三季度	第四季度	全年合计
预计现金支出		100 000		110 000	210 000

注：① NCF 为现金净流量(Net Cash Flow)。
② 设备 1 NCF＝15 000＋100 000/5＝35 000(元)。
③ 设备 2 NCF＝18 000＋110 000/5＝40 000(元)。
④ 回收期＝100 000/35 000＝2.86(年)。
⑤ 回收期＝110 000/40 000＝2.75(年)。

2) 一次性专门业务预算

企业为了满足正常的业务经营和资本支出需要,同时也为了提高资金的使用效果,往往对现金制定出最低和最高的限额,现金过低,容易发生债务到期不能清偿而影响企业信誉的情况,反之,若现金过高,则使资金得不到充分利用,失去许多获利的机会。正因为如此,财务部门在日常理财活动中会发生以下一次性专门业务。

第一,筹措资金。若预计现金低于最低限额,出现资金短缺情况,则应及时设法筹措资金,筹措的手段一般包括：向银行借款、发行股票或债券、出售企业本身拥有的证券等。

第二,投放资金。若预计现金高于最高限额,出现资金多余情况,则应及时设法投放和运用资金,其途径一般包括：买进或回收本公司发行的股票、归还银行借款和债券本息等。

第三,企业根据董事会决定自计划期发放股息、红利,及根据税法规定在计划期缴纳所得税等,也属于一次性专门业务。

【例 6.9】 假定 WM 公司根据计划期间现金收支情况(参见表 6.11 所示的现金预算表),根据公司与银行之间的协议,预计在 2×20 年第一季度向银行短期借款 30 000 元,第二季度向银行短期借款 60 000 元,第三季度末需要偿还短期借款 90 000 元及利息(年利率均为 8%),第四季度需要偿还长期借款利息(年利率 12%),假定借款发生在期初,还款发生在期末。另外,根据税法规定,公司计划每季度末预付所得税 30 000 元,全年共计 120 000元,又根据董事会决定每季度支付现金股利 25 000 元,全年共计 100 000 元。根据上述有关资料,编制 WM 公司 2×20 年一次性专门业务预算,如表 6.10 所示。

表 6.10 WM 公司 2×20 年一次性专门业务预算

单位：元

项目	第一季度	第二季度	第三季度	第四季度	全年合计
筹措资金	30 000	60 000			90 000
偿还资金			90 000		90 000
偿还利息			4 200[①]	9 600[②]	13 800

续表

项目	第一季度	第二季度	第三季度	第四季度	全年合计
预付所得税	30 000	30 000	30 000	30 000	120 000
预付股利	25 000	25 000	25000	25 000	100 000

注：①第三季度现金多余，用于偿还借款，按"每期期初借入，每期期末归还"来预计利息，故短期借款 30 000 元的借款期为 9 个月，短期借款 60 000 元的借款期为 6 个月，因此短期借款利息=30 000×8%×9/12+60 000×8%×6/12=4 200 元。
②该公司长期借款余额 80 000 元，预计在第四季度支付利息=80 000×12%=9 600 元。

6.3.4 财务预算

财务预算是企业的综合性预算，是指反映企业预算期现金收支、经营成果和财务状况的预算，主要包括现金预算、预计利润表、预计资产负债表。它是以业务预算和专门决策预算为基础编制而成的。财务预算由财务部门负责，财务部将各预算责任单位或部门的财务预算进行汇总，形成企业总预算目标，可以使企业全面了解预算期的现金收支、经营成果和财务状况，并为企业的经营决策、业绩考评、资源配置等提供依据。

1) 现金预算

现金预算包括现金收支及筹措、运用情况，是反映企业在预算期内一切现金收入和支出，以及二者对抵后的现金余缺数的预算。编制现金预算通常要以业务预算和专门决策预算为依据。现金预算包括现金收入、现金支出、现金的多余或不足、资金的筹集和运用四个部分。

（1）现金收入

"现金收入"部分包括期初现金余额和预算期现金收入，如现销、应收账款收回、应收票据到期兑现、票据贴现收入、出售长期性资产、收回投资等业务。现金收入主要反映经营性现金收入，产品销售收入是其主要来源。

（2）现金支出

"现金支出"包括预算期内的各项现金支出，主要包括采购材料、支付工资、支付制造费用、支付销售及管理费用、支付财务费用、偿还应付账款、缴纳税金、购置设备、股利分配等。现金支出主要反映经营性现金支出和资本性现金支出。

（3）现金的多余或不足

"现金的多余或不足"具体是指现金收入与现金支出的差额。当现金收入大于现金支出，则是现金多余，多余的现金可以用来归还借款、进行投资。当现金收入小于现金支出，则是现金不足，此时需要筹集资金。

（4）资金的筹集和运用

企业在预算期内根据现金多余或不足的情况，采取措施合理筹集和使用资金，比如根据现金不足的情况，可通过向银行借款、发行短期企业债券来弥补。

需要强调的是，现金预算的编制要按收付实现制来进行，要保证现金预算准确，就必须首先保证业务预算和专门决策预算准确，并且注意现金预算应有一个合理的持有量。

【例 6.10】 WM 公司预算期内现金最低余额为 30 000 元，不足此数需要向银行借款，假设银行借款的余额要求是 10 000 元的倍数,该公司 2×20 年度现金预算如表 6.11 所示。

表 6.11　WM 公司 2×20 年度现金预算

单位:元

项目	第一季度	第二季度	第三季度	第四季度	全年合计
期初现金余额	20 500	37 500	31 100	39 700	20 500
加:销货现金收入(表 6.2)	182 000	260 000	360 000	376 000	1 178 000
可供使用现金	202 500	297 500	391 100	415 700	1 198 500
减:现金支出					
采购直接材料(表 6.4)	50 000	67 400	89 600	95 100	302 100
支付直接人工(表 6.5)	21 000	31 000	39 600	36 400	128 000
支付制造费用(表 6.6)	19 000	23 000	23 000	23 000	88 000
支付销售及管理费用(表 6.8)	50 000	50 000	50 000	50 000	200 000
支付所得税费用(表 6.10)	30 000	30 000	30 000	30 000	120 000
购买设备(表 6.9)		100 000		110 000	210 000
支付股利(表 6.10)	25 000	25 000	25 000	25 000	100 000
现金支出合计	195 000	326 400	257 200	369 500	1 148 100
现金多余或不足	7 500	−28 900	133 900	46 200	50 400
向银行借款(表 6.10)	30 000	60 000			90 000
还银行借款(表 6.10)			90 000		90 000
短期借款利息(年利率 8%)(表 6.10)			4 200		4 200
长期借款利息(年利率 12%)(表 6.10)				9 600	9 600
期末现金余额	37 500	31 100	39 700	36 600	36 600

注:第四季度的期末现金余额是预计资产负债表的数据来源。

2) 预计利润表

预计利润表是指用货币金额来反映企业在计划期间全部经营活动及其最终财务成果而编制的预算,也称利润预算,是整个预算体系中的重要组成部分,它的格式与实际的利润表相同,只是数据来源于上述各项具体预算,而不是实际。

预计利润表是企业全面预算体系的核心,也是编制预计资产负债表的基础。通过编制预计利润表,可以了解企业预期的盈利水平,如果预计出来的利润与最初编制方针中的目标利润有较大的差距,那么就需要调整各单位或部门预算,设法达到目标,或者经企业领导同意后修改目标利润。

【例6.11】 根据上述预算表信息,WM公司2×20年预计利润表如表6.12所示。

表6.12 WM公司 2×20 年预计利润表

单位:元

项目	第一季度	第二季度	第三季度	第四季度	全年合计
销售收入(表6.2)	200 000	300 000	400 000	360 000	1 260 000
减:销货成本(表6.1和表6.7)[①]	90 000	135 000	180 000	162 000	567 000
毛利	110 000	165 000	220 000	198 000	693 000
减:期间费用					
销售及管理费用(表6.8)	50 000	50 000	50 000	50 000	200 000
财务费用(利息)(表6.10)	—	—	4 200	9 600	13 800
期间费用合计	50 000	50 000	54 200	59 600	213 800
利润总额	60 000	115 000	165 800	138 400	479 200
所得税费用(表6.10)	30 000	30 000	30 000	30 000	120 000
净利润	30 000	85 000	135 800	108 400	359 200

注:①各季度销货成本=各季度销售量×产品单位成本,各季度销售量来自表6.1,产品单位成本来自表6.7。

预计利润表中所得税费用是在对企业利润进行预测分析时估算出来的,并非通过预计利润表中的利润总额与所得税税率计算得出的。这是由于该项支出已列入现金预算,并对利息产生影响,而预计利润表又利用了现金预算的有关数据,如果在编制预计利润表时根据利润与所得税税率重新计算所得税,那么就需要根据计算出的新结果修改现金预算,继而影响现金预算中的有关数据,并反过来对预计利润表产生影响,结果又要修改预计利润表,如此一来就会陷入数据的循环修改。

3) 预计资产负债表

预计资产负债表是反映企业预算期末预计的财务状况。其内容和格式与实际的资产负债表基本相同,只是预计资产负债表中的期末数为预算数,该表是利用预算期期初资产负债表,根据业务预算、专门决策预算、现金预算和预计利润表等的有关数据加以分析和计算后形成的。

编制预计资产负债表的目的在于判断预算反映的财务状况的稳定性和流动性。如果通过对预计资产负债表的分析,发现某些财务比率不佳,必要时可修改有关预算,以改善财务状况。

【例6.12】 根据上述预算表信息,WM公司2×20年预计资产负债表如表6.13所示。

表 6.13 A 公司 2×20 年预计资产负债表

单位：元

资产			负债及所有者权益		
项目	期初余额	期末余额	项目	期初余额	期末余额
流动资产：			流动负债：		
现金（表 6.11）	20 500	36 600	应付账款（表 6.4）	23 500	46 400②
应收账款（表 6.2）	62 000	144 000①	流动负债总额	23 500	46 400
直接材料（表 6.4）	15 000	20 000	长期负债：		
产成品（表 6.7）	9 000	18 000	长期借款	80 000	80 000
流动资产总额	106 500	218 600	长期负债总额	80 000	80 000
固定资产：			负债总额	103 500	126 400
固定资产	400 000	610 000	所有者权益：		
减：累计折旧（表 6.6）	40 000	80 000	普通股股本	200 000	200 000
固定资产净值	360 000	530 000	未分配利润	163 000	422 200③
			所有者权益总额	363 000	622 200
资产总额	466 500	748 600	负债与所有者权益总额	466 500	748 600

注：① 期末应收账款＝本期销售额×(1－本期收现率)＝360 000×(1－60%)＝144 000 元。
② 期末应付账款＝本期采购金额×(1－本期付现率)＝92 800×(1－50%)＝46 400 元。
③ 期末未分配利润＝期初未分配利润＋本期净利润－本期股利＝163 000＋359 200－100 000＝422 200 元。

6.4 预算管理工具方法

6.4.1 滚动预算的编制

滚动预算又称永续预算，是指在编制预算时，将预算期与会计年度脱离开，随着预算的执行不断连续补充预算，逐期向后滚动，使预算期永远保持为固定长度（一般为 12 个月）的一种预算方法。

1）滚动预算的指导思想

滚动预算的指导思想是企业的预算应该体现企业的生产经营状况，它应是连续不断的。再则，企业的生产经营活动所处的环境条件会不断发生变化，人们对事物的认识也是逐步深入的，滚动预算就是按照这种客观认识来编制的，因此，它可避免预算与实际相脱节。

2）滚动预算的编制

采用长计划短安排是编制滚动预算的主要方式。在编制滚动预算时，先按年度分季，并将第一季度分月，建立各月的明细预算，以便监督执行，另外三个季度因离开编制时间较远可粗略一些(图 6.1)。

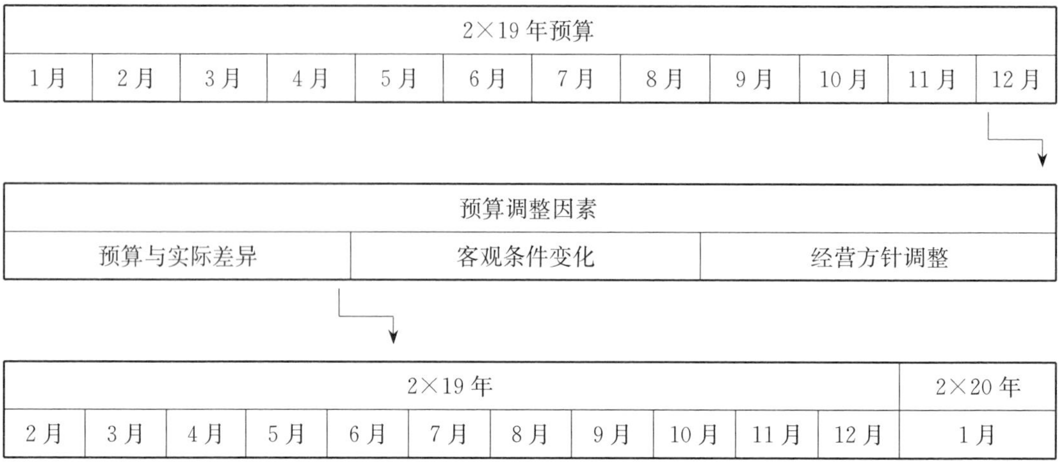

	2×19 年预算											
1月	2月	3月	4月	5月	6月	7月	8月	9月	10月	11月	12月

预算调整因素		
预算与实际差异	客观条件变化	经营方针调整

2×19 年											2×20 年
2月	3月	4月	5月	6月	7月	8月	9月	10月	11月	12月	1月

图 6.1 滚动预算编制方法

【例 6.13】 某厂生产 J 型仪表,2×20 年预计销售量如表 6.14 所示。

表 6.14 预计销售量

单位:只

月份	销售量	月份	销售量
1	1 000	7	1 300
2	1 200	8	1 200
3	1 000	9	1 200
4	1 200	10	1 100
5	1 200	11	1 000
6	1 300	12	1 000

J 型仪表单位售价 100 元/只,单位产品变动成本 40 元/只,变动性销售和管理费用 5 元/只。每月固定性制造费用 5 000 元,固定性销售和管理费用 3 000 元,所得税税率为 25%。

根据上述资料,编制该厂 2×20 年的滚动利润表,如表 6.15 所示。

表 6.15 滚动利润表

单位:元

项目	第一季度			第二季度	第三季度	第四季度	合计
	1月	2月	3月				
销售收入	100 000	120 000	100 000	370 000	370 000	310 000	1 370 000
减:变动成本							
变动制造成本	40 000	48 000	40 000	148 000	148 000	124 000	548 000

续表

项目	第一季度			第二季度	第三季度	第四季度	合计
	1月	2月	3月				
变动销售和管理费用	5 000	6 000	5 000	18 500	18 500	15 500	68 500
边际贡献	55 000	66 000	55 000	203 500	203 500	170 500	753 500
减：固定成本							
固定制造费用	5 000	5 000	5 000	15 000	15 000	15 000	60 000
固定销售和管理费用	3 000	3 000	3 000	9 000	9 000	9 000	36 000
税前利润	47 000	58 000	47 000	179 500	179 500	146 500	657 500
减：所得税	11 750	14 500	11 750	44 875	44 875	36 625	164 375
税后利润	35 250	43 500	35 250	134 625	134 625	109 875	493 125

当2×20年1月实际执行结果出来以后,可根据预算数和实际数,进行综合分析研究,推算出2×21年1月份的预算数,以此类推,使预算始终保持12个月,以此滚动向前。

6.4.2 零基预算

1) 零基预算的概念

零基预算是以零为基础来分析、研究企业发生的所有开支项目,不受现有框架约束的预算编制方法。其基本的思想是:不考虑以往企业发生的费用项目及数额,一切从零开始。因此,零基预算具有以下特点:

(1) 采用零基预算,所有业务活动都要重新进行评价,各种收支活动都要以零为起点进行观察、分析、衡量,它不考虑现行做法对企业经营活动的束缚。因此,这种预算可以根据最新的科学技术成就和现代管理方法来安排各项业务活动和收支预算。

(2) 实行零基预算能够提供不同方案的业务量及其收支盈利水平,作为生产经营决策的依据。使用零基预算,通常要把各单位、各部门的业务范围划分成若干个层次,从下到上,在不同的业务量水平范围内确定其不同的成本费用、收支和盈利水平。

(3) 采用这种方法编制的预算,不仅可以提供财务指标,而且提供了业务数量,使业务技术工作与经济效果联系起来,提高了全员关心企业经济效益的自觉性。

(4) 采用零基预算也有很大的局限性:一是预算编制的工作量大;二是对成本费用的分析带有很大的主观性。

2) 零基预算的编制程序

(1) 提出总体目标

企业在编制零基预算之前,应根据企业的长远利益提出总体目标,并将总体目标层层分解下达,使企业的基层单位在编制预算时能遵照总体目标执行。

(2) 进行效益分析

对于列入企业总体目标的各个项目,要进行效益分析,按照成本效益配比的原则进行严格的评审。审查时应考虑：一是该项工作是否必要，能否避免；二是该项工作如不可避免，是否要专设一个部门或配备专门人员；三是该项工作如没有专门的人员或部门去完成，是否能进一步改进工作方法，提高工作效率。同时，在工作安排上应考虑工作的轻重缓急，做好先后次序的安排。

（3）分配资金，落实预算

根据企业现有资源，特别是预算期内的资金数额，本着统筹兼顾、保证重点的原则，将预算资金在各有关项目之间进行合理分配。按照已经确定的先后顺序，在项目之间分配现有资金。

6.4.3 弹性预算

1）弹性预算的概念

弹性预算是指能适应企业在预算期内任何生产经营水平的一种预算，也称为变动预算。主要应用于利润和成本预算。

弹性预算与固定预算相比较有如下三个显著的特点：

（1）能适应一系列的生产经营业务活动。弹性预算就是在对企业未来的经营活动进行准确预算的基础上编制的、能够指导企业经营活动的计划。因此，对企业未来的经营活动即业务量水平进行预测是关键。但是，企业的经营活动是处于一种动态的环境当中的，有很多因素会影响到企业的经营活动，因而企业在编制预算时，业务量水平只是编制预算的一种假设。弹性预算可以提供一系列生产活动的预算数据，虽然这种预算不能排除实际业务量波动的可能性，却可以为企业的管理人员提供有关各种业务活动情况下的经济信息。

（2）具有动态性。弹性预算有利于随着业务量的变动调整其经济数据，它是按照成本的变动性来排列的，以便在预算期末时计算"实际业务量的预测成本"，即应该达到的成本水平。

（3）有利于业绩评价。弹性预算能够提供正确评价企业业绩的具体数据，使预算的执行和业绩考核建立在科学、可靠的基础上。

为了进行业绩评价，弹性预算可以按照实际达到的业务量水平进行编制。相反，固定预算即总预算在作为业绩评价的基础时保持不变或静止，它只反映原计划业务量水平下的收入和成本。

2）弹性预算的编制程序

弹性预算的编制基础是与总预算相同的有关收入和成本的性态假设。弹性预算的编制程序可以概括为以下几个方面。

（1）确定业务量范围

根据企业生产活动的具体情况来确定编制弹性预算的业务量范围，力求使企业发生的实际业务量不超出确定的范围。一般的做法是在正常业务量水平的基础上，上下调整若干百分比，并考虑一些特殊的情况后确定。

（2）选择业务量计算标准

正确地确定业务量计算标准，是弹性预算编制的一项重要基础。企业可用于计量业务量的标准比较多，比如产量、销售量、直接人工工时、机器工时等。在选择时，要选择最能够代表企业或本部门生产经营活动的项目,而且数据应该容易取得。

(3) 计算成本发生额

根据成本性态假设,把成本划分为固定成本和变动成本,在此基础上计算成本总额。其计算公式为:

$$成本总额 = 固定成本总额 + 单位变动成本 \times 业务量 \qquad (式6.9)$$

(4) 编制弹性预算

根据以上资料和信息编制不同业务量情况下的预算,包括全面弹性预算和成本弹性预算。

3) 弹性预算的编制

【例6.14】 假设WM公司B产品各年的销售量在25 000~40 000件之间,销售价格为80元/件,固定制造费用总额为100万元,固定销售与管理费用总额为10万元。与该产品有关的变动成本如表6.16所示。

表6.16 WM公司B产品变动成本表

单位:元/件

项目	单位变动成本
直接材料	20
直接人工	15
变动制造费用	10
变动销售与管理费用	2

根据上述资料编制该产品的利润预算如表6.17所示。

表6.17 WM公司B产品弹性利润预算表

项目	单位	第1方案	第2方案	第3方案	第4方案
产品销售量	件	25 000	30 000	35 000	40 000
产品销售收入	万元	200	240	280	320
减:变动成本					
直接材料	万元	50	60	70	80
直接人工	万元	37.5	45	52.5	60
变动制造费用	万元	25	30	35	40
变动销售与管理费用	万元	5	6	7	8
边际贡献	万元	82.5	99	115.5	132
减:固定成本					
固定制造费用	万元	100	100	100	100
固定销售与管理费用	万元	10	10	10	10
税前利润	万元	−27.5	−11	5.5	22
减:所得税	万元	0	0	1.375	5.5
税后利润	万元	−27.5	−11	4.125	16.5

6.4.4 作业预算

1) 作业预算的概念

作业预算,是指基于"作业消耗资源、产出消耗作业"的原理,以作业管理为基础的预算管理方法。作业预算主要适用于具有作业类型较多且作业链较长、管理层对预算编制的准确性要求较高、生产过程多样化程度较高,以及间接或辅助资源费用所占比重较大等特点的企业。

2) 作业预算的应用程序

财政部颁布的《管理会计应用指引第 200 号——预算管理》中规定了实施作业预算管理的应用程序。企业编制作业预算一般按照确定作业需求量、确定资源费用需求量、平衡资源费用需求量与供给量、审核最终预算等程序进行。企业应根据预测期销售量和销售收入预测各相关作业中心的产出量(或服务量),进而按照作业与产出量(或服务量)之间的关系,分别按产量级作业、批别级作业、品种级作业、客户级作业、设施级作业等计算各类作业的需求量。作业类别的划分参见《管理会计应用指引第 304 号——作业成本法》。企业一般应先计算主要作业的需求量,再计算次要作业的需求量。

(1) 产量级作业。该类作业的需求量一般与产品(或服务)的数量成正比例变动,有关计算公式为:

$$\text{产量级作业需求量} = \sum \text{各产品(或服务)预测的产出量(或服务量)} \times \text{该产品(或服务)作业消耗率} \qquad (\text{式 } 6.10)$$

(2) 批别级作业。该类作业的需求量一般与产品(或服务)的批次数成正比例变动,有关计算公式为:

$$\text{批别级作业需求量} = \sum \text{各产品(或服务)预测的批次数} \times \text{该批次作业消耗率} \qquad (\text{式 } 6.11)$$

(3) 品种级作业。该类作业的需求量一般与品种类别的数量成正比例变动,有关计算公式为:

$$\text{品种级作业需求量} = \sum \text{各产品(或服务)预测的品种类别数} \times \text{该品种类别作业消耗率} \qquad (\text{式 } 6.12)$$

(4) 客户级作业。该类作业的需求量一般与特定类别客户的数量成正比例变动,有关计算公式如下:

$$\text{客户级作业需求量} = \sum \text{预测的每类特定客户数} \times \text{该类客户作业消耗率} \qquad (\text{式 } 6.13)$$

(5) 设施级作业。该类作业的需求量在一定产出量(或服务量)规模范围内一般与每类设施投入量成正比例变动,有关计算公式如下:

$$设施级作业需求量 = \sum 预测的每类设施能力投入量 \times 该类设施作业消耗率$$

(式6.14)

作业消耗率是指单位产品(或服务)、批次、品种类别、客户、设施等消耗的作业数量。

企业应依据作业消耗资源的因果关系确定作业对资源费用的需求量。有关计算公式如下：

$$资源费用需求量 = \sum 各类作业需求量 \times 资源消耗率 \quad (式6.15)$$

资源消耗率是指单位作业消耗的资源费用数量。

企业应检查资源费用需求量与供给量是否平衡，如果没有达到基本平衡，需要通过增加或减少资源费用供给量或降低资源消耗率等方式，使两者的差额处于可接受的区间内。资源费用供给量，是指企业目前经营期间所拥有并能投入作业的资源费用数量。

企业一般以作业中心为对象，按照作业类别编制资源费用预算。有关计算公式如下：

$$资源费用预算 = \sum 各类资源需求量 \times 该资源费用预算价格 \quad (式6.16)$$

资源费用的预算价格一般来源于企业建立的资源费用价格库。企业应收集、积累多个历史期间的资源费用成本价、行业标杆价、预期市场价等，建立企业的资源价格库。

作业预算初步编制完成后，企业应组织相关人员进行预算评审。预算评审小组一般应由企业预算管理部门、运营与生产管理部门、作业及流程管理部门、技术定额管理部门等组成。评审小组应从业绩要求、作业效率要求、资源效益要求等多个方面对作业预算进行评审，评审通过后上报企业预算管理决策机构进行审批。

企业应按照作业中心和作业进度进行作业预算控制，通过把预算执行的过程控制精细化到作业管理层次，把控制重点放在作业活动驱动的资源上，实现生产经营全过程的预算控制。

企业作业预算分析主要包括资源动因分析和作业动因分析。资源动因分析主要揭示作业消耗资源的必要性和合理性，发现减少资源浪费、降低资源消耗成本的机会，提高资源利用效率；作业动因分析主要揭示作业的有效性和增值性，减少无效作业和不增值作业，不断地进行作业改进和流程优化，提高作业产出效果。

6.5 工具方法评价

6.5.1 全面预算评价

1) 全面预算实施的基础条件

(1) 企业领导班子的认可和支持。全面预算管理属于"一把手"工程，企业领导班子必须高度重视，思想统一，行动一致，企业各级"一把手"亲自抓、亲自管、亲自参与。

(2) 企业全体员工参与和配合。全面预算管理涉及企业生产经营活动的方方面面和各个环节，需要企业全体员工从各自的业务层面为全面预算管理运用提供支撑。

（3）完善业务、财务协同的工作机制。全面预算管理强调管理控制的一体化和系统性，只有业务和财务的高度协同才能保证全面预算管理的顺利实施。

（4）必须实现全面预算管理的过程闭环。完善的全面预算管理体系必定是起于战略，止于考核，包含预算编制、预算执行监控与分析、绩效评价的全过程闭环管理体系。

2）全面预算的优缺点

全面预算是在企业战略目标的指引下将企业资源进行科学、合理的有效配置和利用，同时通过预算执行分析，及时发现和解决过程中出现的经营问题，并通过预算评价考核，有效地激励企业经营活动按照预期的计划顺利进行，完成既定的经营目标，有利于全面提升企业管理水平和经营效率，实现企业价值最大化。

全面预算是一项较为系统而又复杂的工作，涉及企业的各个业务方面，需要充分发挥企业所有职能部门和业务部门的作用，更需要企业上下全员参与和通力合作，对企业的管理水平要求较高。

6.5.2 预算管理工具方法评价

对于滚动预算，该工具方法适时性和相关性强。滚动预算处于更新和修正的动态过程中，能够最及时地向决策层提供关于未来业务经营业绩的信息，使各级管理者始终保持对未来一定时期的生产经营活动的统筹谋划，实现资源的前瞻配置，以保证企业的各项工作始终不偏离战略目标。然而，常态化的滚动预算工作量较大，且保证数据的及时性难度较高，需要企业有较好的基础管理水平和较高的信息化水平，同时需要财务人员对业务有较高的敏感度。具体而言体现在两方面：第一，预算滚动的频率越高，对预算沟通的要求越高，预算编制的工作量越大；第二，过高的滚动频率容易增加管理层的不稳定感，导致预算执行者无所适从。

零基预算，该工具方法的主要优点：一是以零为起点编制预算，不受历史期经济活动中的不合理因素影响，能够灵活应对内外环境的变化，预算编制更贴近预算期企业经济活动的需要；二是有助于增加预算编制透明度，有利于进行预算控制。但是，零基预算的主要缺点有：预算编制工作量较大、成本较高；预算编制的准确性受企业管理水平和相关数据标准准确性影响较大。

弹性预算，该工具方法的主要优点是考虑了预算期可能的不同业务量水平，更贴近企业经营管理的实际情况。但是编制工作量大，对于市场及其变动趋势预测的准确性、对于预算项目与业务量之间依存关系判断的水平等会对弹性预算的合理性造成较大影响。

作业预算，基于作业需求量配置资源，可以避免资源配置的盲目性；通过总体作业优化实现最低的资源费用耗费，创造最大的产出成果；可以促进员工对业务和预算的支持，有利于预算的执行。但是，预算的建立过程复杂，需要详细地估算生产和销售对作业和资源费用的需求量，并测定作业消耗率和资源消耗率，数据收集成本较高。

本章思考

1. 预测和预算有什么不同?
2. 什么是预算管理?企业为什么要实施预算管理?
3. 企业全面预算由哪几部分构成?
4. 全面预算的作用有哪些?
5. 在全面预算体系中,为什么要首先编制销售预算?
6. 什么是滚动预算?滚动预算有何特点?
7. 弹性预算为什么会克服固定预算的编制缺陷?
8. 零基预算的含义和特点是什么?
9. 评价各预算管理工具方法的优缺点。
10. 结合本章内容,查阅资料,说说预算管理在我国企业的应用情况如何。

应用实操

应用实操一:

【资料】柠檬公司生产和销售一种产品,预计 2×20 年第一至四季度的销售量分别为 1 000 件、1 500 件、2 000 件和 1 500 件,销售单价为 75 元/件。柠檬公司销货款的收回规定如下:销售当季收款 40%,其余的 60% 将于下季度收回。假定 2×19 年年末的应收账款的余额为 24 000 元。柠檬公司第一季度的期初现金余额为 3 200 元。2×20 年各季度预计的现金支出分别为 58 500 元、86 000 元、132 000 元和 130 000 元。每季度最低的现金余额为 3 000 元。若资金不足,根据公司与银行的协议,公司每季初都可按 6% 的年利率向银行借款;或资金有多余,每季末偿还。借款金额以 1 000 元为单位,借款利息于偿还本金时一起支付。

【要求】

1. 利用 Excel 编制柠檬公司 2×20 年的销售预算,包括预计现金收入计算表。
2. 利用 Excel 编制现金预算。

应用实操二:

【资料】广东动车组餐饮有限公司依据航高集团总部的总体战略规划,明确 20×9 年经营目标,即营业收入 20×9 年较上年增长 10%,目标利润为 500 万元,公司根据此经营目标,结合相关信息编制各预算,有关信息如下:

1. 经市场部门测算,20×9 年广东动车组餐饮有限公司配套的新增高铁车次以及客流量自然增加两方面影响较上年度增长 10%,选用高铁配餐的旅客也会同比自然增长 10%;公司计划广告费用适度增加,提高旅客选用高铁配餐的比重,在 20×8 年销量的基础上增加销量 2%;预计 20×9 年各产品各季度销售占比与 20×8 年保持一致;公司的主要客户为铁路总公司下属机构,双方具备长期稳定的合作关系,公司每季度销售收入中,本季度收到现金80%,另外20%现金要到下季度才能收到,上年应收账款为112万元。相关数据见表1和表2所示。

表1 20×8年各产品销售数量汇总表

编制单位:广东动车组餐饮有限公司　　　　　　　　　　　　　　　　　　　　　　单位:盒

产品	第一季度	第二季度	第三季度	第四季度	合计
牛腩饭	25 919	24 189	12 964	21 328	84 400
红烧肉饭	31 102	29 030	15 556	29 992	105 680
回锅肉饭	34 562	32 260	17 276	19 102	103 200
香菇焖鸡饭	27 646	25 801	13 823	31 890	99 160
扬州炒饭	19 007	17 739	9 503	19 111	65 360
素餐	34 562	32 257	17 281	34 100	118 200
合计	172 798	161 276	86 403	155 523	576 000

表2 20×9年铁路配餐价格预测

编制单位:广东动车组餐饮有限公司　　　　　　　　　　　　　　　　　　　　　单位:元/盒

产品	牛腩饭	红烧肉饭	回锅肉饭	香菇焖鸡饭	扬州炒饭	素餐
20×9年	55	45	35	35	15	15

2. 公司各季度末产成品存货数量按照下一期预计销售数量的20%来预备,有关存货的数据见表3所示。

表3 20×9年初年末各产品存货数量预计

编制单位:广东动车组餐饮有限公司　　　　　　　　　　　　　　　　　　　　　　单位:盒

产品	牛腩饭	红烧肉饭	回锅肉饭	香菇焖鸡饭	扬州炒饭	素餐
20×9年初	4 666	5 599	6 221	4 977	3 421	6 221
20×9年末	6 480	7 776	8 640	6 912	4 752	8 640

3. 公司20×9年生产铁路配餐盒饭产品需要的直接材料耗用量、消耗定额、采购单价及存货数量如表4~表7所示,各季度期末材料存量根据下季度生产量的20%提前储备,各季度"期初材料存量"是上季度的期末存货。

表4 20×9年度单位产品直接材料耗用统计表

编制单位:广东动车组餐饮有限公司　　　　　　　　　　　　　　　　　　　　　　单位:元

直接材料	牛腩饭	红烧肉饭	回锅肉饭	香菇焖鸡饭	扬州炒饭	素餐	合计
米饭	0.40	0.40	0.40	0.40	0.40	0.40	2.40
开胃菜	2.30	2.80	2.80	2.80	0.30	0.30	11.30
牛腩	7.50						7.50
虾仁	4.60						4.60

续表

直接材料	牛腩饭	红烧肉饭	回锅肉饭	香菇焖鸡饭	扬州炒饭	素餐	合计
猪肉		5.20	3.60				8.80
青笋			1.80				1.80
香菇鸡				5.60			5.60
时蔬与鸡蛋					4.90		4.90
素餐配菜						3.90	3.90
其他	1.20	1.20	1.20	1.20	1.20	1.20	7.20
合计	16.00	9.60	9.80	10.00	6.80	5.80	58.00

表5　20×9年度单位产品直接材料消耗定额

编制单位：广东动车组餐饮有限公司　　　　　　　　　　　　　　　　　　单位：千克

直接材料	牛腩饭	红烧肉饭	回锅肉饭	香菇焖鸡饭	扬州炒饭	素餐	合计
米饭	0.10	0.10	0.10	0.10	0.10	0.10	0.60
开胃菜	0.23	0.28	0.28	0.28	0.03	0.03	1.13
牛腩	0.15						0.15
虾仁	0.10						0.10
猪肉		0.22	0.15				0.37
青笋			0.12				0.12
香菇鸡				0.28			0.28
时蔬与鸡蛋					0.45		0.45
素餐配菜						0.49	0.49
其他	0.06	0.06	0.06	0.06	0.06	0.06	0.36
合计	0.64	0.66	0.71	0.72	0.64	0.68	4.05

表6　20×9年度产品直接材料采购单价

编制单位：广东动车组餐饮有限公司　　　　　　　　　　　　　　　　　单位：元/千克

直接材料	牛腩饭	红烧肉饭	回锅肉饭	香菇焖鸡饭	扬州炒饭	素餐	合计
米饭	4.00	4.00	4.00	4.00	4.00	4.00	24.00
开胃菜	10.00	10.00	10.00	10.00	10.00	10.00	60.00
牛腩	50.00						50.00
虾仁	45.00						45.00
猪肉		24.00	24.00				48.00
青笋			15.00				15.00

续表

直接材料	牛腩饭	红烧肉饭	回锅肉饭	香菇焖鸡饭	扬州炒饭	素餐	合计
香菇鸡				20.00			20.00
时蔬与鸡蛋					11.00		11.00
素餐配菜						8.00	8.00
其他	20.00	20.00	20.00	20.00	20.00	20.00	120.00
合计	129.00	58.00	73.00	54.00	45.00	42.00	401.00

表7 20×9年年初年末直接材料存货数量预计

编制单位：广东动车组餐饮有限公司　　　　　　　　　　　　　　　　　　单位：千克

直接材料	20×9年初	20×9年末
米饭	6 221.00	8 640.00
开胃菜	17 418.80	24 192.00
牛腩	1 866.30	2 592.00
虾仁	1 244.20	1 728.00
猪肉	5 200.80	7 223.04
青笋	1 493.04	2 073.60
香菇鸡	2 787.12	3 870.72
时蔬与鸡蛋	3 078.90	4 276.80
素餐配菜	6 096.58	8 467.20
其他	3 751.20	5 209.92

4. 公司过往年度年生产铁路配餐盒饭产品的统计数据，结合作业成本法对各作业中心的设定，各产品的单位工时如表8所示，20×9年预计每小时人工成本18元。

表8 20×8年度单位产品工时耗用统计表

编制单位：广东动车组餐饮有限公司　　　　　　　　　　　　　　　　　　单位：小时/盒

产品	牛腩饭	红烧肉饭	回锅肉饭	香菇焖鸡饭	扬州炒饭	素餐
单位产品工时	0.49	0.48	0.49	0.51	0.29	0.30

5. 公司制造费用预算表如表9所示：

表9 20×9年度制造费用预算

编制单位：广东动车组餐饮有限公司

类别	牛腩饭	红烧肉饭	回锅肉饭	香菇焖鸡饭	扬州炒饭	素餐
变动制造费用/元	32 000.00	30 000.00	32 000.00	35 000.00	20 000.00	22 000.00
固定制造费用/元	96 000.00	93 000.00	96 000.00	100 000.00	50 000.00	530 000.00
人工总工时/小时	47 207.58	51 207.27	55 265.68	45 777.00	22 290.00	27 989.00
变动制造费用分配率	0.68	0.59	0.58	0.76	0.90	0.79

续表

类别	牛腩饭	红烧肉饭	回锅肉饭	香菇焖鸡饭	扬州炒饭	素餐
固定制造费用分配率	2.03	1.82	1.74	2.18	2.24	18.94
单位变动制造费用投入/小时	0.488 46	0.490 36	0.488 38	0.488 16	0.238 46	0.228 42
单位固定制造费用投入/小时	0.490 86	0.498 86	0.491 86	0.490 26	0.260 86	0.240 88

6. 公司销售费用预算采用短期滚动预算方式，以1年为预算编制周期，以季度作为预算滚动频率，20×9年第一季度至第四季度，部分销售费用预算数据如表10所示，20×9年第二季度起部分销售费用因内外部环境改变而发生如下变化：(1)销售人员薪酬经总公司批准，从20×9年第二季度起统一上调10%；(2)通信宽带费因电信公司资费调整，从20×9年第二季度起统一下调20%；(3)为进一步提高销售业绩，从20×9年第二季度开始增加广告宣传预算费用至120 000元/季度；(4)为进一步激励销售人员，销售提成在原销售收入的3%的基础上，提升至3.8%；(5)为加强费用管控，业务招待费在原销售收入的0.5%的基础上，压缩至0.4%；(6)其他费用项目与上一滚动预算期保持一致。暂不考虑以上销售费用的预算调整对当期销售收入预算的影响，20×0年第一季度的销售收入预计为7 478 036.00元；假设上述所有销售费用均为当期现金支付；假设20×9年第一季度的销售费用预算与实际执行情况一致。

表10　20×9年销售费用预算表

编制单位：广东动车组餐饮有限公司　　　　　　　　　　　　　　　　　　　　　单位：元

项目		第一季度	第二季度	第三季度	第四季度	2×19年全年
固定销售费用	销售人员薪酬	60 000.00	60 000.00	60 000.00	60 000.00	240 000.00
	会议费	7 000.00	7 000.00	7 000.00	7 000.00	28 000.00
	水电费	500.00	500.00	500.00	500.00	2 000.00
	交通费	10 500.00	10 500.00	10 500.00	10 500.00	42 000.00
	通信宽带费	1 500.00	1 500.00	1 500.00	1 500.00	6 000.00
变动销售费用	广告宣传	90 000.00	90 000.00	90 000.00	90 000.00	360 000.00
	销售提成	195 079.20	182 074.95	97 551.15	171 543.90	646 249.20
	业务招待费	32 513.20	30 345.83	16 258.53	28 590.65	107 708.21
合计支付现金		397 092.40	381 920.78	283 309.68	369 634.55	1 431 957.41

7. 公司管理费用预算采用短期滚动预算方式，以1年为预算编制周期，以季度作为预算滚动频率，20×9年第一季度至第四季度部分管理费用预算数据如表11所示，20×9年第二季度起部分管理费用因内外部环境发生如下变化：(1)管理人员薪酬经总公司批准，从20×9年第二季度起统一上调7%；(2)通信宽带费因电信公司资费调整，从20×9年第二季度起统一下调20%；(3)为进一步强化内部管控，从20×9年第二季度开始差旅费预算下调至80 000元/季度；业务招待费在原销售收入的3%的基础上，压缩至2.8%；(4)为加强费用管控，其他杂费在原销售收入的0.3%的基础上，压缩至0.2%；(5)其他管理费用项目保持

不变。暂不考虑以上管理费用的预算调整对当期销售收入预算的影响,20×0年第一季度的销售收入预计为7 478 036.00元。

表11 20×9年管理费用预算表

编制单位:广东动车组餐饮有限公司　　　　　　　　　　　　　　　　　　　单位:元

项目		20×9年一季度	20×9年二季度	20×9年三季度	20×9年四季度	20×9年全年
固定管理费用	管理人员薪酬	280 000.00	280 000.00	280 000.00	280 000.00	1 120 000.00
	会议费	9 000.00	9 000.00	9 000.00	9 000.00	36 000.00
	水电费	1 000.00	1 000.00	1 000.00	1 000.00	4 000.00
	交通费	30 000.00	30 000.00	30 000.00	30 000.00	120 000.00
	通信宽带费	1 500.00	1 500.00	1 500.00	1 500.00	6 000.00
变动管理费用	差旅费	100 000.00	100 000.00	100 000.00	100 000.00	400 000.00
	业务招待费	195 079.20	182 074.95	97 551.15	171 543.90	646 249.20
	其他杂费	19 507.92	18 207.50	9 755.12	17 154.39	64 624.93
合计支付现金		636 087.12	621 782.45	528 806.27	610 198.29	2 396 874.13

8. 预计20×9年税金及附加占营业收入的0.65%;公司20×9年预计4个季度末的银行存款余额如表12所示;公司20×9年预计4个季度末的短期贷款余额如表13所示,该短期贷款年利率12%。假设该短期贷款余额在季度内保持不变。广东动车组餐饮有限公司在20×9年除下列短期贷款外无其他有息贷款。

表12 20×9年预计银行存款余额

编制单位:广东动车组餐饮有限公司　　　　　　　　　　　　　　　　　　　单位:元

项目	20×9年3月31日	20×9年6月30日	20×9年9月30日	20×9年12月31日
银行存款	520 000.00	520 000.00	820 000.00	1 600 000.00

表13 20×9年各季度末短期贷款余额

编制单位:广东动车组餐饮有限公司　　　　　　　　　　　　　　　　　　　单位:元

项目	20×9年3月31日	20×9年6月30日	20×9年9月30日	20×9年12月31日
短期贷款	1 000 000.00	1 000 000.00	1 500 000.00	2 500 000.00

【要求】

1. 关于销售量的预测结果及其他资料,通过Excel完成20×9年营业收入预算表。(计算过程及结果除百分比保留4位小数外其他保留整数,尾差挤入第四季度保留整数,单价保留整数)

2. 结合有关年初存货和年末存货数量的预计和20×9年各产品的销售量预算表的结果,通过Excel编制各季度各产品生产预算表。(计算过程及结果保留整数)

3. 在产品生产预算的基础上,根据产品消耗定额与直接材料采购单价、20×9年初年末直接材料存货数量预计以及直接材料预算资料,通过Excel编制20×9年直接材料——牛

肉的预算表。(计算过程及结果保留两位小数)

4. 在产品生产预算的基础上,根据单位产品工时耗用统计表、直接人工预算资料,通过 Excel 编制 20×9 年直接人工——牛腩饭预算表。(计算过程及结果保留两位小数)

5. 在销售预算、生产预算、直接材料预算、直接人工预算的基础上,结合制造费用预算,通过 Excel 编制 20×9 年牛腩饭产品成本预算表。(计算过程及结果除投入量和成本两列保留 5 位小数外,其他保留两位小数)

6. 根据销售收入预算、20×9 年部分销售费用预算及背景信息,通过 Excel 以滚动预算的方式完成 20×9 年第二季度至 20×0 年第一季度的销售费用预算。(计算过程及结果保留两位小数)

7. 根据销售收入预算、20×9 年初管理费用预算资料,通过 Excel 以滚动预算的方式完成 20×9 年二季度至 20×0 年第一季度的管理费用预算。(计算过程及结果保留两位小数)

8. 根据销售收入预算、20×9 年税金及附加、财务费用预算资料,通过 Excel 完成 20×9 年度的税金及附加、财务费用预算。(计算过程及结果保留两位小数)。

9. 通过 Excel 编制 20×9 年预计现金收入表。(计算过程及结果保留两位小数)

案 例 链 接

[1] 乐百氏集团全面预算管理
　　——靳国兴.乐百氏集团全面预算管理案例分析[D].郑州:郑州大学,2010.
[2] 基于大数据应用的战略预算管理分析
　　——钱美芳.基于大数据应用的战略预算管理案例研究[J].会计师,2020(7):18-21
[3] 全面预算管理在 H 集团中的应用分析
　　——邓若冰.全面预算管理在 H 集团中的应用[J].区域治理,2019(35):182-185.
[4] 长江电工运用全面预算提升企业价值创造能力
　　——李守武.管理会计实战案例[M].北京:中国财政经济出版社,2015.
[5] G 房地产经纪公司基于 EVA 的全面预算管理案
　　——童瑶.基于 EVA 的全面预算管理研究:以 G 房地产经纪公司为例[D].南昌:华东交通大学,2017.
[6] 从扁鹊三兄弟看企业全面预算管理的重要性
　　——富策科技.从扁鹊医疗理论看全面预算管理重要性[EB/OL].(2017-08-01)[2021-07-25]. http://www.tech-future.com.cn/xinwen/hangye/232.html.

第7章 标准成本法

本章导语

源于20世纪初,配合泰罗制的广泛实施而逐渐形成的标准成本体系,目前已趋于成熟,是一种成本计算与成本控制相结合的方法。标准成本体系通过对企业生产活动各项流程制定标准,设定目标,并将实际成本与标准成本进行比较,以了解其差距,分析其原因,进而采取有效的成本管控措施,至今仍是成本管控的重要方法之一。

本章内容基于《管理会计应用指引第302号——标准成本法》,主要介绍了标准成本法的概念、类型和作用,标准成本的制定,成本差异的计算和分析,应用环境,以及对标准成本法管理工具的评价。

引入案例

宝钢集团有限公司(简称"宝钢")是一家钢铁生产规模较大、生产工艺较为成熟的特大型钢铁联合企业。为了进一步提升成本管理水平,加强成本管控,宝钢积极开展对外交流,借鉴国外大型钢铁企业的成本管控经验,并结合企业经营的实际情况,逐渐探索出了一套较为成熟的钢铁行业标准成本制度。

根据实践,标准成本应依据各生产流程的操作规范,利用健全的生产工程、技术测定对各成本中心及产品制定合适的数量化标准,再将该数量化标准金额化,作为成本绩效衡量与标准产品成本计算的基础。

第一,划分为不同成本中心,明确职责。在日常生产实践中,宝钢将在生产业务流程中有产品经过的、有投入和产出的单元都划分为成本中心,在构建各级成本中心的过程中,坚持分权管理、逐级负责的理念,形成了公司层—生产厂(部)—分厂—作业区的多层级成本中心组织体系。

第二,建立科学完善、符合绩效考核需要的成本标准。宝钢在制定成本标准时,组织了技术、生产、工艺、财务等多方技术骨干参与其中,严格按照生产流程的操作规范,从各级成本中心及其所生产产品的实际情况出发,在反复摸索的实践当中,率先制定出契合实际情况的数量标准。在数量标准的基础上,制定出金额标准用于绩效考评和计算损益。

第三,构建多层次的成本分析组织体系。具体包括成本标准差异、产品效益、成本水平和成本趋势分析等,能够准确找出成本标准与实际成本之间的差异、成本节约对产品的利润贡献,有效分析企业成本在同行业中的水平以及未来的发展趋势。

宝钢的标准成本制度有以下作用:(1)便于成本核算。只要划定成本中心、确定成本标准、制定成本项目后,按一定的程序便可核算出标准成本、实际成本及成本差异。(2)便于分清各成本中心的责任。由于标准成本将成本中心划定为公司层—生产厂(部)—分厂—

作业区多层级,因此打破了车间之间"吃大锅饭"的现象,能够清楚地揭示出标准成本差异,责任一目了然。(3)便于成本控制。明确成本中心的责任后,使成本控制的责任下放到作业区,便于车间、作业区把成本标准、成本指标层层分解到个人,加强考核,使奖金与成本业绩挂钩。(4)便于决策。一方面便于管理当局根据差异分析情况做出采取新工艺、新操作、新技术的决策,以控制成本;另一方面,便于管理当局针对标准成本状况,做出销售经营决策。

资料来源:[1] 范松林.标准成本制度在宝钢的运用[J].会计研究,2000(8):29-34.
　　　　[2] 吕凯风,黄波.宝钢标准成本法的应用[J].财务与会计,2018(3):32-33.

7.1 标准成本法概述

7.1.1 标准成本法产生的背景

标准成本制度产生于20世纪20年代的美国,是会计与泰罗制[①]结合的产物。当时的美国经济快速发展,企业规模迅速扩大,但由于企业管理落后,劳资关系紧张,企业生产效率低下,大量工人存在"磨洋工"的情况。为了改进管理,提高生产效率,一些工程技术人员和管理者进行了各种尝试,首先改革了工资制度,在科学试验的基础上,设定科学的标准,发展奖励计件工资制度,形成了标准人工成本的概念。此后,又逐渐把标准人工成本延伸到标准材料成本、标准制造费用等。随着其内容的不断发展和完善,标准成本制度在西方国家得到广泛的应用,逐渐成为成本管理中应用最普遍也最有效的成本控制手段,并在长期的实践中趋于成熟和定型。标准成本的制定使得成本计算由事后核算转变为事前控制,它的形成与发展也标志着成本会计向管理会计的转型,是现代管理会计的重要组成内容之一。

7.1.2 标准成本法的含义

标准成本法,是指企业以预先制定的标准成本为基础,通过比较标准成本与实际成本,计算和分析成本差异,揭示成本差异动因,进而实施成本控制、评价经营业绩的一种成本管理方法。企业应用标准成本法的主要目标,就是通过比较标准成本与实际成本,揭示与分析两者的差异及产生的原因,明确各部门责任,发扬优点,克服缺点,有效控制成本,从而不断提高工作效率,改善产品成本。

所谓标准成本,是指在正常的生产技术水平和有效的经营管理条件下,企业经过努力应达到的产品成本水平。标准成本是经过精确的调查、分析、试验和技术测定等而制定的,基本排除了生产过程中不应该发生的浪费和低效率行为,其目的是为了控制成本、衡量工作效率,是企业应当为之努力的目标和要求。

实际工作中,标准成本有两层含义:一是指单位产品的标准成本,根据单位产品的标准消耗量和标准单价计算,即:

---

① 雷德里克·泰罗(1856—1915)建立的科学管理理论体系,旨在通过标准化管理提高企业的生产效率。

$$\text{单位产品标准成本} = \text{单位产品标准消耗量} \times \text{标准单价} \qquad (\text{式 7.1})$$

二是指实际产量的标准成本总额,根据实际产品产量和单位产品成本标准计算,即:

$$\text{标准成本总额} = \text{实际产量} \times \text{单位产品标准成本} \qquad (\text{式 7.2})$$

7.1.3 标准成本的种类

根据管理者所要求达到的效率不同,标准成本可分为理想标准成本、正常标准成本和现实标准成本三类。

1) 理想标准成本

理想标准成本是指在最佳工作状态下,根据现有的规模和设备可以达到的最低成本水平。它是在排除了生产过程中一切的失误、故障、停顿、浪费和资源闲置,根据理论上的耗用量、价格以及满负荷的生产能力,以技术最熟练、效率最高的工人全力以赴工作,尽最大努力才能够达到的成本水平。这种标准成本难以实现,是理想中的状态,可以作为企业激励的方向和目标,但不宜作为日常成本控制和考核的依据。

2) 正常标准成本

正常标准成本是根据过去一段时期实际成本的平均值,剔除异常因素,并考虑未来变动趋势后的可以达到的成本水平。这种标准成本反映了该行业平均的生产能力和技术能力,在历史平均水平的基础上考虑未来变动趋势,是企业经过努力可以达到的成本水平,因此在经济和技术较为稳定的情况下,可以将其作为现行标准成本。

3) 现实标准成本

现实标准成本是在现有的生产条件下应该达到的成本水平。这种标准成本是根据目前已经达到的生产技术水平、价格水平和生产经营能力利用程度,并考虑生产中可能产生的失误、故障、损耗等不可避免的低效因素后制定的标准成本,是企业经过一定努力可以达到的成本水平。现实标准成本在成本控制中能够充分发挥积极的激励作用,最切实可行且接近实际成本,因此在实际工作中得到了广泛应用。

7.1.4 标准成本法的作用

基于企业会计准则和税法的考量,标准成本法无法直接作为产品成本评价的基础,只能作为成本核算的辅助方法,但其在成本管理中具有不可替代的优势,可以作为管理当局内部决策的依据,有助于管理者的各项规划和控制工作,标准成本法的具体作用如下:

1) 有利于预算和控制

在生产开始前制定出单位产品的用量标准和价格标准,有助于预算的建立和各部门的协调,提高经营效率,并在领料、用料、安排工时和人力时有据可循,从而有效控制成本。

2) 有利于员工的激励和考核

标准成本法能够及时反馈各成本项目不同性质的差异,有利于考核相关部门及人员的业绩,配合薪酬方案,更能够提升员工士气,激励员工使其个人利益与企业价值趋于统一。

3) 有利于做出正确决策

标准成本代表了企业通过努力能够达到的成本水平,因而可以作为评价决策方案优劣的依据,也可以用于制定对竞争有利的产品销售价格,标准成本的制定及其差异和动因的分析可以使企业的决策更为科学和可行。

4) 有利于责任会计的实施

标准成本和实际成本之间的差异分析能够迅速追踪差异原因,归属差异责任,明确相关部门和人员的责任,有助于绩效的改善。

5) 有利于简化成本核算工作

标准成本法下,原材料、在产品、产成品均已按标准成本计价,所产生的差异在期末调整,相较于以实际成本记录来说大大减少了会计核算的工作量,信息提供更加迅速。

7.2 标准成本的制定

企业制定标准成本,应当由跨部门团队采用"上下结合"的模式进行,结合经验数据、行业标杆或实地测算结果,运用统计分析、工程试验等方法,考虑现实条件,就不同的成本或费用项目,分别确定标准。

产品标准成本通常由直接材料标准成本、直接人工标准成本和制造费用标准成本构成,各标准成本项目应当与成本会计日常核算所使用的成本项目一致。每一成本项目的标准成本应当分为"用量标准"(如单位产品材料消耗量、单位产品人工小时数、单位产品机器工时数等)和"价格标准"(如原材料单价、工人小时工资率、制造费用分配率等),再将用量标准和价格标准相乘,由此计算出某一成本项目的标准成本,这样便有助于我们计算和分析标准成本与实际成本的差异是由"用量"造成的,还是由"价格"造成的,从而明确责任,改善绩效。

7.2.1 直接材料标准成本的制定

直接材料标准成本,是指直接用于产品生产的材料成本的标准,包括标准用量和标准单价两方面。

制定直接材料的标准用量,一般由生产部门负责,会同工程、技术、财务、信息等部门,根据产品的图纸等技术文件展开研究,列举所需的各种材料及可能的替代材料,在对过去用料经验和记录进行分析的基础上,综合国内外经济现状、企业经营管理水平、行业平均水平、成本降低任务要求等,同时考虑与材料的储存、可获得性、废料处理和运输成本有关的事项及问题,采用平均数、最节省数量、实际测定数据或技术分析数据等,科学制定标准用量。

制定直接材料的标准单价,一般由采购部门负责,会同财务、生产、信息等部门,在考虑市场环境及其他变化趋势、订货价格以及最佳采购批量等因素的基础上综合确定。材料按计划成本核算的企业,材料的标准单价也可以采用材料的计划单价。

制定了直接材料的标准用量和标准单价后,根据以下公式计算直接材料标准成本:

$$\text{直接材料标准成本} = \text{单位产品的标准用量} \times \text{材料的标准单价} \quad (\text{式 7.3})$$

【**例 7.1**】 某企业计划生产 A 产品,所耗直接材料相关资料如表 7.1 所示。要求根据资料制定 A 产品的直接材料标准成本。

表 7.1 直接材料资料

项目	甲材料	乙材料
预计正常用量/(千克/件)	6	4
预计损耗/(千克/件)	1	0.5
买价/(元/千克)	100	120
采购费用/(元/千克)	5	10

直接材料标准用量：甲材料＝6＋1＝7(千克/件)
　　　　　　　　　乙材料＝4＋0.5＝4.5(千克/件)
直接材料标准单价：甲材料＝100＋5＝105(元/千克)
　　　　　　　　　乙材料＝120＋10＝130(元/千克)
A 产品直接材料标准成本＝7×105＋4.5×130＝1 320(元/件)

7.2.2　直接人工标准成本的制定

直接人工标准成本，是指直接用于产品生产的人工成本的标准，包括标准工时和标准工资率两方面。

制定直接人工标准工时，一般由生产部门负责，会同工程、技术、财务、信息等部门，在对产品生产所需作业、工序、流程工时进行技术测定的基础上，考虑正常的工作间隙和停顿，综合生产条件的变化和技术的改善，以及工作人员的主观能动性是否充分发挥等因素，合理确定单位产品的工时标准。值得注意的是，员工的主观能动性对直接人工标准工时的制定有很大影响，如果仅仅由工程师或经理来制定标准，一线职工的需求就有可能被忽视，生产效率和激励效果也会大打折扣，因此如果制定标准时有一线职工的参与，并鼓励他们将自己的实际业绩与标准进行比较，生产效率与激励效果就会大幅提高。

直接人工标准工资率一般由人力资源部门负责，根据企业薪酬制度等制定。如果是计件工资制，标准工资率可以是预定的单位产品支付的工资除以单位产品的标准工时，也可以是预定的小时工资。如果是月工资制，则需要根据月工资总额和标准工时总量来计算标准工资率，具体公式如下：

$$标准工资率＝月工资总额/总工时 \quad (式7.4)$$

制定了直接人工的标准工时和标准工资率后，根据以下公式计算直接人工标准成本：

$$直接人工标准成本＝单位产品的标准工时×小时标准工资率 \quad (式7.5)$$

【例7.2】　某企业计划生产 A 产品，直接人工相关资料如表 7.2 所示。要求根据资料制定 A 产品的直接人工标准成本。

表 7.2 直接人工资料

项目	一车间	二车间
单位产品工时/(小时/件)	5	4
单位产品休息工时/(小时/件)	0.8	0.7
单位产品废品工时/(小时/件)	0.2	0.3
月工资总额/元	90 000	60 000
总工时/小时	6 000	5 000

直接人工标准工时：一车间＝5＋0.8＋0.2＝6(小时/件)

二车间＝4＋0.7＋0.3＝5(小时/件)

小时标准工资率：一车间＝90 000/6 000＝15(元/小时)

二车间＝60 000/5 000＝12(元/小时)

A 产品直接人工标准成本＝6×15＋5×12＝150(元/件)

7.2.3 制造费用标准成本的制定

由于制造费用通常按照成本性态分为变动制造费用和固定制造费用，因此，制造费用标准成本的制定也应当区分为变动制造费用项目和固定制造费用项目来分别确定。

1) 变动制造费用标准成本的制定

变动制造费用，是指通常随产量变化而成正比变化的制造费用。变动制造费用项目的标准成本根据标准用量和标准价格确定。

变动制造费用的标准用量通常采用单位产品的直接人工标准工时，有些企业可能采用机器标准工时或其他用量标准，但无论采用哪种计量单位，都须注意其应当与变动制造费用保持较好的线性相关关系。变动制造费用的标准价格通常是单位工时变动制造费用的标准分配率，标准分配率具体计算公式为：

变动制造费用标准分配率＝预算变动制造费用总额/直接人工标准总工时等

(式 7.6)

变动制造费用标准成本计算公式如下：

变动制造费用标准成本＝单位产品直接人工标准工时×变动制造费用标准分配率

(式 7.7)

依据相关性原则，以上公式中的直接人工标准工时也可替换为机器标准工时。

【例 7.3】 某企业计划生产 A 产品，变动制造费用相关资料如表 7.3 所示，假设该公司变动制造费用的分配基础为直接人工工时。要求根据资料制定 A 产品的变动制造费用标准成本。

表 7.3 变动制造费用资料

项目	一车间	二车间
单位产品工时/(小时/件)	5	4
单位产品休息工时/(小时/件)	0.8	0.7
单位产品废品工时/(小时/件)	0.2	0.3
预算变动制造费用总额/元	120 000	150 000
总工时/小时	6 000	5 000

变动制造费用标准用量：一车间＝5＋0.8＋0.2＝6(小时/件)

二车间＝4＋0.7＋0.3＝5(小时/件)

变动制造费用标准价格：一车间＝120 000/6 000＝20(元/小时)

二车间＝150 000/5 000＝30(元/小时)

A 产品变动制造费用标准成本＝6×20＋5×30＝270(元/件)

2) 固定制造费用标准成本的制定

固定制造费用，是指在一定产量范围内，其费用总额不会随着产量的变化而变化，始终保持固定不变的制造费用。正因为固定制造费用的总额不随产量的变化而变化，其标准成本的制定与变动制造费用有些不同，要视企业的成本计算方法而定。如果企业采用变动成本法，固定制造费用一般作为期间费用处理，不计入产品成本，那么固定制造费用一般按照费用的构成项目实行总量控制，通常是通过预算管理来实现；如果企业采用完全成本法，固定制造费用要计入产品成本，那么就需要计算标准分配率，将固定制造费用分配至单位产品，形成固定制造费用的标准成本。

固定制造费用的标准成本同样也包括标准用量和标准价格。其中，标准用量的制定与变动制造费用基本相同，包括直接人工标准工时、机器标准工时或其他标准用量等，标准用量一般应与变动制造费用保持一致，便于后续的差异分析。

固定制造费用的标准价格是单位工时的标准分配率，标准分配率可以根据预算固定制造费用与直接人工标准总工时计算求得，具体计算公式如下：

固定制造费用标准分配率＝预算固定制造费用/直接人工标准总工时　　（式 7.8）

单位产品固定制造费用标准成本计算公式如下：

单位产品固定制造费用标准成本＝单位产品直接人工标准工时×

固定制造费用标准分配率　　（式 7.9）

依据相关性原则，以上公式中的直接人工标准工时也可替换为机器标准工时。

【例 7.4】 续例 7.3，假设该公司一车间固定制造费用预算总额为 180 000 元，二车间固定制造费用预算总额为 200 000 元，分配基础为直接人工工时。要求根据资料制定 A 产品的单位固定制造费用标准成本。

固定制造费用分配率：一车间＝180 000/6 000＝30(元/小时)

二车间＝200 000/5 000＝40(元/小时)

A 产品单位固定制造费用标准成本＝6×30＋5×40＝380(元/件)

7.2.4 单位产品标准成本的制定

在确定了直接材料、直接人工和制造费用的标准成本后,即可汇总确定单位产品的标准成本。通常,企业会编制"标准成本卡",在生产之前送达相关部门,作为领料、用量、安排生产等的依据。

【例 7.5】 根据例 7.1、例 7.2、例 7.3、例 7.4 中的相关资料,计算 A 产品的标准成本(表 7.4)。

表 7.4 A 产品单位产品标准成本卡

成本项目	标准用量	标准价格	标准成本
直接材料:			
甲材料	7 千克	105 元/千克	735 元/件
乙材料	4.5 千克	130 元/千克	585 元/件
直接材料合计			1 320 元/件
直接人工:			
一车间	6 小时	15 元/时	90 元/件
二车间	5 小时	12 元/时	60 元/件
直接人工合计			150 元/件
变动制造费用:			
一车间	6 小时	20 元/时	120 元/件
二车间	5 小时	30 元/时	150 元/件
变动制造费用合计			270 元/件
固定制造费用:			
一车间	6 小时	30 元/时	180 元/件
二车间	5 小时	40 元/时	200 元/件
固定制造费用合计			380 元/件
单位产品标准成本			2 120 元/件

7.3 成本差异的计算和分析

标准成本是预先设定的目标,但企业在实际生产活动中往往会出现实际成本与标准成本不一致的情况,实际成本与标准成本的差额称为标准成本差异。这种差异可能是由于材料价格造成的,可能是由于生产过程中操作不当导致的,也可能是由生产安排不合理引起的,总之,企业采用标准成本的目的就是为了对实际成本和标准成本之间的差异进行分析,确定差异数额和性质,揭示差异形成的动因,落实责任,发扬优势,改善劣势,寻求可行的改进途径和措施。

标准成本差异可以分为直接材料差异、直接人工差异、变动制造费用差异和固定制造费用差异。如果实际成本小于标准成本,则称之为有利差异;如果实际成本大于标准成本,则称之为不利差异。

7.3.1 直接材料成本差异的计算和分析

直接材料成本差异指的是直接材料实际成本与标准成本之间的差额,这项差异可以分解为直接材料价格差异和直接材料数量差异。直接材料价格差异指的是在采购过程中直接材料实际价格偏离标准价格所形成的差异,可以简称为"价差";直接材料数量差异指的是在产品生产过程中直接材料实际消耗量偏离标准消耗量形成的差异,可以简称为"量差"。直接材料价格差异和数量差异之和应当等于直接材料成本的总差异。直接材料成本差异的计算公式如下:

$$\begin{aligned}直接材料成本差异 &= 实际成本 - 标准成本 \\ &= 实际耗用量 \times 实际单价 - 标准耗用量 \times 标准单价\end{aligned} \quad (式7.10)$$

$$直接材料价格差异 = 实际耗用量 \times (实际单价 - 标准单价) \quad (式7.11)$$

$$直接材料数量差异 = (实际耗用量 - 标准耗用量) \times 标准单价 \quad (式7.12)$$

将以上公式综合可以得到直接材料成本差异分析模型(图7.1):

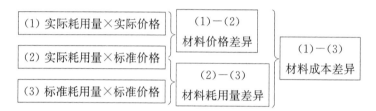

图7.1 直接材料成本差异分析模型

【例7.6】 某公司生产A产品5 000件,实际耗用甲材料21 000千克,甲材料的实际单价为2.8元/千克,甲材料的标准耗用量为4千克/件,甲材料的标准单价为3元/千克。

直接材料成本差异计算如下:

$$直接材料价格差异 = 21\,000 \times (2.8 - 3) = -4\,200(元)(有利差异)$$

$$直接材料数量差异 = (21\,000 - 5\,000 \times 4) \times 3 = 3\,000(元)(不利差异)$$

$$\begin{aligned}直接材料成本差异 &= 实际成本 - 标准成本 = 21\,000 \times 2.8 - 5\,000 \times 4 \times 3 \\ &= -1\,200(元)(有利差异)\end{aligned}$$

或

$$\begin{aligned}直接材料成本差异 &= 直接材料价格差异 + 直接材料数量差异 \\ &= -4\,200 + 3\,000 = -1\,200(元)(有利差异)\end{aligned}$$

从本例的计算结果来看,由于材料价格的原因,使得成本降低了4 200元,而因为材料消耗量的问题,使成本上升了3 000元,最终结果为有利差异1 200元。

直接材料价格差异是在采购过程中形成的,一般应由采购部门负责。采购部门未能按照标准价格进货的原因很多,比如市场价格波动、供应商调价、采购批量变化、大批量折扣、紧急订货、运费和途耗变化、交付方式不同、材料品质不同等。对形成价格差异的原因和责任应当进行具体的分析和调查,才能明确最终的责任归属,比如,材料价格的不利差异也可能是由于生产计划问题,急需某种材料,造成紧急订货,导致材料单价上升,这种差异就应当由生产部门负责,还有一些因素采购部门无法控制,比如通货膨胀等,那么采购部门就不应当承担责任。

直接材料数量差异是在材料耗用过程中产生的,通常应当由生产部门负责。直接材料数量差异形成的原因也很多,比如因为技术水平不足、疏忽或操作失误造成的浪费,新进员工培训不足造成用料增多,机器或工具不适用造成浪费,生产工艺变更造成的用量变化等。同样的,对形成用量差异的原因和责任也需要具体地分析和调查,比如,采购部门为了压低价格,购进了质量较差或规格不适用的材料,从而导致材料用量增加,此时就应当由采购部门承担责任;又或者设备管理部门没有及时对生产设备进行检修和维护,导致生产设备无法发挥其生产能力,造成材料的浪费,那么这种差异则应当由设备管理部门负责。

7.3.2 直接人工成本差异的计算和分析

直接人工成本差异,是指直接人工实际成本与标准成本之间的差额,这项差异可以分解为工资率差异和人工效率差异。工资率差异指的是实际工资率偏离标准工资率形成的差异,也就是直接人工成本差异中的"价差";人工效率差异,指的是实际工时偏离标准工时形成的差异,其原因在于人工的效率变化。人工效率差异是直接人工成本差异中的"量差"。直接人工工资率差异和效率差异之和应当等于直接人工成本的总差异。直接人工成本差异的计算公式如下:

直接材料成本差异的计算和分析

直接人工成本差异＝实际成本－标准成本
　　　　　　　　＝实际工时×实际工资率－标准工时×标准工资率　　（式7.13）

直接人工工资率差异＝实际工时×(实际工资率－标准工资率)　　（式7.14）

直接人工效率差异＝(实际工时－标准工时)×标准工资率　　（式7.15）

将以上公式综合可以得到直接人工成本差异分析模型(图7.2):

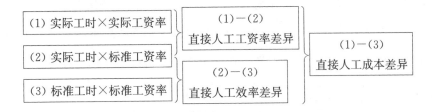

图7.2 直接人工成本差异分析模型

【例7.7】 接例7.6,某公司生产A产品5 000件,实际人工工时为5 050小时,实际小时工资率为31元/小时,单位A产品标准工时为1小时/件,标准小时工资率为30元/小时。

直接人工成本差异计算如下:

直接人工工资率差异＝5 050×(31－30)＝5 050(元)(不利差异)
直接人工效率差异＝(5 050－5 000×1)×30＝1 500(元)(不利差异)
直接人工成本差异＝实际成本－标准成本＝5 050×31－5 000×1×30
　　　　　　　　＝6 550(元)(不利差异)

或

直接人工成本差异＝直接人工工资率差异＋直接人工效率差异
　　　　　　　　＝5 050＋1 500＝6 550(元)(不利差异)

从本例的计算结果来看，由于工资率的原因，成本上升了5 050元，因为人工效率的问题，成本上升了1 500元，最终结果为不利差异6 550元。

直接人工工资率通常由人力资源部门管控，形成差异的原因也多种多样，比如对生产工人升级或降级使用导致工资率超支或节约、工资率调整、雇佣临时工、加班等，需要针对不同情况具体分析，才能明确人工工资率差异最终应当由哪个部门承担责任。

直接人工效率差异形成的原因包括员工技术水平、经验或情绪、工作环境、设备条件、生产计划安排，物料传递方式等。通常情况下，人工效率差异应当属于生产部门的责任，但如果造成生产效率低下的原因是因为材料质量不佳，那么就应当由采购部门承担相应责任。

7.3.3 变动制造费用成本差异的计算和分析

变动制造费用项目的差异，是指变动制造费用项目的实际发生额与变动制造费用项目的标准成本之间的差额，这项差异可分解为变动制造费用项目的耗费差异和效率差异。变动制造费用项目的耗费差异指的是实际分配率与标准分配率之间的差异，也可以称为"价差"；效率差异指的是实际工时脱离标准工时的差异，也可以称为"量差"，反映工作效率的变化。变动制造费用耗费差异和效率差异之和应当等于变动制造费用项目的总差异。变动制造费用成本差异的计算公式如下：

变动制造费用成本差异＝实际变动制造费用－标准变动制造费用
　　　　　　　　　　＝实际工时×实际分配率－标准工时×标准分配率　　(式7.16)

变动制造费用耗费差异＝实际工时×(实际分配率－标准分配率)　　(式7.17)

变动制造费用效率差异＝(实际工时－标准工时)×标准分配率　　(式7.18)

将以上公式综合可以得到变动制造费用成本差异分析模型(图7.3)：

图7.3　变动制造费用成本差异分析模型

【例7.8】承例7.7，某公司生产A产品5 000件，实际人工工时为5 050小时，实际变动制造费用为 53 025 元,单位 A 产品标准工时为 1 小时/件,变动制造费用标准分配率为 10 元/小时。

变动制造费用成本差异计算如下:

$$变动制造费用实际分配率 = 53\,025/5\,050 = 10.5(元/小时)$$

$$变动制造费用耗费差异 = 5\,050 \times (10.5 - 10) = 2\,525(元)(不利差异)$$

$$变动制造费用效率差异 = (5\,050 - 5\,000 \times 1) \times 10 = 500(元)(不利差异)$$

$$\begin{aligned}变动制造费用成本差异 &= 实际变动制造费用 - 标准变动制造费用\\&= 53\,025 - 5\,000 \times 1 \times 10 = 3\,025(元)(不利差异)\end{aligned}$$

或

$$\begin{aligned}变动制造费用成本差异 &= 变动制造费用耗费差异 + 变动制造费用效率差异\\&= 2\,525 + 500 = 3\,025(元)(不利差异)\end{aligned}$$

从本例的计算结果来看,由于变动制造费用的耗费差异,成本上升了 2 525 元,因为工作效率的问题,成本上升了 500 元,最终结果为不利差异 3 025 元。

变动制造费用是由很多明细项目构成的,造成差异的原因也不尽相同,因此对于变动制造费用成本差异的分析,应当对占比较大的项目逐个进行分析,分清哪些因素是可控的,哪些因素是不可控的,再根据具体情况明确责任归属,保证重点控制的有效性。

造成变动制造费用耗费差异的原因包括预算或标准估计失误,间接材料费用变化,间接人工工资率变化,车间或企业管理部门费用控制不当等。变动制造费用的耗费差异直接反映了管理部门对支出控制的成效,因此应当成为差异分析的重点。

造成变动制造费用效率差异的原因与直接人工效率差异的相同,对于差异的分析以及责任归属的划分也与直接人工效率差异一致,这里不再赘述。

7.3.4 固定制造费用成本差异的计算和分析

固定制造费用项目成本差异,是指固定制造费用项目实际成本与标准成本之间的差额。由于固定制造费用相对稳定,不随业务量的变化而变化,因此在对固定制造费用进行考核和差异分析时也不考虑业务量的变动,通常以固定预算作为标准。在实际工作中,实际固定制造费用超出预算可能产生差异,生产效率高低不同可能产生差异,生产能力利用不足也可能产生差异,因此,固定制造费用成本差异分析的方法与变动制造费用有所不同。

固定制造费用成本差异的计算公式如下:

$$固定制造费用成本差异 = 实际固定制造费用 - 标准固定制造费用 \quad (式7.19)$$

固定制造费用成本差异分析的方法通常分为"二因素分析法"和"三因素分析法"两种。

1) 二因素分析法

二因素分析法,是指将固定制造费用差异分为耗费差异和能量差异进行分析的方法。耗费差异指的是固定制造费用实际金额脱离其预算金额的差异;能量差异指的是固定制造费用预算脱离标准形成的差异。具体计算公式如下:

固定制造费用耗费差异＝实际固定制造费用－预算固定制造费用　　（式 7.20）

固定制造费用能量差异＝预算固定制造费用－标准固定制造费用
　　　　　　　　　　＝固定制造费用标准分配率×预算产量标准工时－
　　　　　　　　　　　固定制造费用标准分配率×实际产量标准工时　　（式 7.21）

需要注意的是，上式中的预算固定制造费用指的是预算产量下计算出的标准固定制造费用；标准固定制造费用指的是实际产量下计算出的标准固定制造费用。固定制造费用标准分配率由预算固定制造费用总额（通常由年初固定预算控制）与预算产量标准工时的比值计算得出，具体公式如下：

固定制造费用标准分配率＝预算固定制造费用/预算产量标准工时　　（式 7.22）

固定制造费用耗费差异形成的主要原因包括管理人员工资调整、折旧方法改变、租金、保险、税金变化等。由于固定制造费用大多由工资、折旧、税金、租金、保险等项目构成，这些项目通常由长期决策决定，不受生产水平变化的影响，短期内一般不会有太大变动，即便有变动，往往也是因为不可控的客观因素造成的，因此不是企业关注的重点。

固定制造费用能量差异则受到设备条件、工作环境、人员技术水平、市场需求、订货量等因素的影响。根据固定制造费用能量差异的计算公式（式 7.21）来看，如果预算产量与实际产量相等，则不存在能量差异，因此，固定制造费用能量差异反映的是现有生产能力没有得到充分发挥而造成的差异，视具体原因可能由生产部门、采购部门、管理部门等分别承担相应的责任。

【例 7.9】 某公司本月预算固定制造费用总额为 80 000 元。月生产能力为 2 000 件，单位 B 产品标准工时为 2 小时/件，预计应完成机器工时 4 000 小时。本月实际生产 B 产品 1 900 件，实际耗用 3 900 小时机器工时，实际发生固定制造费用 79 000 元。

固定制造费用耗费差异＝79 000－80 000＝－1 000（元）（有利差异）
固定制造费用标准分配率＝80 000/4 000＝20（元/小时）
固定制造费用能量差异＝80 000－20×1 900×2＝4 000（元）（不利差异）
固定制造费用成本差异＝79 000－20×1 900×2＝3 000（元）（不利差异）

或

固定制造费用成本差异＝－1 000＋4 000＝3 000（元）（不利差异）

从本例的计算结果来看，由于固定制造费用的耗费差异，成本降低了 1 000 元，而能量差异造成了 4 000 元的不利差异，最终结果为不利差异 3 000 元。

2）三因素分析法

三因素分析法将固定制造费用成本差异分为耗费差异、效率差异和生产能力利用差异。对于耗费差异的分析和计算与二因素分析法相同，所不同的是将二因素分析法中的能量差异做了进一步区分：一是生产能力利用差异，指的是实际工时未能达到生产能力造成生产能力闲置而产生的差异，也可以理解为实际产量没有达到预算产量而形成的差异；二是效率差异，指的是实际工时脱离标准工时而形成的差异，可以理解为在实际产量下，由于生产效率问题导致实际工时与标准工时不一致的差异。具体计算公式如下：

固定制造费用耗费差异＝实际固定制造费用－预算固定制造费用　　　　（同式7.20）

固定制造费用生产能力利用差异＝预算固定制造费用－固定制造费用分配率×
实际工时
＝固定制造费用分配率×（预算产量标准工时－
实际产量实际工时）　　　　　　　　　　　（式7.23）

固定制造费用效率差异＝固定制造费用标准分配率×实际产量实际工时－
固定制造费用标准分配率×实际产量标准工时
＝固定制造费用标准分配率×（实际产量实际工时－
实际产量标准工时）　　　　　　　　　　　（式7.24）

将以上公式综合可以得到变动制造费用成本差异分析模型（图7.4）：

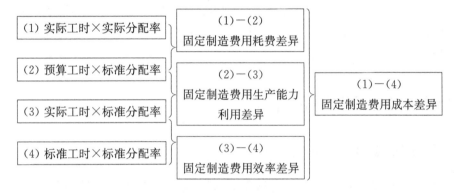

图7.4　固定制造费用成本差异分析模型

【例7.10】　接例7.9，采用三因素分析法进行固定制造费用成本差异分析。

固定制造费用耗费差异＝79 000－80 000＝－1 000（元）（有利差异）
固定制造费用标准分配率＝80 000/4 000＝20（元/小时）
固定制造费用生产能力利用差异＝80 000－20×3 900＝2 000（元）（不利差异）
固定制造费用效率差异＝20×(3 900－1 900×2)＝2 000（元）（不利差异）
固定制造费用成本差异＝79 000－20×1 900×2＝3 000（元）（不利差异）

或

固定制造费用成本差异＝－1 000＋2 000＋2 000＝3 000（元）（不利差异）

从本例计算结果来看，由于固定制造费用的耗费差异，成本降低了1 000元，生产能力闲置造成了2 000元的不利差异，生产效率问题也造成了2 000元的不利差异，最终结果为不利差异3 000元。

在进行标准成本差异分析时应当注意以下几点：

首先，不能简单根据有利差异或不利差异来评判成本控制的优劣，而应当关注成本的控制是否达到了预期的目标,是否为企业创造了价值。比如,当企业遇到紧急任务需要派遣员工出差时,仅从成本的角度来看,火车票通常比飞机票节约成本,但如果由于乘坐火车而耽误了紧急任务的处理时间,则会造成更大的损失,得不偿失。再比如,在安排生产任务时,有可能会安排较高级别的工人完成较低级别的任务,从成本控制的角度来看,似乎造成了人工成本的超支,但如果这种超支能够使得企业提高生产效率或产品质量,从而创造价值,则应当给予好评。

其次,在对制造费用进行成本差异分析时,无论是变动制造费用还是固定制造费用,都包含众多明细项目,应当对其中重要的项目逐一进行分析,而不仅仅是对制造费用总额进行分析和评价。当然,固定制造费用中的很多项目不受生产部门控制,在传统标准成本制度下严格区分责任存在一定的困难,需要结合其他的成本控制制度才能够更好地解决这类问题,关于这一点,在以后的章节中还会继续阐述。

最后,实际成本与标准成本的差异,有时也可能是因为标准成本制定得不合理而产生的。因此,为保证标准成本的科学性、合理性和可行性,企业还应当定期或不定期对标准成本进行修订,在考虑外部市场、技术水平、生产工艺、产品品种等内外环境因素的基础上,至少每年对标准成本进行测试,确认是否存在因标准成本不够准确而形成的成本差异,并对这些标准成本进行修订和改进。

7.4 标准成本工具方法的评价

7.4.1 标准成本法的应用环境

标准成本是事前计算的成本,具有前瞻规划特征,是一种成本管理和控制技术。标准成本法一般适用于产品及生产条件相对稳定,生产流程与工艺标准化程度较高,产品结构清晰,物料管理规范,价格波动较小的大批量生产的企业。企业推进标准成本管理,通常需要做到以下几点:

1) 具有较高的基础管理水平

一方面,重视基础统计的作用,及时收集、整理生产作业的基础数据,建立必需的材料消耗定额、工时定额、消耗价格、开工率等各项定额数据的统计台账;另一方面,加强生产过程管理,从严管控投入与产出,确保基础数据的真实性、可靠性和完整性。

2) 健全标准化成本组织

健全实施标准成本制定的组织,由各相关部门人员组成,包括设计、生产、采购、财务、人力资源等部门,统一标准的制定、更新、分析和考核。除了成本水平的标准化之外,还须做到管理流程和管控模式标准化,通过标准化的集约管理,才能够真正实现资源的统筹运作和高效运转。

3) 配备高质量的信息化手段

标准成本体系的建立和应用需要准确且有效的基础数据支撑,一般来说,运用标准成本体系的企业业务数据量都很大,在"大智移云物"和业财融合的时代背景下,企业应借助信息化手段进行精细化管理。建立标准成本管理系统,并将其作为生产经营活动中的管控手段,利用信息系统进行差异分析并实施改进,从而有助于企业核心竞争力的获取和价值的创造。

4) 以高素质的员工为保障

由于标准成本管理涉及企业各级单位、各类业务,覆盖面广,内容复杂,因此,标准成本管理的推进必须获得管理者的重视和支持,并以高素质的员工作为保障,全员参与、业财融合,才能使标准成本管理发挥最大的作用。

7.4.2 标准成本法的优缺点

1) 优点

标准成本法的主要优点包括:

(1) 通过事前制定标准、事中控制支出、事后比较分析,使成本在全过程中能够得到有效的管控。

(2) 及时反馈各成本项目不同性质的差异,划分成本中心,有利于分清责任,考核相关部门和人员的业绩,也有助于充分调动各方积极性,以标准成本作为努力的目标。

(3) 标准成本的制定及其差异和动因信息使企业预算的编制更为科学可行,有助于预算管理和经营决策。

2) 缺点

标准成本法的主要缺点包括:

(1) 要求企业产品的成本标准准确,生产条件相对稳定,对基础管理水平和信息化程度要求较高,系统维护成本较大,在实施上存在一定的难度和局限性。

(2) 当市场价格存在波动时,如标准成本不能及时更新,则会导致成本差异分析缺乏可靠性和相关性,从而降低成本控制的效果,影响经营决策。

本章思考

1. 什么是标准成本制度?具体包括哪些内容?
2. 为什么说标准成本制度是成本管理的重要工具?
3. 标准成本的作用是什么?如何制定标准成本?
4. 标准成本有哪些类型?在实际工作中,经常采用的类型哪些?
5. 固定制造费用成本差异分析中的两因素分析法和三因素分析法的内在联系是什么?
6. 标准成本法有哪些局限?
7. 什么是成本差异?成本差异是越大越好还是越小越好?
8. 如何进行直接材料、直接人工的成本差异分析?
9. 变动成本中的价格差异有哪些,数量差异有哪些?
10. 试简述标准成本法如何应用于我国企业的成本控制中。

应用实操

应用实操一:

【资料】华东公司生产 A 产品需要耗用甲、乙两种原材料。其直接材料成本、直接人工成本、变动制造费用和固定制造费用基本资料如表 1～表 4 所示。月生产能力为 300 件,本月实际生产 280 件。本月实际耗用甲材料 1 700 千克,实际单价为 4.9 元/千克;实际耗用乙材料 2 450 千克,实际单价为 5.9 元/千克。本月实际耗用工时为 1 400 小时,实际工资率为 7.8 元/小时。本月实际发生变动制造费用 27 300 元,实际发生固定制造费用 43 000 元。

表 1 直接材料成本资料

项目	甲材料	乙材料
单位产品耗用量/(千克/件)	5	8
单位产品损耗/(千克/件)	0.5	0.4
发票价格/(元/千克)	4	5.2
采购费用/(元/千克)	1	0.8

表 2 直接人工成本资料

单位产品耗用工时/小时	4
预计休息时间/小时	0.5
预计设备停工维修时间/小时	0.3
标准工资率/(元/小时)	8.5

表 3 变动制造费用资料

单位产品耗用工时/小时	4
预计休息时间/小时	0.5
预计设备停工维修时间/小时	0.3
间接人工/元	12 000
设备维修/元	10 800
其他/元	6 000
合计/元	28 800

表 4 固定制造费用资料

单位:元

管理人员工资	18 000
保险费	8 000
折旧费	15 000
税金	4 000
合计	45 000

【要求】

(1) 利用 Excel 建立模型,编制 A 产品单位产品标准成本卡。

(2) 利用 Excel 建立模型,对该企业直接材料成本、直接人工成本、变动制造费用和固定制造费用进行标准成本差异分析。

应用实操二:

【资料】航高集团股份有限公司每年会对各子公司的单位产品标准成本进行审核批复,以下是 2×18 年度批复的成都铁路餐饮服务有限公司的年度单位产品标准成本:

表1　单位产品标准成本卡——牛腩饭

编制单位:成都铁路餐饮服务有限公司　　　　　　　　　　　　　　编制日期:2×18 年 1 月

成本项目		用量标准	价格标准	标准成本(元/盒)
直接材料	米饭	0.10 千克	4.2 元/千克	0.42
	开胃菜	0.22 千克	10 元/千克	2.20
	牛腩	0.16 千克	50 元/千克	8.00
	虾仁	0.10 千克	43 元/千克	4.30
	其他	0.06 千克	20 元/千克	1.20
	合计			16.12
直接人工	中央厨房人工	0.49 小时	15 元/小时	7.35
	合计			7.35
制造费用	变动制造费用	6 小时(机器工时)	0.60 元/小时	3.60
	固定制造费用	2.5 小时(机器工时)	2.03 元/小时	5.075
	合计			8.675
单位产品标准成本总计				34.145

以下是牛腩饭产品的直接材料耗用情况:

表2　牛腩饭产品直接材料资料

编制单位:成都铁路餐饮服务有限公司　　　　　　　　　　　　　　　　期间:2×18 年度

成本项目	实际用量/千克	实际价格/(元/千克)	实际成本/(元/盒)
米饭	0.11	4.2	0.462
开胃菜	0.20	11	2.20
牛腩	0.16	55	8.80
虾仁	0.11	48	5.28
其他	0.06	19	1.14
直接材料合计			17.882

以下是牛腩饭产品直接人工耗用情况:

表3 牛腩饭单位产品直接人工资料

编制单位：成都铁路餐饮服务有限公司　　　　　　　　　　　　　　　　期间：2×18年度

成本项目	实际工时	实际工资率	实际直接人工成本
中央厨房人工	0.5 小时	16 元/小时	8 元/盒

【要求】

1. 结合2×18年度批复的成都铁路餐饮服务有限公司的年度单位产品标准成本(表1)和牛腩饭产品的直接材料耗用情况(表2)进行差异分析，利用Excel完成直接材料差异分析表。（计算过程及结果除百分比保留4位小数外，其他均保留2位小数）

2. 根据问题1对材料量差和价差的分析结果，请对米饭和牛腩两项核心材料的成本差异可能的原因进行分析，在下面单元格中填入"T"。（注意是可能的原因，T表示可能为真）

表4 牛腩饭产品直接材料差异原因分析

编制单位：成都铁路餐饮服务有限公司　　　　　　　　　　　　　　　编制日期：2×18年12月31日

原因分析	米饭成本差异	牛腩成本差异
供应厂家调整售价		
技术进步节省材料		
新工人上岗造成用料增多		
本企业未批量进货		
违反合同被罚款		
承接紧急订货造成额外采购		
工人操作疏忽造成废品		
订货时舍近求远		
不必要的快速运输方式		
操作过程中废料增加		
机器调整不适造成用料增多		
未能及时进货造成紧急订货		
原料质量不达标造成用量增多		
工艺变更造成用量增加		
管理不善造成额外材料用量		

3. 结合2×18年度批复的成都铁路餐饮服务有限公司的年度单位产品标准成本(表1)和牛腩饭产品的直接人工耗用情况(表3)进行差异分析，利用Excel完成直接人工差异分析表。（计算过程及结果除百分比保留4位小数外，其他均保留2位小数）

4. 根据问题3对直接人工量差和价差的分析结果，请对直接人工工资率差异和直接人工效率差异的可能原因进行初步分析，在单元格中填入"T"。（注意是可能的原因，T表示可能为真）

表5　牛腩饭产品直接人工差异原因分析

编制单位：成都铁路餐饮服务有限公司　　　　　　　　　编制日期：2×18年12月31日

原因分析	人工工资率差异原因分析	人工效率差异原因分析
直接生产工人降级使用		
工作环境不良		
工人经验不足		
工人劳动情绪不佳		
奖励制度未产生实效		
工资率调整		
新工人上岗太多		
机器选用不当		
加班或使用临时工		
设备故障较多		
生产计划安排不当		
规模小不能发挥经济批量优势		
原料质量不达标		

案例链接

[1] 宝钢集团标准成本应用案例
　　——范松林.标准成本制度在宝钢的运用[J].会计研究,2000(8)：29-34.
[2] 长江电工标准成本体系应用案例
　　——张德勇,潘锡睿.长江电工的标准化成本体系构建[J].财务与会计,2015(3)：24-27.
[3] 华北制药精细化成本管理案例分析
　　——赵诗海.华北制药成本精细化管理的实践[J].财务与会计,2016(8)：32-33.
[4] 成飞公司标准成本应用分析
　　——焦兰,陈学林.标准成本法在成飞公司制造过程中的应用[J].财务与会计,2018(2)：28-30.
[5] 标准成本与阿米巴模式结合的应用分析
　　——斐霏,范松林.阿米巴模式与标准成本相结合推进价值管理[J].财务与会计,2016(7)：22-24.
[6] 扩大标准成本法的应用——来自于我国成本会计制度建设的思考
　　——孟校臣,迟铮.关于我国成本会计制度建设的思考[J].会计之友,2014(15)：16-18.

第8章　作业成本法

本章导语

20世纪80年代后,科学技术飞速发展,企业内外部经营环境都发生了巨大的变化,各种新兴管理理念和管理工具井喷式出现。传统成本核算方法提供的信息已不能适应新的经营环境,无法满足战略规划、经营决策和管理控制日益增长的需求。作业成本法的出现能够更准确地提供各维度的成本信息,为企业价值管理提供支撑和服务,同时还能够强化成本控制,明确经济责任,促进绩效管理的改进和完善。

本章内容基于《管理会计应用指引第304号——作业成本法》,主要介绍了作业成本法产生的原因、概念、原理、计算方法,时间驱动作业成本法的概念和计算方法,作业成本管理的内涵,作业成本法的应用环境,以及对作业成本法管理工具的评价。

引入案例

许继电气是国家电力系统自动化及继电保护控制行业大型骨干和主导企业,1997年4月在深交所上市。许继电气之所以采用作业成本法,是因为公司内部的市场化改革和外部市场竞争的双重压力。

内部压力来源于企业内部实施的部门绩效评价体系EVA和KPI(关键绩效指标),这种评价体系与公司传统的成本体系无法协调。在传统的体系中,以直接人工工时分配生产线的直接人工和制造费用的方法,无法提供准确的产品成本和部门绩效的信息。在这种传统的成本核算体系中,制造费用的分配标准过于单一,直接人工工时与制造费用的发生没有因果联系。随着许继电气与工时无关费用的快速增长,用这种不具有因果关系的直接人工去分配制造费用,必定会产生虚假的成本信息。同时,由于电力系统技术上的特殊性,许继电气生产的产品必须完全根据客户的需要进行定单式生产。每一个客户,由于其所处环境、技术要求的不同,往往需要不同规格、不同技术参数的产品,从而使得许继电气生产的产品多样化,每种产品的规格差异较大,技术含量也参差不齐。在这种多品种生产环境下,传统成本计算方法容易低估高复杂程度、小批量产品的成本,而高估低复杂程度、大批量产品的成本。许继电气的成本体系在完善性和信息的可靠性上都存在问题。越来越多的中层管理者对他们的成本体系及评价体系感到不满,呼吁高层建立一个更好的成本核算系统。

外部市场竞争压力来源于公司的定价决策。由于市场竞争激烈,许继电气管理层已经充分认识到不能依靠高售价来获取稳定利润,必须从内部着手,寻找一种更好的成本体系,控制各种成本、费用的发生,以低成本获得稳定利润,并利用成本核算系统提供精确的信息,进行相关管理决策,包括定价决策、产品设计决策、业绩考评等,从而使公司保持行业领先地位。

2002年1月,根据意见采集会议上得到的信息,许继电器首先制定了作业成本法实施的战略目标和监督机制及目标,最先在许继电气的第一事业部施行,主要目的是为成本控制确定准确的成本信息。在实施了作业成本法之后,根据各产品线产品实际发生的作业动因来分配制造费用,较为准确地解决了各产品线经理的报酬与产品数量不匹配的问题,也解决了部分产品成本信息扭曲的问题。

资料来源:

[1] 潘飞,童卫华,马保州.许继电气ABC系统的初步尝试[C]//上海财经大学会计与财务研究院,上海财经大学会计学院.管理会计国际研讨会论文集.上海,2003:274-288.

[2] 潘飞,王悦,李倩,等.改革开放30年中国管理会计的发展与创新:许继电气与宝钢的成本管理实践与启示[J].会计研究,2008(9):10-16.

8.1 作业成本法产生的原因

作业成本法(Activity-based Costing,ABC)的思想在20世纪30年代就开始出现,但其理论真正成熟并开始在企业中得到实际应用是在20世纪80年代末到90年代初。美国芝加哥大学的库珀(R. Cooper)教授和哈佛大学的卡普兰(S. Kaplan)教授的一系列研究成果对作业成本法给予了明确的解释,标志着作业成本法的诞生。20世纪八九十年代,科技迅速发展,各种新兴管理理念也井喷式出现,给企业的经营和生产方式带来翻天覆地的变化,从物料需求计划(Material Requirements Planning,MRP)、企业资源规划(Enterprise Resource Planning,ERP),到弹性制造系统(Flexible Manufacturing System,FMS)、适时制生产(Just-in-time,JIT)、全面质量管理(Total Quality Management,TQM)等,无一不对成本信息有着更细致和更准确的需求,此时,传统的成本核算体系已经无法满足经营管理日益增长的需要,作业成本法便是在这种情况下应运而生,并逐渐开始尝试在企业中的实际应用。

8.1.1 生产力发展导致企业经营环境变化

1) 间接费用比重不断增加

随着科技的不断发展,企业的生产环境逐渐由"劳动密集型"转向"技术密集型"。在过去,产品成本中除了直接材料成本外,直接人工成本占很大的比重,而科学技术的发展使得企业生产逐渐机械化、自动化和程序化,技术和设备在生产过程中越来越重要,直观的反映便是产品成本结构的变化,直接人工成本占比越来越小,而制造费用,尤其是包含设备折旧在内的固定制造费用占比越来越大。制造费用属于间接费用,需要按照一定的比例分配计入产品成本,在间接费用占比不断增加的同时,间接费用的种类也在不断增多,因此,需要找到更加合理和细致的方式分配这些不同种类的间接费用,才能够保证成本信息的准确性。

2) 产品多样化

生产力的发展还促进了产品的多样化。当卖方市场逐渐转向买方市场,消费者的消费习惯也由"企业生产什么就消费什么"转为"我需要什么企业就生产什么",这在企业生产经营活动中的体现就是大量、大批生产逐渐减少,而小量、小批、单件生产逐渐增加。同时,随着技术的不断更新,产品更迭的速度也不断加快,产品生命周期越来越短,也促使企业必须不停地研发新产品、新技术,更新产品功能,以满足消费者多样化、个性化的需求。由于产品品种增加、批量减少、批次增加,企业的间接费用,比如设计、测试、检验、调试等费用也会不断增加,这也对成本核算工作提出了新的要求。

3) 市场竞争激烈

生产力和科技的发展以及全球化进程给企业带来了巨大的发展机遇,也加剧了市场的竞争。为应对激烈的市场竞争,战略管理、价值链管理等先进的管理理念得到了广泛的认可,现代企业追求的目标已经从利益最大化逐渐转向企业价值的创造。在如此激烈的竞争环境中,为了创造企业价值,管理者意识到必须要有更有效、更准确的成本信息来支持其战略决策,才能获得长久的竞争优势。

8.1.2 传统成本核算方法的局限性

1) 容易造成成本信息扭曲

在传统成本核算体系下,间接费用通常是以直接人工工时或机器工时为基础计算分配率,再根据这个分配率将间接费用分配计入到产品成本。然而上文中提到,包含固定制造费用在内的间接费用在产品成本结构中的占比越来越大,且种类也越来越多,同时,当企业开始实行小批量生产时,订单费用、调试费用和检验费用等的增加非常明显,这些间接费用与直接人工工时或机器工时却并无直接的因果关系,反而与生产批次线性相关,如果强行将所有间接费用按照以工时为基础计算的单一分配率来分摊,显然不太合理。

另外,在大量大批生产背景下,企业在某一会计期间的间接费用是相对固定的,此时按照单一标准分配间接费用的确能够做到间接费用在产品间的平均分摊,然而,在小量小批生产背景下,每批次产品品种不同、批量不同、生产工艺也不同,如果仍然按照单一分配率来分摊间接费用,就难免会造成某些技术含量低、生产工艺简单、批量较大的产品分摊了较多的间接费用,而技术含量高、生产工艺复杂但批量较小的产品分摊了较少的间接费用,这显然是不符合逻辑的。

以下案例便能够充分说明这个问题。假设某企业生产甲、乙两种产品,其中甲产品小批量生产,技术含量较高,自动化程度较高,需要较多的生产准备工作,质检要求也比较高,但所需人工工时较少;乙产品大批量生产,技术含量较低,自动化程度较低,不需要调试和准备工作,质检抽样1‰检查即可,需要较多的人工工时。该企业当月制造费用总额为604 000元,按人工工时分配,其他相关资料如表8.1所示。

表8.1 甲、乙产品相关资料

项目	甲产品	乙产品	合计
产量/件	100	5 000	

续表

项目	甲产品	乙产品	合计
直接材料/元	10 000	500 000	510 000
直接人工/元	5 000	250 000	255 000
制造费用/元			604 000
人工工时/小时	100	15 000	15 100

在传统成本计算方法下,我们计算得到制造费用分配率为40元/小时[604 000/(100+15 000)],其含义为每小时人工工时的制造费用为40元,据此可以计算出甲产品应当分摊的制造费用为4 000元,乙产品应当分摊的制造费用为600 000元,进而可以分别计算出甲产品和乙产品的单位成本,甲产品为190元/件[(10 000+5 000+4 000)/100],乙产品为270元/件[(500 000+250 000+600 000)/5 000]。

从以上案例可以看出,甲产品和乙产品制造费用的分配并不符合逻辑,这样分配的原因仅仅是由于甲产品所需的人工工时较少。然而事实上,甲产品技术含量较高,需要车间管理人员更多的监督和指导;自动化程度较高,调试和准备工作也比较多,需要使用大量的设备资源;质检要求高,这意味着需要占用更多的质检资源。按逻辑推断,甲产品应当分摊更多的制造费用,而按照传统成本核算体系,甲产品分摊的制造费用却比乙产品少得多,这就造成了成本信息的扭曲。

2) 不能满足成本管理的需求

第一,传统成本核算体系不能满足决策的需求。扭曲的成本信息可能会误导企业决策,带来巨大损失。比如上文案例,假设企业据此成本对甲产品和乙产品进行定价,就可能造成甲产品定价过低,影响利润,企业会遭受隐性损失;而对乙产品定价过高,也会引起订单流失、投标失败、市场份额减少等不利影响。从竞争角度来看,扭曲的成本信息会使企业丧失竞争优势,无法为企业创造价值。

第二,传统成本核算体系不能反映经营过程。现代企业管理要求企业对成本实施全方位管理,但传统成本信息只能提供最终结果,却无法反映经营过程。如上文案例,假设仅根据其所提供的成本信息,我们只能推测该企业没有控制好乙产品的成本,却不清楚具体问题出在何处,如何解决。因此,企业必须深入到作业层次,具体分析每一项成本是如何发生的,才能为成本管理提供可靠的依据。

第三,传统成本核算体系下的成本层次单一。在传统成本核算体系下,各个计算方法的成本对象通常可以分为品种、批次和步骤等层次,但最终呈现的成本信息还是以产品层次为主。而现代企业的管理要求,包括战略管理、价值链管理等先进的管理理念都要求更加全面细致的成本信息,包括产品、作业、客户、合同、区域、市场、渠道等不同层次的成本信息,才能够更好地支持战略决策。

8.2 作业成本法的概念和原理

8.2.1 作业成本法的定义和核心概念

1) 作业成本法的定义

作业成本法,是指以"作业消耗资源,产品消耗作业"为原则,按照资源动因将资源费用追溯或分配至各项作业,计算出作业成本,然后再根据作业动因,将作业成本追溯或分配至各成本对象,最终完成成本计算的成本管理方法。

2) 作业成本法的核心概念

(1) 资源费用

资源费用,是指企业在一定期间内开展经济活动所发生的各项资源耗费。这种资源耗费可以包括材料、设备、房屋建筑物、商品等有形资源的耗费,也可以包括信息、知识产权、土地使用权等无形资源的耗费,当然还包括人力资源的耗费以及其他各种税费支出等。比如,为了生产而采购和储存的原材料、机器的运行时数、消耗的电力、设备的维修、工人的工作、监督的工作等等,都属于资源的耗费。

(2) 作业

作业,是指企业基于特定目的重复执行的任务或活动,是连接资源和成本对象的桥梁,执行任何一项作业都需要耗费一定的资源,任何一项产品的形成都要消耗一定的作业,而作业在消耗资源的同时产出产品。

产品设计、签订材料采购合同、将材料运达企业、管理订单、材料入库手续、领用材料、生产产品、质量检验、出库物流、产品销售等等,都可以是一项作业。每一项作业都是针对加工或者服务对象重复执行特定的或标准化的活动,比如制造型企业中的送料作业,无论何种材料的运输,都需要经过运输设备进场、装运、核查、出场等重复的活动和程序。

一项作业既可以是一项非常具体的任务活动,如服装企业的剪裁作业、煤炭企业的掘进作业、施工企业的设备安拆作业等,也可以泛指一类任务或活动,如生产作业、研发作业、设计作业、销售作业等。

由若干个相互关联的具体作业形成的作业集合,称为作业中心,该作业集合应该具有相同的作业动因。比如在材料采购作业中,采购、检验、入库、仓储管理都是具体的作业,但这些作业都与采购订单有关,因此可以归类为材料采购作业中心。

(3) 成本对象

成本对象,是指企业追溯或分配资源费用、计算成本的对象。传统成本核算体系下,成本对象通常是产品的品种、批次和步骤;而在作业成本法下,成本对象可以是工艺、流程、零部件、产品、服务、分销渠道、客户、作业、作业链、作业中心等需要计量和分配成本的项目。

(4) 成本动因

成本动因,是指诱导成本发生的原因,是成本对象与其直接关联的作业和最终关联的资源之间的中介,可分为资源动因和作业动因。

资源动因是引起作业成本增加的驱动因素,用来衡量一项作业的资源消耗量,依据资源动因可以将资源费用分配给相关作业。例如,生产准备工作,这是一项具体的作业,为完成这项作业,需要有工人操作,同时耗费电力。工人工资、电费都属于资源费用,构成了生产准备作业这一成本对象的成本。工人工资通常可以直接计入生产准备作业,但电费往往需要根据一定的比例分配计入生产准备作业,此时可以根据生产准备作业的时间和每小时额定耗费电量来分配,作业时间乘每小时额定耗费电量就是这里的资源动因,生产准备作业的时间越长,每小时额定耗费电量越大,消耗的资源就越多,分配的电费也就越多。

作业动因衡量的是一个成本对象(产品、服务、客户、流程等)需要的作业量,是产品成本增加的驱动因素,作业动因计量各成本对象耗用作业的情况,被用来作为作业成本的分配基础。例如,订单式生产的企业,每批产品生产前都需要进行生产准备工作,如果某种产品在每一批次进行生产准备工作时所发生的成本是一样的,那么生产准备的次数就是作业动因,是引起生产准备成本增加的驱动因素。用某一会计期间发生的生产准备作业总成本,除以生产准备的次数,就是每一次生产准备工作的成本,某一产品生产的批次越多,生产准备的次数就越多,承担的生产准备成本也应当越多。

8.2.2 作业成本法的原理

作业成本法的基本指导思想是"作业消耗资源、产品消耗作业"。基于这一指导思想,作业成本法的计算可以分为两个阶段:第一阶段,根据资源动因将资源耗费分配到作业,计算作业的成本;第二阶段,根据作业动因,将作业成本分配到有关产品或服务,计算产品或服务的总成本。

作业成本法与传统成本核算方法最主要的区别体现在间接费用的分配上。图 8.1 反映的是传统成本计算方法下产品成本的形成过程,图 8.2 反映的是作业成本法下产品成本的形成过程。在传统成本计算方法下,企业通常以产品的品种、批次或步骤作为成本计算对象,产品成本中包含可以直接计入的直接材料成本、直接人工成本以及需要按照一定方法分配计入的制造费用,这些都是与生产直接相关的费用,而不包含用于企业管理和组织的费用。制造费用通常按照以直接人工工时或机器工时计算出的单一分配率分配计入不同的产品,这里隐含的前提便是所有的制造费用均与直接人工工时或机器工时存在线性相关关系。

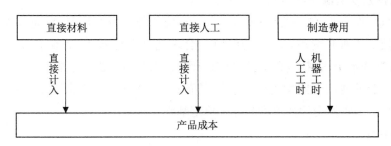

图 8.1 传统成本计算方法

作业成本法对于可以直接计入产品成本的直接材料成本和直接人工成本的处理方法与传统成本计算方法相同,所不同的是间接费用的处理。这里的间接费用不仅仅包含与生

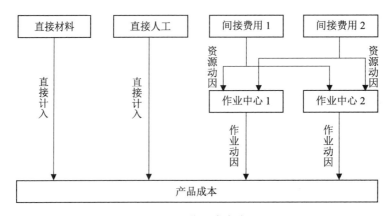

图 8.2 作业成本法

产直接相关的制造费用,只要是合理的、有效的、对最终产出有益的、能够创造价值的费用,都属于资源的消耗,都应当分配计入产品成本,包括设计、研发、组织、管理等活动所产生的费用。在作业成本法的第一阶段,需要根据资源动因,按照作业消耗资源的因果关系,将所有间接费用分配到相关作业;在第二阶段,再根据作业动因,按照产品消耗作业的因果关系,将作业成本分配到产品。这样一来,就可以将传统成本计算方法下的单一标准分配基础改为基于成本动因的多标准分配基础,强调产出与投入之间的因果关系,使成本分配更加透明和准确,因而能够提高成本信息的决策有用性。

8.3 作业成本法的计算

8.3.1 作业成本法的计算程序

作业成本法的计算

应用作业成本法,一般应当按照资源识别及资源费用的确认与计量、作业的认定、作业中心的设计、资源动因的选择与计量、作业成本归集、作业动因的选择与计量、作业成本分配等程序进行。

1) 资源识别及资源费用的确认与计量

资源是执行作业所必需的经济要素,因此,在应用作业成本法时,首先应当识别出由企业所拥有或控制的所有资源,遵循会计准则,合理选择会计政策,确认和计量全部资源费用,编制资源费用清单,包括货币资源、材料资源、人力资源、动力资源、厂房资源、设备资源等等。清单一般需列示当期发生的所有资源费用,具体包括发生部门、费用性质、所属类别、受益对象等,为资源费用的追溯和分配奠定基础。

2) 作业认定

作业认定是指企业需要确认每一项作业完成的工作以及执行该作业所耗费的资源费用。作业认定要对企业每项消耗资源的作业进行识别、定义和划分,确定每项作业在生产经营活动中的作用、同其他作业的区别以及每项作业与所耗用的资源之间的关系。

作业认定一般包括两种形式:一是根据企业生产流程,自上而下进行分解;二是通过与企业部门负责人和一般员工进行交流,自上而下确定他们所做的工作,并逐一认定各项作业。例如,某企业生产巧克力,其生产流程是搅拌制作巧克力原料,将融化的巧克力原料注入模具,当模具冷却,巧克力变硬后,取出便制造完成,制造完成后进行质检,再包装和分销。如果采用自上而下的方式对生产流程进行分解,即可明确相关作业,同时,也可以采用自下而上的形式,向部门负责人和员工发放调查表或进行座谈,梳理认定作业。实际工作中,一般需要将两种方式结合,以保证全面、准确地认定作业,并且应当对认定的作业加以分析和归类,按顺序列出作业清单。表8.2即为某巧克力制造企业的作业清单示例。

表8.2 某巧克力制造企业作业清单

作业名称	作业说明
产品设计	设计产品和生产流程
材料采购	选择供应商、签订合同等
生产准备	安装模具,确保生产设备各组件排列正确
生产制造	运转机器生产巧克力
清洗保养	清洗和保养模具
质量检验	人工检验产品质量
产品包装	包装产品
产品分销	将产品分销给客户
流程管理	管理公司所有流程、组织生产

3) 作业中心的设计

作业认定后,需要将认定的所有作业按照一定的标准进行分类,形成不同的作业中心,作为资源费用追溯或分配的对象。作业中心可以是某一项具体的作业,也可以是由若干个相互联系的能够实现某种特定功能的作业的集合。企业可以按照受益对象、层次和重要性,将作业分为以下五类,并分别设计相应的作业中心:

(1) 产量级作业

产量级作业是指明确地为个别产品实施的,使单个产品受益的作业。也就是说,产量级作业是每一单位产品至少要执行一次的作业,比如产品加工、组装等,该类作业的数量与产品的数量成正比例变动。

(2) 批别级作业

批别级作业是指为一批别产品实施的、使该批别产品受益的作业。该类作业的发生是由生产的批数而不是单个产品引起的,比如生产前的机器调试、生产准备、成批采购、成批检验等,其数量与产品的批数成正比变动。

(3) 品种级作业

品种级作业是指为生产和销售某种产品实施的、使该种产品的每个单位都受益的作业。该类作业用于产品的生产或销售,但独立于实际产量或批量,例如产品设计、产品质量与功能改进、生产流程监控、工艺改造、流程设计、产品广告等,其数量与品种的多少成正比例变动。

(4) 客户级作业

客户级作业是指为服务特定客户所实施的作业。该类作业保证企业将产品销售给个别客户,但作业本身与产品数量独立。例如,向个别客户提供的技术支持活动、咨询活动、独特包装等。

(5) 设施级作业

设施级作业是指为提供生产产品的基本能力而实施的作业,服务于整个企业。该类作业是企业开展业务的基本条件,使企业所有产品都受益,与产量和销量无关,比如行政管理、保险、安保、针对企业整体的广告等都属于设施级作业。

4) 资源动因的选择与计量

资源费用依据资源动因分配到各项作业,因此,企业应当分析资源耗用与作业中心作业量之间的因果关系,选择并计量资源动因。通常应当选择那些与资源费用总额成正比例变动的资源动因作为资源费用分配的依据,比如人力资源耗费通常与员工消耗的劳动时间成正比例变动,那么人力资源耗费的资源动因就是人工小时数,电费的消耗通常与用电度数成正比例变动,那么电费的资源动因就是消耗电力度数。

5) 作业成本归集

作业成本归集是指企业根据资源耗用与作业之间的因果关系,将所有的资源成本直接追溯或按资源动因分配至各作业中心,计算各作业总成本。对于为执行某种作业直接消耗的资源,应直接追溯至该作业中心,比如直接材料成本、直接人工成本等。对于为执行两种或两种以上作业共同消耗的资源,应当根据各作业中心的资源动因按比例分配至各作业中心。企业为执行每一种作业所消耗的资源费用的总和,就构成了该作业的总成本。

6) 作业动因的选择与计量

作业成本依据作业动因分配到各流程、产品、分销渠道、客户等成本对象,因此,企业应当分析作业耗用与最终产出的因果关系,选择并计量作业动因。作业动因需要在交易动因、持续时间动因和强度动因间进行选择。

(1) 交易动因

交易动因是指以执行频率或次数计量的成本动因,比如发出订单数、处理收据数、完工检验次数等。交易动因适用于每次执行所需的资源数量相同或接近的情况。

(2) 持续时间动因

持续时间动因是指用执行时间计量的成本动因,比如安装时间、检测时间等。持续时间动因适用于每次执行所需的时间存在显著不同的情况,例如上条中的完工检验,如果检验不同产品耗用的时间长短差别较大,就不应该采用交易动因,而应当改用持续时间动因作为分配的基础。

(3) 强度动因

强度动因是指不按照频率、次数或执行时间进行分配,而需要直接衡量每次执行所需资源的成本动因,比如特别复杂的产品安装、质量检验等。强度动因适用于特殊订单或者新产品试制等比较特殊或复杂的情况。

7) 作业成本分配

作业成本分配是指将各作业中心的作业成本按照作业动因分配至产品等成本对象,并

结合直接追溯的资源费用,如直接材料成本、直接人工成本等,计算出各成本对象的总成本和单位成本。有关计算公式如下:

某作业中心作业成本分配率＝该作业中心归集的资源费用总额/该作业中心的作业动因总量　　　　　　(式8.1)

式8.1中,"该作业中心的作业动因总量"可以采用业务动因,即归集期内总作业次数,也可以采用持续时间动因,即归集期内总作业时间,或采用强度动因。

某成本对象应分配的某作业中心作业成本＝某作业中心作业成本分配率×该成本对象在某作业中心耗用的作业动因量　　(式8.2)

某成本对象总成本＝∑直接追溯至该成本对象的资源费用＋∑某成本对象应分配的某作业中心作业成本　　(式8.3)

某成本对象单位成本＝某成本对象总成本/该成本对象产出量　　(式8.4)

8.3.2 作业成本法应用举例

【例8.1】 甲公司的主要业务是生产汽车零部件,假设该企业近期推出两种不同型号的零部件,分别为L1和L2,均为订单式生产,共用一条生产线,拟实施作业成本法。两种型号的零部件资源耗费资料如表8.3所示。

表8.3　本月资源耗费资料

型号	L1	L2
产量/件	20 000	2 000
单位产品机器工时/小时	3.3	7
直接材料成本/元	180 000	20 000
直接人工成本/元	140 000	60 000
间接工资费用/元	144 000	
电费/元	16 000	
折旧费/元	100 000	
办公费/元	80 000	
间接费用合计/元	340 000	

该公司通过对作业的认定和分类,共设立六个作业中心:(1)研发设计,负责产品开发;(2)订单管理,负责制作和管理订单;(3)生产准备,生产前调试机器;(4)生产加工,根据生产流程加工产品;(5)质量检测,对产品质量和性能进行检测;(6)厂部,行政管理。各作业中心相关资料和作业动因量化资料分别如表8.4和表8.5所示。

表 8.4 作业中心相关资料

作业中心	人员编制/人	耗电量/度	折旧费/元	办公费/元
研发设计	4	3 000	20 000	16 000
订单管理	3	1 000	4 000	8 000
生产准备	6	3 500	12 000	4 000
生产加工	25	8 000	50 000	20 000
质量检测	2	2 000	8 000	2 000
厂部	3	2 500	6 000	30 000
合计	43	20 000	100 000	80 000

表 8.5 作业动因量化表

作业	作业动因	作业动因数量	
		L1	L2
研发设计	人工工时/小时	300	100
订单管理	订单份数/份	20	30
生产准备	次数/次	20	20
生产加工	机器工时/小时	1 600	400
质量检测	检验次数/次	20	40
厂部	人工工时/小时	600	1 000

采用作业成本法计算产品成本：

首先，对资源费用进行识别和计量，将本月资源耗费分别计入各资源户。即将本月所耗各类资源(直接材料成本 200 000 元，直接人工成本和间接工资费用共 344 000 元，电费 16 000 元，折旧费 100 000 元，办公费 80 000 元)分别计入各资源户。

接下来，该企业已完成作业认定和作业中心的设计，需选择合适的资源动因，将资源费用按照资源动因分配计入作业中心，完成作业成本的归集。

(1) 直接材料成本。由于直接材料成本直接耗用于特定产品，因而根据其实际耗费分别计入 L1 和 L2 的产品成本账户，即 L1 的直接材料成本为 180 000 元，L2 的直接材料成本为 20 000 元。

(2) 直接人工成本。和直接材料成本一样，直接人工成本直接耗用于特定产品，因此根据实际耗费分别计入 L1 和 L2 的产品成本账户，即 L1 的直接人工成本为 140 000 元，L2 的直接人工成本为 60 000 元。

(3) 间接费用。其他间接费用，包括间接工资、电费、折旧费和办公费，均根据资源动因分配计入各作业中心。

假设所有员工工资一致，间接人工的分配率为：

144 000/(43−25)=8 000(元/人)

其中，生产加工作业人员工资已计入直接人工成本，并非间接费用，因此，应当从人员编制总数中扣除。

电费分配率为：

16 000/20 000＝0.8(元/度)

折旧费和办公费已按专属费用分配,具体参见表8.4所示。

间接费用具体计算如表8.6所示。

表8.6 间接费用计算表

单位：元

资源费用	间接工资费用	动力费	折旧费	办公费	合计
研发设计	32 000	2 400	20 000	16 000	70 400
订单管理	24 000	800	4 000	8 000	36 800
生产准备	48 000	2 800	12 000	4 000	66 800
生产加工	—	6 400	50 000	20 000	76 400
质量检测	16 000	1 600	8 000	2 000	27 600
厂部	24 000	2 000	6 000	30 000	62 000
合计	144 000	16 000	100 000	80 000	340 000

最后,该企业作业动因已明确,需将各作业中心的作业成本按照作业动因分配至产品L1和L2。以研发设计作业中心为例,该作业中心的作业动因为人工工时,因此:

研发设计作业成本分配率＝70 400/(300＋100)＝176(元/小时)

L1应分配的研发设计作业成本＝176×300＝52 800(元)

L2应分配的研发设计作业成本＝176×100＝17 600(元)

其他作业中心作业成本的分配与研发设计作业中心类似,可参照计算,具体分配表如表8.7所示。

表8.7 作业成本分配表

作业中心	行次	作业动因数量			作业成本/元	分配率	分配作业成本/元	
		L1	L2	合计			L1	L2
		1	2	3＝1+2	4	5＝4/3	6＝5×1	7＝5×2
研发设计	1	300	100	400	70 400	176	52 800	17 600
订单管理	2	20	30	50	36 800	736	14 720	22 080
生产准备	3	20	20	40	66 800	1 670	33 400	33 400
生产加工	4	1 600	400	2 000	76 400	38.2	61 120	15 280
质量检测	5	20	40	60	27 600	460	9 200	18 400
厂部	6	600	1 000	1 600	62 000	38.75	23 250	38 750
合计	7	—			340 000	—	194 490	145 510

根据以上资料,我们可以分别计算出 L1 和 L2 的总成本及单位成本。

L1 总成本=180 000+140 000+194 490=514 490(元)

L1 单位成本=514 490/20 000≈25.72(元/件)

L2 总成本=20 000+60 000+145 510=225 510(元)

L2 单位成本=225 510/2 000≈112.76(元/件)

【例 8.2】 按照传统成本计算方法计算例 8.1 中 L1 和 L2 的总成本和单位成本,并与作业成本法进行比较。假设制造费用按照机器工时分配。

传统成本计算方法下直接材料成本和直接人工成本的计算与作业成本法相同,主要区别在于制造费用的分配。首先按照机器工时计算制造费用分配率:

L1 机器工时总数=20 000×3.3=66 000(小时)

L2 机器工时总数=2 000×7=14 000(小时)

机器工时总数=66 000+14 000=80 000(小时)

制造费用分配率=340 000/80 000=4.25(元/小时)

L1 分摊的制造费用=4.25×66 000=280 500(元)

L2 分摊的制造费用=4.25×14 000=59 500(元)

L1 总成本=180 000+140 000+280 500=600 500(元)

L1 单位成本=600 500/20 000≈30.03(元/件)

L2 总成本=20 000+60 000+59 500=139 500(元)

L2 单位成本=139 500/2 000=69.75(元/件)

从例 8.1 和例 8.2 的计算结果可以看出,两种成本计算方法存在较大差异,传统成本计算方法在分配包含制造费用在内的间接费用时通常采用单一分配率(直接人工工时或机器工时),但并非所有间接费用都与直接人工工时或机器工时线性相关,这样就容易造成成本信息的扭曲。从例 8.1 所给信息可以看出,产品 L2 的生产复杂程度、技术含量等均高于产品 L1,所消耗的资源也相对较多。在作业成本法下,L2 虽然产量较低,但根据其资源的消耗,仍然分摊了较多的制造费用,所反映的成本信息更加真实合理。而在传统成本计算方法下,产品 L1 由于产量较高,导致机器工时总数较多,便分摊了较多的制造费用,但计算结果与事实并不相符。

8.4 时间驱动作业成本法

8.4.1 时间驱动作业成本法产生的背景

作业成本法解决了传统成本信息可能会误导决策的问题,改进了间接费用的分配方法,以成本动因作为分配的基础,相较于单一分配率更能够反映作业与资源消耗之间的因果关系。同时,有助于管理层了解产品生产的作业过程,知道成本是如何发生的,那么就可以从成本动因上改进成本控制方式,持续降低成本。

然而作业成本法也存在一定的局限性:

首先,要实施作业成本法,企业前期需要进行大量调研,了解企业所有生产经营过程,收集作业信息,并在此基础上对作业进行分解归并,分析具体成本动因,设计作业中心。另外,由于作业成本法实施的复杂性,还需要开发相应软件、升级信息系统以确保作业成本法的有效实施。因此,作业成本法的实施和维护需要投入大量人力、物力、财力,耗费大量时间,这些成本的耗费对于很多企业来说并不符合成本效益原则,实施难度较大,所以在很多企业中难以推行。

其次,正因为作业成本法的实施需要前期的大量投入,需要非常细致和具体的调研来确保作业流程的准确性、作业中心和成本动因的合理性,因此,作业成本系统一旦建成,企业如若发生产品更新、生产工艺改进、生产流程变化等情况,需要对作业成本计算模型进行更新,那么就要重新调查和了解新的数据信息,花费高昂的成本费用,所以实际应用中,作业成本系统的更新也存在较大难度。这对于产品和生产流程更新换代较快的企业来说,无疑加大了成本信息的不准确性,导致作业成本法无法适应多变的经营环境,原本为解决成本信息扭曲而设计的作业成本体系反而由于更新困难造成成本信息的不可靠。

再其次,作业成本法对企业各项作业活动均设有标准程序,然而,实际经营过程中具体作业的完成方式却存在一定的灵活性,同一项作业可能是按标准流程完成的,也可能是按加急流程或特殊流程完成的,作业成本法通常假设每项作业都是按标准程序完成,那么就忽略了不同程序下资源消耗的区别。当然,作业成本法也可以将所有特殊流程涵盖在作业成本体系中,但是这样一来就会增加计算模型的复杂程度和成本核算的工作量。

最后,作业成本法往往在"资源供求平衡"的假设基础上计算成本动因分配率和各成本对象的成本,存在资源供求平衡假设的片面性,在实施过程中只注重企业"实际消耗的资源",却忽略了资源供求的不平衡性,不考虑"没有被消耗掉的资源",因此不能揭示剩余产能。例如,某企业某产品的生产加工作业,其成本动因是机器工时,在运用作业成本法时,可以采用生产加工作业成本除以机器工时来计算生产加工作业成本分配率,但这里的机器工时是实际消耗的机器工时,并不是该企业可以提供的机器工时,所以剩余的产能并没有考虑在内。这样一来,便无法对剩余产能进行管理,也有可能会高估产品的实际成本,从而影响竞争策略。

为了应对作业成本法的局限性,卡普兰教授在传统作业成本法的基础上,建立了一种新的作业成本法——时间驱动作业成本法(Time-driven Activity-based Costing,简称TDABC)。时间驱动作业成本法能够克服传统作业成本法的缺陷,同时还能够简化作业成本法的核算,使得成本核算和管理更具有科学性和适应性。

8.4.2 时间驱动作业成本法的概念和原理

时间驱动作业成本法是以时间作为分配资源费用依据的作业成本法。对于每一类资源费用,企业只需要估计两个参数:单位时间产能成本和作业单位时间数量。

单位时间产能成本是指单位时间投入的资源成本,可以由总资源费用(总产能成本)除以总作业时间得到,具体公式:

$$单位时间产能成本 = 总资源费用/总作业时间 \quad (式8.5)$$

作业单位时间数量即某一作业在消耗资源时所占用的时间,这一项可以通过征询、观察、调查和管理人员的经验直接得到。

单位时间产能成本和作业单位时间数量相乘就可以得到单位作业应分担的作业成本,即成本动因率。最后根据单位产品直接材料成本、直接人工成本和应分担的作业成本之和相加得到,具体公式:

$$单位产品成本 = 单位产品直接材料成本 + 单位产品直接人工成本 + \sum 单位产品作业成本$$
(式8.6)

因此,在时间驱动作业成本法下,产品成本的计算通常可以分为以下几个步骤:
(1) 确定总作业时间。
(2) 根据总产能成本和总作业时间计算单位时间产能成本。
(3) 确定作业单位时间数量。
(4) 将单位时间产能成本和作业单位时间数量相乘计算单位产品作业成本。
(5) 将单位产品直接材料成本、单位产品直接人工成本以及各项单位产品作业成本相加,计算单位产品成本。

由于时间是自然界客观存在的属性,在产品生产和资源消耗的任意环节,无论是产品开发、订货、安排生产还是交货,时间的耗费都广泛存在。因此,时间驱动作业成本法采用时间作为资源费用分配的依据,可以解决作业成本法费时、昂贵和难以更新的问题,减少作业分类和合并的误差,还可以整合企业价值链实施时间管理,从而能够提供更为准确的成本信息,帮助企业应对更为复杂的商业环境。根据现有文献资料,因为时间驱动作业成本法分配资源费用的依据是时间,因此其目前的实际应用多以物流、医疗、酒店、图书馆等以劳动时间为主要成本动因的服务业为主。

8.4.3 时间驱动作业成本法应用举例

【例8.3】 假设乙公司共有工人500人,生产A、B两种产品,每天有效工作时间为8小时,每月工作20天,当月制造费用为4 800 000元,共生产A产品30 000件,B产品20 000件。单位产品作业耗时如表8.8所示。

表8.8 乙公司单位产品作业耗时

单位:小时

作业	生产准备	机器调试	加工	产品检测	包装	发货	合计
A产品	0.04	0.06	1	0.01	0.03	0.02	1.16
B产品	0.02	0.08	2	0.03	0.03	0.04	2.20

在时间驱动作业成本法下,首先确定总作业时间,公司共有工人500人,有效工作时间为8小时,每月工作20天,因此该企业总工作时间为80 000小时(500×8×20)。

单位产能成本60元/小时(4 800 000/80 000),即每小时投入的资源费用为60元。

单位产品作业成本计算过程如表8.9所示。

表8.9 单位产品作业成本计算

作业	单位产品作业耗时/小时		单位产品作业成本/元	
	A产品	B产品	A产品	B产品
生产准备	0.04	0.02	2.4	1.2
机器调试	0.06	0.08	3.6	4.8
加工	1	2	60	120
产品检测	0.01	0.03	0.6	1.8
包装	0.03	0.03	1.8	1.8
发货	0.02	0.04	1.2	2.4
合计	1.16	2.20	69.6	132

根据以上计算，A产品的单位产品作业成本为69.6元，30 000件A产品应当分担的制造费用总额为2 088 000元(69.6×30 000)，B产品的单位产品作业成本为132元，20 000件B产品应当分担的制造费用总额为2 640 000元(132×20 000)。

我们将A产品分担的制造费用与B产品分担的制造费用相加可以看出当月A、B两种产品分担的总制造费用为4 728 000元(2 088 000+2 640 000)，少于该企业当月产生的制造费用4 800 000元。其原因在于该公司当月可利用的总工时为80 000小时，但30 000件A产品和20 000件B产品共耗时78 800小时(1.16×30 000+2.2×20 000)，还有1 200小时没有得到充分利用，因而也就有72 000元的制造费用没有分摊给A、B产品。这样处理的原因在于，未被利用的工时本来就与产品生产无关，未利用的产能成本也就不能由产品来承担，否则会虚增产品成本。这样也可以帮助管理层认识到产能的利用情况，从而寻求改进的空间，进一步提高生产效率。

8.5 作业成本管理

8.5.1 经营性作业成本管理

经营性作业成本管理以提高生产效率、降低成本、提高资产利用率为主要目标，试图用尽可能少的资源达成目的。因此，为了管控成本，努力降低成本，增强企业的竞争优势，创造价值，经营性作业成本管理的核心内容就是分析哪些是增值作业，哪些是不增值作业，并在此基础上优化作业链，消除或尽可能减少不增值作业，提高增值作业效率。

1) 区分增值作业和非增值作业

增值作业和非增值作业是站在客户角度划分的，最终能够增加客户价值的作业就是增值作业，否则就是非增值作业。非增值作业也消耗资源，但其消耗并不产生效益，对制造产品或服务客户没有贡献。例如，车间领用10吨材料，其中8吨用于生产加工产品并对外销售，另外2吨被退回仓库，那么，这8吨材料的领用就是增值作业，而被退回的2吨材料的领用则是非增值作业。增值作业还可以进一步分为高增值作业和低增值作业。例如，某企业自营运输车队,满车出发空车返回,利用率只有50%,那么运输作业则为低增值作业。一般而言,在生产制造企业中,非增值或低增值作业包括:等待作业、材料或产品堆积作业、废品清理作业、次品处理作业、返工作业等。

2)优化作业链

经营性作业成本管理就是要努力找到非增值作业或低增值作业,对于识别出的非增值作业和低增值作业,了解其与其他各项作业之间的关系,分析根源,并努力消除或转化,使之减少到最少,从而优化作业链,控制成本。如前文中提到的空车运输作业,就可以通过外包的方式将低增值作业转化为高增值作业。除此之外,还可以通过提高增值作业效率的方式优化作业链,比如在几类相关产品中使用相同的零部件,而不是对每类产品都设计特殊零部件,从而以更有效的方式合并现有作业,获得更大的效益。

8.5.2 战略性作业成本管理

战略性作业成本管理以企业战略为目标,具有全局性的特点,考虑的不仅仅是当下生产效率的提高和成本的降低,而需要服务于长期的战略效益,凭借作业信息,决定产品、服务、客户的取舍以及未来发展的重点,寻找更加有利可图的机会,实现更高效的资源配置。因此,战略性作业成本管理主要考量产品设计、生产布局、质量管理、生产周期、人力资源等方面的内容。

1)产品设计

一些产品成本高昂是因为产品设计不合理,在没有作业成本介入时,设计师或工程师往往会忽略复杂的生产过程中产生的成本。作业成本管理可以深入到"作业"层面,揭示出一些在设计中存在的昂贵或低效的部件、功能或生产过程,从而将设计成本控制在合理范围内。

2)生产布局

传统生产方式下,各类生产设备按照职能安排,如所有粗加工设备安排在一个车间,所有精加工设备安排在一个车间。在这样的布局下,对于需要经过若干个生产步骤或工序才能完成的产品,不可避免地需要设立半成品存货库,以便周转领用。而在作业成本管理理念下,存货被视为非增值作业,需要尽可能消除。因此,作业成本管理可以结合适时制生产系统,变革传统的生产布局,按照"制造中心"组织生产,制造中心可以按照一种产品或一个系族的多种产品划分,每一个制造中心近似于一个小工厂,各工序之间的加工无须等待,也无须保留库存,从而实现"零库存",提高效率。

3)质量管理

作业成本管理理念下,废品清理和次品处理,甚至于质量抽检都属于非增值或低增值作业,因为质量检验是消极的预防措施,并不会增加产品的价值。因此,在作业成本管理体系下,需要建立与之匹配的全面质量管理制度,将产品质量问题控制在萌芽中,有效降低废品、次品处理和检验的成本。

4)生产周期

当今社会,时间已经成为企业竞争的一个重要因素。时间是基于适时制生产系统和时间驱动作业成本法提出的一种全新的控制方法。所谓生产周期是指企业从产品设计开始直至产品完工交付到客户手中为止的整个过程。根据时间驱动作业成本法的原理，时间也是企业的基本资源，每一项作业都可以用时间尺度度量，对于一些非增值的时间消耗，例如检验时间、等待时间和储存时间等，应当尽可能减少。因此，可以通过计算用于增值作业的时间以及耗费在非增值作业上的时间来揭示作业链的效率，从而进行更科学的管理。

5）人力资源

员工是企业得以运营和发展的基础条件，从人力资源角度入手进行战略性作业管理也是企业获得竞争优势的重要一环。企业的产品或服务若想让顾客满意，首先要以员工满意为基本条件，因为只有让员工满意，才有可能剔除所有非增值作业，优化作业链。因此，在战略性作业成本管理理念下，一方面要提高员工的素质，将新思想专递给每一位员工，并不断培训员工，提高他们的技能；另一方面，还要转变人力资源管理的重点，从控制员工的行为转向让员工知情并授权他们自己解决问题，激发员工的潜力、主动性和创造性，从而持续改善作业链。

8.6　作业成本工具方法的评价

8.6.1　作业成本法的应用环境

并不是所有企业都适合由传统成本核算方法转为作业成本法，比如在生产工艺流程比较简单、产品较为单一、间接费用所占比重不大的环境下，传统成本核算方法仍然合适，耗费巨大代价转为作业成本法不一定符合成本效益原则。作业成本法的适用范围包括以下几种情况：

（1）作业类型较多且作业链较长，间接或辅助资源费用所占比重较大，使用单一分配率容易引发成本信息扭曲。

（2）产品多样性程度较高，包括品种、规模、生产过程、客户、原材料等各方面的多样性。由于产品的多样性是引发成本信息扭曲的重要原因之一，因此产品多样性程度较高的企业比较适宜采用作业成本法。

（3）市场竞争激烈的环境下，作业成本法更为适用。在激烈的市场竞争环境下，传统成本计算方法容易造成决策失误，其缺点会被放大，会给企业带来较大损失，此时采用作业成本法有一定的优势。

（4）企业规模较大，且管理层对产品成本准确性要求较高，同时企业也具备采用作业成本法的信息管理基础设施和优秀的人才。

8.6.2　作业成本法的优缺点

1）作业成本法的主要优点

（1）作业成本法能够提供更加准确的各维度的成本信息，减少了成本分配对产品成本的扭曲，同时，能够通过采用多种成本动因作为间接成本分配基础的方式，改善成本信息的相关性，有助于企业提高产品定价、作业与流程改进、客户服务等决策的准确性。

（2）作业成本法提供了了解产品作业过程的途径，使管理人员知道成本是如何发生的，因而能够改善和强化成本控制，并促进绩效管理的改进和完善。

（3）作业成本法能够推进作业基础预算，提高作业、流程、作业链（或价值链）管理的能力。价值链分析需要识别各项作业，了解其成本驱动因素，厘清各项作业之间的关系。作业成本法与价值链分析的概念同源，可以为价值链管理提供信息支持。

2) 作业成本法的主要缺点

（1）部分作业的识别、划分、合并与认定，成本动因的选择和计量等存在较大的不确定性和主观性，而这种不确定性或主观性反而有可能造成成本信息的扭曲。

（2）操作较为复杂，开发维护费用较高。作业成本法的成本动因数量远超传统成本核算体系，因此操作难度较大，并且需要复杂的信息系统作为支持，开发和维护费用也相对较高。

（3）作业成本法作为一种管理会计工具，暂时不符合企业会计准则的要求，因此在报送对外财务报表时需要重新调整，而这种调整的技术难度大，工作量也大，有可能造成混乱。

本章思考

1. 作业成本法产生的原因是什么？
2. 在新制造环境下，企业生产经营的内外部环境发生了哪些变化？传统成本计算方法出现了哪些不适应性？
3. 什么是作业？什么是作业成本法？其计算原理是什么？
4. 作业成本法和传统成本计算方法的主要区别表现在哪几个方面？
5. 为什么说传统成本核算方法缺乏决策相关性？
6. 使用单一成本动因分配间接成本对成本信息有什么影响？
7. 在确认成本动因时应考虑哪些因素？
8. 作业成本管理的目标是什么？
9. 作业成本法是否所有企业都适用？为什么？
10. 结合新制造环境下我国企业的实际情况，试着谈谈应用作业成本法的优势和存在的问题。

应用实操

应用实操一：

【资料】华东公司生产 A、B 两种产品，这两种产品的生产工艺和过程基本相同，主要涉及五项作业：订单处理、生产规划、设备调试、生产加工和质量检验。各项作业的资源消耗情况如表 1 所示，A、B 两种产品消耗作业情况如表 2 所示。

表1 各项作业资源消耗情况表

单位：元

作业	订单处理	生产规划	设备调试	生产加工	质量检验
工资	1 600	800	500	6 800	1 200
动力费	300	200	100	4 600	550
折旧费	2 400	1 200	800	5 400	2 000
办公费	500	1 000	200	2 400	750

表2 A、B产品消耗作业情况表

作业	作业动因	作业动因数量			
		A产品	B产品	未耗用	合计
订单处理	订单处理份数/份	60	50	10	120
生产规划	生产规划次数/次	28	8	4	40
设备调试	设备调试次数/次	65	10	5	80
生产加工	生产加工工时/小次	800	650	150	1600
质量检验	质量检验批数/批	32	10	8	50

【要求】利用Excel建立模型，按作业成本法计算A、B两种产品的成本。

应用实操二：

【资料】20×7年以前，广东动车组餐饮有限公司所有产品（包括牛腩饭、红烧肉饭、回锅肉饭、香菇焖鸡饭、扬州炒饭和素餐）的成本核算均采用品种法进行核算，该方法的优点是核算过程相对简单，是成本核算方法中最基本的一种产品成本计算方法。采用这种方法，既不要求按照产品批别计算成本，也不要求按照产品生产步骤计算成本，而只要求按照产品的品种计算产品成本。同时该方法也存在固有的缺点：成本核算普遍重视原材料成本的核算，不重视非原材料成本和费用的核算，非原材料成本和费用主要是指"管理费用"等期间费用和"人工成本"等事后进入成本项的支出，这样做的结果使得每种产品的成本核算不能真实地反映公司所耗费的实际成本。

近几年，新劳动合同法的实施、最低工资标准的上调和物价的上涨，使得非原材料成本持续增长，占公司营业的比例不断提高。另外，成本核算很少关注产品的制作过程和生产流程，难以准确区分哪些是对公司价值有提升作用的增值作业，哪些是对公司价值提升没有作用的非增值作业。这些情况具体表现在以下几个方面。

第一，现行的成本核算体系没有很好地体现出收入与成本的配比关系，不利于发现成本占收入比例的变化情况，难以及时发现成本变化的原因。这使得即使是公司非常重视的直接成本核算，也只能总括反映子公司使用的原材料成本是多少，所以不容易准确计算出标准产品的单位直接成本。不能从数字上准确地反映出某种产品的收入与成本关系，这与会计核算的配比原则也是相悖的。

第二，现行的成本核算方法不利于准确地评价各种产品的盈余情况。现行以子公司归集的产品的成本主要包括原材料、燃料、水、电等成本,但不包括采购成本、管理成本、设备维护和折旧、资金成本、储存成本等,它们一般被归集到期间费用中去,从而无法直接反映出生产这些产品所耗用的全部成本。由于没有合理地分摊期间费用,导致部分产品应该被改进或淘汰的依然被当成主要的盈利产品在生产和销售。

  第三,未区分增值作业和非增值作业,不利于公司进行标准化生产过程管理。这里的"作业"是指为满足旅客就餐的需要而消耗资源的活动,如为了销售产品需要经历的主要"作业"有原材料采购、农残检测、食材预处理(加工切配)、烹调、灌装分拣、销售等活动,这些主要"作业"还可以细化成"小作业",如加工切配牛肉,需要经过预处理、超声处理、高温蒸煮、称重备用等几个小的"作业"。每天提供的产品和服务所消耗的"作业"汇总起来会很多。现行的成本核算方法对于产品的生产销售过程没有单独进行列示,不能区分哪些是"增值作业",哪些是"非增值作业",不利于公司投入更多精力关注生产过程的优化,以减少不必要的"非增值作业",压缩必须保留的"非增值作业",进而优化对公司价值有益的增值作业。

  因此,经公司研究决定,自20×8年起在下属的青岛高铁餐饮管理公司采用作业成本法核算产品成本。航空和铁路餐食的制作工序比普通餐馆的食物更为复杂,经过验收检测合格的原料要马上分门别类,送到不同的冷库,所有直接食用的食材和餐具等,都要进行消毒。餐食从材料采购、加工、制作、速冷、包装,再到冷藏、发货等过程,每一道程序都需严格地把关,需记录整个生产过程,包括加工环境温度、加工时间、每道程序的加工人员、关键控制点控制情况。对公司中央厨房运作进行梳理后得出如下流程:

  (1)材料采购:根据生产计划采购食材,确保蔬菜肉类的新鲜,一般会引进15天左右的用量。(2)农残检测。(3)食材预处理:①洗菜—择菜—切菜;②牛肉肉块分割—分拣入筐;③鸡肉人工分切—称重分拣;④大米筛选淘洗—蒸制—包装成盒备用。(4)烹调。(5)快速降温。(6)灌装冷藏。(7)留样检测:盒饭封装完毕后,每一盒都要经过三项检查,即重量检查、金属检测和X光异物检测。除此之外,制作基地还有多间实验室,每一个批次、不同种类的盒饭都要按照标准数量留样和化验。(8)冷链发货。

  20×7年前成本核算重视直接成本的核算,而常把间接费用作为期间费用处理,从而使得每种产品的成本核算不能真实地反映企业所耗费的实际成本,同时对餐食制作和销售的核算也不到位。20×8年将公司的业务运转作业流程分为采购、加工烹饪灌装、冷藏发货、销售宣传、维修保障五大作业中心,先将各种非原材料的间接费用按照定性和定量原则分配到各作业中心,再将各作业中心的成本按照餐食数量、销售额、设备工作时间等作业动因分配到各个菜品中去,在此基础上加上原材料成本,就可以准确核算出每一种产品的成本。

  作业动因需要在交易动因、持续时间动因和强度动因间进行选择。企业如果每次执行所需要的资源数量相同或接近,应选择交易动因;如果每次执行所需要的时间存在显著的不同,应选择持续时间动因;如果作业的执行比较特殊或复杂,应选择强度动因。

  其他相关资料如表1~表6所示。

表1 各作业中心资源耗用明细表

期间：20×8年度
单位：元

作业中心与作业		职工薪酬	广告宣传	设备维修折旧费	办公费	低值易耗	清扫保洁	燃料能源
维修保障	维修保养	240 000	—	20 000				
加工烹饪灌装	预处理加工作业	2 450 000	—	450 000		30 000	54 000	360 000
	清洗作业							
	烹饪作业							
	灌装作业							
冷藏发货	冷藏作业	300 000	—	80 000	411 600		—	120 000
	留样检测							
采购	采购商务洽谈	240 000	—	60 000		8 000	12 000	—
	运输作业							
	农残检验作业							
销售宣传	客户维护	270 000	350 000			—		
	广告宣传							
合计		3 500 000	350 000	610 000	411 600	38 000	66 000	480 000

注：(1)"采购"与"销售宣传"作业中心合署办公，"设备维修折旧费"中包括办公室的折旧费用在内，各中心之间的耗用与各自办公面积成正比；(2)"维修保障"和"加工烹饪灌装"作业中心的低值易耗费用，主要是日常维护和烹饪过程中的设备运转低值易耗品备品配件的消耗，与人员工时成正比；(3)"冷藏发货"和"采购"作业中心的低值易耗费用，主要是原材料农残检验和留样检测的低值易耗品的耗用，与检测次数正相关；(4)办公费与各作业中心的人员数量成正比。

表2 资源动因量统计表

期间：20×8年度

资源	维修保障	加工烹饪灌装				冷藏发货		采购			销售宣传	
	维修保养	预处理加工作业	清洗作业	烹饪作业	灌装作业	冷藏作业	留样检测	采购商务洽谈	运输作业	农残检验作业	客户维护	广告宣传
职工薪酬												
广告宣传												
设备维修折旧费									280		320	

续表

资源	维修保障	加工烹饪灌装				冷藏发货		采购			销售宣传	
	维修保养	预处理加工作业	清洗作业	烹饪作业	灌装作业	冷藏作业	留样检测	采购商务洽谈	运输作业	农残检验作业	客户维护	广告宣传
办公费	3	35				5		3			3	
低值易耗	400	2 100				400		200				
清扫保洁												
燃料能源												

注:(1)办公费资源动因单位为人;(2)设备折旧费资源动因单位为平方米;(3)低值易耗资源动因中,"维修保障"和"加工烹饪灌装"作业中心资源动因单位为工时,"冷藏发货"和"采购"作业中心资源动因单位为次。

表3　作业动因量统计表　　　　　　　　　　期间:20×8年度

作业中心	作业动因	单位	产品						合计
			牛腩饭	红烧肉饭	回锅肉饭	香菇焖鸡饭	扬州炒饭	素餐	
采购	采购次数	次	24	26	26	38	10	48	172
加工烹饪灌装	加工时长	小时	3 120	1 920	1 920	2 640	2 760	2 280	14 640
冷藏发货	冷藏时长	小时	1 008	1 008	1 008	1 008	504	336	4 872
销售宣传	销售量	盒	84 400	105 680	103 200	99 160	65 360	118 200	576 000
维修保障	加工时长	小时	3 120	1 920	1 920	2 640	2 760	2 280	14 640

注:(1)采购作业中心以各产品主要材料的采购次数为作业动因;(2)加工烹饪灌装和维修保障作业中心以各产品的加工时作为作业动因;(3)冷藏发货作业中心以各产品的冷藏时长作为作业动因;(4)销售宣传作业中心以去年各产品的销售量为作业动因。

表4　单位产品直接材料耗用统计表

编制单位:广东动车组餐饮有限公司　　　　　　　　　　　　　　　　　　　　单位:元/盒

直接材料	牛腩饭	红烧肉饭	回锅肉饭	香菇焖鸡饭	扬州炒饭	素餐	合计
米饭	0.40	0.40	0.40	0.40	0.40	0.40	2.40
开胃菜	2.30	2.80	2.80	2.80	0.30	0.30	11.30
牛腩	7.50						7.50
虾仁	4.60						4.60
猪肉		5.20	3.60				8.80
青笋			1.80				1.80

续表

直接材料	牛腩饭	红烧肉饭	回锅肉饭	香菇焖鸡饭	扬州炒饭	素餐	合计
香菇鸡				5.60			5.60
时蔬与鸡蛋					4.90		4.90
素餐配菜						3.90	3.90
其他	1.20	1.20	1.20	1.20	1.20	1.20	7.20
合计	16.00	9.60	9.80	10.00	6.80	5.80	58.00

表5　20×8年各产品销售数量汇总表

单位：盒

产品	第一季度	第二季度	第三季度	第四季度	合计
牛腩饭	25 920.00	24 192.00	12 960.00	23 328.00	86 400.00
红烧肉饭	31 104.00	29 030.40	15 552.00	27 993.60	103 680.00
回锅肉饭	34 560.00	32 256.00	17 280.00	31 104.00	115 200.00
香菇焖鸡饭	27 648.00	25 804.80	13 824.00	24 883.20	92 160.00
扬州炒饭	19 008.00	17 740.80	9 504.00	17 107.20	63 360.00
素餐	34 560.00	32 256.00	17 280.00	31 104.00	115 200.00
合计	172 800.00	161 280.00	86 400.00	155 520.00	576 000.00

表6　各产品成本明细表（品种法）

产品	品种法		
	销售价格/(元/盒)	成本/(元/盒)	毛利率/%
牛腩饭	55.00	19.60	64.36
红烧肉饭	45.00	18.50	58.89
回锅肉饭	35.00	15.70	55.14
香菇焖鸡饭	35.00	14.90	57.43
扬州炒饭	15.00	6.90	54.00
素餐	15.00	7.10	52.67

【要求】（相关计算表格扫本书附录中的二维码获取）

1. 结合以上资料，将五大作业中心的作业动因或代表性作业动因的代号A、B、C、D、E填入对应的表格中；（每个单元格只填入一个选项）

2. 结合以上资料和表1，分析判断资源动因与费用性质的代号A、B、C、D、E、F、G、H填入对应的表格中；（每个单元格只填入一个选项）

3. 根据问题2的判断结果，结合表1和表2，利用Excel完成各作业中心的间接（不可直接追溯）资源费用统计表。（资源动因量保留整数，资源费用及分配率保留2位小数，其中低值易耗品耗费额尾差挤入"冷藏发货"作业中心）

4. 根据问题3完成的各作业中心的间接(不可直接追溯)资源费用统计表,结合表1和表2,利用Excel完成作业中心耗用资源费用汇总表。(计算结果保留2位小数)

5. 根据问题3和问题4的计算结果,结合表3,利用Excel完成产品——作业成本分配表。(作业成本分配过程尾差计入"素餐",作业动因量保留整数,其他保留2位小数)

6. 根据问题5的计算结果,结合表4和表5,利用Excel完成单位产品成本测算表。(结果保留2位小数)

7. 作业成本法核算的成本包括了根据资源动因和作业动因分配而来的职工薪酬、办公费、清扫保洁、低值易耗等间接费用,而过去在传统成本核算法下,产品成本主要考虑直接材料成本数据,对于非原材料成本数据则不能准确计算,参考表6,利用Excel比较两种核算方法下产品毛利率的差异。(除百分比外保留2位小数,百分比保留4位小数)

案例链接

[1] 时间驱动作业成本法理论与案例分析
　　——温素彬,徐佳.时间驱动作业成本法的原理与应用[J].财务与会计(理财版),2007(2):35-37.

[2] 许继、宝钢、中国电信、东风汽车作业成本法应用案例分析
　　——冉秋红,陈琛.作业成本法在我国企业的应用:以许继、宝钢、中国电信、东风汽车为例[J].财务与会计,2015(14):39-41.

[3] 北汽福田汽车股份有限公司作业成本体系应用案例分析
　　——邓奕.资源消耗会计在企业成本管理中的应用:以北汽福田汽车股份有限公司为例[J].财会通讯(中),2019(2):113-116.

[4] 许继电气与宝钢集团成本管理案例分析
　　——潘飞,王悦,李倩,等.改革开放30年中国管理会计的发展与创新:许继电气与宝钢的成本管理实践与启示[J].会计研究,2008(9):10-16.

[5] 资源消耗会计理论与案例分析
　　——冯巧根.成本会计创新与资源消耗会计[J].会计研究,2006(12):33-40.

[6] 新制造环境下企业成本管理创新策略:标准成本法与作业成本法的结合
　　——秦红霞.新制造环境下的企业成本管理创新策略研究[J].改革与战略,2015(10):65-68.

第9章 目标成本法

本章导语

目标成本法起源于日本,是日本企业在国内市场日趋饱和、企业间竞争异常激烈的情况下采取低成本战略的成本管理制度,是致力于降低产品生命周期成本的综合性成本管理工具。西方国家如美国在20世纪80年代的经济低潮下向日本企业学习企业管理方法,尤其是学习日本的目标成本管理方法,从20世纪90年代开始,目标成本法开始进入欧美企业。1995年之后,中国学术界和实务界开始关注目标成本法并在实践中加以运用。当前,许多企业在学习目标成本法的基础上把目标成本计算应用到供应链成本管理中或将目标成本法和作业成本制度结合起来。

本章基于《管理会计应用指引第300号——成本管理》和《管理会计应用指引第301号——目标成本法》,介绍了产品生命周期成本基本原理和三种成本管理工具即生命周期成本法、目标成本法和改进成本法,阐述了目标成本法的概念、本质、基本步骤和方法,并进行案例分析,最后综合评价了目标成本法的应用环境和优缺点。

引入案例

20世纪50年代后期,日本经济从战后复兴时期进入了经济增长时期,当时,汽车还是高级的奢侈消费品,拥有汽车的人不多。随着经济的不断复苏和发展,人民生活逐渐走向富裕,越来越多的人开始买得起汽车。此时,丰田汽车公司(简称"丰田")设想以大众化的价格向消费者提供大众车,扩大消费者对汽车的需求,因此对汽车的普及进行了研究,并开始着手具体开发设计事项。然而要制造大众车,首要前提是它的售价必须是大众所能接受的低价格,也就是说,先要决定大众车的售价,然后在既定的售价下对其成本进行规划。事实上,在汽车设计阶段,生产条件(如生产设备、生产方法、技术手段等)、设计式样及成本都已确定,因而汽车的成本在汽车的设计阶段几乎都已确定,进入制造阶段后降低成本的空间受到一定的限制。丰田为了进一步降低成本,在目标售价下达到目标利润,将注意力重点放在制造阶段之前的研发阶段,实施了目标成本规划活动。在此可摘录一段丰田的社史:"昭和三十四年(1959年)底针对在研发阶段的大众车设定为1 000美元的目标售价。"丰田首次在规划设计阶段尝试对其成本加以检查。而且采购部长也对供应商提出了在三年内使采购成本降低30%的要求,结果大众车成功地控制了成本,实现了以一般汽车的价格出售并获得目标利润的目标。

1969年,丰田不仅在本公司内实施目标成本规划,还展开了与合作厂商合为一体的目标成本远见规划活动,到1973年10月第一次石油危机发生以后,丰田的目标成本规划得到了进一步的发展。石油危机导致石油资源几乎全部依赖进口的日本面临通货膨胀的威胁,从1970年到1974年,日本的消费物价指数上升了约1倍,1974年日本经济自二战后第一次出现负增长,从而市场对汽车的需求量急剧下降,使得1955年以来每年都增产的丰田汽车也由于市场需求的下降不得不面临减产。市场需求在下降,原材料及零部件的成本价格都在上升,在这样的市场环境中,如何在不提高售价的前提下获得相同的利润成为丰田研究的重要课题。要达到这一目标,进一步降低成本是问题的关键。因此,丰田于1974年9月成立了成本远见规划委员会,以综观全局的观念来检查成本规划活动。丰田还在技术管理部之下设立了成本规划课,并充实及强化生产技术规划室、会计部、采购管理部等各部门的成本规划体系。因此,这一阶段的目标成本规划不仅有设计、采购、会计、生产技术部门的有关人员参与,还进一步扩展到各车间的技术员、技术部门内的实验人员以及材料研制者。丰田的这一成本规划体系给公司带来了丰厚的利润。

资料来源:顾晓敏.日本丰田汽车公司目标成本规划及对我国企业的启示[J].华东经济管理,2001(10):122-123.

9.1 产品生命周期成本

9.1.1 产品生命周期成本的产生和含义

全生命周期成本(Total Life Cycle Costing,TLCC)理论是成本企划模式中的重要成本管理思想,是企业对目标成本进行有效管理和控制的基础。成本企划模式起源于日本的制造业,产生于日本丰田汽车公司,基于该模式的成本管理系统能够引导和促使企业的研发部门设计出成本尽可能低的新产品,使该产品能够以低价位迅速占领市场,击败竞争对手。日本的成本企划思想以产品能够获得竞争力的价格减去企业的期望利润,以其差额作为产品的目标成本,再用工程学等技术上的方法对产品生产过程的成本进行监督管理,使产品的生产成本控制在目标成本之内。在成本企划模式中,目标成本是核心因素,立足于产品的策划研发,而不是在产品的生产现场对成本进行管理和控制;同时采用以工程学、技术为主,组织行为科学等一体化手段为辅的方式对企业成本进行综合管理,在达到企业目标成本的同时满足企业对目标利润的要求。成本企划模式给企业成本管理和控制理念带来了巨大的变革,使建立在全生命周期成本基础上的目标成本管理与综合控制方法成为企业进行成本管理和控制的新的发展方向,该模式逐渐拓展到其他行业,包括电机、机械制造等装配制造业,化学、纺织、食品行业甚至金融业。

产品的生命周期(life cycle)主要是就产品与市场的关系来说的,指产品从进入市场到退出市场经历的整个循环过程,包括导入期、发展期、成熟期和衰退期。产品的生命周期成本(life cycle cost)是指产品由形成至消亡经历的从企划、研发、生产到客户使用、报废处理这个循环的总成本。实施产品生命周期成本管理,被形象地称为"从摇篮到坟墓"的成本管理。从生产者的角度来看,生命周期产品成本整合了研发与工程阶段、制造阶段、售后服务和处置阶段的成本。

研发与工程阶段,主要是评估潜在消费者的需求,构思新产品,研发人员和工程师从技术上开发新产品,企业根据消费者需求设计产品特征、样品、生产过程及其他特殊工艺。据估计,完全生命周期的产品成本有 80%～85% 取决于研发和设计阶段的决策(见图 9.1)。在这一阶段制定的决策对后续阶段的成本会产生巨大的影响,存在削减成本的各种机会,在该阶段增加投入,将大量节约制造及售后服务和处置阶段的成本。

制造阶段,公司为了生产和分销产品,会在材料、人工、机器设备和间接成本上支出资金。该阶段通常没有通过工程技术来改变产品成本和产品设计的余地,因为在上一阶段大多数成本已预先设定了。在图 9.1 中,较低的曲线说明了在研发和工程阶段以及制造阶段实际成本的变化过程。对于中长生命周期的产品来说,研发阶段发生的成本不足全部产品生命周期的 10%,但是该阶段所做的决策将决定后续阶段 80% 的成本。传统的成本会计和管理关注的是制造阶段,忽视了研发阶段有效的成本管理可以发挥的作用。

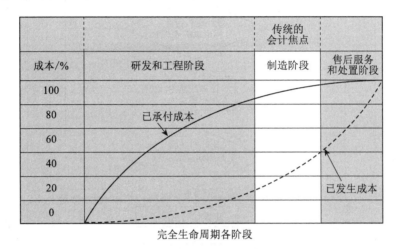

图 9.1 产品生命周期阶段:约束成本和实际发生的成本

售后服务和处置阶段,该阶段的成本在研发和设计阶段就被决定了,但实际的服务阶段在第一件产品交到消费者手中时才开始。处置始于产品生命周期的最后阶段,直到消费者消耗完最后一件产品为止。处置成本包括为消除随着产品有效寿命的结束而带来的有害影响的成本。核废料或其他有毒的化学制品等产品的处置可能会对环境产生不利的影响,从而具有很高的残余物、循环利用和处置成本。

9.1.2 产品生命周期成本对应的成本管理工具

"产品生命周期"描述了一种产品从最初的产品设计到最终退出市场的全部过程,与其对应,存在三种成本管理工具,即生命周期成本法、目标成本法和改进成本法,生命周期成本法(Life Cycle Costing)和目标成本法(Target Costing)主要用于产品研发和工程阶段,生命周期成本法用以估算产品生命周期中所发生的全部成本,目标成本法指导产品选择、工序设计和改进,使用目标成本法有助于企业有效地设计产品,并保证设计的产品在给定市场价格、销售量、功能的条件下取得可接受的利润水平,该方法在下一节具体阐述。改进成本计算法(Kaizen Costing)将注意力集中在生产阶段,确认在生产阶段改进成本的可能性。三种方法的关系见图 9.2 所示。

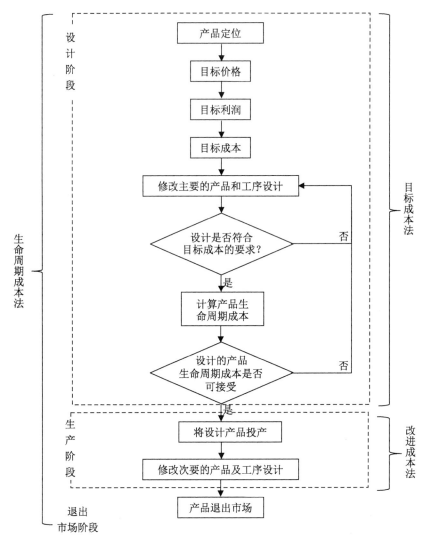

图 9.2　生命周期成本法、目标成本法、改进成本法的关系

1）生命周期成本法

生命周期成本法是计算发生在产品生命周期内全部成本的过程,全部成本包括预计成本的费用和产品投产后的累积成本。在特定的环境下,生命周期成本极为重要,一是研发成本巨大(如研制新型喷气式客机),二是产品废置成本巨大(如放弃核动力装置)。生命周期成本计算有三个主要目的:

(1)提高计算产品全部成本的能力。将产品的开发成本和报废处理成本考虑在内,做好产品总成本效益的预测分析,以准确判断生产该产品并将其推向市场是否有利可图。

(2)根据产品生命周期成本在产品生命周期各阶段的分布状况,确定成本监督控制的主要阶段。在产品生命周期各阶段中,研发阶段是最重要的,不仅因为产品研发费用很高,占产品全生命周期成本的比重大,还因为研发阶段确定下来的产品特性很大程度上决定了产品其他阶段的成本,导致相关的成本锁定(locked-in-cost),在研发阶段产品的特性确定下

来后,产品成本调整的空间就不大了。

(3) 扩大企业对成本的理解范围,为成本计算提供一种更广泛的计算方法。全生命周期成本确立了产品环境成本的重要地位,有助于研发人员了解产品全生命周期的总成本,促使企业在产品研发阶段考虑产品的使用成本与报废处理成本,并尽量降低这些成本,以更有效地管理和控制产品成本,降低产品的总成本。

2) 改进成本法

改进成本法是把成本的降低集中在产品生命周期的制造阶段。改进(kaizen)一词是日本人的术语,表示通过较少数量的、渐进的过程而不是大的变革来实现完善。改进的目标是合理的,因为在产品的制造阶段为降低成本而进行大的改变是困难的、代价高昂的,许多改进的建议都往往来自企业在一线工作的人员,通过持续不断的努力,致力于现有产品在制造阶段逐渐降低成本,这是一种预算和计划控制制度,目的在于将实际成本控制在标准成本之下,与传统成本控制法有明显的不同。后者的目的是在达到成本标准的同时避免不利差异,而前者的目的是实现降低成本的目标,这个目标是连续向下调整的。在传统成本法下,差异分析通常只是比较实际成本与标准成本的变化。改进成本法下,差异分析则是比较目标成本与实际成本的降低额。改进成本法独立于传统的标准成本法,部分原因是,在日本,传统成本法一直遵从财务会计准则,两者的区别见表 9.1 所示。

表 9.1 标准成本法与改进成本法的对比

对比内容	标准成本法	改进成本法
具体概念	成本控制系统的概念,假设当前生产条件下的成本业绩标准	成本削减系统概念,假设制造阶段持续改进,实现成本削减目标
成本方法	标准按年或半年制定 标准成本和实际成本(成本差异分析) 未实现标准时展开调查并作出反应	按月制定成本削减目标 实施持续改进,以实现目标利润或减少目标利润和预计利润的差异 差异分析侧重于目标改进成本和实际的成本削减额 当目标改进成本未实现时,调查其原因

9.2 目标成本法概述

9.2.1 目标成本法的概念和本质

20 世纪 60 年代,日本的工程师开发了一种被称为目标成本法(Target Costing)的方法来帮助企业在设计决策中尽早考虑生产成本。目标成本法有助于工程师设计能够满足顾客期望,并且可以按较低的成本制造的新产品。目标成本法是一种重要的管理会计方法,可以在产品生命周期的设计阶段降低成本,并且可以明确地帮助对产品生命周期成本的管理。

根据我国财政部颁布的《管理会计应用指引第 301 号——目标成本法》,目标成本法是指企业以市场为导向,以目标售价和目标利润为基础确定产品的目标成本,从产品设计阶段开始,通过各部门、各环节乃至与供应商的通力合作,共同实现目标成本的成本管理方法。一般适用于制造业企业的成本管理,也可在物流、建筑、服务等行业应用。与传统的标准成本法的区别见表9.2所示。

表 9.2 标准成本法与目标成本法的比较

比较内容	标准成本法	目标成本法
发生环节	主要在生产制造阶段	主要在研发和工程阶段
成本方法	通过市场调研确定顾客需求 产品说明书 产品和工艺设计 估计售价－估计成本＝预计利润 制造 定期的成本降低	通过市场调研确定顾客需求和可接受价格 目标销售价格＝市场价格 确定期望的目标利润 目标成本＝市场价格－期望目标利润 持续的成本降低

从表9.2可知,标准成本方法中,公司或者接受由市场决定的售价与估计的生产成本之间的差额得出的边际利润,或者是尽可能地抬高定价来赚取超出生产成本的期望的边际利润,而并不太关注消费者的支付意愿。在这种方法下,产品开发工程师都不打算主动影响产品的成本。他们按照符合产品技术规格的思路进行产品设计,并接受其设计和开发决策所带来的成本。然而,目标成本法在研发阶段就致力于积极采取措施来降低产品的成本,而不是等到产品进入生产阶段才开始降低成本或改进成本的流程。如前所述,在制造阶段降低成本远比在研发和工程阶段降低成本代价昂贵,而且缺乏效率。其成本降低,是在保证产品功能符合顾客需求的条件下全面性的成本降低,即包括在产品的规划、设计、制造和营销及用户使用以至于产品废弃处置各阶段的总成本的降低。这是一种在开发阶段对产品和流程进行设计,以确保其将来按市场驱动的价格出售时能保证实现一定利润的成本计划、成本管理和成本削减方法。从产品的设计阶段开始,通过作业成本计算所提供的信息,对产品生命周期内相关作业进行价值分析,找出不增值的作业,并修改设计方法,消除对这类作业的需求,或是对生产的工艺过程进行调整,减少不增值的作业。

如果用公式表示,那这种思维的转变就是从"估计售价－估计成本＝预计利润"转变为"目标成本＝市场价格－预期目标利润"。从表面上看,这种思维的转变似乎只是数学公式的转化,没有什么不同之处,但是,其实质却反映了企业的成本管理思维的重大转变。"目标成本＝市场价格－预期目标利润"体现了成本确定的市场化观念。这就是成本管理市场化的逻辑起点,也是目标成本法的精髓。

9.2.2 目标成本法的基本步骤

1) 确定市场价格

一般来说,企业产品价格是由市场决定的,但由于产品价格不可能一成不变,因此企业应做市场研究以及对竞争者产品进行分析,最终确定企业产品价格,应综合考虑客户感知的产品价值、竞争产品的预期相对功能和售价,以及企业针对该产品的战略目标等因素。

2) 确定目标利润(期望利润)

目标利润的确定一方面要同企业发展战略和中长期目标相结合,另一方面,应综合考虑投资报酬、销售、现金流量、历史数据、竞争地位分析等因素。

3) 用市场价格减目标利润计算目标成本

使用该公式获得的目标成本也叫作可接受成本(allowable cost)。这一过程也叫作市场推动型成本核算,这个阶段获得的成本同企业通用成本之间有一定的差距,而且,通常前者比后者低,那么企业就需要采取措施降低成本。

4) 运用价值工程等方法鉴别并降低产品成本

一般来说,目标成本的内容可以分为产品层次目标成本和零部件层次目标成本。消除目标成本与现行成本之间差额的方法主要是价值工程(Value Engineering)。

5) 运用改进成本制和经营控制进一步降低成本

在生产阶段,已不存在价值工程和改进设计的影响,只有应用新的管理控制技术来降低产品成本,如采用改进成本制、约束理论经营控制、全面质量管理等方法。上述基本步骤如图 9.3 所示。

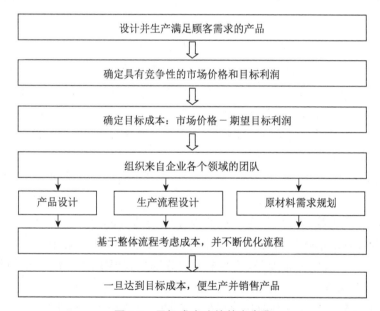

图 9.3 目标成本法的基本步骤

9.2.3 目标成本法的具体方法

应用目标成本法一般需经过目标成本的设定、分解、达成到再设定、再分解、再达成多重循环,以持续改进产品方案。企业一般按照确定应用对象、成立跨部门团队、收集相关信息、计算市场容许成本、设定目标成本、分解可实现目标成本、落实目标成本责任、考核成本管理业绩以及持续改善等程序进行。

1) 目标成本的设定

目标成本的设定主要是针对标的产品的特性,确定一个在目标价格下达到目标利润的目标成本。企业首先要进行市场调研,根据对市场目前和将来的需要确定标的产品期望的主要功能、需求量以及消费者愿意支付的价格,同时了解竞争对手的情况,然后,根据企业中长期的目标利润计划,并考虑期望的投资报酬率与现金流量等因素确定最终的目标利润,从而得出标的产品最终的目标成本。即:

$$目标成本 = 预期价格 - 预期目标利润 \quad\quad (式9.1)$$

在具体计算目标成本时,从理论上讲,计算的方法应采用以市场为导向、基于市场要求的"扣除法"。扣除法是参照竞争对手或行业类似产品的销售价格来预测研发标的产品可能的价格,从中扣除企业要求的利润水平而得到标的产品的目标成本的一种计算方法。标的产品的市场价格减去目标利润得到的差额在日本被称为"容许成本",也就是可能的最高成本限额。确定目标利润时,一种操作性强的方法是使用投资报酬率或销售利润率来测算。如,目标利润=预计销售收入×销售利润率,销售利润率的确定不能过高或偏低。若过高,企业实际情况与之不符,最终达不到目标会挫伤经营积极性;若过低,调动不起经营热情,达不到增收目的。应进行大量市场调查,借鉴同行业先进水平,根据本企业在计划期间的实际生产能力、生产技术条件、材料物资供应情况、运输条件等因素合理地确定。

但在实务上也有采用"加算法"的,或采用将前面两种方法进行综合而得出的"综合法"。加算法是基于一定历史或现实基准设定目标成本的一种方法,这基准是根据企业过去或现有的技术水平、生产能力,在目前的经营管理水平、人工价格水平下可能发生的成本。加算法以基准成本为基础,加上增加标的产品功能而要增加的各种成本,减去减少功能而可消除的各方面的相关成本,得到产品可能的成本。综合法结合扣除法与加算法的优点,使标的产品的成本同时具备生产技术上的可行性和占领市场的可行性。

2) 目标成本的分解

标的产品的目标成本设定后,目标成本就是研发小组的成本降低目标,也是其面临的成本压力。研发小组可从不同的角度对目标成本进行分解:可按标的产品功能或各成本要素(原材料、配件、人工等)来分解,也可按研发小组内的各部门来分解,使成本压力得以分配和传递,并为实现成本降低目标指明具体途径。目标成本的分解中,最重要的是如何将目标成本这个总数按技术要素展开,从各个方面分别达到要求的成本目标。目标成本的分解主要有以下几种方法:

(1) 按功能分解。按功能分解指将标的产品的生产者成本分解为该产品各功能的目标成本。一般从大到小,首先分解为大功能区域的成本,再分解为中功能区域的成本,最后向更细的小功能区域分解。一般情况下,在标的产品的设计初期只能完成大功能区域的分解,随着对产品的进一步研发到最后的详细设计阶段,逐渐向小功能区域分解,主要借用价值工程的"功能系统图"来划分功能区域。功能分解法主要针对处于导入期的复杂产品,在标的产品设计的起点进行功能分析,此外,对成长期中需要进行功能改进或变更的产品也适用。

(2) 按构造分解。构造分解法是在产品结构分割的基础上,根据以往经验评估标的产品各构件的重要性,或历史上类似产品的成本构成,并以此为基础,再基于企业的发展战略对其进行合理调整,进而来分解目标成本。具体的按构造分解的方法有结构群法、构件分解法、中间半成品法等。

构造分解法适用于标的产品的基本结构及生产方式已经大体确定,而相关技术的发展速度不快,即企业想在短时间内迅速抢占市场,但研发时间短、难以研发出有特色产品的情况。在实际应用中,通常是将功能分解法与构造分解法结合起来使用。先按大功能分解标的产品的目标成本,再向次一级分解,使得目标成本顺着研发的构想逐渐落实,等到产品的构造大体清晰时,再将次一级功能的目标成本进行构造分解。这种做法特别适用于市场上没有同类产品的情况。

（3）按成本要素分解。按成本要素分解一般是在按功能分解或按构造分解标的产品的目标成本后,对成本进行进一步分解时采用的方法。首先要确定作为分解基准的成本要素项目,依研发的程度和企业对成本管理与控制的要求来确定划分成本项目的详细程度。划分直接材料和加工费两项成本项目的两分法是最简单也是最基本的成本要素分解法。在两分法的基础上可引申出多种方法。按成本要素分解有助于研发人员对标的产品各项成本的控制,同时也确定了产品实际生产所需的各种投入,对生产过程中标准成本的制定提供指导作用。

（4）按研发人员分解。前面的三种方法都是以物作为标的产品目标成本分解基准的,而针对具有主观能动性的人来分解目标成本的方法有利于将责任目标划分到人,通过人的主观意识来带动行为,从而更有效地管理和控制成本。按研发人员分解的方法采用"作业分割结构"的方式,可分为按团队分解、按小组分解和按个人分解几种方法。通过按人员分解目标成本,对标的产品各项功能、各项构造的研发责任进行分配,将完成标的产品所需的作业明确化,把最终的作业称为第一层作业,为完成第一层作业所需完成的作业称为第二层作业,为完成第二层作业所需完成的作业称为第三层作业,依此类推,将所有的作业系统化,有利于明确研发人员的责任。系统化的程度由标的产品的规模和复杂程度决定。

按研发人员分解目标成本有利于增强研发人员的成本意识,有助于目标成本的达成,在长期中起到激励成本意识的作用,促使目标成本成为现实。通过对研发人员所负责的目标成本的达成情况进行分析,可以对研发人员的绩效进行计量和评价。

3) 目标成本的达成

对标的产品的目标成本进行分解后,转入考虑如何从各方面达到这些目标成本,即采用什么有效的手段来达成。不同企业不同性质的标的产品采用的策略方法是不一样的,但从管理学的角度来说,企业降低成本并使之达成的方法主要是以价值工程为代表的管理工程学方法体系,通过这些方法对分解出来的各部分成本进行管理和控制,达到标的产品要求的目标成本。按照在成本管理与控制中的作用,管理工程学方法体系中的各种方法可划分为核心方法和辅助方法。

（1）核心方法。在管理工程方法体系中,价值工程是唯一的核心方法。价值工程指以最低的全生命周期成本,为确实达成标的产品所需的功能,对产品或服务所倾注的组织的努力。1987年,我国制定的关于价值工程的国家标准《价值工程基本术语和一般工作程序》(GB 8223—87),对价值的定义是"对象所具有的功能与获得该功能的全部费用之比",也称价值比率或指数(Value Index),用公式表示为:

$$V = F/C \qquad \text{(式 9.2)}$$

其中：V 为价值，F 为功能，C 为生命周期成本。需要提醒的是，这是一个概念性公式，不是严格数学意义上的表达，它揭示了价值、功能、成本三者之间的关系。对价值工程的定义是："价值工程是通过各相关领域的协作，对所研究对象的功能与费用进行系统分析，不断创新，旨在提高所研究对象价值的思想方法和管理技术。"价值工程的基本思想是通过对标的产品的功能与成本的比值，即常说的产品性价比进行分析，判断其是否合适。在价值工程中，价值指数小于1的产品部件一般是价值工程降低成本的备选项目，价值工程就是设法使产品的价值比率不断提高，即从低价值比率到高价值比率的改善过程。

目前，在目标成本法中运用的价值工程，主要指的是研发价值工程，即在产品的研发与试生产阶段使用价值工程对标的产品的成本进行管理和控制。研发价值工程是以产品的企划图为基础，在产品要达到一定功能的前提下，大体上对产品的外观、结构、需要的材料、生产方式等方面进行分析，在此基础上进入详细设计阶段，细分产品的式样、各项参数等指标，从而得到产品的规格设计图供生产价值工程使用，使生产的相关问题明朗化。此法常常用于提高产品功能与降低成本方面。

（2）辅助方法。在价值工程分析的基础上，企业还需要借助其他辅助方法对标的产品的目标成本做进一步分析。

① 权衡（trade off）方法。权衡方法的中心思想是在标的产品的成本和功能允许的范围内两者相互交换和妥协，以寻求最佳组合。权衡方法是从产品的属性上确定标的产品是成本主导型还是功能主导型，从数量上确定功能成本允许的范围和各项参数指标，在各自的允许范围内进行权衡，得出最合适的组合。

② 研发评价（design review）方法。研发评价方法指在标的产品的研发阶段，基于市场的需求信息，针对产品研发设计中各方面的具体情况，对产品的重要隐患因素（功能齐全性、操作简易性、安全性、对环境的影响等方面）做出分析，并采取措施进行控制的一系列方法。目的是找出研发中可能导致产品在生命周期里产生不良结果的因素，并进行事前控制。

③ 成本保留（cost reserve）方法。成本保留方法指不是把标的产品的目标成本全部分解完，而是保留一部分，作为应对产品在研发过程中偶发的、难以预测的成本或作为强化产品特色和功能的成本的一种方法。保留成本占目标成本的比例依产品的特性和企业的发展战略而定，但不宜过大，否则会使分解的目标成本难以达成，也不宜过小，否则起不到保留成本的作用。

9.3 目标成本法应用案例

【例 9.1】

1）产品企划

基地位于江苏某市的 A 航空公司兼并了基地位于四川某城的 B 航空公司。A 航空公司发现四川某城周边旅游资源丰富，在当地政府的积极努力下，游客日增。

目标成本法的
应用案例分析

A航空公司增加了两地之间的航线(简称AB航线),为了与低价格、高密度的汽车、火车竞争,A航空公司认为只要在航班安排和票价上下工夫,AB航线值得增开,并组织规划、市场、飞行、乘务、机务、财务等各相关部门抽调业务骨干组成设计小组,进行正式企划。

2) 目标价格的确定

A航空公司AB航线企划小组通过对潜在消费者的需求(如对便捷、舒适程度等的要求)及竞争对手公路、铁路的运营进行细致调查并认真测算后,得出结论:航班密度达到每日4班(AB城之间往返两次),航班时间优于汽车、火车发班时刻,票价不高于500元时,AB航线才是有竞争力的。预计3年内年平均乘客将达到16万人次,即目标年运输收入为8 000万元(500元×16万人,为便于分析,假设票价统一,乘客为成人,无货邮行收入)。

3) 目标利润率的确定

A航空公司考虑到AB航线对于A公司开发西部航空运输市场具有战略意义,在导入期主要致力于占领市场,故目标利润率仅设定为销售收入的3%,即目标利润为240万元(8 000万元×3%)。

4) 目标成本的分解与达成

(1) 目标收入8 000万元减去占运输收入4.831 5%的民航基础建设基金386.52万元、占运输收入3.3%的税金及附加264万元,再扣除240万元的目标利润,即可得出AB航线的目标成本为7 109.48万元。

(2) 初次成本企划。拟购置V型飞机并按照其他类似航距航线的作业方式投入运营,运用作业成本法进行测算后得出预计成本费用总额为7 691.36万元(见表9.3)。由于比目标成本7 109.48万元高出581.88万元,必须进行成本挤压。

(3) 第一次成本挤压。对顾客需求的调查显示,顾客对飞机的新旧程度并不敏感,设计小组遂决定改为购置二手飞机。经测算,二手飞机的航空油料消耗将上升110.29万元,但飞机、发动机折旧、保险费和财务费用将分别降低295.70万元、9.45万元和164.15万元。机务部门表示加强技术培训和作风建设将降低维修差错率,预计可以减少航材消耗件支出3.66万元。经第一次成本挤压后,预计成本费用总额降为7 328.69万元,但离目标成本7 109.48万元还差219.21万元,仍需进行挤压。

(4) 第二次挤压。乘务部门经反复论证后提出,压缩乘务人员配置不会影响工作任务的完成,预计可减少费用8.61万元;AB航线飞行时间不足1小时,没有必要每座配备2份杂志,减配1份,预计可压缩成本2.52万元。再次挤压后,预计成本费用总额为7 317.56万元,尚有208.08万元有待挤压。

(5) 第三次成本挤压。设计小组同食品公司沟通之后发现,部分餐食原料等级的降低,丝毫不影响乘客的口感,卫生等其他方面也不存在问题,这方面可节约成本12.98万元。供应品采购部门反馈,原先四川某城市只有一家企业销售AB航线所需产品,现在另有两家企业从事该类业务,A公司可利用三家企业的竞争关系压价,预计可以减支5.56万元。采用同一方式,设计小组预计客舱服务费也有0.84万元的潜力可挖。收到职工的建议后,设计小组决定借鉴同行的经验,规定飞机在基地进行故障排除时尽量采用地面电源车代替APU(辅助电源设备)。这样操作虽降低了现场工作环境的舒适度(打开APU可以在空调凉风下进行维修),但能减少大量油耗,延长APU的寿命,省下可观的送修费,扣除为此给职工的补助,预计可节约间接运营成本 22.70 万元。市场部门指出,在该城既有 A 公司营业部,又有前 B 公司的售票处,两个销售机构完全可以合并,人、财、物使用效率的提高可降低资源占用与消耗,预计可节约销售费用 9.75 万元。经过三次挤压,预计成本费用总额降为 7 265.73 万元,还有 156.25 万元需要挤压。

表9.3　A公司成本费用总额

项目	目标金额/元	初次成本企划金额			作业成本金额/元
		单位作业成本/元	作业量		
			数值	单位	
一、运输收入	80 000 000				
1. 客运收入	80 000 000				
2. 货、邮、行李收入					
二、民航基础建设基金(4.831 5%)	3 865 200				
三、成本费用	71 094 800				76 913 602.54
(一)直接运营成本					49 503 147.96
1. 空地勤人员费用		1 310.66	1 314	飞行小时	1 722 207.24
2. 航空油料消耗		8 393.82	1 314	飞行小时	11 029 479.48
3. 航材消耗件消耗		557.17	1 314	飞行小时	732 121.38
4. 高价周转件摊销		852.57	1 314	飞行小时	1 120 276.98
5. 飞机、发动机折旧		9 751.79	1 314	飞行小时	12 813 852.06
6. 飞机、发动机修理费		1 801.79	1 314	飞行小时	2 367 552.06
7. 飞机、发动机保险		311.48	1 314	飞行小时	409 284.72
8. 经营性租赁费		0.00	1 314	飞行小时	0.00
9. 机场起降服务费		3 624.08	2 920	起降架次	10 582 313.60
10. 航线餐食供应品费		38.62	160 000	飞行人数	6 179 200.00
11. 飞机训练费		286.81	1 314	飞行小时	376 868.34
12. 客舱服务费		1.76	160 000	飞行人数	281 600.00
13. 货、邮、行李赔偿费		0.16	160 000	飞行人数	25 600.00
14. 其他直接营运成本		1 417.65	1 314	飞行小时	1 862 792.10
(二)间接营运成本		1 727.76	1 314	飞行小时	2 270 276.64
(三)销售费用					12 337 600.00
1. 代理售票手续费		933	8 000	运输收入	7 464 000.00

续表

项目	目标金额/元	初次成本企划金额			
		单位作业成本/元	作业量 数值	作业量 单位	作业成本金额/元
2. 其他		30.46	160 000	飞行人数	4 873 600.00
(四)管理费用		1 414.81	1 314	飞行小时	1 859 060.34
(五)财务费用		8 328.40	1 314	飞行小时	10 943 517.60
四、税金及附加(3.3%)	2 640 000.00				
五、经营利润	2 400 000.00				

(6) 第四次成本挤压。再次对AB航线的潜在消费者进行调查后，设计小组认为航线一半的航班处于午饭和晚饭之间，顾客的就餐意识淡薄，这些航班上只配点心不会影响顾客价值。如此可以减少大量餐食支出，预计会节支166.84万元。销售部门提议，为调动销售人员的积极性，将销售人员报酬同直销票额挂钩，从而加大直销力度，扣除以奖金形式支付给职工的一小部分，因此省下的代理售票手续费预计仍将达到111.96万元。运输服务部门称，行李赔偿费发生的重要原因是内部工作人员之间、内部工作人员和机场工作人员之间的衔接沟通不畅，工作流程的改进、人员交流的加强，应该可以减少行李丢失现象，预计能少支赔偿费0.38万元。至此，成本已被压缩为6 986.55万元，比目标成本7 109.48万元还低122.93万元。四次成本挤压过程见表9.4所示。

表9.4 AB航线四次成本挤压一览表

单位：元

项目	初次成本企划金额	第一次挤压后金额	第二次挤压后金额	第三次挤压后金额	第四次挤压后金额
成本费用	76 913 602.54	73 286 926.75	73 175 585.96	72 657 263.27	69 865 471.13
(一)直接运营成本	49 503 147.96	47 517 999.81	47 406 659.02	47 212 835.99	45 540 642.15
1. 空地勤人员费用	1 722 207.24	1 722 207.24	1 636 096.45	1 636 096.45	1 636 096.45
2. 航空油料消耗	11 029 479.48	12 132 426.33	12 132 426.33	12 132 426.33	12 132 426.33
3. 航材消耗件消耗	732 121.38	695 515.31	695 515.31	695 515.31	695 515.31
4. 高价周转件摊销	1 120 276.98	1 120 276.98	1 120 276.98	1 120 276.98	1 120 276.98
5. 飞机、发动机折旧	12 813 852.06	9 856 813.32	9 856 813.32	9 856 813.32	9 856 813.32
6. 飞机、发动机修理费	2 367 552.06	2 367 552.06	2 367 552.06	2 367 552.06	2 367 552.06
7. 飞机、发动机保险	409 284.72	314 834.53	314 834.53	314 834.53	314 834.53

续表

项目	初次成本企划金额	第一次挤压后金额	第二次挤压后金额	第三次挤压后金额	第四次挤压后金额
8. 经营性租赁费	0.00	0.00	0.00	0.00	0.00
9. 机场起降服务费	10 582 313.60	10 582 313.60	10 582 313.60	10 582 313.60	10 582 313.60
10. 航线餐食供应品费	6 179 200.00	6 179 200.00	6 179 200.00	5 993 824.97	4 325 440.70
11. 飞机训练费	376 868.34	376 838.34	376 838.34	376 838.34	376 838.34
12. 客舱服务费	281 600.00	281 600.00	281 600.00	273 152.00	273 152.00
13. 货、邮、行李赔偿费	25 600.00	25 600.00	25 600.00	25 600.00	21 760.00
14. 其他直接营运成本	1 862 792.10	1 862 792.10	1 837 592.10	1 837 592.10	1 837 592.10
(二) 间接营运成本	2 270 276.64	2 270 276.64	2 270 276.64	2 043 248.98	2 043 248.98
(三) 销售费用	12 337 600.00	12 337 600.00	12 337 600.00	12 240 128.00	11 120 529.70
1. 代理售票手续费	7 464 000.00	7 464 000.00	7 464 000.00	7 464 000.00	6 344 401.70
2. 其他	4 873 600.00	4 873 600.00	4 873 600.00	4 776 128.00	4 776 128.00
(四) 管理费用	1 859 060.34	1 859 060.34	1 859 060.34	1 859 060.34	1 859 060.34
(五) 财务费用	10 943 517.60	9 301 989.96	9 301 989.96	9 301 989.96	9 301 989.96

【例9.2】 长城公司计划开发生产一种新产品用于民用建筑的U型涂料。该公司设计人员经过几个月的攻关,终于设计出一个生产U型涂料的配方。生产U型涂料需要用清铅粉、黑铅粉、黏土和糖浆等原材料,它们所占的比重分别为35%、45%、14%和6%。该企业通过市场调查,发现U型涂料具有竞争性的市场价格为0.50元/千克。

根据该企业管理部门的计划,U型涂料设计阶段:

$$目标利润=0.25元/千克$$
$$目标成本=0.50-0.25=0.25(元/千克)$$

通过市场调查得知,清铅粉、黑铅粉、黏土和糖浆的单位成本分别为0.45元/千克、0.18元/千克、0.05元/千克和1.00元/千克。

U型涂料的单位成本$=0.45\times35\%+0.18\times45\%+0.05\times14\%+1\times6\%=0.3055(元/千克)$

U型涂料的设计方案尽管在技术上可行,但其成本却达不到目标成本的要求。这个信息立即反馈到设计部门。该企业的设计人员认真研究U型涂料现有的配方,结合开展价值工程,发现现有的配方使U型涂料耐高温性能过剩,而悬浮稳定性却略显不足。于是,该企业的设计人员在保证U型涂料必要功能的前提下,改进配方。新配方只用清铅粉、黑铅粉和膨润土等三种原料,它们所占的比重分别为15%、80%和5%。而膨润土的成本为0.09

元/千克。根据新配方，A型涂料的单位成本为：

$$0.45×15\%+0.18×80\%+0.09×5\%=0.216(元/千克)$$

这时，U型涂料新配方的成本达到目标成本的要求，可以正式投产。

9.4 目标成本法工具方法的评价

9.4.1 目标成本法的应用环境

目标成本管理既是产品成本规划、管理和降低的过程，又是一种重要的经营理念，是在产品生命周期的研发设计阶段进行产品成本规划和管理，而不是在产品制造过程降低成本，旨在强调充分理解市场竞争，聚焦客户对质量、功能、服务及价格的需求，考虑平衡组织各职能，其核心是盈利、投资、发展和创造价值的基本目标。企业应用目标成本法，需要一定必要的基础：

(1) 企业应用目标成本法，要求处于比较成熟的买方市场环境，且产品的设计、性能、质量、价值等呈现出较为明显的多样化特征。其基本特征是其市场导向，具有竞争性市场价格的确定是目标成本法的关键，而具有竞争性市场价格的确定要求企业所生产的产品有销路并且具备完善的市场。否则，既无法确定以市场为导向的目标成本，也无法将成本所代表的效率转化为效益。因此，企业运用目标成本法需要外部市场环境和经营观念转变的配合。

(2) 目标成本的确定就企业内部而言，关键在于目标利润的确定问题。这就要求企业内部计划管理水平较高，能够根据其面临的内外部环境，比较合理地规划适应其发展战略的目标利润。这是保证目标成本法有效运用的前提条件。因此，企业运用目标成本法还需要其内部经营管理水平的配合。

(3) 上述两个问题只是确定目标成本的前提条件，然而，依此确定的目标成本是一个总括的概念，即目标成本是有关产品成本的总括数据。企业必须将目标成本分解到产品的功能、各个组成部件，甚至分解到各个成本项目，并实施绩效评价，这就需要企业建立一个权力与责任对称、权责利相统一的责任会计系统予以配合，即成立由研究与开发、工程、供应、生产、营销、财务、信息等有关部门组成的跨部门团队，这个团队的成员来自组织的内部和外部，代表整个价值链，其中，来自组织外部的代表，可能由供应商、消费者、分销商和废品处理商等组成。就企业内部来说，一般情况下，企业在原有的组织结构基础上可以增加目标成本规划小组和产品开发制造同步工程小组，其组织架构见图9.4所示。

在组织构架中，较为特殊的组织为：①目标成本规划小组。目标成本规划小组是为实施目标成本法特设机构，由总经理直接领导，营销副总、技术副总（总工程师）与总会计师负责，营销副总领导市场、计划部门，技术副总（总工程师）领导技术、质量部门，市场技术部门协同，以职能部门为主，职能部门负责人与车间主任为辅助成员负责测算、协调、解决运行中的具体实施问题。②产品开发制造同步工程小组。为实现开发、生产环节达到目标成本的管控要求，企业应专门设置产品开发制造同步工程小组，由总工程师领导，以科研开发人

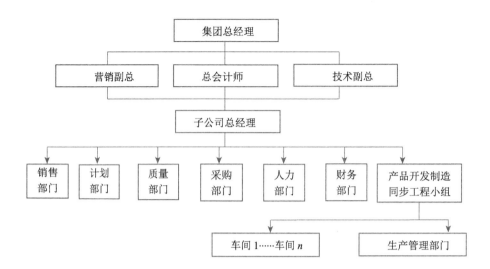

图 9.4 目标成本法下的组织结构图

员为主要人员,以生产部门及相关部门的技术人员为辅助人员。其工作方法是将产品的设计、开发人员和生产工艺工程师及制造部门人员组织起来,共同讨论产品设计、开发、研制、生产等阶段中可能遇到的问题。另外,企业应具备良好的信息技术手段,能及时、准确地取得目标成本计算所需的产品售价、成本、利润以及性能、质量、工艺、流程、技术等方面各类财务和非财务信息,为持续推进目标成本管理作支撑。

(4) 目标成本法是一个动态的成本管理过程。根据具有竞争性的市场价格和目标利润所确定的目标成本,企业的设计方案或产品生产过程未必能够达到,即使能够达到,由于企业内外部环境的变化,也需要不断调整。因此,目标成本法的有效运用必须结合价值工程、作业成本法和全面质量管理。价值工程通过功能分析,剔除不必要的功能;作业成本法以价值工程为基础,通过作业分析,剔除不必要的功能所引起的不必要的作业。价值工程与作业成本法相结合,在满足产品必要功能的前提下,降低成本,提高产品的竞争力。而这一切的实施以全面质量管理为后盾。从某种意义上说,质量就是市场份额,任何质量问题不仅会影响目标成本的顺利实现,而且更为重要的是会影响市场份额,动摇目标成本法的市场导向基础。

(5) 目标成本法并不是单纯的成本管理方法,而是一种管理思维。这种管理思维融于企业经营决策与管理控制过程,企业经营决策与管理控制过程无处不体现这种管理思维。成本管理工作涉及面很广,它不仅仅是财务(会计)部门的工作,也绝非单纯是一个管理会计问题。因此,企业要搞好成本管理工作,单靠企业经理人重视还不够,还要企业各个部门、各位员工、各个环节紧密配合,树立全员、全方位的成本管理意识。同时,也要考虑到企业整个供应链,例如,企业可以制定激励政策来鼓励供应商尽量降低成本。随着企业在研发和设计阶段与供应商越来越紧密的合作,供应链管理(supply chain management)也得到加强。

9.4.2 目标成本法的优缺点

目标成本法的主要优点是：一是突出从原材料到产品出货全过程成本管理，有助于提高成本管理的效率和效果；二是强调产品寿命周期成本的全过程和全员管理，有助于提高客户价值和产品市场竞争力；三是谋求成本规划与利润规划活动的有机统一，有助于提升产品的综合竞争力。

目标成本法的主要缺点是：一是其应用不仅要求企业具有各类所需要的人才，更需要各有关部门和人员的通力合作，协作和信任危机可能导致实施目标成本过程中的重大困境，许多组织必须达到目标成本得以成功实施的协作、信任和合作水平，管理水平要求较高；二是虽然目标成本可以实现，但为降低成本需要反复实施价值工程，从而延长开发时间，最终导致产品上市时间延迟，对某些类型的产品，延迟6个月上市可能比小额成本超支耗费更多。

本章思考

1. 什么是完全生命周期成本法？为什么说它很重要？
2. 在制造业，完全生命周期成本法的3个主要阶段是什么？
3. 什么是目标成本法？
4. 目标成本控制与传统标准成本控制的主要区别是什么？
5. 什么是价值工程？价值工程与目标成本法的关系是什么？
6. 在产品生命周期的哪个阶段最可能应用目标成本法？
7. 目标成本法实施的步骤是什么？
8. 目标成本法在企业中的应用基础或条件什么？
9. 如何综合评价目标成本法这个管理会计工具方法？
10. 在目标成本法中，跨职能团队和供应链管理起到什么作用？

应用实操

【资料】某公司将在2×19年引入一款使用寿命预计为3年的新产品。该公司预计每年销售100 000件产品，估算成本如表1所示：

表1 新产品生命周期成本

单位：元

事项	第0年	第1年	第2年	第3年
研究、设计	260 000	0	0	0
生产	0	900 000	900 000	900 000
营销	10 000	300 000	100 000	50 000
客户服务	0	40 000	60 000	80 000

【要求】 如果该公司采用生命周期成本法来为其新产品定价,并且希望在成本基础上有10%的利润,则产品的售价应为多少?

案例链接

[1] 目标成本法的解读与应用案例
　　——温素彬,屠后圆.目标成本法:解读与应用案例[J].会计之友,2020(18):150-155.
[2] 厨房帮手公司的目标成本法的应用
　　——阿特金森,卡普兰,玛苏姆拉,等.管理会计:第5版[M].王立彦,陆勇,樊铮,译.北京:清华大学出版社,2009.
[3] 价值工程方法在研发成本管控中的应用
　　——刘木子云,周子哲.价值工程方法在研发成本管控中的应用[J].财会通讯(中),2019(2):106-108.
[4] 实践中的目标成本计算:丰田汽车厂
　　——卡普兰,阿特金森.高级管理会计:第3版[M].吕长江,译.2版.大连:东北财经大学出版社,2007.
[5] 目标成本管理在餐饮企业成本控制中的应用分析
　　——彭洪文.目标成本管理在餐饮企业成本控制中的应用:基于宁波贴阁碧酒店管理有限公司的经验[J].财务管理研究,2020(6):102-106.
[6] 新能源汽车企业环境责任成本管理分析
　　——何翘愚.基于EPR的新能源汽车企业环境责任成本管理[N].中国会计报,2021-05-21(15).

第 10 章 责任会计与内部转移定价

> **本章导语**
>
> 由于企业管理分权制的发展,公司治理过程中存在不同类型的委托代理问题,因而现代企业十分重视内部责任和权力的划分,期望通过完善的责任会计体系和合理的内部转移定价,提高企业的运营效率,保障业绩评价体系的有效运行,并激励管理层和员工为企业创造价值,从而获得可持续发展。
>
> 本章内容基于《管理会计应用指引第 404 号——内部转移定价》,主要介绍了责任会计体系的概念、分类和评价方法,内部转移价格的含义、作用、制定方法和不同定价方法的优缺点及适用范围。

引入案例

甲公司于 20 世纪 50 年代建厂,总资产超过千亿元,是我国大型综合钢铁制造企业。20 世纪 90 年代金融危机以后,中国钢铁开始出现供大于求的局面,钢价下滑,钢厂效益下降,甚至出现了局部亏损乃至全行业亏损。甲公司为了保生存、求发展,大力研发高端产品、开发高端客户,实行责任会计和内部转移定价管理制度,借助市场变化倒逼企业提升管理水平。

甲公司采取的是总厂(公司)下辖若干生产分厂的管理架构,根据产品与市场的关系,设置了四个事业部和两个研究中心,确定内部转移定价,核算每个责任中心的效益,并进行绩效考核。

甲公司设置两个研究中心和四个事业部,其中,两个研究中心分别是铁前研究中心和能源高效利用中心,是成本中心,四个事业部分别是汽车家电板事业部、薄板事业部、中厚板事业部和形棒线事业部,是利润中心。成本中心的考核以成本完成情况为主;利润中心的考核,根据设置的内部转移定价,将利润中心发生的实际成本与内部转移定价对比,并将差异汇总到利润中心当期实际利润,与公司目标利润进行对比考核。

铁前研究中心主要应用计划价和模拟市场价制定内部转移价格。对于焦炭、混匀料、球团等过渡产品,可以根据年度预算测算的成本再加上对后期合理的预估来设置,可以理解为成本型内部转移定价;对于铁前研究中心和不同事业部之间的交易产品铁水,通常根据周边市场铁水交易的实际价格,加上对市场的合理预估来确定内部转移定价,该定价称为模拟市场价。

能源高效利用中心主要应用标准成本定价。能源高效利用中心的主要产品是风、水、电、气,经过对能源系统标准消耗的核定,反复循环测算,能够得到一个相对稳定的能源实际成本,因此该中心可以采用标准成本定价。

四个事业部作为利润中心主要应用市场价和模拟市场价定价,同时还考虑了成本加成和品种加成。另外,甲公司为了满足管理需要,适当考虑鼓励生产因素,相应向上调整了中高端产品的内部转移定价,鼓励生产单位多生产中高端产品。

通过市场倒逼企业深挖内部潜力,确定每一个产品的目标成本和目标利润,使二级厂被推向市场,打破了分厂吃公司大锅饭的局面,转变为现在的改善指标降低消耗、既保数量又保质量、既讲产量又要效益的精细化管理,极大地调动了员工的积极性和创造性,使企业很快走出了困境。同时,没有设置内部转移定价之前,所有效益在商品上才能够最终体现出来,各业务板块不能有效地与市场对接,采用了以活跃市场价为基础的内部转移定价后,将炼铁板块、炼钢板块、轧钢板块与市场对接,每个版块的盈利能力水平都能够清晰地显示出来,从而实现与市场的快速对接,有效提高了企业整体效益。

资料来源:财政部会计司编写组.管理会计案例示范集[M].北京:经济科学出版社,2019:250-253.

10.1 责任会计概述

第二次世界大战之后,随着各国经济的复苏和快速发展,企业规模不断壮大,各类股份公司、跨行业公司、跨国公司迅速兴起,子公司、分支机构遍布全球各地。公司规模的扩大也导致公司内部管理层级的增加,传统的集权制管理效率逐渐低下,无法适应和服务于公司的发展,此时,分权制管理模式应运而生。

所谓集权制,是指把企业经营管理权限较多集中在企业上层,而分权制是把企业的经营管理权适当分散在企业中下层。集权制的主要优点是可以避免重复和资源浪费,更加容易实现目标的一致性。但是由于决策权高度集中,一方面不利于下级部门和员工发挥主观能动性和创造性,另一方面也容易形成对高管的个人崇拜,不利于管理层的正常更替,影响企业的长远发展。随着企业的壮大和业务的多样化与复杂化,在目前的内外部经营环境下,高层不可能事无巨细地了解所有生产经营情况,也不可能为基层工作做出所有决策。而分权制管理将权力下放,可以让高层管理者将主要精力集中于重要事务,提高高管的工作效率;也可以充分发挥下级部门和员工的积极性、主动性和创造性,增加下属工作的满足感,便于企业发现、培养和激励人才;下属拥有决策权,还可以减少不必要的或低效的沟通,以便迅速就权限内的事务作出反应,提高决策的有效性和及时性;另外,在跨国或跨地区企业中,分权制有利于下级部门(子公司、分支机构等)针对当地的客户、供应商和员工需求做出更适当的决策,也更容易发现问题的焦点。

然而,分权制也存在一些弊端。第一,分权制有可能导致"次优决策"的产生,原因在于该项决策有可能为下级部门带来收益,但其收益不足以抵消整个公司为之付出的代价或遭受的损失。第二,分权制有可能导致管理者专注于自己的部门,而将其他部门视为对手,公司各部门之间的关系由协作转变为核算甚至竞争,就有可能使得各部门之间产生摩擦,管理者认为自己部门的相对业绩比公司整体目标更重要,从而造成目标的不一致性。第三,分权制有可能导致经济活动重复进行,在高度分权的公司中,每个部门可能存在职能重叠的现象,比如人力资源、信息技术等,这些职能采取集权制管理更有助于组织的团结和精简。

在现代公司制企业中,随着决策权的下放也带来了一系列问题,正是为了解决和避免这些问题,因而更需要加强内部控制,明确各部门、各管理层级的权力和责任,并制定统一的标准衡量和评价其业绩表现,才能发挥分权制的优势,克服和避免其存在的劣势,为企业的发展服务。

责任会计制度便是在这样的背景下产生的,责任会计制度是以各个责任中心为主体,以责、权、利相统一的机制为基础,对各责任中心分工负责的经济业务进行规划与控制,并对其责任落实情况进行考核和评价的一种内部会计控制制度。企业的责任中心按照其管理权限承担一定的经济责任,只要是管理上能够分离、责任可以辨认、业绩可以单独考核的单位都可以被划分为责任中心,包括子公司、分支机构、部门、车间、班组等。责任会计制度于20世纪80年代引入我国,在我国经济发展过程中发挥了积极的作用。

根据内部单位职责范围和权限大小,责任中心通常可以划分为成本中心、收入中心、利润中心和投资中心。成本中心,管理者只对成本负责;收入中心,管理者只对收入负责;利润中心,管理者对收入和成本负责;投资中心,管理者对投资、收入和成本负责。图10.1 显示了一个集团公司的责任组织结构,其中包括成本中心、收入中心、利润中心和投资中心的划分。由于收入中心比较简单,实务中也不多见,本章主要介绍成本中心、利润中心和投资中心三个方面。

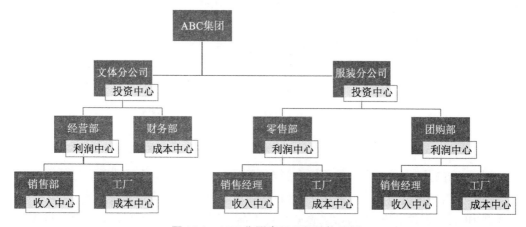

图10.1　ABC集团责任组织结构示例

10.2 责任中心及其业绩考核

10.2.1 成本中心

1) 成本中心的概念

成本中心是指只发生成本而不取得收入的责任单位。该中心只考核责任成本,不考核责任收入和利润。成本中心有广义和狭义之分,狭义的成本中心是指在生产产品或提供劳务的过程中对资源消耗负有责任的责任中心,典型的代表是工业企业的车间、班组等;广义的成本中心除包含狭义的成本中心外,还包括那些非生产性的对经营管理费用负责的责任中心,即费用中心,包括人力资源部、财务部等。

2) 成本中心的特点

成本中心的责任成本必须是可控成本。可控成本就是在一定期限内主要受某责任中心管理者影响的成本。通常来说,可控成本应同时满足以下三个条件:第一,责任中心能够通过一定的方法事先了解各种成本费用的发生;第二,责任中心能够对各种成本费用进行可靠计量;第三,责任中心能够通过自身的行为对即将发生的各种成本费用予以控制。可控成本和不可控成本的区分并不是绝对的,而是相对于某一成本中心或某一特定时间段而言的。比如,对于企业来说,所有成本都是可控的,但是对于某一下级部门或个人来说,这其中既有可控的成本,又有不可控的成本;材料或零部件价格,对于供应部门来说是可控成本,对于生产部门来说就是不可控成本;设备折旧在短期来看是不可控成本,但从长期来看,对于责任中心来说,在涉及固定资产购置、折旧方法选择时,折旧费用又成为可控成本。

值得说明的是,成本中心负责的是责任成本而不是产品成本。责任成本的划分遵循的是"谁负责,谁承担"的原则,是将责任中心作为成本核算对象归集和计算的成本,而产品成本归集和核算的原则是"谁受益,谁承担"。责任成本划分的目的在于对责任中心进行业绩考核,因而才需要将成本划分为可控成本和不可控成本。成本中心当期发生的各项可控成本之和就是它的责任成本,并应当以此作为成本中心业绩评价和考核的依据。

3) 成本中心的业绩考核和评价

成本中心的业绩考核对象是其责任成本,主要目的是对成本中心责任的成本预算指标完成情况进行考察和审核,因此业绩考核的主要内容是生产效率、成本差异的金额、性质和形成的原因等,具体指标包括责任成本差异额和差异率。

$$责任成本差异额 = 实际责任成本 - 预算责任成本 \quad (式10.1)$$

$$责任成本差异率 = 责任成本差异额 / 预算责任成本 \times 100\% \quad (式10.2)$$

需要注意的是,由于业务量的不同会影响成本的高低,因此,当实际产量与预算产量存在差异时,应当先调整预算责任成本,再进行责任成本差异额和差异率的计算。

【例10.1】 假设ABC集团的文体分公司下属有甲、乙、丙三个成本中心,分别对应甲、乙、丙三种产品,具体信息如表10.1所示。

表 10.1 成本中心相关资料

成本中心	预算产量/件	标准单位成本/（元/件）	实际产量/件	实际单位成本/（元/件）
甲	500	40	480	45
乙	800	50	750	50
丙	400	60	400	58

甲成本中心:预算责任成本 = 480×40 = 19 200(元)

实际责任成本 = 480×45 = 21 600(元)

责任成本差异额=21 600−19 200=2 400(元)

责任成本差异率=2 400/19 200×100%=12.5%

乙成本中心:预算责任成本=750×50=37 500(元)

实际责任成本=750×50=37 500(元)

责任成本差异额=37 500−37 500=0(元)

责任成本差异率=0/37 500×100%=0

丙成本中心:预算责任成本=400×60=24 000(元)

实际责任成本=400×58=23 200(元)

责任成本差异额=23 200−24 000=−800(元)

责任成本差异率=−800/24 000×100%≈−3.33%

显然,从计算结果来看,丙成本中心的实际成本比预算节约了约3.33%,预算完成情况最好,甲成本中心由于实际单位材料成本超过标准成本,所以预算完成情况最差。

10.2.2 利润中心

1) 利润中心的概念

利润中心及其考核评价

利润中心是指能同时控制生产和销售的责任中心,既要对成本负责,又要对收入负责,但是没有权力或责任决定该中心的资产投资水平。利润中心的权力高于成本中心,在企业中往往处于内部管理的较高层级。利润中心可以进一步分为自然利润中心和人为利润中心。

自然利润中心是可以直接对外销售商品或提供劳务并取得收入的利润中心。这类利润中心虽然是企业中的一个部门,但可以直接面向外部市场,拥有产品销售权、价格制定权、材料采购权及生产决策权,功能近似于一个独立的企业。典型的自然利润中心是企业的事业部,每个事业部都有采购、生产、销售等职能,能够独立控制成本、取得收入。

人为利润中心是面向企业内部其他部门提供产品或劳务,并按照"内部转移定价"取得"内部销售收入"并进行结算的利润中心。这类利润中心不直接对外,不能取得通常意义上的销售收入,也无法计算实际利润,只能通过内部结算计算其内部利润。但是人为利润中心也有部分经营权,能自主决定利润中心的产品和劳务、产量、生产组织、资金使用等。一般来说,只要能制定出合理的内部转移价格,就可以将企业里大多数生产半成品或提供劳务的成本中心改造成利润中心。关于内部转移定价的含义和制定方法将在下一节中具体介绍。

2) 利润中心的特点

利润中心的经营决策权是在公司整体战略领导下被授予的。建立利润中心的目的就是通过授予必要的经营权并确立利润这一综合性指标来考核各大责任中心对公司战略的支撑作用,评价其对公司价值的贡献。因此利润中心的业务范围、经营权力和职责必须合理划分、明确授权、界定清晰,评价指标要能够量化,才能使各利润中心充分行使权力和履行责任,并减少各利润中心之间不必要的矛盾。

3) 利润中心的业绩考核和评价

利润中心是对利润负责的责任中心,因此对利润中心的业绩考核和评价以责任利润的完成情况为主。如果利润中心获得的利润中有受不可控因素影响的部分,则需要予以调整,再将利润中心的实际责任利润与预算责任利润比较,反映利润中心预算责任利润完成情况。由于不同类型、层级的利润中心可控范围不同,其考核指标亦有所不同,主要包括毛利、贡献毛益和营业利润三个层级的收益形式。

(1) 毛利

$$毛利 = 销售净额 - 销售成本 \quad (式10.3)$$

毛利包含利润中心所负责的销售收入和销售成本两个因素,由于毛利不包含经营费用,因此能够促使各利润中心聚焦于成本的分析和控制,但也正是因为这一点,在采用毛利对利润中心进行考核时,须特别注意因为毛利的增加而引起的经营费用更大幅度的增加,这样反而会使得净收益减少,造成目标的不一致性。

(2) 贡献毛益即边际贡献

$$贡献毛益 = 销售净额 - 可控成本总额 \quad (式10.4)$$

与采用毛利作为评价指标相比,贡献毛益的优点在于将利润中心能够影响和控制的成本费用纳入责任中心的业绩,有助于推动责任单位对于其所有可控成本进行分析和控制,从而提高企业利润,保证利润中心目标与企业目标的一致性。除此之外,贡献毛益还便于不同责任单位之间的横向比较和取舍,例如,某一利润中心亏损,但在没有其他更优方案时,只要该利润中心仍然能够创造贡献毛益,就应当继续保留。

当然,贡献毛益指标也存在一定的缺点,由于贡献毛益指标忽略了不可控成本(主要是共同成本)的影响,这就有可能导致一些利润中心在决策时为了自身利益,导致整个企业其他方面的成本费用大幅度增加。因此,该指标主要适用于共同成本难以在不同利润中心分摊或无须分摊的情况。

【例10.2】 ABC集团服装分公司下属两个利润中心零售部和团购部,以贡献毛益作为考核指标。相关成本费用资料见表10.2所示,其中变动成本为可控成本,其他成本为不可控成本,不再分配。

表10.2 利润中心业绩表

单位:元

利润中心	零售部	团购部	合计
销售净额	60 000	40 000	100 000
减:变动成本	44 000	18 000	62 000
贡献毛益	16 000	22 000	38 000
减:租金			10 000
折旧			16 000
营业利润			12 000

根据表10.2可以看出,虽然零售部销售净额高于团购部,但团购部在成本费用的控制上优于零售部,贡献毛益高于零售部,因此,在采用贡献毛益作为评价指标时,团购部业绩较好。

(3) 营业利润

$$\text{营业利润} = \text{贡献毛益} - \text{不可控成本} \qquad (\text{式}10.5)$$

将营业利润作为利润中心的评价指标克服了以毛利和贡献毛益作为评价指标的问题，但同样也存在不足之处。不可控成本往往是由整个企业的运营引发的，因而将其归属为某一责任中心时存在一定难度，需要采用适当的方法进行分配。

【例10.3】 续例10.2，假设 ABC 集团服装分公司的不可控成本采用 2∶3 的比例在零售部和团购部分摊。

表10.3 利润中心业绩表

单位：元

利润中心	零售部	团购部	合计
销售净额	60 000	40 000	100 000
减：变动成本	44 000	18 000	62 000
贡献毛益	16 000	22 000	38 000
减：租金	4 000	6 000	10 000
折旧	6 400	9 600	16 000
营业利润	5 600	6 400	12 000

在不可控成本分摊之后，团购部营业利润仍然高于零售部，因此本例中，当采用营业利润作为利润中心的评价指标时，仍然是团购部业绩更优。

在考核利润中心业绩时，除了需要采用上述评价指标衡量不同利润中心的业绩表现，还应当将各利润中心的毛利、贡献毛益或营业利润实际完成额与预算进行比较，确定责任利润的完成情况，进一步分析差异的原因，可采用因素分析法具体分析确定销售数量、价格、品种结构、销售费用等因素对评价指标的影响，以便制订下一步经营计划。

10.2.3 投资中心

1) 投资中心的概念

投资中心是指既要对成本、收入和利润负责，又要对投入资金的使用效果负责的责任中心。投资中心是最高层级的责任中心，拥有最大的决策权，也承担着最大的责任，大型集团的子公司、分公司、分支机构等通常来说都是投资中心。

2) 投资中心的特点

投资中心以获取利润为目的，因此投资中心必然是利润中心，但利润中心不一定是投资中心。投资中心与利润中心最大的区别在于利润中心没有投资决策权，考核时也不考虑所占用的资产，而投资中心不仅具有生产决策权、产品销售权、定价权等，还享有决定资金投放方向和金额的权力，因此，在考核时也需要考察其投入与产出的情况。

3) 投资中心的业绩考核与评价

由于对投资中心的考核不仅要关注利润，还要关注其投入与产出之间的关系，因此，在投资中心的业绩评价中常用的指标为投资报酬率和剩余收益。

(1) 投资报酬率

投资报酬率是投资中心一定时期的营业利润和该期的投资占用额之比,具体公式为:

$$投资报酬率=营业利润/投资占用额\times100\% \quad (式10.6)$$

投资占用额指的是投资中心可以控制并使用的总资产。投资报酬率可以反映占用投资而返回的价值,也就是每一元资产的占用对利润创造的贡献。通过该指标可以全面评价投资中心的各项经营活动,反映其资产使用效果,考评其掌握、使用资产时的盈利能力。

投资报酬率可进一步分解为:

$$\begin{aligned}投资报酬率&=营业利润/投资占用额\\&=(营业利润/销售收入)\times(销售收入/营业资产)\\&=销售利润率\times资产周转率\end{aligned} \quad (式10.7)$$

由此,可以看出想要提高投资报酬率,可以通过扩大销售、降低成本、加快资金周转等方式实现。

【例 10.4】 ABC 集团下设文体分公司和服装分公司两个投资中心,各投资中心投资报酬率的计算如表 10.4 所示。

表 10.4 投资报酬率计算表

投资中心	文体分公司	服装分公司
营业收入/元	75 000	100 000
营业利润/元	8 000	12 000
投资占用额/元	70 000	180 000
投资报酬率/%	11.42	6.60

进一步分解,可以得到:

文体分公司:投资报酬率$=(8\,000/75\,000)\times(75\,000/70\,000)\times100\%$
$\approx10.67\%\times1.07=11.42\%$

服装分公司:投资报酬率$=(12\,000/100\,000)\times(100\,000/180\,000)\times100\%$
$\approx12\%\times0.55=6.60\%$

这样一来,可以看出虽然服装分公司的销售利润率高于文体分公司,但由于其资产周转率较低,对资产的利用效率较低,所以投资报酬率低于文体分公司。

投资报酬率作为相对指标,去除了规模因素的影响,能够有效分析投资中心对资产的利用情况,还能够在多个投资中心之间进行经营业绩的优劣对比和分析评价,从而可以实现更优化的资源配置。然而,投资报酬率指标也存在不完善之处,比如一些投资中心有可能为了获得较高的投资报酬率而减少甚至放弃必要的资产投资,从而做出错误的决策,损害企业的长远利益,影响战略目标的实现。因此,有必要同时采用其他指标,如剩余收益,共同对投资中心的业绩进行评价。

(2) 剩余收益

剩余收益是以投资中心获得的利润减去其投资额按规定或预期的最低收益率计算出的投资收益后的余额,也就是投资中心营业利润超过其预期最低收益的部分。其中,预期最低收益是为保证正常生产经营活动,投资中心必须达到的最低收益水平,由投资额和规定的或预期的最低投资收益率相乘得到。具体公式为:

$$剩余收益=营业利润-最低投资收益$$
$$=营业利润-投资额 \times 规定的或预期的最低投资收益率 \quad (式10.8)$$

【例 10.5】 续例 10.4,假设 ABC 集团预期最低收益率为 10%。

文体分公司:最低投资收益=70 000×10%=7 000(元)
剩余收益=8 000-7 000=1 000(元)

服装分公司:最低投资收益=180 000×10%=18 000(元)
剩余收益=12 000-18 000=-6 000(元)

根据以上计算可以看出,本例中,虽然服装分公司的营业利润高于文体分公司,投资报酬率也达到了 6.67%,但剩余收益却小于 0,说明该投资中心的收益尚未达到最低收益水平,对于其所占用的资产的利用水平较低,业绩表现并不乐观。

剩余收益是一个绝对值指标,因此只有当剩余收益大于 0 时,才说明投资中心有较好的业绩表现,并且该指标越大越好。也就是说,当投资中心面临投资项目决策时,只要选择该项目会增加投资中心的剩余收益,那么这个项目就会给企业带来利润。剩余收益的缺点在于,作为绝对值指标,不能用于两个规模存在较大差别的投资中心的横向比较。因此,剩余收益和投资报酬率可以起到互补的作用,剩余收益弥补了投资报酬率的不足,可以在投资决策方面使投资中心的利益和企业目标趋于一致,避免短视行为,而投资报酬率可以用于投资中心之间的横向比较,从而更有利于资源配置的优化。

10.3 内部转移定价

10.3.1 内部转移定价的含义

在分权制管理的企业中,各责任中心的责、权、利是相对分开且独立的,但是企业在生产经营过程中,一些责任中心的产品却是另一些责任中心的原材料或进一步加工的半成品,无法完全分割。这样一来,就需要一个公正可比的计价标准,来保障不同责任中心的经济利益,准确划分双方的经济责任,才能使得责任中心的业绩考核是客观、公平和公正的。内部转移价格就是这样的一种在企业内部各分公司、分厂、车间、分部等责任中心之间相互提供产品或服务、资金等内部交易时所采用的计价标准。内部转移定价则是对内部转移价格的制定和应用方法。

合理的内部转移定价在企业管理中具有非常重要的作用。首先,企业集团实现整体利益最大化和资源配置的最优化,完善对子公司、下级单位和部门的控制,调节业务结构等目的都可以借助内部转移价格来达成,因而有助于企业战略目标的实现。其次,内部转移定价有助于明确划分各责任中心的经济责任,能够更加客观、可比、公平地对责任中心进行业绩考核、评价和奖惩,从而落实经济责任,协调各责任中心之间的利益关系,统筹安排各项经营业务和活动,使各责任中心与企业整体利益趋于一致。同时,合理的内部转移价格,不仅可以作为评价责任中心经济责任的标准,还能够起到激励作用,影响责任中心主管和全体职工的工作态度和工作精神。

10.3.2 内部转移定价的原则

内部转移定价一般应遵循以下原则:

1) 合规性

内部转移价格的制定、执行及调整应符合相关会计、财务、税收等法律法规的规定。

2) 效益性

企业应用内部转移定价工具方法时,应以企业整体利益最大化为目标,避免为追求局部最优,引发不必要的矛盾和价格上的相互倾轧,从而损害企业整体利益。同时,还应当兼顾各责任中心及员工利益,充分调动各方积极性。

3) 适应性

内部转移定价体系应当与企业所处行业特征、企业战略、业务流程、产品(服务)特点、业绩评价体系相适应,使企业能够统筹各责任中心的利益,使其对内部转移价格达成共识。

10.3.3 内部转移价格的制定方法

常见的内部转移价格制定方法有三种:价格型、成本型和协商型。

1) 价格型内部转移定价

价格型内部转移定价是指以市场价格为基础制定的、由成本和毛利构成内部转移价格的方法,一般适用于利润中心。理论上来说,当产品或劳务存在完全竞争市场,且市场价格容易取得时,以市场价格为基础制定的内部转移价格最为理想,因为市场价格具有客观性和公正性,是公允的价格,且销售方和购买方都能自由选择是内部交易还是外部交易。

被转移的产品或劳务存在完全竞争或接近完全竞争的外部市场是使用这一方法的前提。所谓完全竞争市场,是指责任中心生产的产品或提供的服务与市场整体的相关性较小,不能影响市场价格;被转移的产品或劳务与其他厂家生产的产品或提供的劳务无差别;生产厂家能自由进入或退出市场;消费者、生产者和资源拥有者对市场信息充分了解。

另外,还需要注意在使用这种方法定价时,不能直接以外部市场价格作为内部交易结算价格,应该在此基础上有所调整,包括扣除内部交易时不需要发生的销售费用、广告费用、运输费用等。

完全竞争市场的前提意味着销售方允许向外部市场销售任意数量的产品,购买方也可以从外部市场获得任意数量的产品。由于以市场价格为基础制定的内部转移价格在扣除相关费用之后一般会低于市场价格,因此也可以鼓励产品的内部转移。如果销售方在此内部转移价格下销售而不能长期获利,公司最好停止该产品的生产而进行外部采购;同样的,如果购买方以此内部转移价格进货而不能长期获利,则最好停止采购和进一步加工该产品,转而直接向外部市场销售。因此,以市场价格为基础制定的内部转移价格对公司整体利益最为有益。

2) 成本型内部转移定价

成本型内部转移定价是指以标准成本等相对稳定的成本数据为基础制定内部转移价格的方法,一般适用于成本中心。成本型内部转移定价可以有多种形式,以完全成本定价、以变动成本定价、以成本加成定价等。但无论采用哪一种形式,都应该使用标准成本而不能使用实际成本确定转移价格,原因在于:一方面,虽然实际成本数据容易获取,但事先难以得到,所以在制定内部转移价格时缺乏依据;另一方面,实际成本中所包含的所有差异都会转移给购买方,销售方因此会失去控制成本的动力,内部转移价格就无法发挥落实经济责任的作用。

(1) 变动成本定价法

变动成本包括直接材料成本、直接人工成本和变动制造费用。变动成本通常可以作为内部转移价格的下限,但由于这种方式对购买方过分有利,销售方不能获得固定制造费用以及利润的补偿,所以并不利于对销售方的激励。从企业整体利益来看,当销售方生产能力有剩余时,可以按变动成本制定内部转移价格,因为此时销售方的固定制造费用还可以通过对外销售的形式进行补偿;而当销售方生产能力没有剩余时,则以市场价格为基础制定内部转移价格更为有利。

(2) 完全成本定价法

完全成本包含直接材料成本、直接人工成本和制造费用,采用完全成本作为内部转移价格的优势在于数据获取较为简便,同时,与变动成本定价法相比,补偿了销售方的全部成本,因此可以激励销售方进行内部转移。但完全成本定价法也存在缺点,即不一定使得企业整体利益最大化,例如,当某一中间产品完全成本为 100 元,变动成本为 60 元,当购买方只能接受 80 元以下的内部转移价格时,采用完全成本定价就不能促成内部转移,因而会使得企业丧失部分利益。

(3) 成本加成定价法

成本加成定价法是指在完全成本或变动成本的基础上,给予一定比例的加成而得到的内部转移价格。如果采用完全成本为基础,那么加成的因素是合理的利润;如果采用变动成本为基础,那么加成的因素还应当包括补偿的固定成本。这样的定价方式能够保证销售方获得一定的利润,因此除了适用于成本中心外,也适用于利润中心内部转移价格的制定,同时也能够鼓励销售方进行内部转移。

3) 协商型内部转移定价

协商型内部转移定价是指企业内部供求双方为使双方利益相对均衡,通过协商机制制定内部转移价格的方法,主要适用于分权程度较高的情形。协商型内部转移定价成功的前提是有某种形式的外部市场,供求双方都可以自由选择或拒绝某一价格,否则,若无法从外部取得或销售中间产品,那么就形成了垄断,失去了协商的可能性。协商价的取值范围通常较宽,一般不高于市场价,不低于变动成本,但最终定价需要依靠双方谈判人员的谈判能力。这种方法的缺点在于在协商价格时会花费大量时间精力,还容易导致部门间的矛盾,但由于其具备一定的弹性,可以照顾到双方利益并得到认可,因而仍然被广泛采用。

10.4 内部转移定价工具方法的评价

10.4.1 内部转移定价的应用环境

企业应当在健全的营运管理组织架构、制度体系、业务信息系统和成本管理制度体系的基础上建立责任会计制度,明确各管理层级或管理部门的职责。

一般由绩效管理委员会或类似机构负责搭建内部交易和内部转移价格管理体系,制定相关制度,审核、批准内部转移定价方案,并由财务、绩效管理等职能部门负责编制和修订内部转移价格、进行内部交易核算、对内部转移价格执行情况进行监控和报告等内部转移价格的日常管理工作。

同时,企业还应当建立与所采用的内部转移定价体系相适应的内部交易管理信息系统,并及时获取所需的内部转移价格,灵活确定定价方式,客观反映各责任中心的绩效。

10.4.2 内部转移定价的优缺点

1) 内部转移定价的优点

(1) 能够清晰反映企业内部供需各方的责任界限,有利于内部交易合理、规范地进行。

(2) 为绩效评价和激励提供客观依据,帮助企业将笼统的总体目标细化到各责任中心,再细化至个人,便于绩效评价的施行。

(3) 有利于企业优化资源配置,提高营运效率,从而实现企业价值目标。

2) 内部转移定价的缺点

(1) 可能受到外部因素影响,使得内部转移定价体系产生的定价结果不合理,存在造成信息扭曲、误导相关方行为、损害企业局部或整体利益的可能性。

(2) 不规范的、缺乏监督的内部转移定价制度反而有可能降低工作效率,滋生个人为谋取自身业绩而不顾企业整体利益的现象。

本章思考

1. 分权制有哪些优点?有哪些缺点?
2. 责任中心的含义是什么?有哪些分类?
3. 实施责任会计需要具备哪些基础和条件?
4. 成本中心的评价考核标准有哪些?如何对成本中心的业绩进行考核?
5. 你是如何理解成本的可控性和不可控性的?成本是否可控与责任中心所处的管理层级、权限大小和控制范围是否有关?
6. 投资中心的评价考核标准有哪些?如何对投资中心的业绩进行考核?
7. 内部转移定价的意义是什么?
8. 内部转移价格有哪些类型?分别适用哪些情况?

9. 试着评价内部转移定价这个管理会计工具方法。
10. 结合我国企业情况谈谈现代企业管理中为什么要建立责任会计制度?

应用实操

【资料】某投资中心的投资占用额为 200 000 元,年净利润为 40 000 元,公司为该投资中心规定的最低投资报酬率为 18%。

【要求】利用 Excel 建立计算该公司投资报酬率和剩余收益的模型,计算当年的投资报酬率和剩余收益。

案例链接

[1] "模拟市场"内部转移定价在钢铁企业的应用
——财政部会计司编写组.管理会计案例示范集[M].北京:经济科学出版社,2019:250-253.
[2] 内部转移定价应用案例
——刘义鹃,王晶洁.内部转移定价:解读与应用案例[J].会计之友,2020(21):152-155.
[3] 内部转移定价理论发展和回顾
——马新智,郑石桥.内部转移价格:一个文献综述[J].北京工商大学学报(社会科学版),2006(6):33-39.
[4] 责任会计和内部转移定价的应用研究
——刘洪海.责任会计体系中企业内部转移价格制定研究[J].商业时代,2012(28):70-71.
[5] 责任会计理论回顾
——梁萍.责任会计基础理论解析[J].财会通讯(上),2011(8):20-22.
[6] 中国企业责任中心考评的探索及问题
——南京大学会计学系课题组.责任单位与考评:中国企业的探索及问题[J].会计研究,2001(9):38-49.

第 11 章　绩效评价及工具方法

本章导语

随着社会经济形态的演变和转化,尤其是企业管理分权制的发展,公司治理过程中存在不同类型的委托代理问题,因而现代企业十分重视基于激励的业绩评价和考核,期望通过有效的业绩评价体系激励管理层和员工为企业创造价值,从而获得可持续发展。目前,企业绩效管理领域应用的管理会计工具方法,一般包括关键绩效指标法、经济增加值法、平衡计分卡、股权激励等。

本章基于《管理会计应用指引第 600 号——绩效管理》《管理会计应用指引第 601 号——关键绩效指标法》《管理会计应用指引第 602 号——经济增加值法》《管理会计应用指引第 603 号——平衡计分卡》和《管理会计应用指引第 604 号——绩效棱柱模型》等,主要介绍了绩效评价和关键绩效指标法的定义、指标体系构成方法和对关键绩效指标法管理工具的评价,以及经济增加值的内涵、计算和对经济增加值法管理工具的评价;阐述了平衡计分卡的形成和发展、平衡计分卡的定义、战略目标和评价指标、四个维度,在此基础上,总结了平衡计分卡的特点和应用实施的步骤、注意要素,并对其应用进行了相应的评价;简单介绍了绩效棱柱模型。

引入案例

某集团公司(以下简称"公司")由 A、B 两家企业合并组建,以设计与工程总包、煤机装备、安全技术与装备、示范工程、节能环保和新能源五大板块为主营业务,致力于拓展自身技术优势,提供更广泛的生产性服务,支撑我国煤炭走新型工业化道路。公司目前面临的主要问题在于以下三个方面:

第一,公司成员单位分布于全国各地,在合并后,如何整合两家资源,尽快度过过渡期,走上快速发展的轨道是摆在管理层面前的首要问题。业绩考核被作为传递集团公司整体战略目标、统一价值取向的重要抓手,可以引导成员单位的经营活动,确保合并后的平稳过渡。因此,亟待建立统一的业绩考核体系。

第二,为更好地适应市场需求、建立现代企业制度,公司制定了股份制改造的目标,拟在近期完成对集团公司所属全民所有制企业的公司制改造。为了改制后的新公司能够实现高效运营,需要强化考核力度,完善业绩考核体系。

第三,企业合并后,公司业务几乎涵盖了煤炭产业链的所有环节,为了落实集团战略和做强做优的要求,也需要进一步完善业绩考核制度。

在此背景下,公司借鉴平衡计分卡思想,以关键绩效指标(KPI)考核为主线,将经济增加值(EVA)确定为 KPI 之一,建立了综合考核评价体系。

公司吸收平衡计分卡的思想,战略制定除明确了财务目标外,还充分体现了对客户服务、产品标准的关注,并确立了人才与集团公司共同成长的发展观。业绩考核作为战略落地的抓手,在强调财务业绩的同时,特别注重科技业绩、安全生产、内部协同等方面的考核。

公司的考核体系以KPI为主线。一是强化考核体系,根据调整后的战略规划要求,强化与战略规划相关的收入、利润等主要经营指标的考核机制;二是建立覆盖集团公司全部高管人员的考核体系,将战略规划目标和战略措施有针对性地纳入每位高管人员个人关键业绩指标;三是将子企业发展规划中的利润总额、经济增加值、营业收入、科技创新投入等与战略实施相关的指标和工作任务纳入子企业负责人考核。

经济增加值作为企业价值的量化体现,成为考核体系的重要组成部分,在进行单项KPI考核时采用经济增加值,将其权重设置为30%。公司按照季度、半年度、年度分别对集团公司及所属企业的财务状况进行动态分析,经济增加值作为考核下属企业的一项重要指标已在其财务动态中列示,并在年底按照各企业经济增加值完成情况排名,所属企业中该项指标凡是出现异常变化的情况,均要求对其经济增加值进行分解、分析,找出原因、反映问题、寻求解决方法。

实施了这样的业绩评价体系后,公司合并五年来,经济运行质量不断提高,营业收入增长134%,利润总额增长127.4%,总资产增长159.5%,净资产增长164.7%。特别是在2×13年经济形势下滑的困难条件下,全年营业收入同比增长17.6%、利润总额同比增长12.9%。同时,公司确立的五大业务板块也能够协调发展,集团战略有效落实,公司下属企业的公司制改造工作也已全部完成,集团对所属企业的管控能力不断增强,整体经营管理水平不断提升。

资料来源:财政部会计司编写组.管理会计案例示范集[M].北京:经济科学出版社,2019:342-350.

11.1 绩效评价概述

11.1.1 绩效评价及其历史演进

绩效评价,是指企业运用系统的工具方法,对一定时期内企业营运效率与效果进行综合评判的管理活动。绩效评价是企业实施激励管理的重要依据。

在西方,真正意义上的企业绩效评价是在现代公司制度诞生以后,为了加强资本所有权控制和公司内部控制而产生的。20世纪初至20世纪90年代的财务业绩评价是基于利润最大化的财务目标而设计的,是与工业经济时代经济发展的特点相适应的。会计利润是工业化生产过程中反映物资资本的投入、耗用和产出的主要指标和基础。进入20世纪80年代,短期利益至上的弊端日益显现,长期竞争优势的形成与保持成为企业关注的重点,企业经营业绩评价体系逐渐引入了诸如顾客满意度、市场占有率、产品生命周期等非财务指标,进而进入到以财务指标为主,非财务指标为辅的企业业绩评价阶段。20世纪90年代开始的战略经营业绩评价是与"新经济"时期的经济发展要求相适应的。随着社会经济形态的演变和转化,该时期企业规模不断扩大,企业间的竞争不断加剧,企业可持续发展成为第一要务,形成与保持企业的核心竞争力成为可持续发展的关键,也因此成为企业的战略经营目标。而传统的以财务指标为基础的业绩评价由于具有短视性等缺陷已无法与企业的战略经营目标的管理相适应,建立多维的战略经营业绩评价体系成为必然。如卡普兰和诺顿的平衡计分卡、阿特金森的利益相关者的战略业绩评价以及尼利和亚当斯的绩效三棱柱在这一阶段先后产生。进入新世纪后,随着低碳、环保理念的引入,战略业绩评价体系的内容得到不断丰富。

在我国,真正意义上的企业经营绩效评价是在20世纪80年代随着市场经济发展模式的正式导入,为了加强对国有资本金的控制管理,提高资金的使用效率而产生的。20世纪80年代至90年代的价值量评价是与当时国家开始对企业实行放权让利的改革,以利润为中心的管理思想相适应的。如1982年国家六部委制定的企业16项主要经济效益指标,又如1988年财政部等四部委共同发布的包括销售利润率、资金利税率等在内的8项考核指标。20世纪90年代的以财务指标为主的评价是为了与当时的调整结构和增加效益的经济改革相适应。在总结了放权让利和承包制的经验教训之后,20世纪90年代开始,中央开始将经济工作的重点转移到调结构和增效益上。如1992年《企业财务通则》规定的8大财务状况评价指标,开始注重企业偿债能力、营运能力和盈利能力的评价,1995年财政部制定的《财政部企业经济效益评价指标体系(试行)》,开始从企业投资者、债权人以及企业对社会的贡献三个方面进行业绩的综合评价。随着经济的进一步发展,可持续发展成为企业的第一要务,从而形成了战略经营目标,1999年财政部等四部委联合颁布并实施的《国有资本金效绩评价规则》以及2006年国资委发布的《中央企业综合绩效评价实施细则》均是与企业可持续发展的管理要求相适应的。

进入21世纪后,人们意识到,企业的可持续发展是建立在人与自然和谐生存和发展的基础之上的,从而形成了以循环经济发展原则"3R"[减量化(reduce)原则、再利用(reuse)原则、再循环(recycle)原则]为指导的企业战略经营业绩评价。企业战略经营业绩评价的内容不断丰富。

11.1.2　绩效评价的体系构成

企业的业绩评价体系一般由制订绩效计划、执行绩效计划、实施绩效评价和编制绩效评价管理反馈报告等内容构成,保证企业战略的实施是制定绩效评价体系的首要目标。

1) 制订绩效计划

绩效计划是指企业开展业绩评价工作的行动方案,包括构建指标体系、分配指标权重、确定业绩目标值、选择计分方法和评价周期、签订绩效责任书等一系列管理活动。企业绩效计划的源头在于企业的战略目标。企业应根据战略目标综合考虑绩效评价期间的宏观经济政策、外部市场环境、内部管理需要等因素,结合业务计划与预算,按照上下结合、分级编制、逐级分解的程序在沟通反馈的基础上,编制各层级的绩效目标。

(1) 构建指标体系

企业可单独或综合运用关键绩效指标法(KPI法)、经济增加值法、平衡计分卡等工具方法构建指标体系。指标体系应反映企业战略目标实现的关键成功因素,包括反映企业使用其财务资源、固定资产及劳动力等效率的生产能力指标,反映客户满意度、按时交货率及与客户关系管理的客户服务指标,反映企业的产品是否符合设计要求以及产品在多大程度上满足使用者需求的质量指标,反映某流程从开始到结束所占用时间的时间效率指标,反映员工的工作态度与工作技能的内部人事管理指标等。指标含义应明确、可计量。

（2）分配指标权重

指标权重的确定可选择运用主观赋权法和客观赋权法,也可综合运用这两种方法。主观赋权法是利用专家或个人的知识与经验来确定指标权重的方法,如德尔菲法、层次分析法等。客观赋权法是从指标的统计性质入手,由调查数据确定指标权重的方法,如主成分分析法、均方差法等。

（3）确定绩效目标值

业绩目标值的确定可参考内部标准与外部标准。内部标准有预算标准、历史标准、经验标准等;外部标准有行业标准、竞争对手标准、标杆标准等。

（4）选择计分方法和评价周期

绩效评价计分方法可分为定量法和定性法。定量法主要有功效系数法和综合指数法等;定性法主要有素质法和行为法等。绩效评价周期一般可分为月度、季度、半年度、年度、任期。月度、季度绩效评价一般适用于企业基层员工和管理人员,半年度绩效评价一般适用于企业中高层管理人员,年度绩效评价适用于企业所有被评价对象,任期绩效评价主要适用于企业负责人。

（5）签订绩效责任书

在制订绩效计划后,评价主体与被评价对象一般应签订绩效责任书,明确各自的权利和义务,并作为绩效评价与激励管理的依据。绩效责任书的主要内容包括业绩指标、目标值及权重、评价计分方法、特别约定事项、有效期限、签订日期等。绩效责任书一般按年度或任期签订。

2）执行绩效计划

经企业股东大会或董事会审批后的业绩计划,应以正式文件的形式下达与执行,确保与计划相关的被评价单元能够了解计划的具体内容和要求。在绩效计划下达后,各计划执行单位(部门)应认真组织实施,从横向和纵向两个方面落实到各所属层级和各流程,乃至各岗位员工,形成全方位、全过程和全员的业绩计划责任体系。

在执行绩效计划的过程中,绩效管理工作机构应通过会议、培训、互联网、公告栏等形式,进行多渠道、多样化、持续不断的沟通与辅导,使绩效计划得到充分理解和有效执行。企业还应建立配套的监督控制机制,及时记录执行情况,进行差异分析与纠偏,持续优化业务流程,确保绩效计划的有效执行。绩效计划执行的监督控制机制如表 11.1 所示。

表 11.1 绩效计划执行的监督控制机制

监督控制步骤	具体内容
监控与记录	企业可借助信息系统或其他信息支持手段,监控和记录指标完成情况、重大事项、员工的工作表现等内容。搜集信息的方法主要有观察法、工作记录法、他人反馈法等

续表

监督控制步骤	具体内容
分析与纠偏	根据监控与记录的结果,重点分析指标完成值与目标值的偏差,提出相应整改建议并采取必要的改进措施
编制分析报告	分析报告主要反映绩效计划与激励计划的执行情况及分析结果,其频率可以是月度、季度、年度,编制分析报告,也可以根据需要编制

3) 实施绩效评价

绩效管理工作机构应根据计划的执行情况定期实施绩效评价,按照业绩计划的约定,对被评价对象的业绩表现进行系统、全面、公正、客观的评价。实施评价的各层级责任部门应按照业绩计划搜集相关信息,获取被评价对象的业绩指标实际值,对照目标值,应用选定的计分方法计算评价分值,并进一步形成对被评价对象的综合评价结果。

绩效评价过程及结果应有完整的记录,结果应得到评价主体和被评价对象的确认,并进行公开发布或非公开告知。公开发布的主要方式有召开绩效发布会、企业网站业绩公示、面板业绩公告等;非公开告知一般采用一对一书面、电子邮件告知或面谈告知等方式进行。评价责任部门应及时向被评价对象进行绩效反馈,反馈内容包括评价结果、差距分析、改进建议及措施等,可采取反馈报告、反馈面谈、反馈报告会等形式进行。

4) 编制绩效评价管理反馈报告

绩效管理工作机构应定期或根据需要编制绩效评价管理反馈报告,对绩效评价结果进行反映。绩效评价管理反馈报告根据绩效评价结果编制,反映被评价对象的绩效计划完成情况,应确保内容真实、数据可靠、分析客观、结论清楚,为报告使用者提供能满足其决策需要的信息。绩效评价管理反馈报告通常由报告正文和附件构成,如表11.2所示。

表11.2 绩效评价管理反馈报告

报告构成		报告内容
正文	评价情况说明	包括被评价对象、评价依据、评价过程、评价结果、需要说明的重大事项等
	管理建议	包括企业经营中存在的问题反馈、改进建议
附件		包括评价计分表、问卷调查结果分析、专家咨询意见等报告正文的支持性文档

绩效评价管理反馈报告可分为定期报告、不定期报告。定期报告主要反映一定期间被评价对象的业绩评价管理情况。每个会计年度至少出具一份定期报告。不定期报告根据需要编制,反映部分特殊事项或特定项目的绩效评价管理情况。业绩评价报告应根据需要及时报送薪酬与考核委员会或类似机构审批。企业应定期通过回顾和分析,检查和评估业绩评价管理的实施效果,不断优化绩效计划,改进未来的绩效管理工作。

绩效管理领域应用的管理会计工具方法,一般包括关键绩效指标法、经济增加值法、平衡计分卡、绩效棱柱模型、股权激励等。企业可根据自身战略目标、业务特点和管理需要,结合不同工具方法的特征及适用范围,选择一种适合的绩效管理工具方法单独使用,也可选择两种或两种以上的工具方法综合运用。下文具体介绍这些工具方法。

11.2 平衡计分卡

11.2.1 平衡计分卡的定义、战略目标和评价指标

1) 平衡计分卡的定义

在我国,财政部《管理会计应用指引第603号——平衡计分卡》将平衡计分卡(Balanced Scorecard,BSC)定义为基于企业战略,从财务、客户、内部业务流程、学习和成长四个维度将战略目标逐层分解转为具体的、相互平衡的绩效指标体系,并据此进行绩效管理的方法,通常与战略地图等其他工具结合使用,设计平衡计分卡的第一个有用步骤是战略地图。平衡计分卡的创始人罗伯特·卡普兰曾说过,"如果你不能描述,那么你就不能衡量;如果你不能衡量,那么你就不能管理"。战略地图(strategy map)是一个图解式的图表,是对企业战略要素之间因果关系的可视化表示方法,连接财务、客户、内部业务流程、学习和成长四个维度的战略目标以创造价值,其通用模型如图11.1所示。

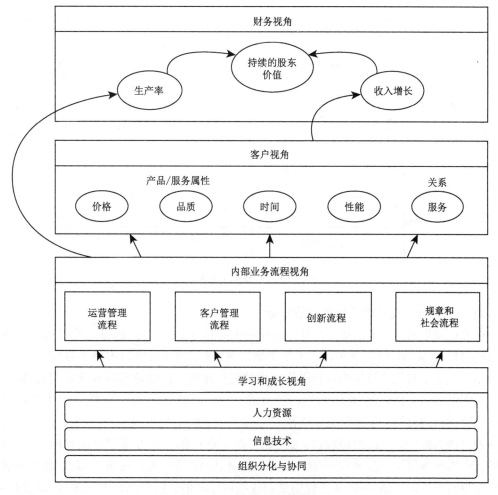

图 11.1 战略地图通用模型

平衡计分卡将组织的使命和战略转化为一系列业绩衡量标准,它们为战略的执行提供了框架。平衡计分卡不仅仅关注财务目标的实现,它还强调了一些非财务目标,这是一个组织为达到和保持它的财务目标所必须实现的。平衡记分卡从四个维度评价一个组织的业绩(图11-2):

(1) 财务:为股东创造的利润和价值。
(2) 客户:公司在目标市场上的成功。
(3) 内部业务流程:为客户创造价值的内部活动。
(4) 学习和成长:支持内部活动的人和系统的能力。

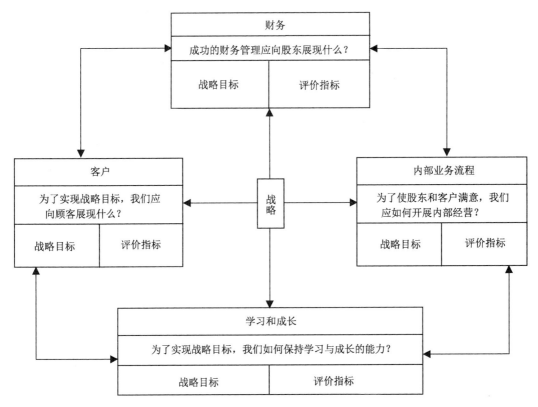

图 11.2 平衡计分卡模型

2) 平衡计分卡的战略目标和评价指标

企业构建平衡计分卡的第一步应当是编制战略目标的语言陈述,描述自己打算实现哪些战略目标(objectives)。企业选定了四个维度的目标之后,就可以为每个目标选择指标。这些指标代表了对战略目标的表现进行评估的定量标准。目标通常写成动宾句式,即一个动词后面跟着一个目标,目标也可以包括方式、方法和期望的结果。平衡计分卡的四个维度通常要达到的目标:通过向现有顾客扩大销售来增加收入(财务维度);为目标顾客提供全面的解决方案(客户维度);通过持续的流程改进在订单完成方面取得优异的业绩(内部业务流程维度);将员工激励和报酬与公司战略挂钩(学习和成长视角)。无论企业的战略目标写得有多好,员工们在日常工作中贯彻这些目标时仍会用自己的方式来进行理解和阐释。此外,如果目标无法被转化为具体的指标,那么员工们就不会知道当前的目标完成得如何,也搞不清楚企业在实现目标方面究竟有无进展,对于无法衡量的东西是无法管理的。评价指标(measures)就是用更为准确的术语描述如何确定组织在实现目标方面所取得的成功。指标降低了语言陈述固有的模糊性,例如我们以按时将一件产品或一项服务交付给顾客的目标为例,对供应商和顾客而言,"按时"的定义可能并不相同。只有真正明确一个目标,如按时发货是如何衡量的,公司才可能消除供应商与顾客之间关于"按时"定义的模糊性。所选择的评价指标也向员工提供了明确的标尺,即如何评价他们的改进努力。因此,评价指标是一个有力的工具,它能够清楚无误地传递公司在关于战略目标、使命和愿景的语言陈述中要表达的意思。业绩评价指标服务于多重目的:沟通、解释、激励、反馈和评价。平衡计分卡框架使得管理者能够选择源自其战略的目标和计量指标,这些目标和指标以一种因果关系链的形式联系在一起。

11.2.2 平衡计分卡的四个维度和特点

1) 平衡计分卡的四个维度

(1) 财务维度

财务维度的各项绩效评价指标说明在其他维度已经通过绩效评价指标设计细化的战略实施是否改善最终的结果。也许,企业可以竭尽全力改善顾客满意度、质量、及时交货等绩效评价指标,但是,如果缺乏揭示影响企业经营绩效的指标,那么,这些绩效评价指标的意义就不大。财务维度的各项绩效评价指标通常是一些传统的滞后指标(lagging indicator),企业其他各个维度的改善只是实现财务维度目标的手段,而不是目标本身,企业所有的改善都应当通向财务目标,最终结果都归于"提高财务绩效"。企业处于不同的经营战略阶段时,其财务绩效评价的侧重点自然不同。例如,处于成长阶段的企业,其财务目标侧重于销售收入增长率以及目标市场、顾客群体和地区销售额的增长;处于维持阶段的企业则大多采用与盈利能力相关的财务目标,如经营收入、毛利、投资报酬率和经济附加值;处于收获阶段的企业更注意现金流,期望现金流量最大化。

平衡计分卡将财务维度保留为公司利润最大化的最终目标。财务业绩指标标明了公司战略,包括战略实施和执行,是否对盈余改进有所贡献。基本上,企业可以通过下列方式赚到更多的钱:①提升收入(开源);②降低成本(节流)。财务维度的逻辑如图11.3所示:

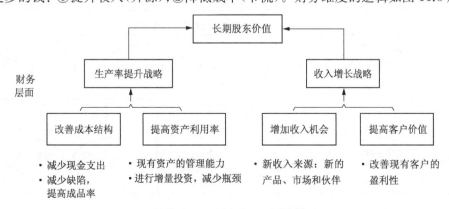

图 11.3 财务维度的一般逻辑

（2）客户维度

企业靠什么持续地实现财务维度的目标呢？答案只有一个：那就是客户。平衡计分卡为解决客户维度的问题，构建了一套企业在客户维度所期望达到的绩效而采用的绩效评价指标。由于这些绩效评价指标几乎适用于所有企业，因此，这些绩效评价指标又称为"核心评价组绩效评价指标"，主要包括"市场份额""客户留住率""客户获得率""客户满意度""客户带来的效益"等绩效评价指标。这些绩效评价指标的基本含义如表11.3所示。

表11.3 核心评价组绩效评价指标及其含义

指标	含义
市场份额	反映业务部门在销售市场上的业务比率
客户留住率	从绝对或相对意义上，反映业务部门保留或维持与客户现有关系的比率
客户获得率	从绝对或相对意义上，评估业务部门吸引或赢得新客户或业务的比率
客户满意度	根据具体绩效标准评价客户对产品或服务的满意程度
客户带来的效益	在扣除支持某一客户所需的专门支出之后，评估一个客户或一个部门的效益

为了监控客户目标，除了结果指标外，企业还必须为自己向客户提供的价值陈述确定目标和指标。价值陈述是一个企业向目标客户群提供的独特产品、价格、服务、关系和形象的组合。价值陈述反映的是公司战略的"优势"，应当与企业向客户提供更好的产品和服务相联系，将企业与竞争对手区别开来，应该向客户传达这样的信息：企业期望做的事情比竞争对手更好或与众不同。图11.4列示了四种客户价值主张和顾客维度逻辑。

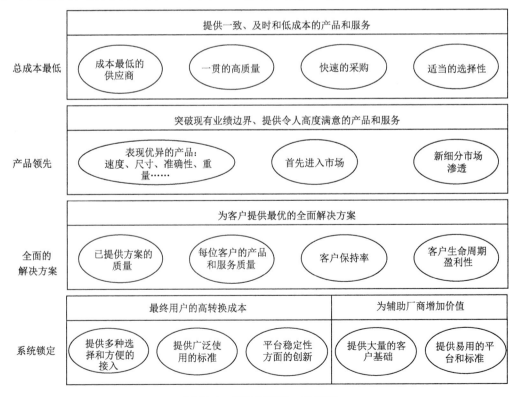

图11.4 客户层面的一般逻辑

（3）内部业务流程维度

如前所述，如何使顾客满意，关键在于企业的产品或服务的质量。质量是设计或制造（甚至两者兼而有之）出来的，而不是检验出来的。也就是说，质量形成于产品或服务的设计或制造（生产）过程中。那么，企业如何持续提供顾客满意的产品或服务呢？答案就是企业内部业务流程，这就是平衡计分卡的第三个维度：内部业务流程维度。

这一维度集中在于为顾客创造价值的内部运作，内部运作通过增加股东价值来促进财务层面。一旦企业对财务和客户目标有了清晰的蓝图，内部业务流程与学习和成长层面的目标将描述战略如何被实现。企业管理它的内部业务流程和传送战略差异化价值主张的人力、信息和组织资本，这两个层面的卓越业绩将驱动战略的实施。通常，将内部业务流程分为以下四组（见图11.5）：

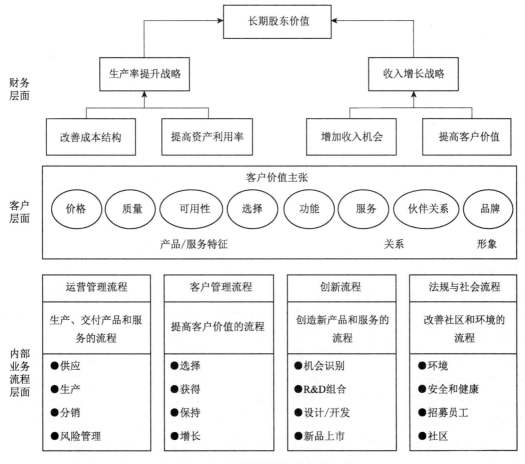

图11.5 内部流程涉及的主要内容

① 运营管理流程（operations management processes）是基本的日常流程，通过该流程生产产品和服务并将其配送给顾客。运营管理流程包括下面一些典型的目标：实现出色的供应商能力；降低经营（生产）流程的成本，提高质量，并缩短周转时间；提高资产利用率；针对顾客的需求为其提供产品和服务。出色的供应商能力使得公司可以在规定的时间内获

得价格上具有竞争力的、无缺陷的产品和服务。降低生产成本对于制造公司和服务公司都是重要的一环。生产流程的卓越还要求对质量的改善和对流程时间的优化。资产利用率的提高使得公司可以从资源(设备和人员)的现有供应中实现更高的产出。最后,公司的战略可能需要将最终产品和服务发送到顾客的高绩效的流程作为保障。

② 客户管理流程(customer management processes)拓展并加深了公司与目标顾客的关系。识别公司在顾客管理流程方面的三个目标:发展新的顾客;让现有顾客满意并留住他们;增加与顾客的经营往来。发展顾客包括识别潜在顾客、与潜在顾客进行联系、选择入门产品、对产品进行定价和完成销售。让顾客满意和留住顾客要求优质的服务和对顾客要求的积极响应。公司下设顾客服务和呼叫中心以便对订单、交货和顾客咨询做出响应。顾客也许会摒弃那些不能对信息需求和问题解决做出响应的组织。因此,及时、专业的服务单位对于保持顾客忠诚度、降低顾客流失率是至关重要的。要增加与顾客的经营往来,公司必须有效地管理与顾客的关系,搭售多种产品和服务,成为可信赖的顾客顾问和供应商。例如,公司可以通过提供额外的性能和售后服务的方式使其基本的产品和服务与众不同。一家日用品化学公司可以从顾客那里收集使用过的化学制品集中进行再加工,这种有利于环境保护和安全的做法会使公司的产品显得与众不同。这种售后服务让许多小顾客不用自行支付昂贵的环保费用。增加与顾客的经营往来的另一种方法是向顾客销售入门产品之外的产品和服务。例如,银行想方设法向拥有活期存款账户的顾客推销保险、信用卡、现金管理服务和各种个人信贷服务,特别是汽车、教育和房产方面的。那些贵重设备(如医学成像设备、电梯和计算机)的制造商向顾客推销维护保养、上门服务和维修,从而使设备的停工期降到最短。如果顾客从供应商那里购买的是一套完整的服务,顾客转换到其他供应商的成本就会很高,因此以这种方式增加业务也有助于保持顾客并获得更长的顾客盈利能力周期。

③ 创新流程(innovation processes)开发新产品、新工艺和新服务,通常能使公司向新的市场和顾客群体渗透。成功的创新是顾客获得、顾客忠诚和顾客成长的动因,这些最终会促进经营利润的提高。如果没有创新,一个公司的价值陈述最终会被竞争对手仿效,从而导致单纯地依靠价格就无差别的产品和服务展开竞争。两个重要的创新流程是:开发创新的产品和服务;在研发流程中表现出色。产品设计师和管理者通过增加现有产品和服务的功能、应用新发明和新技术以及听取顾客的建议产生新的设想。研发流程是产品开发的核心,它能将新的理念引入市场。虽然很多人认为创新流程是内在具有创造力的并且是非结构化的,但是成功的产品创新公司实际上在将新产品推向市场方面有一套高度规范的流程,它们在特定的时间点对产品开发进行认真的评估,只有当仍然相信最终产品将具有期望的性能、对目标市场具有吸引力并且投产后能以稳定的质量和较低的成本赚取令人满意的利润时才会将产品推进到下一个阶段。研发流程必须符合自身的目标,即开发时间和开发成本。

④ 法规与社会流程(regulatory and social processes)是整个流程的最后一环。公司必须持续在其生产和销售所在的社区和国家获得经营许可。全国和地方性法规(有关环境、员工健康和安全以及雇用活动等方面的法规)为公司的活动建立了强制性标准。为避免被关闭或昂贵的诉讼费用,将损失降到最低,公司必须遵守与公司业务相关的所有规章制度。

然而,许多公司不仅仅满足于遵守最低限度的强制标准,它们希望做得更好,使自己成为经营所在地的每一个社区的最佳雇主。公司可以从以下几个关键维度来管理和报告自己在遵守规章和社会流程方面的表现:环境,健康和安全,招募活动,社区投资。在环境和社区方面进行投资不仅仅是出于利他动机。首先,在遵纪守法和承担社会责任方面的良好声誉有助于公司吸引和留住高素质的员工,进而使人力资源管理流程更有效率和效果。其次,减少环境事故,促进员工安全、健康能够提高生产效率,并降低经营成本。最后,具有良好声誉的公司通常可以加强在员工和社会潜在投资者心目中的形象。人力资源、经营、顾客和财务等业务流程的改进相互关联,显示了规章制度和社会责任方面的有效管理能够促进长期的股东价值创造。

(4) 学习和成长维度

企业内部业务流程又如何满足顾客日新月异的需求变化呢?靠的就是企业的学习与成长。这就是平衡计分卡的第四个维度:学习和成长维度。

学习和成长维度为平衡计分卡的前三个维度取得突破性绩效提供持续的推动力。实施平衡计分卡的目的之一就在于避免企业的短期行为,推动企业沿着可持续发展的道路前进。因此,它必然强调无形资产投资的重要性,而不局限于传统的有形资产投资,以达到提高员工能力、激发员工积极性等目的。

企业只有不断学习,才能不断创新,从而才能不断成长。而企业学习的主体是企业的员工。如何营造企业员工自觉学习的氛围呢?这只能靠绩效评价指标加以引导。因此,学习和成长维度的绩效评价指标主要包括"员工满意度"(或"员工留住率""员工意见采纳百分比")、"员工工作能力"(或"员工的劳动生产率")、"员工的培训与提升"(或"员工素质")、"企业内部信息沟通能力"。

其中,"员工满意度"指标至关重要。企业本身就是一个"顾客链"。如今,改善企业业务流程和绩效的建议与想法越来越多地来自第一线的员工。员工离企业内部的顾客(业务流程)和企业外部的顾客最近,员工本身就是企业内部各个业务流程的顾客。如果企业内部顾客(企业的员工)本身不满意,怎能持续改善企业内部业务流程呢?同时,要使企业外部顾客满意,首先必须使企业内部顾客满意。要使企业员工充分发挥作用,必须使他们获得足够的信息,让他们了解企业的顾客、内部业务流程以及决策的后果等方面的相关信息,即知情权。因此,"企业内部信息沟通能力"指标也很重要。

总而言之,企业只有不断学习,才能不断成长,从而持续改善内部业务流程,持续提供顾客满意的产品或服务,最终持续实现企业的财务目标。

11.2.3 平衡计分卡的特点

1) 平衡计分卡的五大平衡

(1) 财务指标与非财务指标间的平衡

在平衡计分卡中,既包括财务指标,如营业收入、利润、投资报酬率等,又包括非财务指标,如客户保持率、合格品率、员工满意度、顾客忠诚度等,这体现了财务指标与非财务指标间的平衡。

(2) 结果指标与动因指标间的平衡

在平衡计分卡中,既包括结果指标,又包括动因指标。比如客户满意度指标能够使企业扩大销售市场,从而提高企业的利润。在这里,利润是一种结果指标,客户满意度则是利润的动因指标。调动了员工的积极性,才能生产出质量更佳的产品,使客户更加满意。客户动因指标和结果指标两者是相对而言的。例如,当我们提高员工的满意度时,满意度是结果指标,员工满意度则是客户满意度的动因指标。但由上文可知,相对于利润而言,客户满意度是一种动因指标。

(3) 长期指标与短期指标间的平衡

在平衡计分卡中,既包括短期指标,如成本、利润、边际贡献、现金流量等,又包括长期指标,如客户满意度、员工满意度、员工培训次数等。这体现了长期指标与短期指标间的平衡。

(4) 外部指标与内部指标间的平衡

在平衡计分卡中,既包括外部评价指标,又包括内部评价指标。例如,客户满意度是通过客户调查得到的,反映了外部人员对本企业的评价,属于外部评价指标;合格品率、培训次数、成本、员工满意度等则是企业内部对本企业的评价,属于内部评价指标。这体现了平衡计分卡外部指标与内部指标间的平衡。

(5) 客观指标与主观指标间的平衡

在平衡计分卡中,既包括客观评价指标,又包括主观评价指标。例如,利润、投资报酬率、合格品率、培训次数等均是根据客观数据计算出来的,属于客观指标;客户满意度、员工满意度等指标则是主观判断的结果,属于主观指标。这体现了客观指标与主观指标间的平衡。

2) 平衡计分卡四个维度贯穿因果关系

财务、客户、内部业务流程、学习和成长等具有因果关系的四个维度确立了平衡计分卡的基本框架,但平衡计分卡绝不是上述四个维度的简单组合,更不是一些财务(或价值)指标与业务(非财务或非价值)指标的简单拼凑,它是与企业战略以及一系列绩效评价指标相联系的有机整体。

在平衡计分卡的上述四个维度中,财务维度是最终目标,顾客维度是关键,内部业务流程维度是基础,学习和成长维度是核心。财务维度解决的是"想赚多少钱"的问题(关注投资者或财富),顾客维度解决的是"想赚谁的钱"的问题(关注顾客),内部业务流程维度解决的是"擅长干什么才能赚钱"的问题(关注产品或服务的质量),学习和成长维度解决的是"是否有能力持续赚钱"的问题(关注员工),平衡计分卡最终解决的是"如何持续创造价值"的问题(关注整个企业的可持续发展)。

在一个具有合理结构的平衡计分卡中,四个方面的目标与衡量指标既保持一致又相互加强,彼此之间存在紧密的因果联系,可以系统地传达企业的战略。比如,利润可以作为财务方面评价业绩的指标,这个财务指标的动因是现有客户的保持与新客户的不断加入。如何使客户满意呢? 其中一个有效的方法是低价但不降低质量地提供产品或服务,因此降低产品或服务的价格可以使客户满意。为了能够降低供应价格,企业可能会要求在经营过程中降低成本,于是降低成本成为企业内部经营过程方面的衡量指标。那么如何降低产品或服务的成本呢? 可以通过对员工进行培训和再教育,提高他们的技术和能力来达到目的,而这又是学习和成长方面的一项内容。如图 11.6 所示：

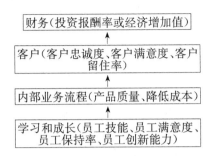

图 11.6 平衡计分卡四个维度的因果关系

11.2.4 平衡计分卡的应用实施和工具方法评价

1) 平衡计分卡的应用实施

前文所述主要是平衡计分卡工具方法的理论介绍，而在企业中的具体应用，根据《管理会计应用指引第 603 号——平衡计分卡》，需注意以下方面：

(1) 应用环境

企业应用平衡计分卡工具方法，一般采取三层组织构架，为企业战略管理提供组织保证，常见机构有战略管理委员会、战略管理办公室、业务单元 BSC 办公室和职能部门 BSC 办公室等。

在上述类似的组织架构下，企业在平衡计分卡的应用实施中，首先，应有明确的愿景和战略，应以战略目标为核心，全面描述、衡量和管理战略目标，将战略目标转化为可操作的行动。其次，可能涉及组织和流程变革，企业应打造具有创新精神、变革精神的企业文化，应注重员工学习与成长能力的提升，以更好地实现平衡计分卡的财务、客户、内部业务流程目标，使战略目标贯彻到每一名员工的日常工作中；再其次，企业应对组织结构和职能进行梳理，消除不同组织职能间的壁垒，实现良好的组织协同，既包括企业内部各级单位（部门）之间的横向与纵向协同，也包括与投资者、客户、供应商等外部利益相关者之间的协同；最后，企业平衡计分卡的实施是一项复杂的系统工程，一般需要建立由战略管理、人力资源管理、财务管理和外部专家等组成的团队，为平衡计分卡的实施提供机制保障，同时，应建立高效集成的信息系统，实现绩效管理与预算管理、财务管理、生产经营等系统的紧密结合，为平衡计分卡的实施提供信息支持。

(2) 应用程序

企业应用平衡计分卡工具方法，一般按照制定战略地图、制订以平衡计分卡为核心的绩效计划、制订激励计划、制定战略性行动方案、执行绩效计划与激励计划、实施绩效评价与激励、编制绩效评价与激励管理报告等程序进行。

第一，应制定战略地图，即基于企业愿景与战略，将战略目标及其因果关系、价值创造路径以图示的形式直观、明确、清晰地呈现。战略地图基于战略主题构建，战略主题反映企业价值创造的关键业务流程，每个战略主题包括相互关联的 1～2 个目标。

第二，战略地图制定后，应以平衡计分卡为核心编制绩效计划。绩效计划是企业开展绩效评价工作的行动方案,包括构建指标体系、分配指标权重、确定绩效目标值、选择计分方法和评价周期、签订绩效责任书等一系列管理活动。制订绩效计划通常从企业级开始,层层分解到所属单位(部门),最终落实到具体岗位和员工。平衡计分卡指标体系的构建应围绕战略地图,针对财务、客户、内部业务流程、学习和成长四个维度的战略目标,确定相应的评价指标。

构建平衡计分卡指标体系的一般程序:①制定企业级指标体系。根据企业层面的战略地图,为每个战略主题的目标设定指标,每个目标至少应有1个指标。②制定所属单位(部门)级指标体系。依据企业级战略地图和指标体系,制定所属单位(部门)的战略地图,确定相应的指标体系,协同各所属单位(部门)的行动与战略目标保持一致。③制定岗位(员工)级指标体系。根据企业、所属单位(部门)级指标体系,按照岗位职责逐级形成岗位(员工)级指标体系。

构建平衡计分卡指标体系时,应注重短期目标与长期目标间的平衡、财务指标与非财务指标间的平衡、结果性指标与动因性指标间的平衡、企业内部利益与外部利益间的平衡。平衡计分卡每个维度的指标通常为4～7个,总数量一般不超过25个。构建平衡计分卡指标体系时,企业应以财务维度为核心,其他维度的指标都与核心维度的一个或多个指标相联系。通过梳理核心维度目标的实现过程,确定每个维度的关键驱动因素,结合战略主题,选取关键绩效指标。常见的平衡记分卡关键绩效指标如表11.4所示。

表11.4 常见的平衡记分卡关键绩效指标

财务层面
利润指标:营业利润、毛利率
利润和投资指标:经济增加值(EVA)、净资产收益率
客户层面
市场份额、客户满意度、客户留住率、客户获得率、客户获利率、战略客户数量、客户忠诚度、满足客户请求的时间、客户抱怨数
内部业务流程层面
创新流程:生产能力、新产品或新服务的数量、新产品开发时间、新专利数
经营流程:产出、缺陷率、送货到顾客的时间、及时交付率、完成订单的平均时间、调整时间、生产停工期、生产负荷率、产品合格率、存货周转率、单位生产成本
售后服务:替换和修理缺陷产品的时间、培训顾客使用产品的小时数
学习和成长层面
员工指标:员工教育和技能水平、员工满意等级、员工流动率、员工建议采用率、基于个人和团体激励的报酬百分比、员工保持率、员工生产率、培训计划完成率
技术指标:信息系统可用性、有先进控制的流程百分比

企业可根据实际情况建立通用类指标库,不同层级单位和部门结合不同的战略定位、业务特点选择适合的指标体系。平衡计分卡绩效目标值应根据战略地图的因果关系分别

设置。首先确定战略主题的目标值,其次确定主题内的目标值,然后基于平衡计分卡评价指标与战略目标的对应关系,为每个评价指标设定目标值,通常设计3~5年的目标值。平衡计分卡绩效目标值确定后,应规定因内外部环境发生重大变化、自然灾害等不可抗力因素对绩效完成结果产生重大影响时,对目标值进行调整的办法和程序。一般情况下,由被评价对象或评价主体测算确定影响程度,向相应的绩效管理工作机构提出调整申请,报薪酬与考核委员会或类似机构审批。绩效评价计分方法和周期的选择、绩效责任书的签订、激励计划的制订,参照《管理会计应用指引第600号——绩效管理》。

第三,绩效计划与激励计划制订后,企业应在战略主题的基础上,制定战略性行动方案,实现短期行动计划与长期战略目标的协同。战略性行动方案的制订主要包括以下内容:①选择战略性行动方案。制定每个战略主题的多个行动方案,并从中区分、排序和选择最优的战略性行动方案。②提供战略性资金。建立战略性支出的预算,为战略性行动方案提供资金支持。③建立责任制。明确战略性行动方案的执行责任方,定期回顾战略性行动方案的执行进程和效果。

绩效计划与激励计划执行过程中,企业应按照纵向一致、横向协调的原则,持续地推进组织协同,将协同作为一个重要的流程进行管理,使企业和员工的目标、职责与行动保持一致,创造协同效应。企业应持续深入地开展流程管理,及时识别存在问题的关键流程,根据需要对流程进行优化完善,必要时进行流程再造,将流程改进计划与战略目标相协同。绩效计划与激励计划的执行、实施及编制报告参照《管理会计应用指引第600号——绩效管理》。平衡计分卡的实施是一项长期的管理改善工作,在实践中通常采用先试点后推广的方式,循序渐进,分步实施。

2) 工具方法评价

(1) 平衡计分卡的优缺点

优点:平衡计分卡的制作有利于加强战略业务单位、职能部门内部及业务单元/职能部门之间的交流,促进信息共享;平衡计分卡设定的目标全部以量化方式表现,进一步排除了管理上的模糊性,并且逐层分解并转化为被评价对象的绩效指标和行动方案,进一步形成了上下同心同向的氛围,聚焦战略目标,使整个组织行动协调一致,增强了战略执行的协同性;平衡计分卡是从财务、客户、内部业务流程、学习和成长四个维度确定绩效指标的,使绩效评价更为全面完整,其中,将学习和成长作为一个维度,注重员工的发展要求和组织资本、信息资本等无形资产的开发利用,有利于增强企业可持续发展的动力。

缺点:执行平衡计分卡的条件门槛要求较高,工作量比较大,操作难度也较大,需要持续地沟通和反馈,实施比较复杂,实施成本高;各指标权重在不同层级及各层级不同指标之间的分配比较困难,且部分非财务指标的量化工作难以落实;系统性强、涉及面广,需要专业人员的指导、企业全员的参与和长期持续的修正与完善,对信息系统、管理能力有较高的要求;指标修订难度大,一旦竞争环境发生剧烈变化,原来的战略及与之适应的评价指标可能会丧失有效性,从而需要花大量精力和时间修订。

(2) 平衡计分卡应用的要素

有效利用平衡计分卡要注意以下几个方面:

第一,不能割裂平衡计分卡与战略地图的逻辑关系。平衡计分卡是对公司战略地图的进一步演绎,不能割裂两者之间的这种递进关系。

第二,平衡计分卡的衡量指标目标值要有一定突破性。平衡计分卡能帮助企业突破财务目标,因此目标的设置应该有一定挑战性,否则企业的平衡计分卡的作用就会大打折扣。

第三,平衡计分卡需要各部门、各岗位的有效协同,是集体的决策,而不是某个部门、某个岗位的独创。

第四,不能忽略平衡计分卡自身的因果关系,平衡计分卡的四个维度是结果和驱动的平衡,在设定衡量指标值的时候,需要从整体角度考量。

第五,按照"无管理即偏差"原则,平衡计分卡需要有配套的战略行动计划,通常战略行动能达成平衡计分卡设定的目标,并且,平衡计分卡需要定期修订,在执行过程中需要经常回顾、审视。

11.3 关键绩效指标法

11.3.1 关键绩效指标法的定义

1897年意大利经济学家帕累托发现了二八定律,即在任何一组事务中,最重要的只占其中一小部分,大约20%,其余的80%尽管是多数,却是次要的。在经济学中,二八定律指人为地用一个较小但却关键的诱因、投入或努力,往往可以产生较大的结果或产出,而剩余的大部分工作只能带来微小的影响。关键绩效指标体系就是在二八定律的理论基础上逐渐发展起来并投入实践的。

关键绩效指标法,是指基于企业战略目标,通过建立关键绩效指标(Key Performance Indicator,KPI)体系,将价值创造活动与战略规划目标有效联系起来,并据此进行绩效管理的方法。关键绩效指标则是对企业绩效产生关键影响力的指标,是通过对企业的战略目标、关键成功因素的绩效特征进行分析后,识别和提炼出的最能有效驱动企业价值创造的指标。在绩效评价时,关键绩效指标法可以单独使用,也可以与责任会计、经济增加值、平衡计分卡等其他管理会计工具结合使用,应用对象可以为企业整体,也可以是部门或个人。

关键绩效指标来源于对战略目标的分解,一旦企业明确了其战略目标,就需要识别出关键成功因素(Critical Success Factor,CSF),根据二八定律,这些关键成功因素能够支撑企业战略目标,促使其完成既定任务,从而创造价值,使企业获得可持续发展。在确定了关键成功因素之后,还需要明确如何达成这些关键成功因素,怎么去评价企业在这些关键成功因素上的表现,因此需要建立关键绩效指标体系来衡量关键成功因素的完成情况。

例如,某服装品牌的战略目标是要获取客户忠诚度,并保证其价格至少低于当地市场均价的1%。那么,这个服装品牌就需要识别支撑其战略目标的关键成功因素,比如引入消费者最喜欢的品类和设计、使消费者获得良好的购物感受、在成本效率原则下进行内部流程优化、通过供应链管理获得较低的供应价格等。而对应这些关键成功因素的量化指标,也就是关键绩效指标,就可能包括产品销售量排名、消费者满意度调查结果、回头客比率、市场占有率、成本费用率、成本降低率等。

总结来说,关键绩效指标法就是以指标作为企业期望的行为和目标的内在驱动力,通过指标体系将企业战略在内部管理全过程中进行有效传导,并以此约束和激励员工行为的一种管理会计工具。

11.3.2 关键绩效指标体系的构建

关键绩效指标体系的构建首先要确立企业战略目标;其次,依据企业战略目标,识别能够支撑战略目标的关键成功因素;最后,再选取可以衡量关键成功因素的关键绩效指标。

1) 确立战略目标

企业应当对未来的发展有基本方向和定位,并就此确立战略目标。战略目标则是对企业经营活动及其成果的预期值,也是绩效评价的基础和依据,因此战略目标的确立是关键绩效指标体系建立的起点。

2) 识别关键成功因素

企业经营管理过程信息繁杂,内容繁多,对于一个组织、信息系统或管理者来说,想要收集、整理、存储并处理所有信息,并给出正确决策,代价很大,也很难实现。因此,有必要识别出一些关键因素,这样能够帮助管理者在职责范围内实施高效的计划、管理和控制,从而使得管理者可以将精力聚焦于能够支撑战略目标的最重要的环节。这些被识别出的关键成功因素需要管理者在经营活动中给予足够的、持续的重视,这样才能够引导企业走向成功。不同行业所处内外部环境不同,行业特征也有所区别,因此,企业需要根据所处行业、市场特色和自身条件,寻找出最符合自身战略的关键成功因素,从战略目标出发到识别出关键成功因素有多种路径和方法,其中公认的比较成熟的是平衡计分卡的思路,因此可以根据平衡计分卡的理念从财务、客户、内部业务流程、学习和成长四个方面入手识别关键成功因素。

3) 选取关键绩效指标

(1) 原则

关键绩效指标的选取需要遵循 SMART 原则:S(specific)具体的,M(measurable)可衡量的,A(agreed)认可的,R(realistic)现实的,T(time-based)有时限的。

"具体的",是指指标所涵盖的活动、行为或目标必须是具体的,不能模糊或模棱两可,需要适当细化。

"可衡量的",是指指标应当尽可能量化,对于难以量化的也应当行为化,以确保用以验证这些绩效指标完成情况的数据是可获取的。

"认可的",是指涉及完成这些指标的人或部门应当充分知晓并认可指标的设置,否则绩效评价将失去激励的意义。

"现实的",是指设计出的指标是可实现的,是通过适当的努力可以完成的。

"有时限的",是指指标应当有一定的完成期限。

(2) 程序

企业构建关键绩效指标体系,首先应当制定企业级关键绩效指标;其次根据企业级关键绩效指标,结合所属单位或部门的关键业务流程,逐级分解,在沟通和反馈的基础上,设定所属单位或部门的关键绩效指标;最后根据所属单位或部门级的关键绩效指标,结合员工岗位职责和关键工作价值贡献,设定岗位或员工级的关键绩效指标。

（3）选取方法

企业级关键绩效指标可以根据关键成功因素设定，对于企业级关键绩效指标的分解，也就是单位或部门级关键绩效指标以及岗位或员工级关键绩效指标的选取方法，包括组织功能分解法和工作流程分解法。组织功能分解法是将企业实现战略目标所需完成的关键任务或成果，按照各所属单位或部门对企业总目标所承担的职责，逐级分解和确定关键绩效指标的方法。工作流程分解法是按照工作流程各环节对企业价值的贡献程度，识别出关键业务流程，将企业总目标层层分解至关键业务流程相关所属单位、部门、岗位或员工来确定关键绩效指标的方法。

（4）数量和权重

关键绩效指标的数量不宜过多，每一层级的关键绩效指标一般不超过 10 个。过于繁复的指标体系会让管理者和员工摸不清重点，关键绩效指标就失去了"关键"层面上的意义。

关键绩效指标的权重分配应以企业战略目标为导向，反映被评价对象对企业价值的贡献程度，以及各指标之间的重要性水平。单项关键绩效指标权重一般设定在 5%～30% 之间，对特别重要的指标可适当提高权重。对特别关键、影响企业整体价值和战略目标的指标可设立"一票否决"制度，即如果某项关键绩效指标未完成，无论其他指标是否完成，均视为未完成绩效目标，比如出现重大安全事故或重大质量问题等。

表 11.5 反映了一个以平衡计分卡为基础设计的某公司关键绩效指标体系示例[①]。

表 11.5　关键绩效指标体系

指标维度	关键成功因素	关键绩效指标
财务	增加收入	收入增长率
		净资产收益率
	提高资产利用率	资产现金回收率
		存货周转率
	降低成本费用	成本费用利润率
		EVA
	控制财务风险	资产负债率
		现金流动负债率
客户	提高企业知名度	QC（质量控制）活动成果数量
		工程竣工验收合格率
	提高市场份额	市场占有率
		新签合同额增长率
	提高服务质量	施工进度滞后次数
		保修金支出占比

---

① 案例来源：财政部会计司编写组.管理会计案例示范集[M].北京：经济科学出版社，2019：360-377.

续表

指标维度	关键成功因素	关键绩效指标
内部业务流程	提高建筑工程质量	质量事故次数
		每万平方米收入率
	增强社会责任	上交税值增长率
	满足客户需求	优质工程数量
学习和成长	增强员工培训	从业人员人均利润
		培训支出率
	提高信息化程度	信息化管理能力
	提高员工素质	职称人员比例

11.3.3　关键绩效指标法工具方法的评价

1) 优点

关键绩效指标法的优点主要有：

（1）使企业的业绩评价与战略目标密切相关，具有很强的战略导向作用，有助于企业战略目标的实现。

（2）通过识别价值创造模式把握关键价值驱动因素，能够抓住重心，更有效地实现企业价值增值目标。

（3）评价指标以事实为依据，更注重指标的量化和可得性，尽量排除人为因素的干扰，使评价结果更为公正客观。

（4）评价指标数量相对较少，易于理解和使用，实施成本较低，有利于推广。

2) 局限性

关键绩效指标法也存在一定的局限性，具体表现在：

（1）关键绩效指标的选取需要透彻理解企业价值创造模式和战略目标，有效识别核心业务流程和关键价值驱动因素，一旦指标体系设计不当将导致错误的价值导向或管理缺失。

（2）关键绩效指标体系有结果导向的特点，使得指标体系具有静态性质，关注点落在了最终的完成状态，容易忽略行为和过程的动态发展。

（3）关键绩效指标体系的简便性使得绩效评价过程得以简化，但复杂的经营过程应当简化到何种程度，是设计关键绩效指标体系时必须平衡的问题。

11.4　经济增加值法

11.4.1　经济增加值的概念和内涵

经济增加值（Economic Value Added，EVA），是美国思腾斯特咨询公司（Stern

Stewart)于1982年提出并实施的一套以经济增加值理念为基础的绩效评价系统。许多世界知名跨国公司,如宝洁、通用电气、联邦快递等都先后采用该系统评价企业及内部各部门的经营业绩。

EVA是指税后净营业利润(Net Operating Profit After Tax,NOPAT)扣除全部投入资本的成本后的剩余收益。EVA的理论源于"剩余收益"的思想,逻辑也类似,都是从盈利中减去使用资本的成本,但又有所改进,比如引入了资本成本定价模型用于确定资本成本,并对会计数据进行调整,矫正了由于会计政策选择不同等带来的信息失真问题。EVA的理念是只有当企业使用资本的收益超过了所投入的资本产生的全部成本时,才能认为企业为股东创造了财富。因此,EVA为正,表明经营者在为企业创造价值;EVA为负,表明经营者在损毁企业价值。

以EVA作为考核指标的目的就是促使经营者像所有者一样思考,对经营者的奖励也是源于他为所有者创造的价值增量,这样一来,就可以将经营者利益与所有者利益挂钩,两者利益趋于统一,从而能够缓解由于委托代理关系而产生的一系列代理问题。因此,EVA不仅仅是一种绩效评价的方式,它同时还是一种理念体系(mindset)、一种考核指标(measurement)、一种激励制度(motivation)和一种管理体系(management)。

11.4.2 经济增加值的计算

EVA的计算公式为:

$$经济增加值(EVA) = 税后净营业利润(NOPAT) - 平均资本占用 \times 加权平均资本成本$$
(式11.1)

需要注意的是,对外报表披露的信息都是以公认会计准则的要求为基准得出的,因而以上公式中涉及的指标需要做出相应的调整和修正。

1) 税后净营业利润(NOPAT)

税后净营业利润(NOPAT)要以会计利润为基础进行调整,原因在于:(1)通常在计算会计利润中可能被扣除的费用,比如研发费用、建立品牌或扩大市场份额的大型广告费用等,在EVA理念里被视为是对未来的投资,因此在计算NOPAT时需要将这些费用进行资本化处理。(2)投资者通常更关心现金流,而非依据会计谨慎性原则和权责发生制的要求计算出的应计利润,因此,一些非现金项目,比如坏账准备、存货跌价准备等减值准备项目的影响就应当被消除。(3)投资者更关注可持续收益,因此一些非经常项目,比如营业外收支等在计算NOPAT时也不应当考虑在内。(4)由于付息债务成本是使用资本而产生的成本,因而在计算NOPAT时也应当予以调整。

2) 平均资本占用

平均资本占用指的是企业获取NOPAT所占用的全部资本的账面价值,包括债务资本和股权资本。其中债务资本包括融资活动产生的各类有息负债,不包括经营活动产生的无息流动负债。股权资本中包含少数股东权益。平均资本占用也需要根据经济业务实质调整减值准备、递延税金等,还可以根据管理需要调整研发支出、在建工程等项目,引导企业注重长期价值的创造。

3) 加权平均资本成本

加权平均资本成本(Weighted Average Cost of Capital，WACC)是债务资本成本和股权资本成本的加权平均,反映了投资者所要求的必要报酬率。WACC的计算公式为：

$$K_{WACC} = K_D \times \frac{DC}{TC} \times (1-T) + K_S \times \frac{EC}{TC} \quad \text{(式 11.2)}$$

式11.2中，TC代表平均资本占用，DC代表债务资本，EC代表股权资本，K_{WACC}代表加权平均资本成本，K_D代表债务资本成本，K_S代表股权资本成本，T代表所得税税率。

债务资本成本是企业实际支付给债权人的税前利率,反映的是企业在资本市场中进行债务融资的成本率。如果企业存在不同利率的融资来源,债务资本成本应使用加权平均值。股权资本成本是在不同风险下,所有者对投资者要求的最低投资回报率。股权资本成本通常采用资本成本定价模型(CAPM)确定,公式为：

$$K_S = R_f + \beta(R_m - R_f) \quad \text{(式 11.3)}$$

式11.3中，R_f为无风险收益率，R_m为市场预期回报率，$(R_m - R_f)$为市场风险溢价，β为企业股票相对于整个市场的风险系数。上市公司的β值可以采用回归分析法测算确定,也可以直接采用证券机构等提供或发布的β值；非上市公司的β值,可采用类比法,参考同类上市公司的β值确定。

根据我国企业会计准则的要求,在计算EVA时常见的应当调整的项目如表11.6所示。

表11.6 EVA计算常见调整项目表

项目	调整方法	原因
研发费用、大型广告费用、培训支出	资本化,并摊销	这些项目被认为是对未来的投资,能够在将来为企业创造价值
固定资产折旧	按"沉淀资金折旧法"处理	"沉淀资金折旧法"更符合经济现实,这种折旧处理方法在前几年计提折旧较少,而后几年由于技术老化和物理损耗同时发挥作用需提取较多折旧
商誉	资本化,不摊销；当期摊销额加入NOPAT,过去已摊销额加入平均资本占用	大多数商誉是无限期的,可以持续为企业创造价值,除非确实发生现金支出,否则其摊销不应当影响经营性利润
减值准备	当期变化加入NOPAT,余额加入平均资本占用	减值准备不反映资产的实际减少
递延税金	递延所得税资产和递延所得税负债变动的影响从NOPAT中扣除,并调整平均资本占用	递延税金不反映税款的实际支付情况
营业外收入、营业外支出	当期变化从NOPAT中扣除	营业外收支具有偶发性,不能反映可持续收益
付息债务成本的利息支出	扣除所得税影响后加回到NOPAT	付息债务成本的利息支出是使用资本的成本,不应当计入经营性利润

【例11.1】 A公司部分财务数据如表11.7所示。A公司的资本结构为25%的有息负债资本和75%的股权资本,有息负债利率为10%,股权资本成本为15%,年初资本占用为450 000元,目前商誉累计摊销为60 000元,所得税税率为25%。

表11.7 A公司部分财务数据

单位:元

项目	金额
商誉摊销	5 000
营业外支出	8 000
利息支出	15 000
税前利润	128 000
所得税费用	32 000
净利润	96 000

要求:根据以上资料计算A公司的经济增加值。

NOPAT=96 000+5 000+8 000+15 000×(1−0.25)=120 250(元)

平均资本占用=450 000+60 000=510 000(元)

WACC=10%×25%×(1−25%)+15%×75%=13.125%

EVA=120 250−510 000×13.125%=53 312.5(元)

11.4.3 经济增加值法工具方法的评价

1) 优点

EVA的优点包括以下几点:

(1) EVA直接与股东财富挂钩,EVA的最大化才是股东真实财富的最大化,对于股东来说,EVA越多越好。从这一角度来说,EVA是唯一正确的业绩评价指标,更真实地反映了企业的价值创造能力,并实现了管理者和股东的利益统一。

(2) 在EVA理念下,包括研发费用、大型广告费用、培训支出在内的一些费用被视作是对未来的投资,而在传统业绩评价框架下,这些费用会使得当期利润减少,从而导致管理者不愿在这些项目上投资。因此,EVA可以引导和鼓励企业投资于这些可能对企业价值创造有益的项目,减少管理层的短视行为,有效激励管理者和员工为企业创造更多价值。

(3) EVA的计算对会计利润进行了一系列调整,减少了由于会计政策和会计估计选择不同带来的会计信息扭曲问题。

2) 缺点

当然,EVA也存在一定不足之处,主要表现在以下几个方面:

(1) EVA的计算仍然基于历史数据,因此对于将来决策方向的引导意义有限,也无法衡量长远发展战略的价值创造情况。

(2) EVA的计算过程中涉及大量的调整项目,这些调整项目可能会增加部分企业使用EVA的难度。

（3）由于 EVA 是绝对数据，因此无法在不同规模的企业或部门中进行比较。

11.5 绩效棱柱模型

棱柱在光照下可以发生光的色散现象，即日光照射到三棱柱会折射出七彩的颜色，借鉴此现象，安迪·尼利和克里斯·亚当斯于 2000 年联合开发了绩效棱柱模型，将企业的生产运营过程通过绩效棱柱进行折射，以充分反映各类利益相关者在其中的参与情况，然后从利益相关者的视角实施管理与评价。

绩效棱柱模型，是指从企业利益相关者角度出发，以利益相关者满意为出发点，利益相关者贡献为落脚点，以企业战略、业务流程、组织能力为手段，用棱柱的五个构面构建三维绩效评价体系，并据此进行绩效管理的方法。如图 11.7 所示。

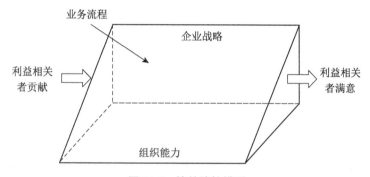

图 11.7 绩效棱柱模型

构成绩效棱柱模型的五个方面分别是利益相关者的满意度、利益相关者的贡献度、企业战略、业务流程和组织能力。模型中，利益相关者的满意度和贡献度构成了绩效棱柱模型的两个底面，企业战略、业务流程和组织能力构成了绩效棱柱模型的三个侧面。

其中，利益相关者是指有能力影响企业或者被企业影响的人或者组织，通常包括股东、债权人、员工、客户、供应商、监管机构等。企业应结合自身的经营环境、行业特点、发展阶段、商业模式、业务特点等因素界定利益相关者的范围，然后进一步运用态势分析法、德尔菲法等确定绩效棱柱模型的主要利益相关者，绘制基于绩效棱柱模型的利益相关者地图。

应用绩效棱柱模型，一般按照明确利益相关者、绘制利益相关者地图、制定行动方案、制订以绩效棱柱模型为核心的业绩计划、制订激励计划、执行业绩计划与激励计划、实施业绩评价与激励、编制业绩评价与激励管理报告等程序进行。

绩效棱柱模型的主要优点是，坚持利益相关者价值取向，使利益相关者与企业紧密联系，有利于实现企业与利益相关者的共赢，为企业可持续发展创造良好的内、外部环境。其主要缺点是，涉及多个利益相关者，对每个利益相关者都要从五个方面建立指标体系，指标选取复杂，部分指标较难量化，对企业的信息系统和管理水平有较高要求，实施难度大、门槛高。绩效棱柱模型适用于管理制度比较完善、业务流程比较规范、管理水平相对较高的大中型企业。

本章思考

1. 关键绩效指标的选取应当遵循哪些原则？
2. 战略目标、关键成功因素和关键绩效指标之间存在怎样的关系？
3. 计算 EVA 时为什么要对会计利润进行调整？
4. 经济增加值法作为绩效评价的方法有哪些优势？
5. 什么是平衡计分卡？平衡计分卡四个维度的因果逻辑关系是怎样的？
6. 什么是价值陈述？常见的价值陈述有哪几种？
7. 平衡计分卡四个维度的常见评价指标有哪些？
8. 平衡计分卡的学习和成长维度有哪几个组成部分？
9. 平衡计分卡在企业中应用时对应用环境有哪些要求？需要注意哪些要素？
10. 什么是绩效棱柱模型？其所借鉴的理论是什么？
11. 查阅资料，思考 EVA 在我国国有企业的应用情况。
12. 试着思考如何为一家餐饮店设计平衡计分卡？

应用实操

应用实操一：

【资料】某公司 2×20 年有息负债为 600 万元，股东权益为 400 万元，息税前利润为 45 万元，利润总额为 40 万元，净利润为 30 万元，所得税税率为 25%，该公司债务资本成本为 5%，权益资本成本为 8%。

【要求】利用 Excel 建立计算该公司的 EVA 模型，计算 2×20 年的 EVA，并对照当年的净利润做简要分析。

应用实操二：

【资料】

1. 结合航高集团股份有限公司背景资料，进行战略地图的战略要素阅读和分析，提供以下选项：(1)快速响应客户需求；(2)发展多元化非航食业务新客户；(3)完善创新激励制度；(4)提高客户满意度；(5)开创新的营收来源；(6)完善员工提案建议制度；(7)加强顾客关系管理；(8)完善客户售后咨询；(9)提高客户忠诚度；(10)加强现有营收来源；(11)全面培训员工；(12)改善顾客服务质量；(13)建立客户数据库；(14)提高资产效率；(15)创造以人为本的企业文化；(16)为客户增加新品；(17)改善成本结构；(18)加强生产员工能力；(19)改善现有食品；(20)降低食品浪费；(21)加强产能管理；(22)为客户提供高标准、高质量的食品。

2. 航高集团股份有限公司 2×16—2×18 年度的资产负债表、利润表、现金流量表以及经营资产的数据(二维码扫码可见)，这里的经营资产特指：流动资产和固定资产的合计。

3. 航高集团股份有限公司 2×18 年度员工概况、培训情况和满意度调查等背景资料：

截至2×18年底航高集团股份有限公司员工总数为2 922人,其中男员工1 836人,女员工1 086人;核心员工165人,非核心员工2 757人;管理人员176人,专业技术人员809人,操作与服务人员1 937人;高级技师42人,技师87人,高级工51人,中级工207人,初级工431人,较去年同期减少25人。本年度新入职员工数为35人,离职人数为27人,其中包括10名核心员工。期初人数为2 937人,退休人数为23人。航高集团股份有限公司本年度共举办培训五次,分别是:针对管理层的企业管理培训,75人参加,64人通过考核;针对初级工的基础技能培训,137人参加,119人通过考核;针对办公设备操作的技能培训,65人参加,54人通过考核;针对新员工的入职培训,35人参加,31人通过考核;针对研发人员的理论培训,57人参加,52人通过考核。本次调查共发出《员工满意度调查问卷》150份,共收回133份,有效答卷为128份,符合满意度调查覆盖率标准。问卷共设10道题,总分50分。相关指标计算公式:员工技术资格拥有率=拥有各级技术资格的员工总人数/所有员工总人数×100%;(拥有各级技术资格的员工包括高级技师、技师、高级工、中级工和初级工)员工技术资格拥有率完成情况=本年度员工技术资格拥有率/上年度员工技术资格拥有率×100%;培训考核合格率=培训合格的员工人数/参加培训的员工总数×100%;核心员工保留率=未离职的核心员工人数/核心员工总人数×100%;员工满意率=分值总计/有效答卷数量满意比率=满意度分数/总分。

【要求】

1. 分析资料,编制战略要素分析表,请按主题将序号顺序填入表1中。

表1　航高集团战略地图

财务角度	增加股东价值	
	生产率提升战略	收入增长战略
客户角度		
内部业务流程	运营管理	客户管理	创新流程
学习和成长		

2. 根据背景资料和数据,利用Excel准确计算航高集团的毛利率、资产周转率和投资报酬率,并计算三个指标2×17和2×18年的变动额,分析应采取的措施。(计算过程及结果除百分比保留4位小数外,其他保留2位小数)

3. 根据背景资料和数据,利用Excel准确计算员工技术资格拥有率、培训考核合格率、核心员工保留率和员工满意率,最后计算学习和成长层面的考核得分。(计算过程及结果,百分比保留4位小数,人数保留整数,其他数据保留2位小数)

案例链接

[1] 绩效棱柱模型在营运资金绩效评价中的应用分析

——焦然,温素彬.绩效棱柱模型:解读与应用案例[J].会计之友,2020(23):151-155.

[2] 平衡计分卡与关键绩效指标整合的案例分析

——饶蓝,方勤敏,刘晓艳.BSC与KPI整合的战略绩效指标设计[J].中国人力资源开发,2009(5):57-59.

[3] 基于EVA的保利地产业绩评价案例分析

——张海霞.基于EVA的房地产上市公司业绩评价:以保利地产为例[J].财会月刊(下),2015(9):56-59.

[4] 先锋石油公司的战略地图和平衡计分卡

——阿特金森,卡普兰,玛苏姆拉,等.管理会计:第5版[M].王立彦,陆勇,樊铮,译.北京:清华大学出版社,2009.

[5] 民生银行建立平衡计分卡案例分析

——刘运国.高级管理会计:理论与实务[M].2版.北京:中国人民大学出版社,2018.

[6] 海尔集团人本视角下的管理会计价值创造

——陆云芝,俞峰.基于人本视角的管理会计价值创造研究:以海尔集团人单合一管理为例[J].财会通讯,2012(10):12-13.

第 12 章　管理会计报告及信息化

本章导语

管理会计报告即企业的内部管理报告体系,是指企业编制并在企业内部传递,为董事会、管理者和其他员工使用,满足他们控制战略实施,实现战略目标等管理需要的信息报告。在管理越来越趋于精益化的今天,管理会计报告在企业决策、控制和价值创造方面的作用日益凸显。同时,随着大数据、云计算、移动互联的发展,管理会计建立在数据搜集、分析基础上的量化管理、信息化投入的发展愈发重要。

本章基于《管理会计应用指引第 801 号——企业管理会计报告》和《管理会计应用指引第 802 号——管理会计信息系统》,阐述了管理会计报告,介绍了管理会计报告的种类和特点,分析了管理会计报告与其他管理工具及财务报告的关系,综合评价了管理会计报告的编制流程和优缺点;界定了管理信息化的概念,介绍了管理信息系统及其建设。

引入案例

得力集团有限公司(简称"得力文具")是国内轻工文教行业的领头羊,经过多年的经营,已经在研发、生产、产品、渠道、物流等方面引领行业的发展,现主要以品牌经营为主,为消费者提供办公采购一站式服务。得力文具处于该行业的领先地位,有其独特的管理特征,建立了较为完善的内部管理报告体系,如表 12.1 所示:

表 12.1　得力文具经营业绩报告体系表

层级	报告项目	报告人	报告对象
战略层	集团经营业绩报告	分管财务副总经理	总经理、董事长
管理层	生产经营业绩报告	分管生产副总经理	总经理
	商品采购业绩报告	分管采购副总经理	总经理
	国内营销经营业绩报告	分管国内营销副总经理	总经理
	海外营销经营业绩报告	海外营销业务部总经理	总经理
操作层	国内各营销渠道经营业绩报告	渠道总监	分管国内营销的副总经理
	国内各销售分公司经营业绩报告	分公司经理	分管营销的副总经理、渠道总监
	海外各销售分公司经营业绩报告	分公司经理	海外营销中心总经理
	各工厂经营业绩报告	工厂厂长	分管生产的副总经理

续表

层级	报告项目	报告人	报告对象
专题项目	资金预算报告	资金部经理	分管财务的副总经理、总经理
	费用预算执行报告	财务管理部经理	相关管理部门
	生产成本报告	生产财务部经理	分管生产的副总经理等
	新项目专题报告	项目经理	相关领导

得力文具充分认识到内部信息化建设的重要性，并为此投入巨资。2012年引入世界一流的SAP管理系统，该系统涵盖了采购、生产、销售、财务与供应计划等所有基本业务。该系统的引入，实现了财务业务一体化管理，更重要的是，该系统除了满足传统的财务会计核算需求外，还满足了精细化成本核算、利润考核、成本控制等管理会计的内容需求，为得力文具的管理会计发展以及内部管理报告体系的建立打下了坚实的基础。在SAP的基础上，得力文具还导入PLM、SRM、SCM、WMS、QM等外延专业管理信息化系统。尤其是最近导入的BI商务智能系统，建立了决策者的动态管理驾驶舱，满足了管理人员对多类维度报表的实时查阅需求。

近年来，我国财政部大力推动管理会计改革，实务界对政府工作也予以积极响应。但是，基于管理会计的内部管理报告研究还处于百家争鸣的阶段，得力文具在此方面的实践是否是最有效的，是否经得起时间的考验，尚待验证。

资料来源：吴富中.基于管理会计的内部管理报告体系构建：以得力文具为例[J].财会月刊(上)，2016(2)：71-77.

12.1 管理会计报告

12.1.1 管理会计报告的概念及特点

1) 管理会计报告的概念

企业管理者每天都会面对大量结构化、非结构化的数据及信息，产品价格波动、原材料价格涨跌、生产设备技术变革、汇率变化……面对纷繁复杂的数据及信息，各个层级、各个环节的管理者分别关注哪些信息？如何获取对企业所处行业、所处阶段有价值的信息？这些有价值的信息，能否以简洁直观的报告展示出来？管理会计报告，正是为应对上述诉求而生的管理工具之一。

2016年6月22日，财政部正式印发了《管理会计基本指引》(以下简称《基本指引》)用于指导企业的管理会计实践，并进一步明确说明管理会计报告要为企业的管理提供各种有用的信息。2017年9月，财政部印发的《管理会计应用指引第801号——企业管理会计报告》中定义：企业管理会计报告，是指企业运用管理会计方法，根据财务和业务的基础信息加工整理形成的，满足企业价值管理和决策支持需要的内部报告。

总体来说，管理会计报告的目标是为企业各层级进行规划、决策、控制和评价等管理活动提供有用信息,这表明企业管理会计工作从之前的会计核算、定量分析运用等为核心,发展到以提供有效的决策信息支持与价值创造为核心。管理会计报告的对象是对管理会计信息有需求的各层级、各环节的管理者,一份合格的管理会计报告能使相关的管理者通过阅读、分析报告,找出企业现存的具体问题的解决方案。因为遵循问题导向,企业管理会计报告通常不存在统一的格式与规范,但形式要件通常包括报告的名称、报告期间或时间、报告对象、报告内容及报告人等。

2) 管理会计报告的特点

管理会计报告建立在财务会计报告之上,是对财务报告信息的深度加工,需要对相关会计报告数据进行细化和调整,与财务会计报告相比,管理会计报告有如下特征:

(1) 灵活性

管理会计报告遵循问题导向,根据企业内部生产经营管理过程中出现的具体问题进行编制和使用,相对来说,较为灵活。企业可以根据自身的管理基础、管理需要,以及所处的行业、发展阶段,自行确定管理会计报告的格式、编制流程,以及所采用的方法。财务会计报告的编制必须以国家或行业组织制定的会计法规、会计准则、会计制度及有关规定作为准绳与规范,遵循相对固定的方法体系和工作程序。

(2) 分层次

管理会计的工作主体可分为多个层次,它既可以是整个企业,又可以是企业内部的局部区域或个别部门,甚至是某一管理环节。因此,管理会计报告必然是具有层次性的,须满足企业不同层级的管理需要,从服务对象来说,可以是企业的最高决策层,也可以是企业中的某个部门。

(3) 多维度

管理会计报告从信息的维度上来看,要比财务会计报告更丰富,涵盖范围更广,既包括财务信息又包括非财务信息,既包括内部信息也包括外部信息,有时候更包括对具体原因的分析与改进建议。比如,从分析角度看,一个公司的管理会计报告可以分区域提供分析结果,也可以分产品或者项目提供分析结果,甚至可以分人来提供分析结果。从时间上来看,管理会计报告可以按照企业的管理需要灵活编制,比如按年、按季度、按月编制,管理基础比较好,管理要求比较高的企业,可以按周,甚至按天来编制。

(4) 预测性

如果说,财务会计报告主要是面向过去的,那么,管理会计报告则重在面向未来。管理会计报告通过对过去的信息进行归集、挖掘、分析,不但能够对企业的现状进行分析,而且能够进行预测。

12.1.2 管理会计报告的分类及编制流程

1) 管理会计报告的分类

企业管理会计报告体系可按照多种标准进行分类,包括但不限于:

(1) 按照企业管理会计报告使用者所处的管理层级可分为战略层管理会计报告、经营层管理会计报告和业务层管理会计报告;

(2) 按照企业管理会计报告内容可分为综合企业管理会计报告和专项企业管理会计

报告；

（3）按照管理会计功能可分为管理规划报告、管理决策报告、管理控制报告和管理评价报告；

（4）按照责任中心可分为投资中心报告、利润中心报告和成本中心报告；

（5）按照报告主体整体性程度可分为整体报告和分部报告。

2) 基于战略层、经营层与业务层的管理会计报告体系的主要内容

管理会计报告的信息必须与企业管理层级相对应，不同的管理层级需要的信息数量、信息概括程度，甚至信息保密层级会不同。对应负有决策职责的战略层、负有协调职责的经营层以及负有执行职责的业务层或作业层，公司的管理会计报告主体分为战略层（高层）、经营层（中层）、业务层（基层），管理会计报告也据此划分为战略层管理会计报告、经营层管理会计报告和业务层管理会计报告，如图12.1所示。

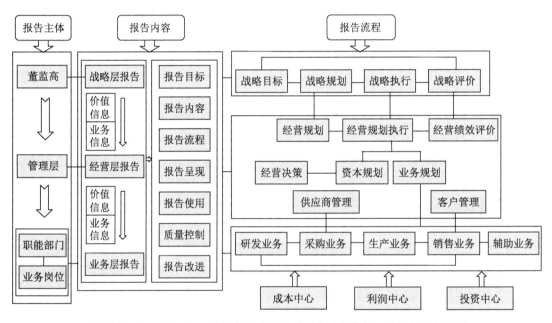

图12.1 基于战略层、经营层与业务层的管理会计报告框架体系与运行机制

面向高层所编制的战略层报告以企业的战略目标为起点，关注企业战略的规划、执行、评价。面向中层编写的经营层报告，则侧重于企业经营层面的具体工作，包括但不限于经营决策、资本规划、业务规划、供应商管理、客户管理等信息。面向基层岗位所编写的业务层报告，更加注重具体研发、采购、生产、销售以及辅助业务等信息，同时可以根据部门职能不同划分为成本中心、利润中心和投资中心，进一步考评部门业绩。

（1）战略层管理会计报告

战略层管理会计报告是为战略层开展战略规划、决策、控制和评价以及其他方面的管理活动提供相关信息的对内报告。战略层管理会计报告的报告对象是企业的战略层，包括股东大会、董事会和监事会等，包括但不仅限于战略管理报告、综合业绩报告、价值创造报告、经营分析报告、风险分析报告、重大事项报告、例外事项报告等。这些报告可独立提交，也可根据不同需要整合后提交。

战略管理报告的内容一般包括内外部环境分析、战略选择与目标设定、战略执行及其结果,以及战略评价等。综合业绩报告的内容一般包括关键绩效指标预算及其执行结果、差异分析以及其他重大绩效事项等;价值创造报告的内容一般包括价值创造目标、价值驱动的财务因素与非财务因素、内部各业务单元的资源占用与价值贡献,以及提升公司价值的措施等;经营分析报告的内容一般包括过去经营决策执行情况回顾、本期经营目标执行的差异及其原因、影响未来经营状况的内外部环境与主要风险分析、下一期的经营目标及管理措施等;风险分析报告的内容一般包括企业全面风险管理工作回顾、内外部风险因素分析、主要风险识别与评估、风险管理工作计划等;重大事项报告是针对企业的重大投资项目、重大资本运作、重大融资、重大担保事项、关联交易等事项进行的报告;例外事项报告是针对企业发生的管理层变更、股权变更、安全事故、自然灾害等偶发性事项进行的报告。

战略层管理会计报告应精练、简洁、易于理解,报告主要结果、主要原因,并提出具体的建议。

(2) 经营层管理会计报告

经营层管理会计报告是为经营管理层开展与经营管理目标相关的管理活动提供相关信息的对内报告。经营层管理会计报告的报告对象是经营管理层,主要包括全面预算管理报告、投资分析报告、项目可行性报告、融资分析报告、盈利分析报告、资金管理报告、成本管理报告、绩效评价报告等。

全面预算管理报告的内容一般包括预算目标制定与分解、预算执行差异分析以及预算考评等;投资分析报告的内容一般包括投资对象、投资额度、投资结构、投资进度、投资效益、投资风险和投资管理建议等;项目可行性报告的内容一般包括项目概况、市场预测、产品方案与生产规模、厂址选择、工艺与组织方案设计、财务评价、项目风险分析,以及项目可行性研究结论与建议等;融资分析报告的内容一般包括融资需求测算、融资渠道与融资方式分析及选择、资本成本、融资程序、融资风险及其应对措施和融资管理建议等;盈利分析报告的内容一般包括盈利目标及其实现程度、利润的构成及其变动趋势、影响利润的主要因素及其变化情况,以及提高盈利能力的具体措施等,企业还应对收入和成本进行深入分析,可基于企业集团、单个企业,也可基于责任中心、产品、区域、客户等进行;资金管理报告的内容一般包括资金管理目标、主要流动资金项目如现金、应收票据、应收账款、存货的管理状况、资金管理存在的问题以及解决措施等[企业集团资金管理报告的内容一般还包括资金管理模式(集中管理还是分散管理)、资金集中方式、资金集中程度、内部资金往来等];成本管理报告的内容一般包括成本预算、实际成本及其差异分析,成本差异形成的原因以及改进措施等;绩效评价报告的内容一般包括绩效目标、关键绩效指标、实际执行结果、差异分析、考评结果,以及相关建议等。

经营层管理会计报告应做到内容完整、分析深入。

(3) 业务层管理会计报告

业务层管理会计报告是为企业开展日常业务或作业活动提供相关信息的对内报告,其报告对象是企业的业务部门、职能部门以及车间、班组等。业务层管理会计报告应根据企业内部各部门、车间或班组的核心职能或经营目标进行设计,主要包括研究开发报告、采购业务报告、生产业务报告、配送业务报告、销售业务报告、售后服务业务报告、人力资源报告等。

研究开发报告的内容一般包括研发背景、主要研发内容、技术方案、研发进度、项目预算等;采购业务报告的内容一般包括采购业务预算、采购业务执行结果、差异分析及改善建议等,要重点反映采购质量、数量以及时间、价格等方面的内容;生产业务报告的内容一般包括生产业务预算、生产业务执行结果、差异分析及改善建议等,要重点反映生产成本、生产数量以及产品质量、生产时间等方面的内容;配送业务报告的内容一般包括配送业务预算、配送业务执行结果、差异分析及改善建议等,要重点反映配送的及时性、准确性以及配送损耗等方面的内容;销售业务报告的内容一般包括销售业务预算、销售业务执行结果、差异分析及改善建议等,要重点反映销售的数量结构和质量结构等方面的内容;售后服务业务报告的内容一般包括售后服务业务预算、售后服务业务执行结果、差异分析及改善建议等,重点反映售后服务的客户满意度等方面的内容;人力资源报告的内容一般包括人力资源预算、人力资源执行结果、差异分析及改善建议等,重点反映人力资源使用及考核等方面的内容。

业务层管理会计报告应做到内容具体,数据充分。

总之,战略层、经营层、业务层三个层次的管理会计报告体系,必须在明确各层次的管理重点与信息需求的基础上,报告符合各层次信息需求的核心内容与重点信息,并且三者之间要相互结合、有效配合、共同报告,有效地满足企业管理的需要,从而实现企业价值最大化的目标。

3) 管理会计报告编制的流程、原则及注意事项

(1) 管理会计报告编制的流程

企业管理会计报告编制的流程包括报告的编制、审批、报送、使用、评价等环节。企业管理会计报告由管理会计信息归集、处理并报送的责任部门编制。

企业应根据报告的内容、重要性和报告对象等,确定不同的审批流程,经审批后的报告方可报出。报告的报送路径以确保企业管理会计报告及时、有效地送达报告对象为前提,可以根据报告性质、管理需要进行逐级报送或直接报送。企业管理会计报告属内部报告,应在允许的范围内传递和使用。相关人员应遵守保密规定,应建立管理会计报告使用的授权制度,报告使用人应在权限范围内使用企业管理会计报告。

为了有效促进管理会计报告工作的全面推进,应对管理会计报告的质量、传递的及时性、保密情况等进行评价,并将评价结果与绩效考核挂钩。充分利用信息技术,强化管理会计报告及相关信息的集成和共享,将管理会计报告的编制、审批、报送和使用等纳入企业统一信息平台。定期根据管理会计报告使用效果以及内外部环境变化对管理会计报告体系、内容以及编制、审批、报送、使用等进行优化。

(2) 管理会计报告编制的原则和注意事项

管理会计报告广泛适用于不同性质、不同规模的企业。根据不同性质、规模、所处阶段以及企业管理层所关注的事项,企业可以构建不同结构的管理会计报告。但是,无论哪种结构的管理会计报告,其最终目标都是提高企业管理的有效性,使企业价值最大化。企业管理会计报告的对象是对管理会计信息有需求的各个层级、各个环节的管理者。管理会计报告不同于财务会计报告,财务会计报告有固定的格式和填报规则,而管理会计报告更多的是从企业管理层关注的信息入手构建,包括财务和非财务信息,综合反映管理需要的各类信息。因此,在编制管理会计报告时须遵循以下原则:

① 适用性原则。管理会计报告的内容、表现形式,应与企业组织结构和管理职能设置相适应。一是层级适应,如前文所述,不同的管理层级的信息需求应有所区别。二是职能适应,不同的管理者,如销售经理和采购经理、研发经理,其对管理会计报告信息的关注度是不同的。三是目的差异,管理会计报告可能是揭示日常生产经营的,也可能是进行专项活动分析的。

② 可理解性原则。管理会计报告最终目的是使用,而其使用者大多不是财务人员。因此,管理会计报告在内容、种类、格式上应尽可能做到清晰、简明、易懂,便于理解和利用。管理会计报告应该是已经进行整理、加工后的信息,而不是正在或尚需加工的信息。管理会计报告应该是结果性、结论性的反映。

③ 重要性原则。管理会计报告的设计上,在模板内容固定化的同时,既要强调内容的覆盖性,避免错漏,更应该体现重要性。管理会计报告应该能引导管理者的关注点,使其集中于少数重要事件上,使管理者有效率地运用其有限的时间来解决问题。判断重要性的标准,主要是看管理信息与报告使用者经济决策的相关程度的大小,有定量和定性两种判断标准。定量标准可事先制定控制界限,控制界限可用金额或比率表示,当差异额超过此限额或差异幅度超过此比率者,均视为重要,应予追查;定性标准有两种,一种是经常需要的信息,一种是某一时期特别需要的信息。

④ 时效性原则。对于管理控制和经营决策而言,时间是除质量之外考虑的最重要因素。在考虑成本的前提下,应尽量缩短决策与报告提供之间的时间差。遇有突发事件或意外事项时,可就所涉及的事件或部门编制非定期的个性化报告,要符合决策所需的时效性,满足管理者的快速响应需求,及时提供例外报告进行预警。

除了以上编制原则外,还须关注:企业应当具有足以支撑管理会计报告编写的数据信息平台,数据越完善、信息程度越高,管理会计报告信息及时性越强、可靠性越高,一般企业依靠信息处理系统生成财务报表,但管理会计报告会更加关注收付实现制的信息,因此在编制时要注意收集财务信息以外的非财务信息;管理会计报告服务于企业管理层,作为企业决策的重要信息来源,更多地关注企业价值,报告中很多内容必然依赖现值或公允价值,估值的确认有一定难度,需要管理层慎重选择;管理会计报告不是一成不变的,企业须根据所处的阶段及生命周期的不同及时变更报告的内容,以适应不同阶段的管理需求。同样的,企业还应当配备相应的管理会计人才,以编制高质量的管理会计报告,为企业切实解决存在的问题,避免管理会计报告流于形式。

12.1.3 管理会计报告与管理工具方法及财务报告的关系

1) 管理会计报告与管理会计工具方法

管理会计信息系统为一个企业(或组织)内部的各级经理乃至普通员工的决策提供信息支撑,在本质上它是一种创造企业价值的信息系统。管理会计报告就是对实际经济运行状况的结果进行确认、计量、记录和报告,通过管理会计报告,实现内部管理所需信息的上传下达,促使企业各项经济运营活动得以顺利开展。

管理会计报告作为管理会计的一部分,是管理会计信息的集中反映形式,是一种具备相对综合性的管理会计工具。与其他管理会计工具相比,其有以下特征:一是管理会计报告不能完全单独存在,其他工具是管理会计报告的基础。管理会计报告作为管理会计信息的集中反映形式,其无论是编制、分析方法,还是评价、判断依据都必须以预算管理、标准成本、作业成本为基础,任何其他工具的缺失都会导致最终出具的管理会计报告的缺项。二是管理会计报告具有管理会计的基本特性,既是对过去的反映,更是对未来的预测。相比其他管理会计工具,管理会计报告实际上是对信息的加工分析,既是在说明过去,更是在判断未来。三是管理会计报告个性化特征鲜明,针对的是管理需求,因此这个针对性直接导致其个性化特征鲜明,不同的时间、不同的环境、不同的企业,甚至不同的管理者和编制者都会影响报告的内容和表现。四是管理会计报告有十分明显的时效性要求。因为管理会计报告的作用就是反映、预测、决策、规划、控制以及协调和沟通,那么对相关信息的及时处理、反映和传递就显得尤为重要。

2) 管理会计报告与财务会计报告的关系

会计报告有财务会计报告和管理会计报告,财会计务报告是财务会计系统的信息载体,管理会计报告是管理会计系统的信息载体。

(1) 管理会计报告与财务会计报告的联系

管理会计报告与财务会计报告相互联系,从财务数据角度来看属于"同源分流",二者都是会计报告的组织部分。一是管理会计报告与财务会计报告的边界划分是相对的,企业的内部报告中包含财务信息和非财务信息,其中的财务信息与财务报告中的信息有很强的重复性,而财务会计报告中也会适当披露一些内部管理计划、方案等内部管理信息。二是管理会计报告与财务会计报告的使用者并非绝对不一致的。因为财务会计报告对企业外部相关利益的决策有重大影响,内部经营管理者对财务会计报告也是相当关注的;而外部投资者由于投资决策的需要,除了财务会计报告信息,更希望得到内部管理信息,以便更多地了解企业。

(2) 管理会计报告与财务会计报告的区别

管理会计报告与财务会计报告的主要区别见表12.2所示。

表12.2 管理会计报告与财务会计报告的区别

比较项目	外部财务报告	内部管理会计报告
报告基础	会计信息系统,财务信息	会计信息系统和其他信息系统,财务信息和非财务信息
报告目的	为外部和内部使用者提供信息	为内部使用者提供信息,立足于规划与战略的执行,同时定位于过程的上下沟通,是一种管理沟通机制,而不是单纯的上传下达
报告内容	整个企业经营活动的全过程的信息	企业整体、内部车间部门、班级或个人
报告形式	受会计准则的约束与规范,遵循统一的格式	无统一的格式,不同的管理者可能会要求不同的报告内容
报告特征	着重于数据的客观性	强调决策的相关性;只要相关,就允许主观信息的存在

12.1.4 管理会计报告的应用评价

管理会计报告作为企业价值管理和决策支持的内部报告,根据企业治理结构、管理层级、报告对象及报告时间等要素编制。在编制过程中,充分考虑公司实际经营情况,合理利用各种会计工具和公司信息系统,生成一套适用于本企业、本部门的报告。通过阅读和分析报告,找出经营短板并加以补足,从而最终达到公司经营效益最大化和公司价值最大化的目标。

1) 优点

管理会计报告的优点主要体现在:一是综合性,管理会计报告内容涵盖财务和非财务的信息,能够为公司决策层、管理层提供有效的全方位的信息。二是便于理解,管理会计报告是经过综合方法,对企业信息进行系统分析、加工而成的,其编制的目标就是便于管理会计报告使用者阅读。三是针对性,管理会计报告不是一种完全固定格式的报告,它会针对不同情况和需求,有目的地以不同形式和侧重性的内容出现在需求者面前。

2) 缺点

一是规范性问题,管理会计报告的形式和内容是因企业实际情况而定的,在实际编制、使用中,容易过于灵活,即其内容看似丰满,但没有管理者想要的信息。二是基础管理要求较高,管理会计报告的编制是综合利用各种方法,结合财务与非财务数据,对企业生产经营的综合反映、分析和预测,对企业的各项基础管理有较高要求,如统计、信息化等。三是人为因素影响较大,管理会计报告更多的是二次甚至多次加工的信息,会受到各种人为因素的影响,如编制者的个人素养与综合能力,使用者与编制者的思维是否一致,另外还有前面提到的规范性问题。四是及时性不足,管理会计报告需要收集财务、非财务信息,需要运用各种方法进行加工,信息传递的及时性会受到影响。

12.2 管理会计信息化

12.2.1 管理会计信息化的含义及其发展

2014年,财政部发布的《财政部关于全面推进管理会计体系建设的指导意见》中提出,要推进面向管理会计的信息系统建设,指导单位建立面向管理会计的信息系统,以信息化手段为支撑,实现会计与业务活动的有机融合,推动管理会计功能的有效发挥。显然,蓬勃发展的信息化浪潮和全面推进管理会计发展的新形势,要求行业以信息化建设为支撑,通过现代化的信息化手段,充分实现管理会计和业务活动的有机融合,支撑管理会计的应用和发展。因此,管理会计信息化成为企业会计发展的必然趋势,并将作为企业竞争的核心优势为企业发展带来新的机遇。

1) 管理会计信息化的含义

财政部在《管理会计应用指引第802号——管理会计信息系统》中指出,财政部在管理会计应用指引中指出,管理会计信息化是会计信息化的子集,是指以财务和业务数据为基础,借助计算机、网络通信等现代信息技术手段,对信息进行获取、加工、整理、分析和报告等操作处理,为企业有效开展管理会计活动提供全面、及时、准确的信息支持。该定义基于系统论和信息论,基于管理会计信息系统,借助信息方法对管理会计信息化予以界定,偏重于管理会计信息的流转,包括信息的输入、信息的处理、信息的输出,以及信息的使用,详见图 12.2 所示。

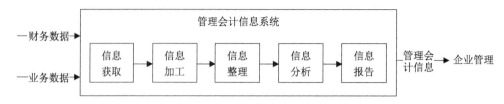

图 12.2　管理会计信息系统示意图

其中,信息的输入是业务和财务数据;信息的处理包括信息获取、信息加工、信息整理、信息分析、信息报告等,信息的处理工具是计算机、网络通信等现代信息技术手段,在实务工作中具体主要体现为管理会计信息系统;信息的输出是管理会计信息,要求具有全面性、及时性和准确性;信息的使用主要是指将输出的管理会计信息用于企业有效开展管理会计活动。

管理会计信息化是随着科技的进步和信息化水平的提高,使用一些方法将财务部门提供的数据和其他数据一起进行加工、整理和分析,然后让企业管理层根据整理和分析好的数据制定出合理的经营战略决策,即用信息化手段来满足管理会计用户的信息需求。在企业的经营管理中,管理会计信息化扮演着不可或缺的角色。它可以为企业管理层提供精确的数据信息来帮助他们更好地制定经营决策,进而帮助企业更好地发展及在市场中占有一席之地。随着信息化时代的到来,市场对企业也提出了新的要求,所以能够掌握管理会计信息化的企业才能长久地经营下去。管理会计信息化不仅仅是将现代化技术应用到管理会计领域,提高计算准确度,更是形成了一个全新的企业内外部信息整合路径,为企业制定战略决策提供帮助。管理会计信息化作为信息化环境下衍生出的现代管理模式,其一方面突破了传统管理会计在时间和空间上的限制,深入挖掘企业各个流程的相关数据,实现了信息的实时传递与分析,另一方面也拓展了信息技术应用的范围,真正将科学技术转化为企业价值。管理会计与信息技术的融合是对管理会计流程的变革式创新,传统管理会计在时间链上有操作限制,且不同模块之间彼此孤立,而信息时代的管理会计则是将企业资源整合共享,不同操作模块互相配合运行,做到数据的实时、准确传递,最终实现管理会计各环节的同步高效运作。

2) 管理会计信息化的发展

管理会计信息化,是指面向管理会计的信息系统建设。就目前情况来看,多数企业的信息化系统可分为四个层级。自下而上来说,第一个层级是业务系统,包括 ERP、客户关系管理(CRM)、供应链系统、会计核算系统等;第二个层级是数据集成交换平台(ETL);第三个层级是管理会计系统,包括预算系统、成本管理系统、绩效管理系统、管理会计报告系统等;第四个层级是管理仪表盘(见图 12.3)。

管理会计信息化的建设是一个涉及面广、复杂度高、资源投入大的系统工程,需要相关

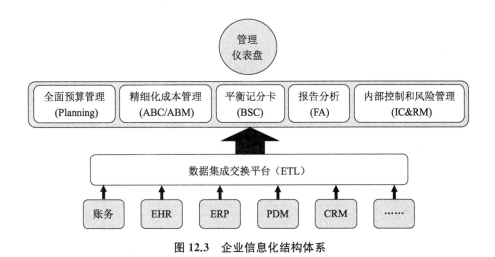

图 12.3 企业信息化结构体系

参与者进行缜密的构思和布局。虽然管理会计信息化发展主要由应用单位内在的发展动力所驱动,但外部的政府主管部门、行业组织、供应链、经济技术环境等方面的影响也起到非常重要的推动(或阻碍)作用。在这些外部的影响因素中,政府主管部门指政府财政、审计、金融、税务、国资委、证监会等部门,它们主要通过制定法规、标准、规范、准则、指引等来管理、协调、推动各应用单位管理会计信息化的发展。行业协会(学会)则主要通过组织专业技术人员,研究知识体系、收集最佳实践来影响单位,其知识体系中主要包括管理会计思想、管理会计工具和方法、信息安全体系、人才培养框架等。在行业协会服务应用单位的同时,先进的应用单位也会通过协会(学会)的渠道将其最佳实践影响到其他单位。供应链指与应用单位管理会计信息化相关的教学培训机构、中介服务机构和系统供应商等,它们主要提供信息化所必需的专门人才、学习资料、软硬件系统、数据库资源、管理咨询、信息系统审计、信息系统工程监理等产品和服务。经济技术环境则通过不断加剧的竞争市场、突飞猛进的信息技术、严管的经营环境以及丰富的公共信息资源(大数据环境)来激发单位实施管理会计、应用信息系统的动力。

应用单位管理会计信息化发展是一个逐步演变和发展的过程,它将区别于当前的各管理会计子系统(如战略管理子系统、预算管理子系统、成本管理子系统、营运管理子系统、投融资管理子系统、绩效管理子系统和风险管理子系统等)相对独立地发展,与财务会计系统、业务管理系统以及外部相关组织信息系统的松耦合阶段(阶段一),发展到利用企业外部网络整合内外部系统资源,实现内部各子系统高度信息共享的紧耦合阶段(阶段二),最终再发展到利用现代信息技术去重构传统会计模式,构建单位外部生态系统与内部各功能子系统模块间数据充分共享、功能充分融合的阶段(阶段三),见图 12.4 所示。

处于阶段三的应用单位的管理会计信息系统中,单位内部已实现了高度的业财融合,在信息输入方面,业务凭证和会计凭证已合并,并实现了电子化和自动化的处理;输入信息不仅来源于单位对外的经营管理活动,还来源于对外部大数据资源的自动扒取;在信息处理方面,基于 REA 的模型,应用单位将实现内部各项经营管理活动基于资源(resources)、事件(events)和主体(agents)的智能化信息处理,在实现业务活动管理和财务会计管理的

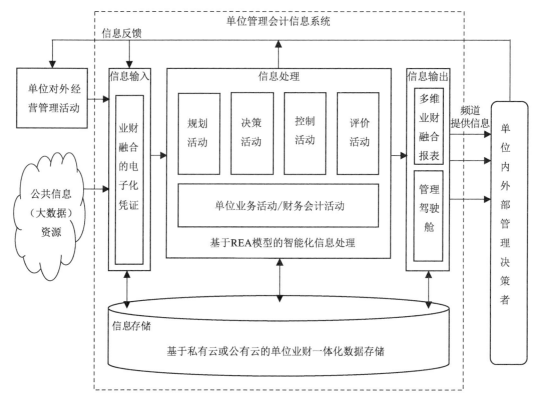

图 12.4　未来管理会计信息处理示意图

同时,实现规划、决策、控制和评价的管理会计活动,真正实现了业务和财务的深度融合;在信息输出方面,系统将通过成熟的商业智能(BI)技术,利用数据仓库、智能挖掘、管理驾驶舱,借助于数字仪表盘、虚拟现实等技术动态地、频道化地展示多维业财融合报表信息和实时查询信息,以满足单位内外部管理决策者的需求。除了信息的输入、处理、输出环节之外,信息系统还包括了必要的大容量信息存储和深度信息反馈的环节。

在阶段三,由于业财系统的高度融合,事实上管理会计作为单独的管理活动会逐渐消失,必将成为与业务活动不可分割的组成部分。当然要实现图 12.4 所示的未来信息处理的目标,应用单位、信息系统供应商和政府主管部门还有大量的工作要做。

12.2.2　管理会计信息系统的建设

1) 管理会计信息系统的定义

财政部在《管理会计应用指引第 802 号——管理会计信息系统》中指出:管理会计信息系统,是指以财务和业务信息为基础,借助计算机、网络通信等现代信息技术手段,对管理会计信息进行收集、整理、加工、分析和报告等操作处理,为企业有效开展管理会计活动提供全面、及时、准确信息支持的各功能模块的有机集合。管理会计信息系统的建设应该经过业务系统、财务系统,包括互联网数据的整合之后,如上节所介绍,建立一个以数据挖掘、大数据应用为核心手段,面向商业智能决策的信息系统,该系统不能离开业务系统孤立存在,只有将商业决策反馈到市场、研发、采购、生产、销售等环节,该系统才会发挥更大的价值。

2) 管理会计信息系统建设的原则

管理会计信息系统适用于已经具备一定的信息系统应用基础的企业,以及新建企业信息系统并有意同时建设管理会计信息系统的企业。建设企业一般应对企业战略、组织结构、业务流程、责任中心等有清晰定义,设有具备管理会计职能的相关部门或岗位,具有一定的管理会计工具方法的应用基础以及相对清晰的管理会计应用流程,具备一定的财务和业务信息系统应用基础,包括已经实现了相对成熟的财务会计系统的应用,并在一定程度上实现了经营计划管理、采购管理、销售管理、库存管理等基础业务管理职能的信息化。一般应遵循以下原则:

(1) 系统集成原则。管理会计信息系统各功能模块应集成在企业整体信息系统中,与财务和业务信息系统紧密结合,实现信息的集中统一管理及财务和业务信息到管理会计信息的自动生成。

(2) 数据共享原则。企业建设管理会计信息系统应实现系统间的无缝对接,通过统一的规则和标准,实现数据的一次采集、全程共享,避免产生信息孤岛。

(3) 规则可配原则。管理会计信息系统各功能模块应提供规则配置功能,实现其他信息系统与管理会计信息系统相关内容的映射和自定义配置。

(4) 灵活扩展原则。管理会计信息系统应具备灵活扩展性,通过及时补充有关参数或功能模块,对环境、业务、产品、组织和流程等的变化及时做出响应,以满足企业内部管理需要。

(5) 安全可靠原则。应充分保障管理会计信息系统的设备、网络、应用及数据安全,严格权限授权管理,做好数据灾备建设,具备良好的抵御外部攻击能力,保证系统的正常运行并确保信息的安全性、保密性、完整性。

3) 管理会计信息系统建设的相关模块

管理会计信息系统的相关模块包括成本管理、预算管理、绩效管理、投资管理、管理会计报告以及其他功能模块,各模块之间相互协调,数据共享,共同为企业业绩作出贡献。各模块主要功能如下:

(1) 成本管理模块

成本管理的主要功能,一般包括对成本要素、成本中心、成本对象等参数的设置,以及成本核算方法的配置,从财务会计核算、业务处理以及人力资源等模块中抽取所需数据,进行精细化成本核算,生成分产品、分批次(订单)、分环节、分区域等多维度的成本信息,并基于成本信息进行成本分析,实现成本的有效控制,为企业成本管理的事前计划、事中控制、事后分析提供有效的支持。其中:成本核算主要完成对企业生产经营过程中各个交易活动或事项的实际成本信息的收集、归纳、整理,并计算出实际发生的成本数据,支持多种成本计算和分摊方法,准确地度量、分摊和分配实际成本。成本分析主要实现对实际成本数据的分类比较、因素分析比较等,发现成本和利润的驱动因素,形成评价结论,编制成各种形式的分析、评价指标报告等。成本预测主要实现对不同成本对象的成本估算预测。成本控制主要按照既定的成本费用目标,对构成成本费用的诸要素进行规划、限制和调节,及时纠正偏差,控制成本费用避免超支,把实际耗费控制在成本费用计划范围内。成本管理模块应提供基于指标分摊、基于作业分摊等多种成本分摊方法,利用预定义的规则,按要素、按期间、按作业等进行分摊。

（2）预算管理模块

预算管理模块应实现的主要功能包括对企业预算参数设置、预算管理模型搭建、预算目标制定、预算编制、预算执行控制、预算调整、预算分析和评价等全过程的信息化管理。预算目标和计划制订主要完成企业目标设定和业务计划的制订,实现预算的启动和准备过程。预算编制主要完成预算目标设定、预算分解和目标下达、预算编制和汇总以及预算审批过程,实现自上而下、自下而上等多种预算编制流程,并提供固定预算、弹性预算、零基预算、滚动预算、作业预算等一种或多种预算编制方法的处理机制,预算管理模块能提供给企业根据业务需要编制多期间、多情景、多版本、多维度预算计划的功能,以满足预算编制的要求。预算执行控制主要实现预算信息模块与各财务和业务系统的及时数据交换,实现对财务和业务预算执行情况的实时控制等。预算调整主要实现对部分责任中心的预算数据进行调整,并完成调整的处理过程等。预算分析和评价主要提供多种预算分析模型,实现在预算执行的数据基础上,对预算数和实际发生数进行多期间、多层次、多角度的预算分析,最终完成预算的业绩评价,为绩效考核提供数据基础。企业应建立差异计算模型,实现预算差异的计算,辅助实现差异成因分析过程,最终输出部门、期间、层级等多维度的预算差异分析报告等。

（3）绩效管理模块

绩效管理模块主要实现业绩评价和激励管理过程中各要素的管理功能,一般包括业绩计划和激励计划的制订、业绩计划和激励计划的执行控制、业绩评价与激励实施管理等,为企业的绩效管理提供支持。绩效管理模块应提供企业各项关键绩效指标的定义和配置功能,并可从其他模块中自动获取各业务单元或责任中心相应的实际绩效数据,进行计算处理,形成绩效执行情况报告及差异分析报告。业绩计划和激励计划的制订主要完成绩效管理目标和标准的设定、绩效管理目标的分解和下达、业绩计划和激励计划的编制,以及计划的审批流程。业绩计划和激励计划的执行控制主要实现与预算系统和各业务系统的及时数据交换,实现对业绩计划与激励计划执行情况的实时控制等。业绩计划和激励计划的执行控制的输入信息一般包括绩效实际数据以及业绩计划和激励计划等。企业应建立指标监控模型,根据指标计算办法计算指标实际值,比对实际值与目标值的偏差,输出业绩计划和激励计划执行差异报告等。业绩评价和激励实施管理主要实现对计划的执行情况进行评价,形成综合评价结果,向被评价对象反馈改进建议及措施等。

（4）投资管理模块

投资管理模块主要实现对企业投资项目进行计划和控制的系统支持过程,一般包括投资计划的制订和对每个投资项目进行的及时管控等。投资管理模块应与成本管理模块、预算管理模块、绩效管理模块和管理会计报告模块等进行有效集成和数据交换。投资管理模块应辅助企业实现投资计划的编制和审批过程。企业可以借助投资管理模块定义投资项目、投资程序、投资任务、投资预算、投资控制对象等基本信息,并在此基础上制订企业各级组织的投资计划和实施计划,实现投资计划的分解和下达。投资管理模块应实现对企业具体投资项目的管控过程。企业可以根据实际情况,将项目管理功能集成到投资管理模块中,也可以实施单独的项目管理模块来实现对项目的管控过程。

(5) 项目管理模块

项目管理模块主要实现对投资项目的系统化管理过程,一般包括项目设置、项目计划与预算、项目执行、项目结算与关闭、项目报告以及项目后审计等功能。项目设置,主要完成项目定义(如项目名称、项目期间、成本控制范围、利润中心等参数),以及工作分解定义、作业和项目文档等的定义和设置,为项目管理提供基础信息。项目计划与预算,主要完成项目里程碑计划、项目实施计划、项目概算、项目利润及投资测算、项目详细预算等过程,并辅助实现投资预算的审核和下达过程。项目执行,主要实现项目的拨款申请,投资计量,项目实际发生值的确定、计算和汇总,以及与目标预算进行比对,对投资进行检查和成本管控。项目结算,通过定义的结算规则,运用项目结算程序,对项目实现期末结账处理。结算完成后,对项目执行关闭操作,保证项目的可控性。项目报告,项目管理模块应向用户提供关于项目数据的各类汇总报表及明细报表,主要包括项目计划、项目投资差异分析报告等。项目后审计,企业可以根据实际需要,在项目管理模块中提供项目后辅助审计功能,依据项目计划和过程建立工作底稿,对项目的实施过程、成本、绩效等进行审计和项目后评价。

(6) 管理会计报告模块

管理会计报告模块应实现基于信息系统中财务数据、业务数据自动生成管理会计报告,支持企业有效实现各项管理会计活动。管理会计报告模块应为用户生成报告提供足够丰富、高效、及时的数据源,必要时应建立数据仓库和数据集市,形成统一规范的数据集,并在此基础上,借助数据挖掘等商务智能工具方法,自动生成多维度报表。管理会计报告模块可为企业战略层、经营层和业务层提供丰富的通用报告模板,为企业提供灵活的自定义报告功能。企业可以借助报表工具自定义管理会计报表的报告主体、期间(定期或不定期)、结构、数据源、计算公式以及报表展现形式等。系统可以根据企业自定义报表的模板以自动获取数据进行计算加工,并以预先定义的展现形式输出。管理会计报告模块应提供用户追溯数据源的功能。用户可以在系统中对报告的最终结果数据进行追溯,可以层层追溯其数据来源和计算方法,直至业务活动。管理会计报告模块可以独立的模块形式存在于信息系统中,从其他管理会计模块中获取数据生成报告;也可内嵌到其他管理会计模块中,作为其他管理会计模块重要的输出环节,应与财务报告系统相关联,既能有效生成企业整体报告,也能生成分部报告,并实现整体报告和分部报告的联查。

4) 管理会计信息系统的实施及数据处理过程

(1) 管理会计信息系统的实施

管理会计信息系统的实施一般包括项目准备、系统设计、系统实现、测试和上线、运维及支持等过程。

① 项目准备阶段,企业主要应完成系统建设前的基础工作,一般包括确定实施目标、实施组织范围和业务范围,调研信息系统需求,进行可行性分析,制订项目计划、资源安排和项目管理标准,开展项目动员及初始培训等。

② 系统设计阶段,企业主要应对组织现有的信息系统应用情况、管理会计工作现状和信息系统需求进行调查,梳理管理会计应用模块和应用流程,据此设计管理会计信息系统的实施方案。

③ 系统实现阶段,企业主要应完成管理会计信息系统的数据标准化建设、系统配置、功能和接口开发及单元测试等工作。

④ 测试和上线阶段,企业主要应实现管理会计信息系统的整体测试、权限设置、系统部署、数据导入、最终用户培训和上线切换等过程。必要时,企业还应根据实际情况进行预上线演练。

⑤ 企业应做好管理会计信息系统的运维和支持工作,实现日常运行维护支持及上线后持续培训和系统优化。

(2) 管理会计信息系统的应用处理程序

管理会计信息系统的应用程序一般包括输入、处理和输出三个环节:

① 输入环节,指管理会计信息系统采集或输入数据的过程,管理会计信息系统须提供已清晰定义数据规则的数据接口,以自动采集财务和业务数据。同时,系统还应支持本系统其他数据的手工录入,以利于相关业务调整和补充信息的需要。

② 处理环节,指借助管理会计工具模型进行数据加工处理的过程。管理会计信息系统可以充分利用数据挖掘、在线分析处理等商业智能技术,借助相关工具对数据进行综合查询、分析统计,挖掘出有助于企业管理活动开展的信息。

③ 输出环节,指提供丰富的人机交互工具、集成通用的办公软件等成熟工具,自动生成或导出数据报告的过程。数据报告的展示形式应注重易读性和可视化。最终的系统输出结果不仅可以采用独立报表或报告的形式展示给用户,也可以输出或嵌入到其他信息系统中,为各级管理部门提供管理所需的相关、及时的信息。

本章思考

1. 管理会计报告是什么?有什么特点?
2. 管理会计报告主要分类有哪些?
3. 战略层、经营层和业务层的管理会计报告分别包括哪些内容?
4. 管理会计报告与财务会计报告的区别和联系分别是什么?
5. 如何评价管理会计报告这个工具方法?
6. 管理会计报告信息系统建设的内容包括哪些?
7. 管理会计信息系统是什么?主要包括哪些模块?
8. 管理会计信息系统建设包括企业的哪些内部和外部因素?
9. 管理会计信息化和管理会计信息系统的区别是什么?
10. 通过调研,能否列举一个我国企业中的管理会计报告,并阐述其主要内容?

应用实操

应用实操一：

【资料】某企业的责任中心涉及利润中心、成本中心和投资中心，分别是该企业的销售部、制造部和分公司，相关数据见下面3张表格：

表1　销售部利润中心业绩报告

单位：元

项目	预算	实际	差异
部门销售收入	245 000	248 000	
减：部门变动成本	111 000	112 000	
部门边际贡献			
分部经理可控的可追溯固定成本	24 000	24 500	
分部经理可控的边际贡献			
分部经理不可控但高层管理人员可控的可追溯成本	18 000	18 900	
部门可控的边际贡献			

表2　制造部成本中心的业绩报告

单位：元

报告部门	项目	预算成本	实际可控成本	不利差异
制造部一分厂甲车间业绩报告	工人工资	58 100	58 000	
	原材料	32 500	34 225	
	行政人员工资	6 400	6 400	
	水电费	5 750	5 690	
	折旧费用	4 000	4 000	
	设备维修	2 000	1 990	
	保险费	975	975	
	合计			
制造部一分厂业绩报告	管理费用	17 500	17 350	
	甲车间	109 725	111 280	
	乙车间	190 500	192 600	
	丙车间	149 750	149 100	
	合计			

续表

报告部门	项目	预算成本	实际可控成本	不利差异
制造部业绩报告	管理费用	19 500	19 700	
	一分厂	467 475	470 330	
	二分厂	395 225	394 300	
	合计			

表3 分公司投资中心业绩报告

项目	单位	预算	实际	差异
部门销售收入	元	573 000	591 000	
部门变动成本	元	246 000	251 200	
部门边际贡献	元			
部门可控固定成本	元	140 000	141 400	
部门可控边际贡献	元			
部门不可控固定成本	元	12 000	15 000	
部门税前经营利润	元			
部门平均净经营资产	元			
部门投资报酬率	%	26.3	26.6	
要求的税前投资报酬率	%	12	12	
要求的税前投资收益	元			
部门剩余收益	元			

【要求】完成以上报告数据的计算,根据结果进行数据分析,并说明管理会计报告的类别和作用。

应用实操二:

【资料】航高集团股份有限公司需要编制综合业绩评价报告,相关经营数据见表1,综合评价报告需要计算的指标说明如下:

客户层面指标:

原有客户保持率＝当年老客户数量/上一年总客户数量

新发展客户比例＝新发展客户数量/客户总数量

客户投诉率＝投诉的客户数量/总客户数量

市场占有率指某企业某一产品(或品类)的销售量(或销售额)在市场同类产品(或品类)中所占比重,反映企业在市场上的地位。

内部流程层面指标:

研发投入比例＝研发成本/产品销售总收入×100%

新产品数量＝新研发产品的数量

产品合格率＝合格产品数量/产品总数量

客户投诉率＝投诉的客户数量/总客户数量

当期解决投诉比例＝当期解决的投诉数量/总投诉数量

学习与成长层面指标:

员工培训合格率＝培训合格的员工数量/参与培训的总员工数量

员工意见解决率＝已经解决的员工意见/员工意见总数

表 1　航高集团相关经营指标数据表

序号	项目	单位	2×16年实际值	2×17年实际值	2×18年目标值	2×18年实际值
1	营业收入	元		663 601 009.64	804 343 687.56	804 531 864.42
2	营业总成本	元		632 927 386.27	784 657 643.76	783 480 146.41
3	营业成本	元		543 226 708.94	659 876 547.76	659 737 508.50
4	销售费用	元		52 796 254.09	62 200 765.65	62 195 690.48
5	管理费用	元		28 636 036.02	29 991 567.54	29 990 070.34
6	财务费用	元		4 759 674.76	9 372 763.76	9 371 537.84
7	投资收益	元		273 338.21	13 273 743.67	13 272 137.48
8	资产处置收益	元		0.00	－34 653.86	－35 897.57
9	其他收益	元		0.00	51 864.67	52 524.43
10	所得税费用	元		7 370 555.06	10 347 658.64	10 242 815.43
11	总资产报酬率	%		6.70		
12	总资产周转率	次		1.25		
13	净利润	元		24 062 274.31	24 876 456.02	24 384 485.52
14	客户数量	个	46 449.00	46 322.00	52 439.00	61 887.00
15	老客户数量	个		37 624.00	39 081.00	43 106.00
16	客户投诉数量	个		153.00	145.00	125.00
17	市场总销售额	元		9 954 015 144.60	11 260 811 625.84	11 665 712 034.09
18	研发成本	元		254 111.87	317 762.27	413 419.44
19	新产品数量	个		3.00	4.00	7.00
20	合格产品数量	个		639 405.00	724 958.00	726 049.00
21	产品总量	个		645 120.00	735 124.00	730 847.00
22	当期解决投诉数量	个		78.00	83.00	80.00
23	参与培训员工人数	人		133	154	180
24	培训合格员工数量	人		109	127	163
25	合理化建议采纳数	个		8.00	12.00	9.00
26	员工意见总数	个		37.00	32.00	41.00
27	已解决的员工意见	个		26.00	24.00	35.00

【要求】 根据以上资料和数据，利用 Excel 编制航高集团综合业绩评价表并进行简要分析。

表2　综合业绩评价报告

编制部门：航高集团股份有限公司　　　　　　　　　　　　　　　　编制时间：2×18年12月

角度	指标	单位	预算执行情况对比				同期对比		
			2×18年目标值	2×18年实际值	差异额	差异比率	2×17年实际值	差异额	差异比率
财务	毛利润	元							
	净利润	元							
	毛利率	%							
	总资产周转率	次							
	总资产报酬率	%							
客户	原有客户保持率	%							
	新发展客户比例	%							
	客户投诉率	%							
	市场占有率	%							
内部业务流程	研发投入比例	%							
	新产品数量	个							
	产品合格率	%							
	客户投诉率	%							
	当期解决投诉比例	%							
学习和成长	参与培训员工人数	人							
	员工培训合格率	%							
	合理化建议采纳数	个							
	员工意见解决率	%							

案例链接

[1] 得力文具内部管理报告体系构建

——吴富中.基于管理会计的内部管理报告体系构建:以得力文具为例[J].财会月刊(上),2016(2):71-77.

[2] 际华集团管理会计报告体系构建

——郝佳.管理会计报告体系构建探讨:以际华集团为例[J].财会通讯(上),2017(9):49-52.

[3] 贵州茅台酒股份有限公司盈利能力分析报告

——陈成.贵州茅台酒股份有限公司盈利能力分析报告[J].全国商情,2014(20):54-56.

[4] 长虹集团财务共享服务中心案例分析

——吴玥瑭.财务共享服务中心支撑企业战略发展:基于长虹的案例分析[J].财政监督,2018(2):101-105.

[5] 企业质量成本报告示例分析

——注册会计师全国统一考试精编教材编委会.财务成本管理[M].北京:企业管理出版社,2020.

[6] "振业兴邦,扬帆向海立潮头"——华为企业数字化进程

——赋能财务智能化 护航企业数字化:访华为 AntRobot RPA 产品经理杨永根[J].中国总会计师(月刊),2021(2):14-16.

附录1　应用实操(二)案例基本资料

1. 行业概括
2. 公司概况
3. 公司经营状况
4. 公司中央厨房生产流程
5. 公司2018年资产负债表
6. 公司2018年利润表
7. 公司2018年现金流量表

应用实操案例
企业基本资料

附录2　实操过程及参考答案

实操及答案

注：本书实操平台：pengshencloud.com

附录3　Excel 应用实操技能思维导图

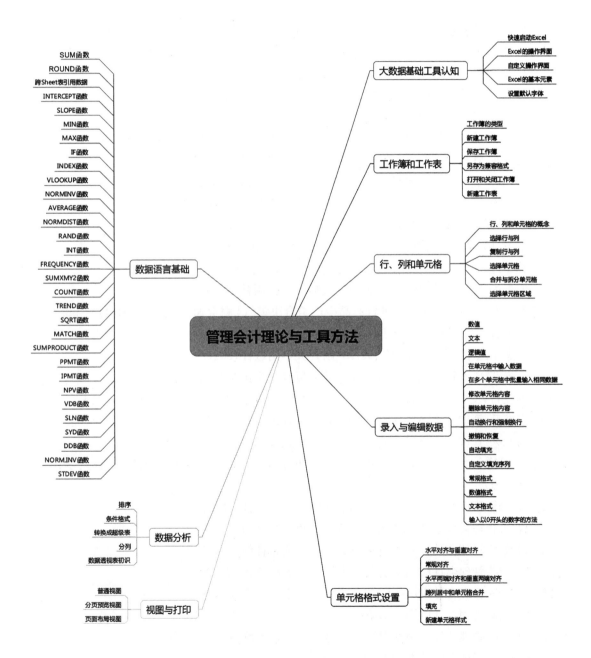

参考文献

[1] 蔡维灿.管理会计[M].3版.北京:北京理工大学出版社,2018.

[2] 汉森,莫温.管理会计:第8版[M].陈良华,杨敏,译.北京:北京大学出版社,2010.

[3] 孔祥玲.管理会计[M].北京:清华大学出版社,2019.

[4] 吴大军.管理会计[M].大连:东北财经大学出版社,2018.

[5] 袁天荣.管理会计[M].武汉:武汉大学出版社,2012.

[6] 李守武.管理会计工具与案例:营运管理[M].北京:中国财政经济出版社,2018.

[7] 吴大军.管理会计习题与案例[M].大连:东北财经大学出版社,2018.

[8] 胡元林,杨锡春.管理会计[M].3版.上海:立信会计出版社,2020.

[9] 刘俊勇.管理会计[M].3版.大连:东北财经大学出版社,2019.

[10] 崔婕.管理会计[M].2版.北京:清华大学出版社,2020.

[11] 隋志纯,蔡永鸿.管理会计[M].北京:清华大学出版社,2013.

[12] 林涛.管理会计[M].3版.厦门:厦门大学出版社,2019.

[13] 温素彬.管理会计[M].2版.北京:机械工业出版社,2014.

[14] 程相春.如何利用Excel进行产品生产组合决策[J].财会通讯(上),2004(11):56.

[15] 林秀香.预算管理[M].大连:东北财经大学出版社,2013.

[16] 王志宇.全面预算管理[M].天津:南开大学出版社,2017.

[17] 乐艳芬.成本管理会计[M].2版.上海:复旦大学出版社,2009.

[18] 孙茂竹,支晓强,戴璐.管理会计学[M].8版.北京:中国人民大学出版社,2018.

[19] 李惟莊.管理会计[M].5版.上海:立信会计出版社,2017.

[20] 马元兴.管理会计[M].上海:立信会计出版社,2016.

[21] 王素霞,金春,陈小兰.管理会计学:项目化教程[M].上海:上海交通大学出版社,2017.

[22] 刘殿成.管理会计实务[M].上海:立信会计出版社,2015.

[23] 曹中.管理会计学[M].上海:立信会计出版社,2012.

[24] 财政部.管理会计应用指引第200号——预算管理[Z],2017.

[25] 财政部.管理会计应用指引第201号——滚动预算[Z],2018.

[26] 财政部.管理会计应用指引第202号——零基预算[Z],2018.

[27] 财政部.管理会计应用指引第203号——弹性预算[Z],2018.

[28] 财政部.管理会计应用指引第204号——作业预算[Z],2019.

[29] 财政部.管理会计基本指引[Z],2019.

[30] 财政部会计司编写组.管理会计案例示范集[M].北京:经济科学出版社,2019.

[31] 李守武.管理会计工具与案例:成本管理[M].北京:中国财政经济出版社,2018.

[32] 中国注册会计师协会.财务成本管理[M].北京:中国财政经济出版社,2020.
[33] 赵健梅,邢颖.管理会计学[M].3版.北京:清华大学出版社,2017.
[34] 于增彪.管理会计[M].北京:清华大学出版社,2014.
[35] 程锋,胡国强.时间驱动作业成本法初探[J].财会月刊(会计),2007(28):8-10.
[36] 温素彬,徐佳.时间驱动作业成本法的原理与应用[J].财务与会计(理财版),2007(2):35-37.
[37] 赵息,李亚光,齐建民.时间驱动作业成本法述评:方法、应用与启示[J].西安电子科技大学学报(社会科学版),2012,22(3):32-39.
[38] 阿特金森,卡普兰,玛苏姆拉,等.管理会计:第5版[M].王立彦,陆勇,樊铮,译.北京:清华大学出版社,2009.
[39] 刘运国.高级管理会计:理论与实务[M].2版.北京:中国人民大学出版社,2018.
[40] 郭晓梅.高级管理会计[M].大连:东北财经大学出版社,2017.
[41] 财政部.管理会计应用指引第300号——成本管理[Z],2018.
[42] 财政部.管理会计应用指引第301号——目标成本法[Z],2018.
[43] 冯巧根.管理会计[M].北京:中国人民大学出版社,2020.
[44] 王满,于浩洋,马影,等.改革开放40年中国管理会计理论研究的回顾与展望[J].会计研究,2019(1):13-20.
[45] 冯巧根.改革开放40年的中国管理会计:导入、变迁与发展[J].会计研究,2018(8):12-20.
[46] 刘运国.管理会计学[M].北京:中国人民大学出版社,2011.
[47] 潘飞.管理会计[M].上海:上海财经大学出版社,2019.
[48] 袁天荣.管理会计[M].武汉:武汉大学出版社,2012.
[49] 阮小平,俞婷.完全成本法和变动成本法的比较研究[J].中国管理信息化,2015(3):13-14.
[50] 刘巍.对完全成本法与变动成本法的再认识[J].财会月刊(合订本),2000(16):29.
[51] 马玉洁.变动成本法与完全成本法利润差异分析:基于存货计价方法的角度[J].财会通讯(中),2014(6):107-108.
[52] 财政部.管理会计应用指引第600号——绩效管理[Z],2019.
[53] 李守武.管理会计工具与案例:绩效管理[M].北京:中国财政经济出版社,2018.
[54] 卡普兰,诺顿.平衡计分卡:化战略为行动[M].刘俊勇,孙薇,译.广州:广东经济出版社,2013.
[55] 卡普兰,诺顿.战略地图:化无形资产为有形成果[M].刘俊勇,孙薇,译.广州:广东经济出版社,2005.
[56] 王永刚.管理会计[M].北京:机械工业出版社,2013.
[57] 刘梅玲.管理会计信息化基础理论研究[J].财会通讯(上),2017(8):5-7.
[58] 苏亚民,李颖.管理会计信息化[M].北京:清华大学出版社,2019.
[59] 李守武.管理会计工具与案例:报告、信息化与其他[M].北京:中国财政经济出版社,2018.

[60] 郭晓梅.管理会计学[M].北京：中国人民大学出版社,2005.
[61] 财政部.管理会计应用指引第801号——企业管理会计报告[Z],2018.
[62] 财政部.管理会计应用指引第802号——管理会计信息系统[Z],2018.